Illustration de couverture :

Unica Zürn, Sans titre (détail), eau-forte (245 x 158 mm) tirée de Unica Zürn, *Oracles et Spectacles. Quatorze Poèmes-Anagrammes et huit Eaux-Fortes*, Paris, Éditions Georges Visat, 1967.

Jeu de masques

Les femmes et le travestissement textuel (1500-1940)

l'école du genre

La collection est dirigée par Éliane Viennot, professeure à l'Université de Saint-Étienne, membre de l'Institut universitaire de France et de l'Institut Claude Longeon (UMR 5037), ancienne présidente de la Société Internationale pour l'Étude des Femmes de l'Ancien Régime (SIEFAR). Elle est destinée à la diffusion des recherches menées dans le domaine en plein essor des études de genre (histoire des femmes, analyses des rapports sociaux de sexe, construction des identités, etc.). Attachée à la longue durée et à l'interdisciplinarité, elle se décline en deux séries tout en laissant place, en fonction des nécessités de l'actualité, à des « hors-série ».

Parus :

- *Louise Labé 2005*, études réunies par Béatrice Alonso et Éliane Viennot. Hors-série n° 1 (18 €).
- *Histoires d'historiennes*, sous la dir. de Nicole Pellegrin. Série « nouvelles recherches » n° 1 (20 €).
- *Patronnes et mécènes en France à la Renaissance*, sous la dir. de Kathleen Wilson-Chevalier, avec la collaboration d'Eugénie Pascal. Série « nouvelles recherches » n° 2 (27 €).
- *L'Émergence littéraire des femmes à Lyon à la Renaissance, 1520-1560*, études réunies par Michèle Clément et Janine Incardona. Série « nouvelles recherches » n° 3 (20 €).
- *Femmes en fleurs, femmes en corps. Sang, Santé, Sexualités, du Moyen Âge aux Lumières*, études réunies et présentées par Cathy McClive et Nicole Pellegrin. Série « nouvelles recherches » n° 4 (23 €).
- *Le Féminin en Orient et en Occident, du Moyen Âge à nos jours : mythes et réalités*, études réunies et présentées par Marie-Françoise Bosquet et Chantale Meure. Série « nouvelles recherches » n° 5 (24 €).
- *Jeu de masques. Les femmes et le travestissement textuel (1500-1940)*, études réunies et présentées par Jean-Philippe Beaulieu et Andrea Oberhuber. Série « nouvelles recherches » n° 6 (24 €).

À paraître :

- *Femmes, Rhétorique et Éloquence sous l'Ancien Régime*, sous la dir. de Claude La Charité. Série « nouvelles recherches ».
- *Revisiter la « querelle des femmes ». Discours sur l'égalité/inégalité des sexes, de 1750 aux lendemains de la Révolution*, sous la dir. d'Éliane Viennot, avec la collaboration de Nicole Pellegrin. Série « nouvelles recherches ».

35, rue du Onze-Novembre, 42023 Saint-Étienne

ISBN : 978-2-86272-578-9

l'école du genre

Jeu de masques

Les femmes et le travestissement textuel (1500-1940)

Études réunies et présentées par
Jean-Philippe Beaulieu et Andrea Oberhuber

Publications de l'Université de Saint-Étienne
2011

Remerciements

Les responsables de cet ouvrage remercient tout particulièrement Marc André Bernier (Université du Québec à Trois-Rivières) et Geneviève Sicotte (Université Concordia) pour leurs avis éclairés et leur indéfectible enthousiasme à l'égard de ce projet. Merci également à Diane Desrosiers-Bonin (Université McGill) et à Louise Dupré (Université du Québec à Montréal) pour leurs précieuses réflexions sur la question du masque. Toute notre reconnaissance va à Hélène Hotton pour le soutien logistique et technique qu'elle a apporté tant à l'organisation du colloque de mai 2009 qu'à la préparation du manuscrit de ce livre.

La publication de *Jeu de masques. Les femmes et le travestissement textuel (1500-1940)* est rendue possible grâce à la contribution du Conseil de recherches en sciences humaines du Canada, et à celle de l'Institut universitaire de France, qui apporte son soutien à la collection « l'école du genre ».

Jean-Philippe Beaulieu et Andrea Oberhuber

PORTRAITS DE FEMME EN ÉCRIVAIN

Dans son acception la plus courante, le terme *masque* désigne un objet qui couvre le visage, dissimulant l'identité de la personne qui le porte. Il n'y a donc pas à s'étonner que l'un des sens figurés du mot suggère que porter un masque, c'est présenter des dehors trompeurs. Sous cet éclairage, le masque – au sens métaphorique – est le plus souvent considéré comme un moyen d'occultation ou de falsification des traits du visage, de la même façon que le travestissement brouille, pour le corps, les repères identitaires par l'emprunt d'attributs autres que les siens propres. Mais cette manière de considérer les choses repose sur une distinction entre identité véritable et identité simulée issue de la conception moderne du sujet, qui, en privilégiant la transparence et l'authenticité, tend à dévaluer ce qui viendrait brouiller ces dernières. Ce faisant, on oublie toutefois l'importance des jeux de masques au sein des rites de passage – la participation des femmes aux pratiques culturelles, notamment l'écriture –, de même que dans le façonnement de l'identité sociale, ce qui rend souvent très artificielle la frontière entre l'intérieur et l'extérieur, le profond et le superficiel, le vrai et l'inauthentique, le réel et le fictionnel, surtout dans le domaine littéraire où « tout.e écrivain.e est "de papier" », comme nous le rappelle Christine Planté dans sa contribution au débat lancé par l'ouvrage de Mireille Huchon sur l'identité de Louise Labé[1]. Le texte, surtout lorsque la dimension autoréférentielle y est importante, est en effet un lieu où se donne à voir un visage auctorial – une identité de papier – qui ne peut jamais tout à fait coïncider avec la personne réelle de l'auteur, sinon de manière forcément diffractée, ce qui confère au texte littéraire sa profondeur de champ.

Le constat de la difficulté à nettement délimiter le visage et le masque est particulièrement vrai pour les femmes qui, depuis la fin du Moyen Âge, ont cherché à faire entendre leur voix dans la sphère publique et qui, à cette fin, ont fait appel à diverses stratégies, dont le travestissement vestimentaire et textuel, susceptibles de faciliter leur accès aux pratiques culturelles. Comme

1. Christine Planté, « Tout.e écrivain.e est "de papier" », dans Michèle Clément et Janine Incardona (dir.), *L'Émergence littéraire des femmes à Lyon à la Renaissance 1520-1560*, Saint-Étienne, Publications de l'Université de Saint-Étienne, « l'école du genre », 2008, p. 257-272.

l'ont montré certains travaux récents[2], le travestissement est apparu comme un procédé habile permettant aux femmes de s'inventer un espace identitaire autre que celui qui leur était généralement réservé. Cela a conduit à une diversité de mises en scène de soi sous le couvert du masque, dont il s'agit de cerner la nature et la signification, comme le propose – d'un point de vue principalement anthropologique et sociologique – le collectif récent dirigé par Guyonne Leduc[3], qui s'attache à décrire la diversité des effets de travestissement féminins et leur contribution à la création paneuropéenne d'un espace de liberté. Ces études se consacrent surtout au travestissement « réel » des femmes et à la représentation de celui-ci dans les productions iconographique et artistique. Toutefois, dans une perspective largement historique, il y a lieu de s'interroger sur les manifestations textuelles du travestissement, c'est-à-dire l'ensemble des masques féminins qui se donnent à voir dans et par l'écriture, de la Renaissance jusqu'au modernisme. Artifice du faux, contraire de la transparence, support matériel et métaphorique de la création d'un imaginaire parallèle, symbole du désir du sujet de s'autodéfinir, médiation entre le moi et le social, le masque semble épouser naturellement la prise de parole au féminin. Selon les traits qu'il affiche, le masque correspond à des fonctions différentes, allant de la volonté de se conformer à la *doxa* en place jusqu'à l'utilisation subversive de l'ironie face au concept de l'identité du sujet comme entité immuable, en passant par la problématisation de la différence des sexes. Or la finalité du masque et de la mascarade vers laquelle tend le travestissement textuel reste encore relativement peu étudiée, surtout en ce qui concerne la littérature d'expression française. Cette lacune demande à être comblée de manière d'autant plus insistante si l'on considère les textes comme des laboratoires où se joue et se déjoue la construction de la figure de l'*auteure* par le biais d'un *èthos* certes plus ou moins masqué selon l'époque, mais qui finit par s'avérer le moteur d'une prise de parole assumée, d'une créativité positive.

Le présent collectif, qui résulte d'un colloque tenu à l'Université de Montréal en mai 2009 et auquel nous avons intégré un petit nombre d'études donnant l'occasion d'élargir le panorama des cas de figure et des œuvres examinés, représente l'un des premiers ouvrages consacrés exclusivement à la question du masque et du travestissement textuel dans la littérature française. Il fait converger un certain nombre de réflexions émergentes sur les stratégies textuelles auxquelles les femmes auteurs ont fait appel pour travestir leur voix et leur écriture afin d'accéder à l'expression littéraire publique. Parmi les pratiques scripturaires et les procédés littéraires les plus

2. Voir le numéro intitulé « Femmes travesties : un "mauvais" genre » de la revue *Clio. Histoire, femmes et sociétés*, n° 10, 1999, sous la direction de Nicole Pellegrin et Christine Bard, <http://clio.revues.org/index251.html> ; Sylvie Steinberg, *La Confusion des sexes. Le travestissement de la Renaissance à la Révolution*, Paris, Fayard, 2001 ; Heike Bauer (dir.), *Women and Cross-Dressing (1800-1939)*, New York et Londres, Routledge, 2006.

3. Guyonne Leduc (dir.), *Travestissement féminin et liberté(s)*, Paris, L'Harmattan, 2006.

courants, on compte bien évidemment la pseudonymie (adopter une identité fictive et publier sous le nom d'un-e autre) et la ventriloquie (inventer une voix narrative et, selon la finalité rhétorique propre à chaque fiction, la faire parler comme quelqu'un d'autre afin que ne puisse s'établir un lien direct entre le personnage et la figure de l'auteur). D'un point de vue énonciatif, il s'agit justement d'examiner, à partir d'œuvres littéraires très variées, la panoplie de postures rhétoriques qui, en masquant l'identité de la locutrice (parfois son appartenance même au sexe féminin) esquissent un portrait « performatif » de la femme *comme* écrivain ou de la femme *(s')écrivant*. Les stratégies performatives n'étant pas exactement les mêmes à travers les siècles, il nous semblait nécessaire, pour cet ouvrage paraissant dans la collection « l'école du genre », de nous engager dans une réflexion transhistorique allant du XVIe siècle – envisagé comme la période d'émergence du discours féminin (si l'on excepte le cas isolé de Christine de Pizan) – jusqu'au modernisme de l'entre-deux-guerres. Le choix des années 1940 comme *terminus ad quem* s'impose comme une limite temporelle rendant compte des transformations socioculturelles qui ont fait répondre le travestissement scripturaire à d'autres impératifs épistémologiques : ceux du féminisme de Beauvoir, du structuralisme français et de la pensée de la différence, notamment en ce qui a trait à la reconstruction de l'identité féminine dans ses rapports avec l'identité masculine. Il est fort utile, comme nous le proposons dans cet ouvrage, d'envisager la question du masque à travers le prisme de la rhétorique, comprise au sens strict pour l'Ancien Régime et de façon évidemment plus métaphorique pour la modernité. Cette distinction historique est cruciale, comme on le constatera à la lecture des articles : de façon générale, le rôle du masque et son rapport avec l'identité qu'il couvre se révèlent fort différents pour l'une et l'autre de ces deux constructions historiques. Sous l'Ancien Régime, le visage – c'est vrai aussi bien pour les hommes que pour les femmes – ne peut être appréhendé qu'à travers le masque social, modelé en grande partie par la condition de l'individu. Si, par conséquent, tout est masque à cette époque plus lointaine où l'individu ne se définit pas encore, du moins pas tout à fait, par l'affirmation de sa subjectivité et de son intériorité, on comprend que les effets de travestissement relèvent alors moins de la perception d'un écart entre le masque et le visage que d'un jeu complexe et parfois subtil faisant miroiter un *èthos* dont la teneur est essentiellement rhétorique. Un exemple fort intéressant de texte renaissant qui laisse entrevoir des effets de travestissement sans fournir la clé de ceux-ci est la treizième lettre familière des *Epistres familieres et invectives* (1539) d'Hélisenne de Crenne. Dans cette lettre, censément écrite par une femme au nom d'un gentilhomme pour être envoyé à un ami, la dimension familière semble dissimuler une missive amoureuse cryptique où Hélisenne elle-même s'adresserait à son amant tout en semblant ne servir que de truchement. Le travestissement se révèle à la fois patent et indéchiffrable, l'important étant moins le renvoi à l'identité auctoriale réelle (Hélisenne n'est de toute façon qu'un nom de plume) que les jeux d'identité que l'auteure se permet en infléchissant le genre employé et ce qu'il autorise en matière de rhétorique épistolaire[4].

À partir du XVIIIe siècle, mais surtout du XIXe siècle, l'écart entre visage et masque tend définitivement à se creuser, à mesure que s'affirme la valorisation de la subjectivité et de la sensibilité individuelle. Dès lors, le masque annonce des traits clairement construits pour dévoiler souvent, tant aux yeux du masqué que de son entourage, ses effets contraignants. Durant ces siècles « éclairés », fidèles à la proclamation kantienne de l'*Ausgang des Menschen aus seiner selbstverschuldeten Unmündigkeit*, on constate que, désormais, le masque ne peut plus se confondre avec le visage réel. Aussi transformé soit-il, ce dernier constitue le pivot de tout acte de travestissement, selon une logique de superposition ou de juxtaposition qui tend à entraîner la monstration des traits identitaires – vrais ou factices – dans le champ du multiple et du mouvant. Ce peut être de manière successive, comme dans la série d'(auto)portraits photographiques que, entre ses années de gloire à la cour de Napoléon III et la fin de sa vie, la comtesse de Castiglione fit faire d'elle-même au studio Mayer & Pierson à Paris, dans différentes mises en scène la montrant sous les traits de la « Reine d'Étrurie », de « Médée » ou de la « Dame de cœur » de l'empereur[5]. Toujours perceptible, la métamorphose multiplie ici les jeux de rôles sur un mode paradigmatique. Quelques décennies plus tard, Claude Cahun procédera différemment en condensant dans une même image des attributs identitaires variés, brouillant les repères habituels entre les sexes. Éminemment moderniste, cette façon de déconstruire la représentation de soi en fournissant des indices hétérogènes questionne tout à la fois le visage et le masque, le corps et l'identité sexués, le sujet et ses spectres par le biais de constantes mascarades.

Les dix-neuf études qui forment ce collectif portent principalement sur le XVIe siècle et le XIXe, probablement parce qu'il s'agit de périodes fondatrices qui ont vu la mise en place des deux modes généraux d'utilisation du masque que nous venons d'évoquer brièvement. La rhétorique y est souvent convoquée comme façon de réfléchir à la construction par le texte de l'*èthos* grâce auquel les figures féminines fondent la légitimité de leur discours, renvoyant à un volet des études sur la rhétorique qui s'est développé ces der-

4. Voir Jean-Philippe Beaulieu, « Lettre de femme, voix d'homme ? Jeux identitaires et effets de travestissement dans la treizième épître familière d'Hélisenne de Crenne », *Tangence*, nº 84, été 2007, p. 31-47.

5. Voir Andrea Oberhuber, « Mise en scène et autoreprésentation chez la Contessa di Castiglione et Claude Cahun », dans Cerstin Bauer-Funke et Gisela Febel (dir.), *Der automatisierte Körper. Literarische Visionen des künstlichen Menschen vom Mittelalter bis zum 21. Jahrhundert*, Berlin, Weidler Buchverlag, 2005, p. 109-129 ; *idem*, « La théâtralité de la comtesse de Castiglione comme préfiguration des mascarades de Claude Cahun. Entre vanité et désir d'immortalité », dans Andrea Oberhuber (dir.), *Claude Cahun : contexte, posture, filiation. Pour une esthétique de l'entre-deux*, Montréal, Département des littératures de langue française, « Paragraphes », 2007, p. 161-183.

nières années[6]. Il apparaît qu'une réflexion sur le travestissement et l'identité féminine ne peut faire l'économie d'un examen des auteurs masculins qui ont pris la parole sous les dehors d'une femme, puisqu'ils ont participé, surtout pendant l'Ancien Régime, au façonnement de l'identité auctoriale des femmes ou à l'élaboration d'une sensibilité particulière, privilégiant des attributs censément féminins, comme le naturel épistolaire ou l'expression de la passion, ainsi que l'illustre le célèbre cas des *Lettres portugaises* (1669) attribuées à une religieuse mais vraisemblablement rédigées par Gabriel de Guilleragues. Témoignant du fait que, à partir de la Renaissance, les femmes comptent désormais sur le plan culturel – à tout le moins en tant que lectrices –, le développement de la fiction de la femme auteur nous fournit des indications sur les aptitudes et les dispositions respectives des sexes, enjeu central d'une Querelle des femmes qui s'étend du Moyen Âge jusqu'à la modernité. Dans son étude sur les apologies du sexe féminin au XVIe siècle, Renée-Claude Breitenstein souligne à quel point l'investissement des voix féminines – fictives ou réelles – dans un débat qui les concerne au premier chef représente un signe du renouvellement littéraire du genre, de même qu'une attestation de la participation des femmes à la vie culturelle et aux lieux de sociabilité. C'est probablement de cette façon qu'il faut interpréter la présence, à la Renaissance, de figures auctoriales féminines dont l'authenticité est désormais questionnée, comme Louise Labé, Jeanne Flore ou même Hélisenne de Crenne. Très improbable, la résolution de l'énigme que représente l'identité réelle de l'auteur paraît dans ces cas moins importante que l'examen de la part du marché des lettres dévolue de cette façon aux femmes et à ce qu'elle révèle quant à leur accès au savoir et à la rhétorique. Dans son article sur les *Comptes amoureux*, Cathleen Bauschatz suggère à juste titre que la difficulté à résoudre le « mystère Jeanne Flore » résulte notamment d'effets textuels complexes qui brouillent parfois les frontières entre hommes et femmes au sein de l'ouvrage, à un point tel que leur confusion nous amène à nous interroger sur la porosité des frontières sexuelles et identitaires, et ce, déjà à la Renaissance ; des figures composites telles Madame Minerve et Narcisse n'affichent-elles pas certains attributs de l'un *et* de l'autre sexe ? Le travestissement prend ainsi des formes variées qui, tout en soulignant la difficulté à régler la question de l'attribution de l'ouvrage, nous engagent à examiner les motifs pour lesquels des hommes auraient vu un avantage commercial à publier sous le nom d'une femme. La réponse qu'il est généralement possible d'apporter à cette interrogation relève plus de la rhétorique que de l'érudition historique : la fiction d'une voix féminine permet un élargissement de la palette discursive, particulièrement appropriée lorsqu'il s'agit de sujets concernant l'expérience féminine, comme le montre l'étude

6. Voir, par exemple, le numéro 77 (2005) de la revue *Tangence* préparé par Claude La Charité et consacré aux *Masques et figures du sujet féminin aux XVIe et XVIIe siècles.*

déjà mentionnée de R.-C. Breitenstein, ou faisant valoir, au contraire, une prise de parole paradoxale dans des domaines dont les femmes sont traditionnellement exclues, comme les affaires publiques. On peut ainsi comprendre l'intérêt qu'a représenté, pour des auteurs du début du XVIIe siècle, l'usage de figures féminines modestes afin de signer des pamphlets polémiques ou satiriques : ils faisaient la démonstration que les événements de l'époque suscitaient un engagement de la part des individus les plus éloignés de la scène publique par leur sexe et leur condition. C'est ce que montre Jean-Philippe Beaulieu au sujet des textes attribués à Mathurine, folle d'Henri IV, qui, en exploitant à fond le caractère paradoxal de la parole inspirée du fou de la cour, donne à entendre les modulations particulières qu'autorise dans ce contexte la prise de parole au féminin.

D'autres motifs, liés davantage à la poétique de certains auteurs, expliquent le recours à un masque féminin. C'est le cas du jeune Prosper Mérimée – sur lequel se penche David Martens – qui publie en 1825 son premier livre, *Le Théâtre de Clara Gazul*, sous le nom d'une femme. Si la mystification est rendue transparente par le dispositif paratextuel qui souligne le caractère fictif du double travestissement (l'auteur se complaisant dans le rôle du traducteur français des textes d'une prétendue jeune actrice et dramaturge espagnole), le tout n'est pas qu'un simple jeu de simulacre à des fins publicitaires ; il témoigne d'un rapport ambigu au féminin qui demeurera une préoccupation pour Mérimée dans l'ensemble de sa production ultérieure.

L'ambiguïté est, faut-il le rappeler, au cœur de tout travestissement, dans les intentions sinon dans les effets ; il en est un trait définitoire puisqu'il interroge les frontières identitaires en les estompant ou les questionnant à un degré ou à un autre. Dans les *Angoysses douloureuses qui procedent d'amour* (1538) d'Hélisenne de Crenne, le brouillage résulte non seulement des effets de ventriloquie (lorsque l'auteure fait parler son amant à titre de narrateur des deuxième et troisième parties du roman), mais aussi du travestissement des sources d'inspiration, comme le montre Dora Polachek. Sous cet éclairage, on ne peut que noter le caractère moralement transgressif d'une confession n'offrant pas le spectacle du plaisir féminin coupable que mettent généralement en scène les auteurs dont s'inspire Hélisenne. On pourrait trouver de nombreux exemples du trouble suscité dans les identités et les valeurs par l'utilisation de telle ou telle posture auctoriale. Dans ses textes publiés pendant la Fronde, Suzanne de Nervèze exploite plusieurs possibilités énonciatives, faisant preuve d'une plasticité qui la montre fort attentive aux effets rhétoriques que permettent ces possibilités. Comme le signale Sylvie Tremblay, elle fait parler parfois un homme (dans *Le Rieur de la cour*), parfois une femme de condition différente de la sienne (dans la *Lettre d'une bourgeoise* et la *Lettre d'une religieuse*). Ailleurs, comme dans *Discours panegerique*, elle cherche à estomper son identité de femme au profit d'une énonciation neutre qui lui permet de revendiquer une place auprès des grands orateurs de l'époque. Au XVIIe siècle, cette neutralité correspond bien souvent à un effacement, du moins pour les femmes provenant des milieux aristocratiques auxquelles la bienséance interdit d'assumer une fonction auctoriale; elles doivent donc chercher à dissimuler leur identité et leur appartenance au sexe féminin, comme l'a fait Marie-Madeleine Pioche de la Vergne, comtesse de Lafayette, qui n'a signé, au moment de leur publication, ni *La Princesse de Montpensier* (1662) ni *La Princesse de Clèves* (1678). Souvent vouées à l'anonymat – c'est-à-dire à une pseudo-neutralité en termes de « généricité » qui correspond dans les faits à un masculin implicite –, de grandes aristocrates comme Anne Marie Louise d'Orléans, duchesse de Montpensier, ont cependant contourné les interdits au moyen de collaborations avec des hommes qui leur ont parfois servi de prête-nom et de prête-plume. Ainsi, dans divers textes, comme *La Relation de l'île imaginaire* et *L'Histoire de la Princesse de Paphlagonie* (1659), publiés initialement sous le nom de Segrais, le secrétaire de la Grande Mademoiselle, Virginie Cassidy repère les indices qui, trahissant l'influence de celle-ci, montrent la princesse comme la maîtresse d'œuvre des ouvrages, à travers des dispositifs de relais de parole qui font du silence un moyen indirect d'expression.

Sous un tel éclairage, lorsque l'appropriation par une femme d'attributs masculins est manifeste, elle devient fortement transgressive, c'est-à-dire dépassant le seuil de l'acceptable, du dicible et du praticable, comme le montre bien l'histoire emblématique d'Agnodice, femme s'étant travestie en homme de façon à pouvoir s'adonner à la médecine. Si l'on examine, comme le fait Claude La Charité, le traitement que Catherine Des Roches (dans les *Œuvres* de 1578) et Gabriel-Henri Gaillard (dans la *Rhétorique françoise à l'usage des jeunes demoiselles* de 1748) ont réservé à cette figure légendaire, on se rend compte que, pour la première, l'androgynie apparaît comme une étape obligée afin d'accéder au monde du savoir, tandis que, presque deux siècles plus tard, sous la plume de Gaillard, le recours au déguisement est perçu comme un obstacle au déploiement de la sensibilité naturelle des femmes. Ce qui n'empêche pas l'usage, par des femmes écrivains du XIXe siècle et même encore durant la première moitié du XXe siècle, d'un pseudonyme masculin peut-être parfois pour faciliter leur entrée dans certains milieux, mais surtout pour élargir la palette de leur écriture tout en questionnant les pratiques que l'on associe habituellement à leur sexe. Lorsque, entre 1836 et 1848, Delphine de Girardin signe en tant que vicomte de Launay la rubrique « Le Courrier de Paris » dans *La Presse*, elle propose à son lectorat une perspective originale combinant, au moyen d'un masque plutôt transparent, préoccupations masculines et féminines. Comme le précise Joyce Johnston, mode et affaires politiques se côtoient ainsi de façon à formuler des réflexions dont le caractère contestataire est dissimulé par le travestissement textuel, sorte de clin d'œil aux lecteurs que l'auteure exploite à des fins différentes dans *La Croix de Berny* (1845), roman-feuilleton écrit à plusieurs mains.

Chez George Sand, par contraste, le masque est plus clairement mis au service de l'accomplissement identitaire. Dans l'analyse qu'elle effectue de certains écrits autobiographiques, principalement le récit *Nuit d'hiver* (publié en 1875), Françoise Alexandre considère le travestissement d'Aurore Dudevant comme une nécessaire protection qui assure sa survie en détournant l'attention de soi pour pouvoir devenir elle-même. Le masque n'est pas tant associé à la recherche d'une identité autre qu'à l'élaboration de soi-même à travers une série de déguisements partiels ou temporaires. Quelques décennies plus tard, au début du XXe siècle, les masques-pseudonymes utilisés par des auteures participeront encore, comme on le verra, d'une fonction analogue, bien que les jeux onomastiques soient davantage mis en rapport avec d'évidents enjeux identitaires liant – comme chez Colette, pour ne citer que cette figure emblématique – personnage et auteure.

De tels efforts pour créer son nom propre témoignent évidemment des difficultés pour le sujet écrivant à trouver sa place dans le monde des lettres et, plus largement, du savoir, surtout lorsqu'on est l'épouse d'un homme connu. Le destin du *Théâtre scientifique* de Juliette Figuier, paru en 1879 sous le nom de Jean Mirval et republié de façon posthume sous la signature de Louis Figuier, son mari, illustre bien les aléas de l'affirmation auctoriale des femmes dans le domaine scientifique. Grâce à un examen de l'histoire de ce recueil et de ses composantes paratextuelles, Valérie Narayana éclaire la valeur de protection qu'assure en l'occurrence le pseudonyme masculin. Abordé dans la contribution de Virginie Pouzet-Duzer, le cas de Julia Daudet, autre femme ayant travaillé aux côtés de son époux, confirme cette difficulté à laquelle dut faire face la femme auteur tout au long du XIXe siècle, réputé, on le sait, pour avoir développé le discours social (théologique, philosophique, sociologique et littéraire) le plus normatif en matière de « féminin » et d'écriture[7]. On ne s'étonnera donc pas de découvrir derrière les écrits de Julia Allard, alias « Madame Alphonse Daudet, *femme de lettres* », ainsi qu'elle fut immortalisée sur une photographie de Dornac, une personnalité paradoxale, en raison de sa multiplicité – dont l'histoire littéraire ne semble avoir rien retenu – et de son jeu de masque traditionaliste. Car, parmi les divers masques à sa disposition, la poétesse, prosatrice et critique littéraire choisira délibérément celui très bourgeois de « Madame (Alphonse) Daudet », privilégiant l'ombre à la lumière, préférant comme image de soi l'autoreprésentation en tant que mère et femme au foyer, garde-malade et épouse

7. Pour plus de détails, voir l'étude de Christine Planté, *La Petite Sœur de Balzac. Essai sur la femme auteur*, Paris, Seuil, 1989, où l'auteure rassemble et commente des exemples éloquents de discours misogynes face à la prise de parole par des femmes à cette époque post-révolutionnaire. D'un point de vue de l'histoire de la littérature, on lira avec intérêt, de la même auteure, « La place des femmes dans l'histoire littéraire : annexe, ou point de départ d'une relecture critique ? », *Revue d'histoire littéraire de la France*, n° 103, juillet-septembre 2003, p. 655-668.

modèle d'écrivain, autant de *personae* derrière lesquelles il convient de chercher l'« authentique » Julia.

Au tournant du siècle, notamment à l'époque décadente, puis de manière encore plus manifeste durant les premières décennies du XXe siècle, les masques traditionnels de pseudonymie et de ventriloquie, sans être systématiquement enlevés, cèdent souvent la place à la mascarade et au mimétisme ironique, voire parodique, tels que définis par Joan Riviere avant d'être repris, sous les signes du féminisme poststructuraliste, par Luce Irigaray puis par les théoriciens du *gender* et du *queer*[8]. Selon ces penseurs, le sentiment d'appartenance à une identité sexuée se construit sur la base d'une série de *performances* actualisant à chaque représentation de soi les attributs associés au « féminin » ou au « masculin ». En d'autres termes, on se constitue « homme » ou « femme » en endossant les codes et les critères sociaux (postures corporelles, tenues vestimentaires, expressions mimiques, façons de parler et manières d'être, entre autres) que les deux sexes apprennent à intérioriser à une époque donnée afin de s'y conformer. Loin d'être innés ou naturels, ces modes de se vêtir, de se comporter ou d'être selon l'appartenance à l'un ou à l'autre sexe, bref, ces mascarades constituent l'enjeu principal auxquels font face les protagonistes de Rachilde. Figure féminine centrale de la fin du XIXe siècle par l'ampleur de sa production littéraire et par son implication dans le milieu éditorial de son temps, Marguerite Eymery qui adopta un pseudonyme masculin[9] et signa en 1928 le pamphlet *Pourquoi je ne suis pas féministe*, se plaît elle-même à jouer des rôles, à vouloir faire sienne l'identité de l'autre sexe en inscrivant sur sa carte de visite, telle une profession de foi, « Rachilde, homme de lettres ». Trois articles complémentaires s'appliquent à circonscrire l'univers trouble qu'imagine Rachilde dans son œuvre narrative. Marie-Gersande Raoult démontre à partir de *Monsieur Vénus* (1884) et *Madame Adonis* (1888), où l'ambiguïté sexuelle se trouve à l'œuvre dès les titres oxymoriques, que Rachilde s'inscrit dans l'imaginaire décadent de l'artifice et du travestissement (tant physiques que psychiques), des apparences trompeuses et de la transgression des normes en tous genres. En même temps, elle valorise chez ses héroïnes de papier les « représentations amphibiques » dues à la confusion des genres, du moins le temps d'une narration romanesque. Cet examen de la « réinvention de soi à travers l'éva-

8. Voir à ce propos Joan Riviere, « Womanliness as a Masquerade », dans *The Inner World and Joan Riviere. Collected Papers 1920-1958*, London, Karnac Books, 1991, p. 90-101 ; Luce Irigaray, *Ce sexe qui n'en est pas un*, Paris, Minuit, 1977; Elaine Showalter, *Sexual Anarchy: Gender and Culture at the Fin de Siècle*, New York, Penguin Books, [1990] 1991 ; Thomas Laqueur, *La Fabrique du sexe*, Paris, Gallimard, 1992; Judith Butler, *Gender Trouble: Feminism and the Subversion of Identity*, New York et Londres, Routledge, 1999 [*Trouble dans le genre. Le féminisme et la subversion de l'identité*, trad. Cynthia Kraus, Paris, Éditions de la Découverte, 2005] ; Marie-Hélène Bourcier, « Des "femmes travesties" aux pratiques transgenres : repenser et queeriser le travestissement », *CLIO, Histoire, femmes et sociétés*, n° 10, 1999, p. 118-121.

9. Rappelons à titre d'information que Rachilde est le nom historiquement documenté d'un gentilhomme suédois du XVIe siècle. Ajoutons toutefois que le choix de ce pseudonyme, en raison de ses résonances féminines, semble obéir à un désir d'androgynie.

sion de son sexe » est poursuivi par Patrick Bergeron dans son article consacré aux *Hors nature* (1897), texte peu commenté en comparaison avec les récits précités. Se centrant sur la sexualité ambiguë de deux frères et leur comportement excessif – entre la débauche et la chasteté –, l'auteur insiste sur le double jeu de décomposition / reconstruction des identités qui passe par les aventures sensuelles et spirituelles des frères de Fertzen. Par-delà la remise en cause parodique d'identités dichotomiques, *Les Hors nature* poussent plus loin les motifs décadents du masque et du travestissement pour faire l'éloge, en cette fin de siècle qui subit toujours les effets discursifs néfastes de la défaite française de 1871, non seulement d'une morbidité ambiante mais aussi – ou surtout – d'une propension nette des protagonistes à l'« insexuation », à la mise à mort d'une espèce humaine figée dans et par les normes identitaires.

Le paradoxe rachildien en matière de redéfinition de l'ordre sexuel atteint son paroxysme avec la publication de *Pourquoi je ne suis pas féministe* en pleine période de l'entre-deux-guerres, époque névralgique qui voit se proliférer des discours antiféministes afin d'ériger un barrage contre la vague de libération des mœurs ancestrales, d'une part, et l'émancipation de la « nouvelle femme » incarnée par la garçonne, d'autre part[10]. Dans son analyse de l'écrit pamphlétaire rédigé par Rachilde, Marilou Denault place cette prise de position explicite contre ce lot de femmes de lettres que, en tant qu'« homme de lettres », la femme auteur masculinisée se plaît à accuser, sur un ton désinvolte, de vouloir faire carrière à des fins politiques, sociales ou personnelles. Le contexte d'une société transitoire située dans l'entre-deux semble propice à la prise de position paradoxale qu'adopte Rachilde : entre deux guerres et deux façons de redresser le pays notamment sur le plan de la natalité, certes, mais surtout entre deux conceptions du métier d'écrivain dans une société en profonde mutation, des écrivains comme Rachilde s'érigent contre la femme auteur, considérée comme néfaste pour la paix sociale et le redressement culturel. Ainsi, recourant au masque de la polémique ironique, Rachilde adopte sans détour la rhétorique du discours masculin l'amenant à blâmer ces mascarades auxquelles se livreraient les femmes auteurs sur la place publique, toujours « obligées à la représentation », comme si elles étaient des « actrices ». Tout concourt à nous faire croire que, dans les années 1920 encore, le statut et l'image de la femme auteur demeurent précaires, que la haute opinion de l'écrivain véhiculée dans ce texte de Rachilde fait appel à l'idéal inatteignable de la *concordia*, de la réunion des contraires. Revendiquer l'identité d'une femme *lettrée* semble être un phéno-

10. Les travaux suivants témoignent de l'intérêt que représente aujourd'hui à nouveau cette figure androgyne pour les historiennes et historiennes de l'art intéressées par la question du *gender* : Christine Bard, *Les Garçonnes : modes et fantasmes des Années folles*, Paris, Flammarion, 1998 ; Whitney Chadwick et Tirza True Latimer (dir.), *The Modern Woman Revisited. Paris Between the Wars*, New Brunswick-New Jersey-London, Rutgers University Press, 2003.

mène contre-nature; cette prétention à la reconnaissance sociale ne paraît possible, à en croire l'exemple de Rachilde qui, ostensiblement refusait de se cantonner dans la posture de la modestie féminine, qu'à travers la stratégie pseudonymique et l'adoption mimétique du discours masculin.

C'est ce que montre également, quoique selon d'autres prémisses, le cas de Colette. D'un masque-pseudonyme à l'autre, il s'agit pour celle qui (con)signe son œuvre littéraire sous trois noms de plumes différents – correspondant à des périodes de création et de filiation distinctes – de dissimuler la voix auctoriale féminine derrière des noms d'homme. S'intéressant à la période des « Colette Willy », Angelica Rieger examine à partir de trois récits à forte charge autobiographique, soit *La Vagabonde*, premier roman à succès de l'auteure publié en 1910, *L'Entrave* et *L'Envers du music-hall*, tous deux parus en 1913, l'impact du jeu de masques faisant circuler librement les pronoms personnels entre le « je », le « tu » et le « nous » sur l'écriture de la plus prolifique auteure de la Belle Époque. Les masques tombent les uns après les autres, explique Rieger, entre le premier masque de « l'ingénue libertine » enlevé déjà à la fin de la série des *Claudine* et celui de l'invisibilité ou du presque silence permettant à la voix narrative à la première personne de s'estomper derrière un « nous » collectif et donc multiple, de trouver son assise dans d'insistants points d'exclamation, d'interrogation et de suspension. L'emprunt de divers masques – réels ou fictionnalisés –, de même que la mise en scène des mascarades qui sont celles des artistes du music-hall, dont faisait d'ailleurs partie Gabrielle-Sidonie Colette après son divorce d'Henry Gauthier-Villars, auront ouvert la voie à la manifestation d'une signature féminine singulière. Dès 1920, Colette s'affirme ainsi en tant qu'auteure à part entière.

C'est par deux figures de femmes auteurs *excentriques* appartenant toutes deux aux avant-gardes dites historiques que se clôt notre réflexion transversale sur la visée et les enjeux du masque et du travestissement textuel dans l'écriture des femmes. Si le rôle qu'a joué Valentine de Saint-Point, poétesse, dramaturge, critique d'art, peintre, chorégraphe et auteure de deux manifestes (*Manifeste de la femme futuriste* et *Manifeste de la luxure*) dans le Futurisme est encore peu connu de nos jours, les affinités électives qu'a entretenues Claude Cahun avec le mouvement surréaliste, tout en gardant ses distances, n'ont plus besoin d'être rappelées, tant cette auteure-artiste multimédia avant la lettre occupe une place importante dans les grandes expositions consacrées à la *gender performance*, aux femmes auteurs surréalistes ou à la photographie surréaliste. Outre leur volonté de souscrire à une esthétique transgressive, ce qui réunit ces deux figures est leur pratique délibérée de la mascarade à outrance. La contribution de Paul-André Claudel met en évidence la dynamique du travestissement chez Valentine de Saint-Point, qui consiste à construire une image du sujet artiste au féminin et à développer en même temps, dans ses manifestes et essais, un discours critique sur la représentation fictionnelle d'une certaine féminité, élaborée au fil des siècles. La double stratégie de construction d'une image personnelle et de déconstruction d'une imagerie collective vise à proposer une nouvelle représentation de la femme artiste. Selon P.-A. Claudel, les nombreux masques pseudonymiques et scripturaires dont use Valentine de Saint-Point deviennent le moyen de recherche d'une « suprême esthétisation », d'une « reconfiguration scripturaire de l'identité », bref, d'une identité qui se conçoit avant tout plurielle et changeante. La revendication d'une image de soi à transformer, à modeler, voire à contrefaire, révèle en définitive, à travers le questionnement explicite du masque et le dévoilement des ficelles du travestissement générique (au sens identitaire et littéraire), l'appartenance problématique au sexe féminin, notamment en ce qui concerne les attentes sociales vis-à-vis de la femme aspirant au statut d'auteur ou au métier d'artiste.

Sans se référer à des prédécesseures telles que Valentine de Saint-Point ou la Baroness Elsa, poétesse et artiste de Dada New York, Claude Cahun pose elle aussi la question du sujet créateur aux prises avec la polarité du « féminin » et du « masculin », de la vérité et de l'illusion. Dans sa lecture fortement inspirée du cheminement biographique et de la trajectoire littéraire de Cahun, Charlotte Maria insiste justement sur la confusion entre le réel et l'illusoire dont est empreint l'œuvre cahunien, et ce, des premiers textes journalistiques signés sous le pseudonyme « M » dans *Le Phare de la Loire* jusqu'à son œuvre autographique majeure, *Aveux non avenus* (1930). Sous chaque masque apparaît soudainement un autre masque au point qu'il n'est plus possible de distinguer le masque du visage. Face à tant de déformations et de détournements, de diffractions et de fragmentations, seuls l'humour et l'ironie pourront sauver le sujet du naufrage. Outil et témoin de l'ambiguïté sexuelle, le masque permet chez Cahun la dislocation de l'identité, parfois au péril de la perte de soi, car la démultiplication du masque risque de faire exploser le moi en une multitude d'objets et de formes, surtout lorsque les mascarades sont médiatisées par le miroir. C'est précisément dans une perspective intermédiale qu'Andrea Oberhuber et Nadine Schwakopf proposent des entrées dans l'œuvre autographique de Claude Cahun, constituée d'un grand nombre d'autoportraits et de plusieurs textes littéraires, dont *Carnaval en chambre, Aveux non avenus* et *Confidences au miroir*. La quête identitaire paraît intrinsèquement liée au fantasme de l'auto-engendrement du sujet dont le but ultime des pratiques scripturaires et photographiques est de brouiller les pistes, d'effacer les frontières entre l'art et la vie, entre l'un et l'Autre, autrement dit de s'imaginer « indéfinie », dans un état de métamorphose permanente. La stratégie pseudonymique – Cahun née Lucy Schwob change de noms et de visages tout au long de sa carrière d'auteure, photographe, actrice de théâtre et militante politique dans la Résistance – s'avère la pratique originelle ouvrant grand la porte à la mise en théâtre d'un moi mosaïqué et, tout compte fait, à une esthétique du trompe-l'œil où se joignent au sein d'une même image le réel et l'imaginaire, où s'effacent les limites artificielles, tel est le postulat initial du Surréalisme, entre l'univers du rêve et la réalité banale.

Si, dans le cadre de notre réflexion sur le masque et le travestissement textuel chez les femmes écrivains, certaines auteures et œuvres se sont imposées d'office (citons à titre d'exemples, en raison du caractère emblématique de leur démarche, Jeanne Flore, Hélisenne de Crenne, les Dames Des Roches, George Sand, Delphine de Girardin, Rachilde, Colette ou Claude Cahun), d'autres, moins étudiées, comme Juliette Figuier, Julia Allard (alias « Madame Alphonse Daudet ») et Valentine de Saint-Point donnent à voir diverses stratégies d'inscription dans un champ généralement peu favorable à l'avènement d'une expression publique portant la signature du féminin. L'exemple de Prosper Mérimée dont l'entrée en littérature s'est fait sous le masque féminin demeure un cas de figure de travestissement stupéfiant, du moins pour le XIXe siècle. Si certains lecteurs remarqueront l'absence d'études consacrées à Marguerite Yourcenar, première femme consacrée par l'Académie française, nous sommes les premiers à regretter cette lacune. Flagrante et regrettable, celle-ci renvoie, à travers le vide et le silence, à une réalité extra-littéraire : parmi toutes les auteures de la première moitié du XXe siècle, Yourcenar – c'est par ailleurs le nom de plume de Marguerite Cleenewerck de Crayencour – fait partie des écrivains les plus reconnus par les institutions littéraires. Faut-il déduire de cette situation, résultant de l'orientation qu'impriment aux études yourcenariennes l'Association Yourcenar, les *Cahiers Marguerite Yourcenar* et le Centre international de documentation, que le masque ne sied pas à l'auteure d'*Alexis ou le Traité du vain combat*, récit pourtant si révélateur du débat problématique sur le désir homosexuel ? Peut-on imaginer que les stratégies de travestissement textuel à l'œuvre dans la trilogie autobiographique ne nous renseignent pas sur les paradoxes d'une femme qui, adhérant à l'idée selon laquelle le sujet écrivant ne connaît pas la sexuation, prête le plus souvent sa voix à des figures masculines d'une œuvre à l'autre ?

Mais Yourcenar n'est pas la seule absente de ce volume ; nous constatons, surtout pour la fin du XIXe siècle et le début du XXe, jusqu'au changement de paradigme survenu au moment de la Seconde Guerre mondiale, d'autres absences comme celles de Séverine, de Gyp, de Renée Vivien, de Catherine Pozzi ou de Colette Peignot. Mais de façon générale, chaque siècle accuse, à divers degrés, d'inévitables lacunes, cet ouvrage ne pouvant aspirer à un statut encyclopédique. Il faut considérer les articles rassemblés ici comme des balises qui engagent dans diverses directions la réflexion sur le masque, tout en ouvrant la voie à d'autres études susceptibles d'intégrer les littératures étrangères.

Le découpage en trois chapitres, tel que nous l'avons conçu – « Postures rhétoriques et discours auctorial », « Effets de pseudonymie », « Se masquer, se travestir, s'écrire » –, propose un parcours allant contre l'idée qu'il existerait dans l'écriture des femmes une chronologie qui verrait évoluer les pratiques scripturaires du masque et du travestissement vers la révélation du « vrai » visage du sujet écrivant. Nous avons voulu au contraire insister sur certaines stratégies transhistoriques (comme par exemple la pseudonymie), sur des lignes de faille qui ne se situent pas forcément aux limites des époques, entre l'Ancien Régime, la modernité et le modernisme. Aussi les réflexions théoriques et les analyses littéraires font-elles apparaître que l'*èthos* de la sincérité recourt à des masques différents selon les temps, mais qu'à partir du milieu du XIXe siècle, le port du masque et le travestissement peuvent de plus en plus souvent relever d'une appropriation positive de ces stratégies de dissimulation. Ensuite, osons-nous affirmer, les textes ouvrent des brèches dans le couple antinomique formé par la rhétorique de la sincérité et l'écriture travestie, en faisant circuler allégrement, à travers le jeu de la grande mascarade et l'autogenèse révélatrice, le paradoxe de l'auteure moderniste, aux prises avec le poids des images (de soi) traditionnelles et la mise en œuvre d'une nouvelle vision kaléidoscopique du sujet féminin.

Les questions d'ordre poétique et esthétique soulevées dans les dix-neuf contributions se donnent pour but d'ouvrir sur de nouveaux horizons, de prolonger la réflexion sur l'écriture des femmes et leur exploration de mondes possibles au moyen du masque, plus précisément sur les diverses modalités de prise de parole dans l'espace public et de l'inscription de la figure auctoriale féminine dans le champ littéraire et culturel.

I. Postures rhétoriques et discours auctorial

Claude La Charité

DU MASQUE AU DÉVOILEMENT : LE MYTHE D'AGNODICE COMME LÉGITIMATION DE L'ÉCRITURE FÉMININE, DE CATHERINE DES ROCHES (1578) À GABRIEL-HENRI GAILLARD (1748)

Cet article se propose d'étudier le rapport que l'écriture féminine entretient avec le travestissement, et plus spécifiquement avec l'androgynie, au cours de l'Ancien Régime, en s'attardant au traitement que les Dames Des Roches, poétesses poitevines de la Renaissance, et Gabriel-Henri Gaillard, historien et homme de lettres du XVIIIe siècle, réservent au mythe d'Agnodice[1], cette Athénienne qui, déguisée en homme, aurait réussi à devenir médecin au IVe siècle av. J.-C.

Dans le poème « L'Agnodice » du recueil des *Œuvres* (1578), Catherine Des Roches fait de l'héroïne éponyme un mythe légitimant l'accès des femmes à l'écriture. Au moment d'être condamnée pour avoir séduit ses patientes, Agnodice dévoile sa véritable identité sexuelle et se justifie, en faisant valoir à ses accusateurs masculins que « le desir qui la fait desguiser, / N'est point pour les tromper, mais pour authoriser / Les lettres, qu'elle apprist[2] ». L'enjeu ici n'est pas tant l'accès à la profession médicale que la revendication de la légitimité de la culture et l'écriture des femmes, pour qui l'androgynie n'est pas une imposture ou un asservissement, mais une sorte de condition préalable, valorisée à l'extrême par le néoplatonisme ambiant.

Pour Gabriel-Henri Gaillard qui, dans la préface à sa *Rhétorique françoise à l'usage des jeunes demoiselles* (1748), évoque également la figure d'Agnodice, le mythe revêt un tout autre sens. En fait, pour lui, Agnodice constitue un

1. Les graphies et les prononciations de ce nom propre varient en français. Nous suivons ici la graphie qu'emploient Catherine Des Roches et Gabriel-Henri Gaillard, même si l'éditeur moderne d'Hygin, l'unique source de l'Antiquité sur cette figure mythique, traduit la forme latine *Hagnodice* par « Hagnodicé ». La graphie usuelle de l'Ancien Régime, même en l'absence d'accent, n'exclut pas une prononciation de la finale, même si, chez Catherine Des Roches, « Agnodice » rime avec « service ».

2. Madeleine et Catherine Des Roches, *Les Œuvres*, éd. Anne R. Larsen, Genève, Droz, « Textes littéraires français », 1993, p. 339. Désormais, toutes les références à ce texte renverront à cette édition et seront désignées par les lettres *AGN*, suivies du numéro de la page.

exemplum de l'usage qui, toujours respectable par sa tyrannie, « a interdit aux femmes les ouvrages qui supposent une profession[3] ». Loin de faire l'apologie du déguisement de la femme en homme pour qu'elle accède au savoir, Gaillard laisse plutôt la nature, celle que Catherine Des Roches cherchait à masquer, plaider en faveur de l'inculpée : « la Nature avait pourvu à sa justification » (*RF*, iv-v). De fait, l'ensemble de la préface vise à démontrer que non seulement elles peuvent légitimement prétendre à la pratique littéraire, mais que, par nature, « les Femmes [...] paraissent plus propres aux Arts que les hommes mêmes » (*RF*, viii).

Il s'agira donc d'étudier ces deux jalons de la réflexion d'Ancien Régime sur l'écriture féminine, en formulant l'hypothèse que le rapport de cette écriture au travestissement connaît une métamorphose, en passant de la valorisation du masque à la valorisation du dévoilement. Pour ce faire, nous passerons d'abord en revue les sources de l'Antiquité sur Agnodice et leur transmission sous l'Ancien Régime, avant de nous pencher sur le déguisement qui « authorise » les lettres chez Catherine Des Roches et d'étudier le traitement de l'*exemplum* d'Agnodice chez Gabriel-Henri Gaillard.

Les sources antiques sur Agnodice

Parmi les textes de l'Antiquité que la tradition nous a conservés, seules les *Fables* d'Hygin font mention d'Agnodice. Ces *Fabulae*, aussi connues sous le titre de *Genealogiae*, datent vraisemblablement du Ier siècle av. J.-C. et sont attribuées à Caius Julius Hyginus[4], affranchi de l'empereur Auguste, responsable de la Bibliothèque palatine et également auteur d'*Astronomica*. Bien que l'unique occurrence d'Agnodice se trouve dans les *Fabulae*, il est probable que cette figure mythique se trouvait aussi évoquée dans d'autres textes, sans doute grecs et aujourd'hui perdus, qui servirent de sources au polygraphe dans la rédaction de son recueil de fables, qui se veut une explicitation du monde mythologique grec à l'usage d'un public romain ignorant la langue d'Homère. L'évocation d'Agnodice se trouve dans la dernière partie du recueil, constituée de catalogues. En l'occurrence, il s'agit de la fable CCLXXIX « Les inventions et leurs auteurs » et plus spécifiquement des paragraphes 10 à 13. Or, on sait que les traités sur les inventions et les inventeurs étaient nombreux dans la littérature grecque de l'Antiquité, si bien

3. Gabriel-Henri Gaillard, *Rhétorique françoise à l'usage des jeunes demoiselles* [1748], cinquième édition, Paris, Chez Bauche, 1762, p. iv. D'abord publié sous le titre d'*Essai de rhétorique françoise à l'usage des jeunes demoiselles* en 1746, le traité fut republié sous son titre définitif en 1748 et connut de nombreuses rééditions jusqu'au XIXe siècle qui, pour l'essentiel, reprendront le texte de cette deuxième édition proposant une préface remaniée et l'insertion d'un nouveau chapitre sur les trois genres d'éloquence (judiciaire, délibératif, démonstratif). Désormais, toutes les références à ce texte renverront à cette édition et seront désignées par les lettres *RF*, suivies du numéro de la page.

4. À propos de l'auteur et de l'attribution des *Fabulae*, voir Hygin, *Fables*, éd. et trad. Jean-Yves Boriaud, Paris, Les Belles Lettres, 1997, p. VII-XIII. Désormais, toutes les références à ce texte renverront à cette édition et seront désignées par la lettre *F*, suivie du numéro de la page.

qu'Hygin, dans cette fable, compile vraisemblablement un *Peri heurematon* qui n'a pas été conservé. Voyons maintenant ce que cette unique source de l'Antiquité révèle à propos de cette Grecque qui se fit médecin, en se travestissant en homme :

> Les anciens n'avaient pas d'accoucheuses et ainsi les femmes, mues par leur pudeur, mouraient. Les Athéniens veillaient en effet à ce que nulle femme, nul esclave, n'apprît l'art de la médecine. Une jeune vierge, une certaine Hagnodicé, eut envie d'apprendre la médecine et, sous le coup de cette envie, se coupa les cheveux et, en habits d'homme, alla suivre les leçons d'un certain Hérophile. Ayant appris, une fois au fait de cet art, qu'une femme souffrait du bas-ventre, elle vint la voir et comme cette femme, pensant qu'elle était un homme, refusait de se confier à elle, soulevant sa tunique, elle montra qu'elle était une femme et, ainsi, se mit à la soigner. Voyant qu'ils n'étaient pas admis auprès des femmes, les médecins commencèrent à accuser Hagnodicé, disant qu'il s'agissait d'un séducteur glabre, et qu'elles simulaient la stupidité. Les Aréopagites, réunis à ce sujet, entreprirent de condamner Hagnodicé ; soulevant devant eux sa tunique, elle leur montra qu'elle était une femme. Les médecins se mirent à l'accuser de plus belle, aussi les femmes les plus considérables s'assemblèrent auprès des juges et dirent : « vous n'êtes pas des époux mais des ennemis, car celle qui a trouvé le moyen de nous sauver, vous la condamnez. » Les Athéniens modifièrent alors la loi, prévoyant que les femmes de condition libre pourraient apprendre la médecine. (*F*, 168-169)

En vérité, ce long segment consacré à Agnodice s'inscrit dans le prolongement naturel du paragraphe précédent qui détaille les inventeurs de la médecine chirurgicale, oculaire et clinique : « Le centaure Chiron fils de Saturne fonda l'art de la médecine chirurgicale, à partir de plantes. Apollon créa le premier l'art de la médecine oculaire. Troisièmement, Asclépius fils d'Apollon inventa la clinique » (*F*, 168). Au total, cette section consacrée aux inventeurs de la médecine est le plus long de la fable. Le développement sur Agnodice quant à lui est le seul passage narratif. Du point de vue du genre du catalogue d'inventeurs auquel ressortit cette fable, le mérite d'Agnodice est d'avoir été l'inventrice de la médecine obstétrique. Tout autant que Chiron, Apollon ou Asclépius, Agnodice est évidemment un personnage mythique, dans la mesure où il ne subsiste aucun autre témoignage sur elle[5] et que son nom revêt, en grec, une signification transparente, imposée par le contexte : littéralement « la femme sans nom[6] », puisque, pour exercer la médecine, elle doit taire son identité. Si Agnodice est davantage un personnage emblématique qu'historique, il reste cependant que les références à Hérophile tendent à l'inscrire dans l'histoire. En effet, ce médecin grec, né à

5. Heinrich von Staden, *Herophilus : The Art of Medecine in Early Alexandria*, Cambridge, Cambridge University Press, 1989, p. 40.
6. Voir, à ce propos, Nicole Pellegrin, « L'androgyne au XVIe siècle : pour une relecture des savoirs », dans Danielle Haase-Dubosc et Éliane Viennot (dir.), *Femmes et Pouvoirs sous l'Ancien Régime*, Paris, Rivages, 1991, p. 35.

Chalcédoine vers 330-320 av. J.-C. et mort vers 260-250 av. J.-C., est l'un des premiers auteurs de l'Antiquité à avoir consacré un traité aux sages-femmes, même si, dans le corpus hippocratique, on trouvait déjà des traités relatifs aux maladies des femmes et à l'obstétrique. La différence entre l'époque d'Hippocrate et celle d'Hérophile tient cependant à l'apparition de femmes médecins qui ne sont plus seulement sages-femmes. Le contexte narratif initial de la fable d'Hygin fait penser à l'époque d'Hippocrate, aux Ve-IVe siècles av. J.-C., alors qu'il n'y avait pas encore de femmes médecins et que les malades étaient réticentes à se confier aux hommes pour tout ce qui touchait la gynécologie, comme le précise le traité hippocratique des *Maladies des femmes*: « En effet, la pudeur les empêche de parler même si elles savent, et elles regardent cela comme honteux par inexpérience et par ignorance[7]. » L'époque d'Hérophile, quant à elle, aux IVe-IIIe siècles av. J.-C., correspond aux plus anciennes attestations de femmes médecins de l'Antiquité[8], que ce soit dans *La République* de Platon où les femmes médecins sont une donnée tenue pour acquise ou dans l'épitaphe d'une certaine Phénostrate, originaire d'Acharnai en Attique et morte vers 350 av. J.-C., décrite comme sage-femme et médecin (μαῖα καὶ ἰατρός). Même si ces femmes médecins pouvaient fort bien avoir une pratique généraliste, il reste que leur première spécialité était le plus souvent l'obstétrique et la gynécologie.

C'est donc dire que la fable d'Hygin propose un résumé extrêmement succinct de l'histoire de la médecine et, en particulier, par la figure emblématique d'Agnodice, de l'accès des femmes à cette profession et du développement de l'obstétrique et de la gynécologie. Même si on sait que l'apprentissage de la médecine supposait, chez les Anciens, une culture lettrée, il reste que le mythe d'Agnodice, dans l'Antiquité, n'était pas un plaidoyer pour l'accès des femmes à la culture littéraire et encore moins à la pratique des lettres.

Catherine Des Roches, « L'Agnodice » (1578) et le déguisement qui « authorise » les lettres

Dans *Les Œuvres*, premier recueil qu'elle fit paraître avec sa mère en 1578, Catherine Des Roches signe un poème de 178 alexandrins à rimes plates, intitulé précisément « L'Agnodice ». Même s'il s'agit d'une réécriture humaniste empruntant à diverses sources, en particulier Plutarque, Hérodote, Xénophon, Platon et Ovide, la pièce de vers prend évidemment son argument dans les *Fables* d'Hygin. Catherine Des Roches, à l'instar des humanistes de la fin du siècle, privilégie certes les auteurs grecs, mais le recours au latin Hygin se comprend aisément dans la mesure où, comme on l'a vu, la

7. Hippocrate, *Maladies des femmes*, I, 62, cité par Jacques Jouanna, *Hippocrate*, Paris, Fayard, 1992, p. 174. À propos des femmes dans la médecine hippocratique, voir p. 172-177.
8. À propos des femmes médecins de l'Antiquité, voir Holt N. Parker, « Women Doctors in Greece, Rome, and the Byzantine Empire », dans Lilian R. Furst (dir.), *Women Healers and Physicians: Climbing a Long Hill*, Lexington (Kentucky), University Press of Kentucky, 1997, p. 131-150.

source probable, de même que l'onomastique et le cadre général du mythe d'Agnodice ont clairement une origine grecque. Or, la Renaissance a permis une véritable résurrection des *Fabulae* d'Hygin, dans lesquelles les humanistes voyaient une des sources les plus riches pour la connaissance de la « science mythologique ». Au moment de la parution du recueil des poétesses poitevines, l'œuvre d'Hygin avait déjà été éditée en langue originale de manière très consciencieuse par Jacopus Micyllus. Cette édition, d'abord publiée à Bâle en 1535, connut deux rééditions dans cette ville en 1549 et 1570, et une troisième réédition à Paris en 1578[9], l'année même de la parution du recueil des Dames Des Roches. Même s'il est impossible de déterminer avec certitude dans quelle édition précisément Catherine Des Roches a pu lire Hygin, il est clair que sa connaissance d'Agnodice passe par l'une de ces éditions du XVIe siècle, ne serait-ce qu'en raison de la graphie « Agnodice[10] » que l'on trouve dans le texte établi par Micyllus, alors que certains manuscrits proposent plutôt la leçon « Hagnodice[11] ». Au reste, la connaissance que la poétesse de « L'Agnodice » avait du latin ne fait aucun doute, puisqu'elle publiera en 1586, à la suite des *Missives*, la première traduction française du *De raptu Proserpinae* de Claudien.

Si, dans le poème de Catherine Des Roches, le canevas de base est sensiblement le même que chez Hygin, il s'inscrit toutefois dans un dispositif narratif plus élaboré qui lui confère presque une dimension épique. En effet, le contexte initial n'est plus l'absence de femmes médecins, mais bien plutôt la vengeance exercée par la personnification de l'Envie à l'encontre de l'ensemble du sexe féminin en représailles contre la piété d'une « Dame estrangere » pour la dépouille de Phocion, mort sans sépulture. Dans une prosopopée, Envie expose son noir dessein qui consiste à inciter les maris à maintenir leurs femmes dans l'ignorance :

> Saches qu'en peu de temps je te feray sentir
> De ton hastif secours un tardif repentir.
> Car en despit de toy j'animeray les ames
> Des maris, qui seront les tyrans de leurs femmes,
> Et qui leur deffendant le livre et le sçavoir,
> Leur osteront aussi de vivre le pouvoir. (*AGN*, 335)

L'effet est aussi prompt que radical :

> Aussitost qu'elle eut dit, elle glisse aux moüelles
> Des hommes qui, voyans leurs femmes doctes-belles,
> Desirent effacer de leur entendement
> Les lettres, des beautez le plus digne ornement ;

9. Voir, à ce propos, Hygin, *Fables*, *op. cit.*, p. XVI-XVIII.

10. *C. Julii Hygini Augusti liberti fabularum liber, ad omnium poetarum lectionem mire necessarius, et nunc denuò excusus*, Bâle, per Joannem Hervagium, 1549, p. 55, section B.

11. Voir le texte établi par H. I. Rose dans son édition publiée à Leyde en 1933 et dont la leçon est relevée en variante dans Hygin, *Fables*, *op. cit.*, p. 168.

Et ne voulant laisser chose qui leur agrée,
Leur ostent le plaisir où l'ame se recrée. (*AGN*, 335)

Par l'adjectif composé « doctes-belles », la poétesse formule une certaine conception de la dignité de la femme, qui conjoint le savoir à la beauté et qui conditionne la suite de la fable.

C'est d'ailleurs au nom de cette *dignitas mulieris*, que l'on peut considérer comme caractéristique de la Renaissance, que Catherine Des Roches se permet de réécrire la fable d'Hygin à propos d'Agnodice. Alors que, chez le maître de la Bibliothèque palatine, la beauté d'Agnodice n'était jamais évoquée, le fabuliste se contentant de préciser qu'elle se fait couper les cheveux sans plus, chez la poétesse poitevine, l'insistance est mise sur les charmes d'Agnodice, en particulier sa poitrine et sa tresse blonde qu'elle se contente de cacher, sans la couper :

En ce temps il y eut une Dame gentille,
Que le ciel avoit faict belle, sage, et subtille,
Qui piteuse de voir ces visages si beaux,
Prontement engloutis des avares tombeaux,
Les voulant secourir couvrit sa double pomme
Afin d'estudier en accoustrement d'homme,
Pource qu'il estoit lors aux femmes interdit
De pratiquer les arts, ou les voir par escrit.
Ceste Dame, cachant l'or de sa blonde tresse,
Aprist la medecine, et s'en feit grand maistresse. (*AGN*, 336)

Il ne s'agit pas là cependant de la seule différence par rapport à Hygin. Dans les *Fabulae*, Agnodice, mise en accusation devant l'Aréopage, n'arrive pas à convaincre ses juges par le dévoilement de sa véritable identité sexuelle, les médecins l'accusant de plus belle. Ce n'est que l'intervention des femmes les plus considérables de la cité qui fait pencher la balance en sa faveur. Chez Catherine Des Roches, il en va tout autrement, puisque Agnodice arrive spontanément à emporter l'adhésion de son auditoire, médusé, qui reste sans pouvoir « parler ny mouvoir ». Et c'est là que se fait jour une deuxième différence de taille par rapport à Hygin, car Agnodice ne se contente pas simplement d'exhiber son corps. Elle joint la parole au geste :

Helas ! sans la trouver coulpable d'aucun tort,
Ils l'ont injustement condemnée à la mort.
La pauvrete, voyant le malheur qui s'appreste,
Descouvrit promptement l'or de sa blonde teste,
Et monstrant son sein beau, aggreable sejour
Des Muses, des vertus, des graces, de l'amour,
Elle baissa les yeux pleins d'honneur et de honte ;
Une vierge rougeur en la face luy monte ;
Disant que le desir qui la faict desguiser
N'est point pour les tromper, mais pour authoriser
Les lettres qu'elle apprist voulant servir leurs Dames ;

Que de la soupçonner de crimes tant infames,
C'est offencer nature et ses divines loix.
Depuis qu'elle eut parlé, oncq une seulle voix
Ne s'esleva contre elle ; ains toute l'assistance
Monstroit d'esmerveiller ceste rare excellence ;
Ils estoient tous ravis, sans parler ny mouvoir,
Ententifs seulement à l'ouyr et la voir. (*AGN*, 338-339)

C'est qu'en fait, contrairement aux modèles de l'Antiquité – par exemple la courtisane Phryné défendue par Hypéride qui déchire sa tunique pour exhiber sa poitrine et gagner sa cause[12] –, ce n'est plus simplement l'éloquence du corps qui est ici mise en scène, mais la conjonction entre l'éloquence du corps et l'éloquence oratoire, l'alliance entre la beauté féminine de la nudité et la persuasion masculine revêtue de la toge : bref, l'idéal de la femme « belle-docte » qui relève d'une forme d'androgynie selon les critères du XVIe siècle.

Or, bien loin de constituer un pis-aller argumentatif de femmes confrontées à un univers d'hommes, cette ambivalence sexuelle est au fondement de l'accès des femmes à tous les savoirs à la Renaissance, comme l'a bien montré Nicole Pellegrin[13]. Et de fait, bon nombre d'œuvres de femmes écrivains de la Renaissance portent la trace de cette androgynie consciemment revendiquée, qu'il s'agisse, par-delà Catherine Des Roches, d'Hélisenne de Crenne, de Marguerite de Navarre, de Marie de Romieu ou de Marguerite de Valois. Dans la lettre familière XIII de ses *Epistres familieres et invectives* (1539), le personnage d'Hélisenne se travestit en homme pour faire l'aveu de son amour au destinataire dans ce qui, en prose, se rapproche le plus d'un poème d'amour[14]. Dans le cas de Marguerite de Navarre et de la Reine Marguerite, il s'agit de princesses de la famille royale qui, pour mieux exercer l'autorité politique réservée aux hommes, ont souvent tendu à se représenter sous des traits masculins. Ainsi, Marguerite de Navarre, dans la lettre qu'elle adresse à François Ier depuis Dax, en mars 1544, écrit : « c'est le desir que j'ay heu toute ma vie de vous pouvoir fere service non coume seur, mais coume frere[15] ». Dans ses *Mémoires* rédigés à partir de 1593, Marguerite de Valois multiplie les effets d'autoreprésentation au masculin en recourant à des *exempla* d'hommes célèbres de l'Antiquité comme Thémistocle et Alexandre à propos de sa prime enfance. Quant à Marie de Romieu, les pièces liminaires de ses *Premieres œuvres poetiques* (1581) répètent à l'envi qu'elle est une *virago*, une femme qui, par sa maîtrise de l'écriture, se révèle digne d'être un homme, Jean-Édouard Du Monin écrivant même que son

12. Voir, à ce propos, Athénée, *Deipnosophistes*, XIII, 59.
13. Nicole Pellegrin, « L'androgyne au XVIe siècle », art. cit., p. 11-48.
14. Jean-Philippe Beaulieu, « Lettre de femme, voix d'homme ? Jeux identitaires et effets de travestissement dans la treizième épître familière d'Hélisenne de Crenne », *Tangence*, nº 84, été 2007, p. 31-47.
15. *Lettres de femmes. Textes inédits et oubliés du XVIe au XVIIIe siècle*, éd. Elizabeth C. Goldsmith et Colette H. Winn, Paris, Honoré Champion, 2005, p. 30.

« mâle vers, enfant de [s]a verve femelle » lui inspire l'envie de devenir un « nouvel Androgyne[16] ».

C'est qu'il y a derrière le travestissement d'Agnodice une ambition prométhéenne qui a fasciné la Renaissance, à savoir le désir de reconquérir l'unité originelle perdue qui permet aux humains de s'égaler aux dieux. Dans le *Discours de l'honneste amour sur le Banquet de Platon* traduit de Ficin par Guy Le Fèvre de la Boderie en 1578 – la même année que paraît le poème de Catherine Des Roches –, cette androgynie correspond au sexe « composé »: « Les hommes anciennement avoient trois sexes Masculin, Feminin, et Composé: et estoient fils du Soleil, de la Terre, et de la Lune. Alors les hommes estoient entiers. Mais se voulans esgaller par orgueil à Dieu, ils furent divisez en deux: et derechef seront divisez si de rechef l'orgueil les assault[17]. »

Il faut enfin remarquer la portée générale que donne Catherine Des Roches à ce qui n'était, chez Hygin, que l'évocation allégorique de l'émergence de la médecine obstétrique. Manifestement, ce n'est plus l'accès des femmes à la profession médicale qui intéresse la poétesse, mais bien plutôt l'étude par les femmes de l'ensemble des arts. Or, comme pour Agnodice, cette étude ne saurait être purement passive, mais est appelée aussi à s'exercer concrètement, ce qui laisse entendre que « L'Agnodice » serait un plaidoyer non seulement pour l'accès à la littérature, mais aussi pour la pratique des lettres par les femmes. Et là encore, cette quête de l'accès à tous les savoirs de l'encyclopédie par le recours à l'androgynie et au travestissement s'inscrit dans le néoplatonisme ambiant qui atteint son apogée sous Henri III. Si la quête de l'androgynie est celle de l'amour fusionnel platonicien, alors il est normal qu'elle mène à la pratique de tous les arts, car, selon Ficin, « l'Amour est maistre et seigneur de tous les arts » (*DHA*, 86).

Gabriel-Henri Gaillard, la préface à la *Rhétorique françoise à l'usage des jeunes demoiselles* (1748) et l'exemple d'Agnodice

Dans la préface remaniée de sa *Rhétorique françoise à l'usage des jeunes demoiselles* (1748), Gabriel-Henri Gaillard fera lui aussi écho au mythe d'Agnodice, dans un contexte similaire, celui de la justification de l'accès des femmes à la culture et à la pratique littéraires, réduites aux belles-lettres et, pour ce qui est de la pratique, à certains genres mondains et mineurs tels l'épigramme, le conte et le madrigal. Mais le sens qu'il donne à cet *exemplum*

16. Marie de Romieu, *Premières œuvres poétiques*, éd. André Winandy, Genève-Paris, Droz-Minard, 1972, p. 7. Voir, à ce propos, Claude La Charité, « "Ce male vers enfant de ta verve femelle" : les destinataires féminins de la lyrique amoureuse de Marie de Romieu », *Nouvelle Revue du XVIe siècle*, vol. XVIII, n° 2, 2000, p. 81-94 ; et « Marie de Romieu et l'écriture androgyne : les marques de généricité du sujet lyrique dans *Les Premieres œuvres poetiques* (1581) », *Sextant*, n°s 17-18, 2002, p. 213-234.

17. Marsile Ficin, *Discours de l'honneste amour sur le banquet de Platon*, trad. Guy Le Fèvre de la Boderie, Paris, Jean Macé, 1578, p. 101-102. Désormais, toutes les références à ce texte renverront à cette édition et seront désignées par les lettres *DHA*, suivies du numéro de la page.

de l'Antiquité est tout autre que chez Catherine Des Roches, dans la mesure où il considère qu'il s'agit d'un précédent « qui ne tire point à conséquence » (*RF*, v). Avant d'entrer dans l'étude détaillée de cette préface, il importe d'évoquer les médiations par lesquelles Gaillard a pu connaître le mythe d'Agnodice.

Rien n'exclut qu'il ait pu lire Hygin dans le texte, puisqu'une importante réédition des principaux mythographes latins avait été publiée à Leyde et Amsterdam par Augustinus van Staveren en 1742 sous le titre d'*Auctores mythographi latini*. Pour ce qui est des *Fabulae* d'Hygin, cette édition reprenait le travail de l'éditeur du XVIe siècle, Jacopus Micyllus, mais prenait aussi en compte les deux éditions du XVIIe siècle, celle de Joannes Scheffer de 1674 et celle de Thomas Muncker de 1681[18].

Cela dit, il semble que la connaissance spécifique d'Agnodice ait aussi pu passer par un autre intermédiaire, à en juger par l'entrée « Sage-femme » de l'*Encyclopédie* de Diderot et d'Alembert, au tome XIV publié en 1765, postérieurement à la *Rhétorique* de Gaillard :

> Il y avoit une loi parmi les Athéniens qui défendoit aux femmes d'étudier la Médecine. Cette loi fut abrogée en faveur d'*Agnodice,* jeune fille qui se déguisa en homme pour apprendre la Médecine, et qui sous ce déguisement pratiquoit les accouchemens ; les Médecins la citerent devant l'aréopage ; mais les sollicitations des dames athéniennes qui intervinrent dans la cause, la fit triompher de ses parties adverses ; et il fut dorénavant permis aux femmes libres d'apprendre cet art. *Voyez le dictionnaire* de Bayle *au mot Hiérophile, remarque* A[19].

Et de fait, l'entrée « Hiérophile » du *Dictionnaire historique et critique* (1697) de Bayle donne, en remarque, la traduction française intégrale du passage de la fable d'Hygin concernant Agnodice. Cette traduction, d'une grande clarté et d'une beauté qui n'ont rien à envier à la littérale traduction moderne, est elle-même tirée des *Nouvelles de la République des Lettres* (janvier 1686, p. 28-29) :

> Les anciens n'ayant pas de Sages-femmes, il mourut beaucoup de femmes en travail d'enfant, parce que la honte les empêchoit de recourir à des Medecins, et qu'il y avoit une Loi parmi les Atheniens qui défendoit aux femmes de se mêler de Medecine. Sur cela une jeune fille nommée Agnodice, se sentant une grande inclination pour cette science, se déguisa en homme, et l'apprit. Après quoi elle alloit trouver les femmes qui étoient en travail d'enfant ; et pour leur ôter tout scrupule elle leur montroit d'abord ce qu'elle étoit, et en suite les accouchoit. Les Medecins remarquant que cela leur faisoit perdre la pratique des femmes, firent un procès à celle-là, et l'accuserent d'un mauvais commerce avec le sexe : ils se plaignirent même de je ne sai quelle collusion, et de certaines

18. Voir, à ce propos, Hygin, *Fables*, *op. cit.*, p. XVII-XVIII.
19. *Encyclopédie, ou Dictionnaire raisonné des sciences, des arts et des métiers*, t. XIV, Paris, Chez Briasson, David, Le Breton et Durand, 1765, p. 496.

> maladies de commande qu'on voit pour favoriser le Galant. En un mot, ils la firent condamner par les Aeropagites : mais elle leur montra si clairement en plein Senat les preuves de son innocence, qu'il falut que les Medecins recourussent à une autre batterie, savoir à la Loi qui defendoit au sexe la profession de Medecin. Les Dames Atheniennes intervinrent alors dans la cause, et firent reformer la Loi ; ainsi il fut permis aux femmes libres d'apprendre cet Art[20].

La suite de la remarque de Bayle porte pour l'essentiel sur la question de la pudeur et ses métamorphoses du XVIe au XVIIIe siècle. L'érudit est frappé par la contradiction entre la honte des femmes athéniennes qui refusent de recourir à un médecin homme et l'effronterie d'Agnodice qui n'hésite pas à se dénuder devant le plus grave et le plus vénérable tribunal au monde. Il conclut sur le fait que, si les femmes en France depuis le XVIIe siècle n'hésitent plus à accoucher publiquement devant les chirurgiens, cela se fait au bénéfice de la médecine obstétrique.

On le voit, la remarque de Bayle, tout en citant la première traduction française du passage d'Hygin sur Agnodice, élude complètement la question de l'accès des femmes à la profession médicale, voire de l'accès à la culture de quelque nature qu'elle soit. Il y a donc quelque chose de curieux dans la manière dont Gaillard fait intervenir l'*exemplum* d'Agnodice dans une discussion étrangère à la médecine, incongruité qui nous met peut-être sur la piste, par-delà l'édition latine de 1742 et le *Dictionnaire* de Bayle, d'un troisième intermédiaire sur lequel nous reviendrons.

Voyons maintenant ce qu'il est en de cette préface. Pour Gaillard, la rhétorique apprend à composer d'excellents ouvrages et à les goûter. Or, le goût est une disposition innée que la nature aurait libéralement accordée aux femmes et que la lecture des beaux livres serait à même de perfectionner. On le voit d'emblée, le paradigme dans lequel s'inscrit la réflexion du rhétoricien est radicalement différent de l'idéal de la femme « belle-docte », belle par nature, docte par culture, de Catherine Des Roches. En homme des Lumières, Gaillard pense la femme à partir du modèle de la sensibilité, dont le sexe féminin serait, par nature, mieux pourvue que les hommes. Du même coup, on assiste à un glissement du savoir au sentiment, ce que résume la citation de Madame Deshoulières qui ouvre la préface :

> Tous les jours leur ignorance aimable,
> A la honte du Grec et du Latin, fait voir
> Combien au cabinet le monde est préférable,
> Et le sentiment au sçavoir. (*RF*, [iii])

Si la quasi infaillibilité du goût féminin est appelée à s'appliquer aux objets les plus grands comme la tragédie, l'épopée, voire le plaidoyer et le sermon, Gaillard s'empresse tout aussitôt de préciser qu'il ne prétend pas pour

20. Pierre Bayle, *Dictionnaire historique et critique* [1690], t. II, 5e édition, Amsterdam, Leyde, La Haye et Utrecht, 1750, p. 764.

autant « ouvrir aux femmes la carriére du Barreau ou de la Chaire » (*RF*, iv) que les hommes leur ont prudemment fermée. Le champ de la rhétorique féminine se trouve ainsi borné aux ouvrages qui ne supposent pas de profession. Suivent trois contre-exemples, celui de la mathématicienne Maria Agnesi, à qui fut proposé un poste de lecteur honoraire à l'Université de Bologne en 1748, celui d'Hypatie, la philosophe platonicienne des IVe-Ve siècles apr. J.-C. qui enseigna à Alexandrie, et, enfin, celui d'Agnodice, auquel est consacré le plus long développement :

> Une Athénienne, nommée Agnodice, éprise d'un violent amour du bien public, se déguisa en homme pour éxercer la Médecine. Ses succès brillans et rapides inspirérent de la jalousie aux Médecins ses confréres, qui ayant bien observé sa conduite, l'accusérent en Justice réglée de s'introduire chez les femmes pour les corrompre. Circonstances combinées, présomptions converties en preuves, dépositions de témoins, rien ne manqua à la conviction du coupable ; qui après tout en fut pourtant quitte pour avouer que la Nature avoit pourvû à sa justification. Les Médecins furent un peu surpris. Les femmes firent grand bruit, elles intervinrent en corps et se rendirent parties au procès. De tout ce tapage il résultat un bon Arrêt de l'Aréopage qui permit aux femmes d'éxercer la Médecine, mais qui ayant été peu éxécuté, ne tire point à consequence. (*RF*, v)

On voit quel profit Gaillard fait de ces exemples qui ne tirent point à conséquence, dans un raisonnement *a fortiori* : si ces trois femmes d'exception ont pu exhiber leur talent dans des professions, à plus forte raison, les femmes ordinaires peuvent exercer leur goût dans des ouvrages qui ne supposent pas de profession. Cela dit, on perçoit quand même une évidente réserve du rhétoricien à l'égard de ces *exempla* de femmes qui certes ont manifesté leur talent publiquement, mais qui ont peut-être surtout eu le mauvais goût de le faire dans des domaines réservés aux hommes, l'enseignement et la médecine. On sent à quel point Gaillard, en habitué des salons et de l'univers mondain, tient à la différenciation sexuelle, mais il tient peut-être surtout, dans un contexte où le savoir et l'érudition sont le fait de détestables pédants, à associer l'idéal du salon à la femme, dont l'apanage est le sentiment et le goût, pour mieux l'opposer au monde professionnel masculin et ainsi célébrer un modèle culturel mixte, celui du salon mondain. En d'autres termes, sa défense des femmes, étrangère à l'androgynie chère à la Renaissance, ne veut pas être associée à une défense de la pédanterie, caractéristique de l'univers professionnel.

Aussi, dans la suite de la préface, l'auteur s'ingénie-t-il à recentrer l'activité des femmes sur des ouvrages qui ne supposent pas de profession :

> Mais à l'égard des Ouvrages qui ne supposent que des talens, les femmes doivent-elles se borner au plaisir de les lire et de les goûter ? Leur est-il défendu d'avoir publiquement de l'esprit, de le cultiver, d'en faire éclore les fruits, d'enrichir le Théâtre et la République Littéraire ! Madame du Châtelet

> eut-elle tort d'avoir acquis tant de rares connoissances, Madame Deshoulières d'avoir fait des vers si aimables, Madame de Lambert d'avoir rendu à son sexe le même service que Cicéron avoit rendu au sien, d'avoir apris aux femmes à se faire une vieillesse agréable ? Je renvoye quiconque trouvera cette question douteuse à l'Epître Dédicatoire d'Alzire, où elle est décidée en faveur des femmes avec autant de solidité que d'agrément. (*RF*, v-vi)

En homme de son siècle, Gaillard cherche ainsi à combattre le préjugé gothique qui consiste à vouloir maintenir les femmes dans l'ignorance, sans toutefois remettre en cause le « droit exclusif de paroître dans les Ecoles, dans les Tribunaux » que se sont arrogé les hommes. Suit une seconde liste d'*exempla* avec Hélène, fille de Musée et auteure d'une *Guerre de Troie* à qui Homère aurait emprunté le sujet de *L'Iliade*, Eudoxie, Anne Comnène, Elisabeth Ire, Marie Stuart et Léontia. À propos de cette dernière, disciple d'Épicure qui combattit Théophraste, Gaillard témoigne de la hargne qu'elle suscita chez Pline et Cicéron pour préciser que même ces fines fleurs de la civilisation latine n'étaient pas exemptes de préjugés honteux. Intervient enfin l'évocation des femmes savantes ridicules de Molière auxquelles le préfacier oppose les pédants non moins ridicules de Trissotin et Vadius, pour enfin conclure par le paradoxe de la supériorité des femmes dans les arts :

> Je veux pousser cette proposition jusqu'au Paradoxe, et dire que les Femmes me paroissent plus propres aux Arts que les hommes mêmes ; non-seulement à cause des agrémens de l'esprit naturel, du goût, du sentiment fin et délicat qu'elles apportent en naissant ; mais encore parce que je ne vois point s'élever entre celles qui cultivent les Lettres, cette basse jalousie de métier qui nous déshonore. (*RF*, viii)

Or, dans cette supériorité paradoxale, c'est encore une fois le paradigme de la nature et de la sensibilité qui est mis au premier plan, au détriment du savoir et de l'érudition, de l'idéal encyclopédique de l'humanisme, désormais confiné à la pédanterie de cabinet, mais qui avait pourtant animé les femmes écrivains de la Renaissance. On voit ainsi mieux pourquoi le mythe d'Agnodice, central dans le poème de Catherine Des Roches, ne tire manifestement plus à conséquence pour Gaillard. L'heure n'est plus au déguisement des femmes en hommes dans la quête du sexe composé cher au néoplatonisme, associé par Gaillard au cabinet du pédant et à un univers masculin dévalorisé ; elle est plutôt, selon une nette différenciation sexuelle, au dévoilement de la nature féminine sensible et à son cortège de sentiment, d'esprit et de goût, au fondement du salon, que la culture peut certes perfectionner, mais jamais dépasser.

*
* *

Au terme de ce parcours, on voit à quel point chaque époque s'est approprié le mythe d'Agnodice, la « femme sans nom », pour lui imposer une identité. Au début de l'Empire romain, Agnodice est le nom d'une période charnière de l'histoire de la médecine, marquée par l'émergence de l'obstétrique et de la gynécologie, et de l'accès des femmes à la profession médicale. À la Renaissance, elle est le nom de l'idéal de la femme « belle-docte », marqué au coin de l'androgynie, du travestissement et du rôle de composition que doit jouer tout grand écrivain. Au siècle des Lumières, elle est devenue le nom d'un antimodèle, de la femme qui a le tort d'oublier son sexe et de se détourner de la nature, de la sensibilité et du goût, si chers à la culture mondaine et salonnière. À notre époque, elle est le nom d'une fondation helvétique, vouée à la promotion d'une société bienveillante et juste envers les personnes manifestant une identité de genre atypique (transsexuées, transgenres et intersexuées)[21].

Il reste à voir pourquoi, à la différence de ses contemporains qui y voyaient un cas intéressant de l'histoire de la médecine, Gaillard a retenu le mythe d'Agnodice dans sa réflexion sur la place des femmes en littérature. À en juger par l'éventail très large de femmes écrivains de l'Ancien Régime qu'il nomme ou qu'il cite dans sa *Rhétorique*, il était manifestement un fin connaisseur de l'écriture féminine, non seulement des Lumières – par exemple Madame de Graffigny ou Madame du Châtelet –, du siècle de Louis XIV – on peut penser ici à la marquise de Sévigné ou à Madame de La Fayette –, mais aussi de la Renaissance, en particulier « la célébre Elisabeth, Reine d'Angleterre » qui traduisit Sophocle « et sa Rivale infortunée, Marie Stuart » qui récita au Louvre « une Oraison Latine qu'elle avoit faite » (*RF*, vi). Or, ces deux princesses étaient les contemporaines des Dames Des Roches. Il y a donc fort à parier que Gaillard, même s'il ne les cite jamais sans doute, en raison de leur langue et de leur esthétique datées, connaissait leurs œuvres et qu'il a voulu, dans sa préface, offrir un contrepoint à Catherine Des Roches dans un texte qui soit tout aussi programmatique que « L'Agnodice ».

21. Voir le site de la Fondation Agnodice, <http://www.agnodice.ch>.

Renée-Claude Breitenstein

ENTRE ALLÉGORIE ET AUTEUR(E)S : LE FAÇONNEMENT DE VOIX FÉMININES DANS LES APOLOGIES DU SEXE FÉMININ AU XVIe SIÈCLE

En 1516 paraît à Paris un imprimé anonyme intitulé *Dialogue apologetique excusant ou defendant le devot sexe femenin*; il met aux prises deux personnages, Bouche Maledisant et Femme Deffendant. Le cadre de l'échange est celui de la dispute médiévale, qui réunit deux adversaires : un opposant (ou « opponens ») et un répondant (ou « respondens »). Le texte souligne le statut de ces prises de parole, qui sont présentées comme des constructions rhétoriques, des rôles dans une logique dialectique mise au profit d'une visée didactique. Dans son unique intervention à la première personne du singulier, l'auteur anonyme explique : « Pour mieulx la matiere de ce present traictie deduire & entendre & concevoir. Je introduiray deulx personnages lun aura non Bouche mal disant. L'autre sera dict femme deffendant[1]. » Inébranlables et pérennes, ces postures sont clairement définies en opposition l'une par rapport à l'autre. Conformément à l'onomastique, Bouche Maldisant s'acharne à médire des femmes, tandis que Femme Deffendant entend rétablir la vérité à leur propos. La présentation matérielle confirme, sur le plan visuel, cette stricte répartition des rôles : les répliques sont clairement identifiées par des blancs typographiques distinguant les interlocuteurs. La figure du médisant est bien connue depuis le *Roman de la rose*, par le truchement du personnage de Malebouche, dont Bouche Maledisant est un avatar. Mais qu'en est-il de Femme Deffendant ? Dans *The Master and Minerva. Disputing Women in French Medieval Culture*, Helen Solterer a montré que la figure du disciple pouvait occasionnellement être remplacée par celle d'une femme répondant à un maître dans des textes littéraires abordant la question de la nature féminine[2]. La tradition scolastique de la dispute a

1. *Dialogue apologetique excusant ou defendant le devot sexe femenin, introduict par deulx personnaiges, l'un a nom Bouche maldisant, l'autre femme deffendant, auquel (pour excuser ou deffendre le dict sexe) est alleguee la saincte escripture, les docteurs de leglise comme sainct Jherosme, sainct Ambroise, sainct Gregoire, sainct Augustin, sainct Bernard et plusieurs auctorites des philosophes*, Paris, [s.n.], 1516.

2. Helen Solterer, *The Master and Minerva. Disputing Women in French Medieval Culture*, Berkeley, University of California Press, 1995. Sur la dispute en général, voir Emma Cayley, *Debate and Dialogue. Alain Chartier in*

donc formé les esprits à l'idée de posture discursive ; elle a également contribué à la diffusion du rôle de répondant féminin.

La défense des femmes par une instance d'énonciation féminine est fréquente à la Renaissance. Avant même les textes signés, entre autres, par Marie de Romieu, Marguerite de Valois et Marie de Gournay, les apologies du sexe féminin écrites par des hommes font entendre des voix désignées comme féminines. Contrairement à une tendance de la critique contemporaine – motivée par la réception de l'œuvre de Christine de Pizan – qui voit dans les œuvres signées par des femmes une accréditation plus grande ou un gage de « sincérité[3] », nous nous proposons d'aborder les voix féminines défendant les femmes comme des constructions à visée argumentative, à la manière d'un lieu commun susceptible d'être retravaillé et détourné au fil d'appropriations aux objectifs divers. Cette approche permet de jeter un pont entre Christine de Pizan et les femmes écrivains de la Renaissance, en faisant entendre un bruissement de voix désignées comme féminines et écrites par des hommes, dans différents cas de ventriloquie. Dans cette perspective, le marquage générique serait un moteur du renouvellement littéraire, plutôt qu'une preuve de véridiction. L'identification explicite de l'appartenance de sexe de la locutrice (ou l'absence d'identification) constitue le fil conducteur de cet article, qui s'attache à saisir des voix féminines prononcées par des auteurs masculins et féminins dans leur contexte, en portant une attention particulière aux différents aspects de la publication : publication du livre et publication de soi. Les textes retenus ont été composés entre 1506 et 1622 par Jean Marot, François de Billon, Marie de Romieu, Marguerite de Valois et Marie de Gournay[4]. Les apologies de la première moitié du XVIe siècle sont très majoritairement signées de mains masculines ; en revanche, la seconde moitié du siècle voit l'émergence de femmes auteurs prenant la plume pour

his Cultural Context, Oxford, Clarendon Press, 2006. Sur la dispute dans les apologies du sexe féminin en particulier, voir Helen Swift, *Gender, Writing, and Performance : Men Defending Women in Late Medieval France (1440-1538)*, Oxford-New York, Oxford University Press-Clarendon Press, « Oxford Modern Languages and Literature Monographs », 2008.

3. Helen Swift souligne le danger d'évaluer les apologies du sexe féminin à l'aune du critère de la « sincérité ». Non seulement cette attitude a pour effet de discréditer les prises de parole masculine favorables aux femmes, mais encore elle appauvrit la lecture de Christine de Pizan, dont l'œuvre est le terrain d'une construction de l'*èthos* complexe. Voir Helen Swift, *Gender, Writing, and Performance*, *op. cit.*, p. 185-194.

4. Les éditions citées sont données ci-dessous. Les références à ces ouvrages seront indiquées par les sigles donnés plus bas, suivis du numéro de la page. Jean Marot, *La Vraye disant advocate des dames* [1506], dans *Les Deux recueils*, éd. Gérard Defaux et Thierry Mantovani, Genève, Droz, 1999, p. 93-119 (abrégé *VD*) ; François de Billon, *Le Fort inexpugnable de l'honneur du sexe femenin, construit par Françoys de Billon secretaire* [1555], introduction par M. A. Screech, East Ardsley-New York-La Haye, S. R. Publishers-Johnson Reprint Corporation-Mouton, 1970, pagination irrégulière (abrégé *FI*) ; Marie de Romieu, « Brief discours que l'excellence de la femme surpasse celle de l'homme, non moins recréatif que plein de beaux exemples », dans *Les Premières œuvres poétiques [...]*, Paris, L. Breyer, 1581, f. 6r°-11v° (abrégé *BD*) ; Marguerite de Valois, « Discours docte et subtil », dans François Loryot, *Les Fleurs des secretz moraux sur les passions du cœur humain*, Paris, C. Desmarquets, 1614, D i r°-D iiii rv° (abrégé *DDS*) ; Marie Le Jars de Gournay, *Égalité des hommes et des femmes* [1622] dans *Égalité des hommes et des femmes, Grief des dames ;* suivis du *Proumenoir de Monsieur de Montaigne*, éd. Constant Venesoen, Genève, Droz, 1993, « Textes littéraires français », p. 37-57 (abrégé *E*).

défendre leur sexe[5]. Nous commencerons donc par nous pencher sur les auteurs masculins et les stratégies de ventriloquie que ceux-ci mettent en œuvre, avant de nous intéresser aux auteurs féminins et à la notion d'auto-référentialité.

Les auteurs masculins dans la première moitié du XVIe siècle

Plusieurs textes composés par des hommes à la louange des femmes dans la première moitié du XVIe siècle mettent en vedette des personnages féminins chargés de défendre leur sexe. L'acteur du *Palais des nobles dames* (1534) de Jean Du Pré cède ponctuellement la parole à telle ou telle figure féminine, qui relate son histoire ou qui défend ses consœurs au discours direct[6]; en outre, les dames illustres réunies dans *Le Jugement poetic de l'honneur femenin* (1538) de Jean Bouchet prononcent leur propre éloge dans des épitaphes à la première personne[7]. Si ces interventions féminines ne sont pas dénuées d'intérêt, nous préférons nous concentrer sur des textes qui font une part plus importante aux voix de femmes : *La vray disant advocate des dames* (1506) de Jean Marot, où l'acteur masculin cède la parole à une spécialiste de la rhétorique judiciaire dès la fin des propos liminaires, et *Le Fort inexpugnable de l'honneur du sexe féminin* (1555) de François de Billon, où celui-ci confie la charge de défendre la supériorité du sexe féminin à Plume, une instance d'énonciation féminine allégorique, dans l'ensemble de la seconde moitié de l'ouvrage.

La femme opponens de Jean Marot : le renversement des termes de la dispute dans *La vray disant advocate des dames* (1506)

La vray disant advocate des dames de Jean Marot est un poème de près de sept cent cinquante vers précédé d'un prologue en prose célébrant les vertus de la dédicataire, Anne de Bretagne. Composé en 1506, il circula sous forme

5. Dans la première moitié du XVIe siècle, Hélisenne de Crenne est l'unique femme qui, dans les troisième et quatrième lettres des *Epistres invectives* (1539), prend la parole pour défendre les femmes. Pour ce qui est de Christine de Pizan, Cynthia J. Brown a montré que l'impression d'une partie du corpus pizanien en France au tournant du XVe et du XVIe siècles connaît deux moments principaux, particulièrement marqués dans les éditions successives du *Trésor de la cité des dames* : dans un premier temps, le nom de l'auteure est effacé au profit de celui de l'imprimeur, avant d'être mis de l'avant dans les années 1520-1530, à la faveur de stratégies éditoriales visant un lectorat spécifiquement féminin. L'intérêt pour l'œuvre de Christine de Pizan disparaît pendant la seconde moitié du XVIe siècle, qui ne connaît aucune réimpression de son œuvre. Voir Cynthia J. Brown, « The Reconstruction of an Author in Print. Christine de Pizan in the Fifteenth and Sixteenth Centuries », dans Marilynn Desmond (dir.), *Christine de Pizan and the Categories of Difference*, Minneapolis-Londres, University of Minnesota Press, « Medieval Cultures », 1998, p. 215-235. Ajoutons encore que ni *La Cité des dames* ni *L'Épître au dieu d'amour*, c'est-à-dire les ouvrages qui énoncent avec le plus de fermeté la nécessité d'une défense des femmes, ne comptent au nombre des titres imprimés au XVIe siècle. Si l'imprimerie a contribué à faire connaître Christine de Pizan à la Renaissance, c'est à titre d'auteur féminin plutôt que de défenderesse des dames.

6. Voir, par exemple, Jeanne d'Arc ; Jehan Du Pré, *Le Palais des nobles dames*, éd. Brenda Dunn-Lardeau, Paris, Champion, 2007, p. 133-139.

7. Jean Bouchet, *Le Jugement poetic de l'honneur femenin*, dans *Œuvres complètes*, éd. Adrian Armstrong, Paris, Champion, 2006, p. 244-300 et p. 321.

manuscrite avant de connaître des éditions vers 1520 et 1535. Cette défense des dames s'inscrit dans l'actualité politique du début du XVIe siècle, qui vit s'affronter la reine et Pierre de Rohan, maréchal de Gié, au sujet de la succession à la couronne de France. Un retentissant procès entraîna la défaveur du maréchal. Cette pièce permit probablement à Marot de déclarer son soutien à Anne de Bretagne et d'accéder au titre de poète de la reine. D'ailleurs, le personnage défendant les dames est une avocate, dont la prise de parole frappe par son caractère enflammé et sa violence verbale. Les attaques *ad hominem*, fréquemment employées, discréditent l'adversaire dont les intentions malveillantes et les tares logiques sont mises en évidence. Le « nous » de participation, qui inclut les femmes, la dédicataire et la locutrice, confirme l'isolement des médisants. La prise de parole de l'avocate est davantage un réquisitoire qu'un plaidoyer: elle a pour effet de renverser les termes de la dispute en mettant la figure féminine dans une situation d'opposante plutôt que de répondante. Mais ce n'est pas tout: on assiste à un second détournement du modèle de la dispute, à travers la mise en scène de la locutrice, dont l'identité n'est révélée qu'au dernier vers du poème: « je suis nommée, entre les femmes, / La vraye disant advocate des dames ». Tandis que le prologue de l'acteur portait les marques d'un locuteur masculin, le poème s'associe une voix féminine. La superposition du « je » masculin du prologue et du « je » féminin du poème brouille le marquage générique et entretient un flottement quant à l'identité des locuteurs. Qui parle ? Ce suspense savamment entretenu constitue un appel à la connivence qu'il faut saisir dans le cadre plus large d'un jeu que l'auteur se plaît à proposer à sa maîtresse[8]. Ce jeu, déjà engagé par le truchement d'une « ballade de la peragonne des dames [...] » qui épelle le nom d'Anne de Bretagne en acrostiche, table sur un double effet de reconnaissance et d'effacement. La ventriloquie entend fonctionner comme un gage de vérité en vertu du principe de l'autoréférentialité (une femme est plus apte à défendre les femmes), mais elle constitue également une stratégie: elle est un embrayeur d'ironie relativement à l'identité du sujet de l'énonciation au nom révélé (« la vraye disant advocate des dames ») et au nom dissimulé (Jean Marot). L'effacement de l'auteur qui, dans le prologue déjà, exacerbait les termes de la rhétorique dédicatoire en se présentant comme « Je, qui suys des petiz le moindre » a pour effet de mettre en avant la parole de l'avocate, que l'aspect

8. Cynthia J. Brown, « Le mécénat d'Anne de Bretagne et la politique du livre », dans Kathleen Wilson-Chevalier et Eugénie Pascal (dir.), *Patronnes et Mécènes en France à la Renaissance*, Saint-Étienne, Publications de l'Université de Saint-Étienne, « l'école du genre », 2007, p. 195-223. Il faut encore faire remarquer qu'un autre éloge collectif de femmes, *La Nef des dames vertueuses* (1503) de Symphorien Champier dédicacée à Anne de France, duchesse de Bourbon, s'était très récemment plu à un jeu de reconnaissance similaire. Dans le prologue, l'auteur célébrait la puissance ducale sous les traits d'une mystérieuse dame, proche de l'allégorie et renommée pour sa grande vertu, sans jamais mentionner son nom, mais en décrivant ses armes avec précision. Tout lecteur averti – à commencer par la dédicataire elle-même – était appelé à y reconnaître Anne de France.

matériel du manuscrit consulté fait d'ailleurs ressortir (lettrines peintes, alternance des couleurs, mise en évidence des premières strophes des poèmes)[9].

La vray disant advocate des dames connaît plusieurs éditions imprimées dans la première moitié du XVIe siècle, puis au XIXe siècle. Vers 1535, *La vray disant advocate des dames* est compilée dans un recueil aux visées d'éducation morale faisant alterner des textes fustigeant et célébrant les femmes, parmi lesquels *Le grant blason de faulces amours* de Guillaume Alexis et un éloge funèbre de Louise de Savoie[10]. Dans ce recueil, le nom de la reine est retranché du prologue et l'acrostiche identifiant Anne de Bretagne n'est pas mis en évidence. Ce remaniement réoriente le sens du poème, qui ne s'inscrit plus dans un rapport de maîtresse à poète unis par des liens de mécénat, mais dans le cadre d'une production scripturaire imprimée s'efforçant de tirer parti de la lucrative habitude de composition et de lecture consistant à confronter des textes *pro et contra*[11]. Anne de Bretagne, effacée du recueil, perd son statut d'interlocutrice privilégiée au profit d'un second public, celui des « seigneurs, gentilz et mecaniques[12] » également évoqués dans le poème. Détachée de son contexte de production initial, la parole de l'avocate n'est plus une parole de connivence, mais doit être saisie dans le flux réversible des discours pour et contre les femmes. Dans la logique d'alternance que propose ce recueil spécifique, *La vray disant advocate des dames* est reçue comme une pièce à la faveur des dames, à la manière d'un « contre-blason » répondant au *Grant blason de faulces amours* de Guillaume Alexis. Le *topos* de la voix féminine défendant les femmes est renforcé.

9. Le manuscrit consulté est le ms BnF fr 1704 conservé à la Bibliothèque nationale de France (site Richelieu). Pour une brève description de ce manuscrit, voir Giovanna Antonini-Trisolini, « Pour une bibliographie des œuvres de Jehan Marot », *Bibliothèque d'Humanisme et Renaissance*, vol. 33, nº 1, 1971, p. 112.

10. *Le grand blason des fausses amours par Guil. Alexis, La vray disant avocate par Jehan Marot, Le passe temps de tout homme et de toute femme par Guil. Alexis, Le Livre de Facet, comploration sur le trespas de la mère de François 1er*, Paris, [s. n.], [*ca.* 1535]. Selon Giovanna Antonini-Trisolini, cette édition de *La vray disant advocate des dames* remonte à 1520 environ. Elle est compilée dans un recueil factice avec des textes imprimés ultérieurement. Voir Giovanna Antonini-Trisolini, « Pour une bibliographie des œuvres de Jehan Marot », art. cit., p. 130-131.

11. Sur le caractère lucratif du discours *pro et contra*, voir Floyd Gray, *Gender, Rhetoric and Print Culture in French Renaissance Writing*, Cambridge, Cambridge University Press, « Cambridge Studies in French, 63 », 2000. Signalons encore que de nombreux auteurs se sont tour à tour adonnés à la vitupération et à l'éloge des femmes : Jean LeFèvre traduit les *Lamentations de Mathéolus* et écrit le *Livre de leesce*, aussi appelé le *Rebours de Matheolus* ; Symphorien Champier compose une *Nef des princes* (1502) contenant un traité contre les femmes tiré des *Lamentations de Mathéolus* et traduit par Champier lui-même, puis *La Nef des dames* (1503) plus favorable à celles-ci ; Pierre de Lesnauderie écrit une *Epistola incitativa ad vitam contemplativam activamque fugiendam [...]*, puis *La Louenge de mariage et recueil des hystoires des bonnes, vertueuses et illustres femmes* (1523) ; Jean de Marconville publie *De la bonté et mauvaistié des femmes* (1564).

12. « Pour tant, seigneurs, gentilz et mecaniques, / De ces braguars n'estcoutez plus les ditz, / Et me croyez que telz mots sophistiques / Viennent de gens de dames escondis, / Qui, ce voyans de leur grace interdis, / A leur pouvoir desgorgent toute injure. / Vous m'en povez croire sans que je jure, / Veu que je suis nommée, entre les femmes, / La vraye disant advocate des dames. » (*VD*, 119).

La « Plume » au service des objectifs de l'auteur dans *Le Fort inexpugnable de l'honneur du sexe féminin* (1555) de François de Billon

L'exemple de *La vray disant advocate des dames* montre que le phénomène de ventriloquie demande à être évalué dans son contexte, ainsi qu'en fonction du processus de fabrication des livres et des appropriations successives dont ils font l'objet. *Le Fort inexpugnable de l'honneur du sexe féminin* (1555) propose un autre cas de ventriloquie, compliqué d'un effet d'intertextualité. Composé par François de Billon, qui avait été le secrétaire de Guillaume Du Bellay, cet ouvrage promeut la défense des femmes dans sa forme même. La première partie – le « fort » à proprement parler – réunit quatre bastions et une tour, organisés en fonction d'un schéma éthique et dédicacés à cinq princesses de la plus haute noblesse. La tour est consacrée à l'« invention et composition des femmes » (Jeanne d'Albret), tandis que les bastions représentent leur « force et magnanimité » (Catherine de Médicis, reine de France), leur « chastete et honnestete » (Marguerite de France, duchesse de Berry), leur « clemence et liberalite » (Marguerite de Bourbon, duchesse de Nevers), et finalement leur « devotion et piete » (Anne de Ferrare, duchesse de Guise). La seconde partie, celle qui nous intéresse, est intitulée « Contremyne de ce fort, faite sur le parler expert de la plume, pour la Préexellence de l'Honneur de son genre »; elle reprend – sans jamais admettre cet emprunt – le *De nobilitate et praecellentia foeminei sexus* d'Henri Corneille Agrippa[13], un traité latin sur la supériorité du sexe féminin qui connut un grand succès à la Renaissance et qui fut traduit et adapté dans de nombreuses langues vernaculaires[14]. Le texte source subit d'importantes modifications: il est considérablement augmenté et, surtout, il est modulé au féminin. La parole est déléguée à une figure féminine nommée Plume. Le dédoublement de la figure auctoriale est appuyé par le programme iconographique de l'ouvrage, qui donne des portraits de Billon et de Plume, représentée en guerrière empanachée s'adressant à un public de femmes.

Billon justifie le changement de voix de la manière suivante: « O Plume [...] je te sens aucunement inclinée a lendroit des Femmes, & n'est merveille. Car si tu n'es proprement du Sexe d'elles, tu es aumoins du Genre femenin » (*FI*, HH iiii v°). Le recours à l'allégorie est la stratégie discursive qui permet

13. Henri Corneille Agrippa, *De nobilitate et praecellentia foeminei sexus: édition critique d'après le texte d'Anvers, 1529*, éd. Roland Antonioli et Charles Béné; trad. Odette Sauvage, Genève, Droz, « Travaux d'humanisme et Renaissance », 1990.

14. Marc van der Poel compte cinq traductions en prose pour le XVIe siècle seulement et plusieurs autres pour les XVIIe et XVIIIe siècles. Voir Marc van der Poel, *Cornelius Agrippa, the Humanist Theologian and his Declamations*, Leiden-New York, E.J. Brill, « Brill's Studies in Intellectual History », 1997, p. 187. Voir aussi Brenda M. Hosington, « On the Glory of Women: English and French Translations of Agrippa's *Declamatio de nobilitate et praecellentia foeminei sexus* (1542-1726) », dans Rhoda Schnur, Jean Louis Charlet, Rosa Gualdo *et al.* (dir.), *Acta Conventus Neo-Latini Cantabrigiensis. Proceedings of the Eleventh International Congress of Neo-Latin Studies, Cambridge, 30 July-5 August 2000*, Tempe, Arizona Center for Medieval and Renaissance Studies, « Medieval and Renaissance Texts and Studies », 2003, p. 279-286.

de passer à la thèse paradoxale de la supériorité des femmes sans nuire à la cohérence du texte, qui se contentait, dans sa première partie, de soutenir les vertus féminines[15]. En outre, le personnage de Plume résout une question d'*èthos*. Dans l'épître dédicatoire à Marguerite d'Autriche à qui le traité latin est dédicacé, la thèse de la supériorité est présentée comme une entreprise « efféminée[16] » menaçant d'un effacement honteux l'identité sexuée de l'auteur. La ventriloquie pare au risque de dévaluation de l'image du locuteur. Tandis qu'Agrippa assumait sa prise de parole en soulignant le potentiel de vérité du paradoxe[17], Billon reprend cet argumentaire en en dissociant les éléments (le danger du discrédit du scripteur masculin d'un côté, la vérité de l'autre), de sorte que le mandat de vérité est délégué à Plume. En dernier lieu, le dédoublement de la figure auctoriale fournit un point de vue extérieur sur le contenu du livre : l'intervention de Plume justifie l'insertion de deux copieux chapitres consacrés à la grandeur de la nation française (ch. XIII) et à l'excellence des secrétaires (ch. XIV). Nous n'entrerons pas dans le détail de ces objectifs amenés sous le couvert de la défense des femmes et dans lesquels la critique a vu une célébration de l'absolutisme naissant et une apologie *pro domo* respectivement[18] ; nous soulignons, toutefois, le rôle essentiel de la figure féminine, qui permet de faire entendre des revendications pour le moins singulières et qui en assume la responsabilité à la place de l'auteur. L'insertion du portrait de Plume en tête de ces deux chapitres met en évidence l'importance des thèmes abordés, tout en rappelant très à propos le geste de délégation de la parole qui caractérise la seconde partie du *Fort inexpugnable de l'honneur du sexe féminin*.

Les femmes auteurs et l'autoréférentialité dans la seconde moitié du XVIe siècle et au-delà

Dans *La vray disant advocate des dames* et dans *Le Fort inexpugnable de l'honneur du sexe féminin*, la pertinence de la prise de parole par une instance explicitement désignée comme féminine est soulignée. Chez Marot, le recours à une telle voix s'inscrit dans une stratégie de construction d'une *persona* auctoriale humble. Qu'en est-il des femmes auteurs signant des ouvrages à la défense de leur sexe ? Comment abordent-elles la question de l'autoréfé-

15. Billon exprime ainsi son inquiétude relativement à ce risque de contradiction interne : « Doncques, comme seroit il possible qu'apresent je peusses convertir cete Egalité & uniforme Semblance de Femelle, en superiorité de naturelle Exellence ? » (*FI*, II i r°).
16. Agrippa utilise l'expression latine « *evirati ingenii* ». Billon explique : « plusieurs me donneroient attainte d'efféminé si je présumoys telle entreprise » (*FI*, HH iiii v°).
17. Ces hésitations sont ensuite balayées par l'affirmation du bien-fondé de l'éloge, qui traite d'une « verite cogneue » et qui a pour lui l'« équité de la cause » (*causae aequitas*).
18. Lynn Tarte Ramey, « Patriarchy and Monarchy : François de Billon, the *Querelle des femmes*, and the Rise of French Absolutism », dans Kathryn Karczewska et Tom Conley (dir.), *The World and its Rival : Essays on Literary Imagination in Honor of Per Nykrog*, Amsterdam, Rodopi, « Faux titre. Études de langue et littérature françaises », 1991, p. 161-170 ; Colette Hall, « The Genealogy of an Idea : from *La Cité des Dames* to *Le Fort inexpugnable de l'honneur du sexe femenin* », *Fifteenth-Century Studies*, vol. 22, 1996, p. 109-118.

rentialité dans un contexte socioculturel généralement peu propice à l'intervention publique des femmes[19] ? Dans le prologue à son *Traité de la morale et de la politique*, un ouvrage défendant les femmes publié à la fin du XVIIe siècle, Gabrielle Suchon livre à ses lecteurs ses hésitations concernant le façonnement d'une *persona* rhétorique efficace ; elle envisage deux possibilités :

> Tout ce qui vient de l'esprit des femmes étant toûjours suspect à celui des hommes, j'ay été longtems en doute si je laisserois le Lecteur en suspens pour sçavoir si c'est un homme qui soutient le parti des femmes, ou si c'est une femme qui deffend toutes celles de son sexe[20].

Dans les textes de femmes que nous nous proposons d'étudier, deux d'entre eux, le « Brief Discours que l'excellence de la femme surpasse celle de l'homme » de Marie de Romieu et le « Discours docte et subtil » de Marguerite de Valois soulignent fermement l'appartenance de sexe des auteurs ; en revanche, *L'Égalité des hommes et des femmes* (1622) de Marie de Gournay tend à effacer les marques de généricité – sans qu'on puisse pour autant affirmer qu'une *persona* masculine soit mise en place.

Le *Brief Discours* est la première pièce des *Premieres œuvres poetiques* (1581) de Marie de Romieu. Ce recueil est présenté dans un poème latin à la dédicataire, Marguerite de Lorraine, duchesse de Joyeuse, par Jacques de Romieu, le frère de la poétesse et éditeur de ses œuvres. Le *Discours docte et subtil* est une réponse aux *Secretz moraux* (1614) du jésuite François Loryot, un ouvrage que Marguerite de Valois jugeait méprisant pour les femmes. Il est publié l'année même dans *Les Fleurs des secretz moraux*, une continuation du premier ouvrage du père jésuite. Chez Marie de Romieu comme chez Marguerite de Valois, la mention de l'appartenance de sexe est l'élément déclencheur de l'apologie ; tandis que Marie de Romieu affirme : « Quant à moy estant du nombre de ce noble & divin sexe, j'ay bien voulu vous monstrer en cela que je n'estois du tout despourveuë de l'art de poësie [...] », Marguerite de Valois explique : « [...] poussée de quelque ambition pour l'honneur et la gloire de mon sexe, je ne puis supporter le mespris où vous le mettez, voulant qu'il soit honoré de l'homme pour son infirmité et foiblesse » (*DDS*, d iii v°). Cette mention d'appartenance de sexe est accompagnée de précisions qui visent à rendre le discours compatible avec les

19. Colette H. Winn a montré que les textes de protestation composés aux XVIe et XVIIe siècles par des femmes en faveur de l'accès de leur sexe à l'écriture et à la culture sont caractérisés par leur autoréférentialité : « [p]arler au nom de l'Autre, parler en faveur des femmes n'est au fond qu'une manière comme une autre de légitimer la prise de parole, de parler de soi en restant à l'intérieur des limites imparties à la femme. » Voir Colette H. Winn, « Les femmes et la rhétorique de combat : argumentation et (auto)référentialité », dans Colette Nativel (dir.), *Femmes savantes, savoirs des femmes. Du crépuscule de la Renaissance à l'aube des Lumières. Actes du colloque de Chantilly (22-24 septembre 1995)*, Genève, Droz, « Travaux du grand siècle », 1999, p. 40.

20. Gabrielle Suchon, *Traité de la morale et de la politique* [1693], dans *Protestations et revendications féminines. Textes oubliés et inédits sur l'éducation féminine (XVIe-XVIIe siècle)*, éd. Colette H. Winn, Paris, Champion, « L'Éducation féminine, de la Renaissance à l'âge classique », 2002, p. 201.

attentes en matière de comportement féminin. Ainsi, Marie de Romieu situe son activité littéraire au sein de ses obligations domestiques[21], tandis que Marguerite de Valois souligne le peu de valeur de la parole féminine[22]. Le respect des convenances et le rabaissement de soi ont pour objectif de garantir à ces voix féminines une place dans le débat.

Pourtant, ces stratégies ne sont pas exclusivement discursives ; elles sont également éditoriales et consistent à convoquer un ou plusieurs intermédiaire(s) chargé(s) de rendre publique et d'accréditer la prise de parole. L'initiative de la démarche peut venir d'un tiers, comme dans le cas des *Premières œuvres* de Marie de Romieu, qui, outre l'intervention du frère, sont accompagnées de poèmes laudatifs de plusieurs auteurs confirmant le mérite de la poétesse et consacrant son accès à la parole publique. Dans le cas de Marguerite de Valois, qui connaissait pourtant une existence publique en raison de son rang et de son brillant salon, c'est la princesse elle-même qui appelle de ses vœux un relais en la personne du père Loryot, en qui elle voit un porte-voix :

> Ces raisons escrittes par une femme ne peuvent pas avoir beaucoup de force : mais si elles estoient si heureuses d'estre adoptées de vous, et comme telles despoüillées de mon rude et grossier langage, pour estre revestuës et parées des fleurs de vostre eloquence, et mises au pied d'un de vos chapitres de ce suject, comme vostres : je crois que nostre sexe en recevroit un immortel honneur, pour luy estre par un Autheur si celebre comme vous, attribué telle dignité. (*DDS*, D iii v°)

Ainsi, le rabaissement de la *persona* littéraire mène à la demande de diffusion.

Marie de Romieu ou la reconduction du modèle de la femme répondant

Ces stratégies d'accès à la publication, celle de soi et celle du livre, garantissent l'entrée dans le débat. Quels en sont les termes ? Dans le *Brief Discours*, la défense de l'excellence des femmes déclenche une série d'objections (la femme est la source de tous les maux, les hommes sont les victimes de la beauté féminine, etc.). Ces reproches sont formulés par des voix masculines que la poétesse restitue au discours direct. La situation d'énonciation oppose le « nous » des femmes (qui inclut la poétesse) au « vous » des hommes :

> Ja desia j'oy crier quelqu'un à mes oreilles
> *Qui me tance dequoy j'en dis tant de merveilles*
> *Et me dit* venez ça ne sçavez vous pas bien
> Que nous ne faillons point que par vostre moyen ? [...]
> Madame *dira l'un* vous scavez que le Dieu
> Qui commande [...]

21. « Prenez donc en bonne part, mon Frere, ce mien brief discours que je vous envoye, composé assez à la haste, n'ayant pas le loisir, a cause de nostre mesnage, devacquer (comme vous dedié pour servir aux Muses) à chose si belle & divine que les vers » (*BD*, A ii v°-A iii r°).

22. « Ces raisons escrittes par une femme ne peuvent pas avoir beaucoup de force » (*DDS*, D iii v°).

L'autre plus effronté dira & bien, madame, [...]
L'autre mieux embouché des mots de Rethorique
Fera sembler le blanc estre couleur Lybique,
Et sous le voile feint d'un langage fardé
Ornera son propos de Tropes mignardé. (Nos italiques)

Les postures d'énonciation doivent être rapprochées de celles de la dispute médiévale, comme le confirme une pièce liminaire :

Dames vostre honneur deschiré
Par *mainte langue mesdisante*
Vous est maintenant reparé
Par *de Romieu la bien-disante*. (*BD*, A v r° ; nos italiques)

Ce vocabulaire bien connu – la poétesse, qualifiée de « bien-disante », s'oppose à « mainte langue mesdisante » – reconduit l'opposition entre les postures de l'homme qui attaque et de la femme qui défend. Cette répartition des rôles est toutefois perçue comme une nouveauté par les contemporains, si l'on en croit une autre pièce liminaire, qui affirme que Marie de Romieu est parvenue par l'exemple de sa propre personne à renverser le paradoxe et à démontrer la supériorité des femmes sur les hommes[23].

Marguerite de Valois ou la parole soufflée

Revenons à présent à la demande de transfert de parole de Marguerite de Valois au père Loryot dans le *Discours docte et subtil*. Pour la princesse, la démarche est inhabituelle, d'une part parce qu'elle n'avait jamais cherché à faire publier ses écrits – ses *Mémoires* et ses *Lettres* parurent de façon posthume – et, d'autre part, parce que ceux-ci marquent plutôt une distance par rapport à l'appartenance de sexe[24]. Le *topos* de la modestie semble ici dissimuler un enjeu de pouvoir. Alors que Marie de Romieu imagine les paroles d'hommes trompeurs, Marguerite de Valois propose de faire prononcer des arguments en faveur des femmes à un homme ; n'est-ce pas, en quelque sorte, vouloir faire du jésuite... un « bien-disant » ? La question ne serait alors pas tant « qui parle ? » que « qui fait parler qui ? ». Dans les faits, le père Loryot ne se pliera pas à la volonté de la princesse. Plutôt que de reprendre des arguments « soufflés » à son propre compte, il préfère tirer parti du bénéfice publicitaire qu'apporte le *Discours docte et subtil* ; il fait imprimer ce texte dans ses *Fleurs des secretz moraux* en dévoilant le nom de l'auteure et en y ajoutant plusieurs pièces de son cru célébrant Marguerite de Valois et quelques femmes illustres[25].

23. « De Romieu soustenant des dames l'excellence/A usé dans ses vers de si grande eloquence/Que ce qu'on estimoit paradoxe incroyable/Est maintenant receu pour chose veritable. » (*BD*, A v r°).

24. Éliane Viennot, « Introduction », dans Marguerite de Valois, *Mémoires et autres écrits : 1574-1614*, éd. Éliane Viennot, Paris, Champion, 1999, p. 258.

25. Peut-être n'est-il pas inutile de préciser que le prestige attaché au nom et au rang de la princesse légitimera une seconde publication, celle d'un texte anonyme composé en réaction à un pamphlet misogyne

Marie de Gournay ou la voie du neutre

Contrairement à Marie de Romieu et à Marguerite de Valois qui optent pour une instance d'énonciation féminine, Marie de Gournay choisit une autre voie. Comme la critique n'a pas manqué de le faire remarquer[26], Marie de Gournay entend adopter un positionnement nouveau vis-à-vis de la tradition de défense des femmes dans son *Égalité des hommes et des femmes*, où elle délaisse la thèse de la supériorité féminine au profit de celle de l'égalité des sexes :

> La pluspart de ceux qui prennent la cause des femmes contre cette orgueilleuse preferance que les hommes s'attribuent, leur rendent le change entier, r'envoyans la preferance vers elles. Moy qui fuys toutes extremitez, je me contente de les esgaler aux hommes, la nature s'opposant pour ce regard autant à la superiorité qu'à l'inferiorité. (*E*, 40)

Ce changement de paradigme est appuyé par le déploiement d'arguments théologiques et philosophiques soulignant l'unicité des deux sexes, la similitude de leur âme et l'identité de leur vertu. Ce réseau de preuves trouve une expression amusante et synthétique dans la boutade bien connue :

> Et s'il est permis de rire en passant, le quolibet ne sera pas hors de saison, nous apprenant qu'il n'est rien plus semblable au chat sur une fenestre que la chatte. L'homme et la femme sont tellement uns, que si l'homme est plus que la femme, la femme est plus que l'homme. (*E*, 49)

Cette apologie, qui rapproche les sexes et souligne les points communs plutôt qu'elle n'exacerbe les différences, est dépourvue des marques de généricité qui caractérisent d'autres prises de parole féminines. À une exception près[27], l'*Égalité des hommes et des femmes* ne donne aucun indice de généricité, ni dans la dédicace, ni dans l'amorce du texte, qui se prêtent bien, ordinairement, à ce type d'indications. Certes, l'épître à la reine, signée De Gournay, suffisait pour identifier le sexe de cet auteur aux yeux des contemporains. Toutefois, il est clair que, contrairement à d'autres de ses textes – le *Grief des*

---

signé Jacques Olivier intitulé *L'Alphabet de l'imperfection et malice des femmes* (1617). Ce texte anonyme, qui met en scène une voix féminine défendant toutes les femmes en leur nom, porte le titre suivant : *L'excellence des femmes, avec leur response à l'autheur de l'alphabet, accompagnée d'un docte et subtil Discours de la feu Reyne M. envoyé sur le mesme suject à l'autheur des Secrets moraux*. Si la reprise du texte de Marguerite de Valois est annoncée dès le titre, il n'en va pas de même pour la liste de femmes illustres ajoutée par le père Loryot dans les *Fleurs des secretz moraux* et qui est pourtant citée presque telle quelle par l'auteur anonyme de *L'excellence des femmes*. Ce jeu d'effacement et de mise en vedette des voix montre, une fois encore, que la parole d'une princesse a un prix et que, en l'occurrence, elle pèse davantage que celle du jésuite.

26. Ian Maclean, « Marie de Gournay et la préhistoire du discours féminin », dans *Femmes et Pouvoirs sous l'Ancien Régime*, Danielle Haase-Dubosc et Éliane Viennot (dir.), Paris, Éditions Rivages/Histoire, 1991, p. 120-134.
27. Abordant la question de l'accès des femmes au sacerdoce, Marie de Gournay écrit : « Certes sainct Ierosme escrit sagement à *nostre* propos qu'en matiere du service de Dieu, l'esprit et la doctrine doivent estre considerez, non le sexe » (*E*, 53 ; nos italiques).

dames par exemple[28] –, l'*Égalité des hommes et des femmes* écarte les marques du féminin et évite les renvois à une cause commune. Lorsqu'il est question des femmes, la troisième personne est utilisée. L'appartenance du texte au genre du traité doit être prise en compte dans l'effacement des traces discursives du féminin. En alléguant des arguments théologiques et philosophiques, Marie de Gournay s'inscrit dans une tradition de pensée dominée par les hommes – mais sans pour autant exhiber une posture d'énonciation masculine, c'est-à-dire sans pour autant avoir recours au travestissement. Comment rendre compte d'une prise de parole d'une femme dans laquelle l'autoréférentialité ne passe pas par les indices stylistiques (tant grammaticaux que rhétoriques) du féminin ? Il n'est qu'à rappeler le dilemme posé par Gabrielle Suchon concernant les options s'offrant à une femme pour mesurer la binarité du système de pensée : choisir ou une voix masculine ou une voix féminine… Les figures de l'androgyne et de la *virago* étaient disponibles pour penser les zones d'ombre entre ces pôles ; mais on proposera plutôt de qualifier la posture d'énonciation de Marie de Gournay de « neutre », c'est-à-dire susceptible d'être habitée aussi bien par un homme que par une femme[29]. La notion de « neutre » est une notion difficile et rend compte, chez Gournay, à la fois de la spécificité de la thèse défendue (la similitude des sexes) et de l'irrecevabilité de cette thèse aux yeux de ses contemporains. Le traité d'Agrippa s'inscrivait dans une logique de dialogue et invitait les lecteurs à poursuivre la réflexion engagée, dans un appel final qui constituait une véritable ouverture vers l'autre[30]. À l'inverse de cet écrit, dont Marie de Gournay a pu cependant tirer certaines preuves, l'*Égalité des hommes et des femmes* n'encourage pas explicitement l'échange et ne donne pas non plus la parole à l'autre.

*
* *

28. Voir l'entrée en matière de ce texte qui déplore le discrédit qui caractérise la parole féminine : « Bienheureux es-tu, lecteur, si tu n'es point de ce sexe qu'on interdict de tous les biens, l'interdisant de la liberté ; ouy qu'on interdict encore à peu pres de toutes les vertus, luy soustrayant le pouvoir, en la moderation duquel la plupart d'elles se forment, afin de luy constituer pour seule felicité, pour vertus souveraines et seules, ignorer, faire le sot et servir. […] Et suis si peu, ou pour mieux dire si fort glorieuse, que je ne crains pas d'advoüer que je le sçay de ma propre experience » (*E*, 63).
29. Ces figures ont été utilisées par Claude La Charité afin d'identifier les différentes postures d'énonciation dans *Les Premières Œuvres poetiques* de Marie de Romieu. Il montre que la poétesse construit son *èthos* en empruntant, au besoin, différents masques : féminin dans les textes défendant les femmes, masculin (à rapprocher de la *virago*) dans la lyrique amoureuse, et neutre dans le genre encomiastique. La capacité à passer d'une posture à l'autre relève, pour Claude La Charité, d'une écriture « androgyne ». Voir Claude La Charité, « Marie de Romieu et l'écriture androgyne : les marques de généricité du sujet lyrique dans *Les Premieres Œuvres poetiques* (1581) », *Sextant*, n°s 17-18, 2002, p. 213-234.
30. « Que si aucun plus curieulx à trouve quelque argument que j'aye laise passer, par lequel il estime que nostre œuvre puisse estre fortifiée, & luy plaise celluy adjouster à nostre dicte œuvre, je n'estimeray pas estre reprins d'icelluy, mais plus tost estre ayde d'icelluy, d'autant que par son entendement & par sa doctrine il rendra nostre œuvre meilleure » (*DN*, G viii v°).

La dispute médiévale et la littérature allégorique ont profondément inscrit dans les esprits les postures de l'homme qui accuse et de la femme qui répond. Pourtant, les appropriations dont ces postures font l'objet frappent par leur diversité, chez les auteurs masculins comme chez les auteurs féminins. Le *Brief Discours* de Marie de Romieu reconduit les termes de l'opposition entre les sexes, tandis que, chez Jean Marot, l'avocate tient plutôt le rôle de l'*opponens*. Toutefois, les *personae* féminines ne se définissent pas exclusivement en fonction d'une voix antithétique (comme dans le *pro et contra*); elles servent des enjeux complexes qui apparaissent, pour peu que l'on s'intéresse aux circonstances de publication, aux objectifs spécifiques des textes et au genre littéraire choisi. Trois constats s'imposent : tout d'abord, les voix de femmes étudiées ne correspondent pas aux modèles prédominants : ni au modèle ovidien de l'amante abandonnée et éplorée, ni à l'image de la mégère bavarde et tonitruante. Ensuite, la superposition des voix qui se donne parfois à lire soulève une série de questions – qui parle ? À travers qui ? Qui fait parler qui ? Dans quel but ? Ainsi, les marques de généricité peuvent être brouillées, comme dans *La vraye disant advocate des dames* de Jean Marot. Chez François de Billon, Plume s'avère la figure toute désignée pour énoncer la thèse paradoxale de la supériorité des femmes et résout les difficultés d'une généricité masculine problématique ; elle permet aussi de faire entendre des revendications propres à l'auteur sous le couvert de la défense des dames. Dans un autre ordre d'idées, l'échange de Marguerite de Valois avec le père Loryot suggère une relation de pouvoir qui, si elle avait réussi, aurait forcé un jésuite à réviser publiquement ses opinions misogynes. Enfin, les femmes auteurs n'abordent pas toutes l'autoréférentialité de la même manière : comme le montre l'*Égalité des hommes et des femmes* de Marie de Gournay, une femme ne prend pas forcément la parole pour défendre ses consœurs en exhibant les traces du féminin ; elle peut emprunter une autre voie, celle du neutre. Cette diversité des enjeux doit être évaluée à la lumière des importantes mutations que connaît le XVIe siècle, à commencer par la réévaluation des méthodes d'enseignement et d'accès à la connaissance. Béatrice Périgot montre que la réorientation de la dialectique vers la rhétorique à la Renaissance multiplie les usages littéraires du modèle disputatif[31]. Dans les apologies du sexe féminin, cette inflexion n'est pas perceptible sur le plan de la topique, qui est remarquablement stable ; elle se concentre dans l'énonciation, à travers la construction de l'*èthos*, la mise en scène des locuteurs et l'exhibition des marques de généricité.

Revenons en dernier lieu sur la rencontre de l'allégorie et des auteurs féminins à la faveur du *topos* de la femme défendant les femmes. Il est probable que la présence d'un modèle a préparé et facilité la modulation des

31. Béatrice Périgot, *Dialectique et Littérature. Les avatars de la dispute entre Moyen Âge et Renaissance*, Paris, Champion, « Bibliothèque littéraire de la Renaissance », 2005.

voix féminines par les femmes auteurs qui prirent la défense de leur sexe en nombre croissant dans la seconde moitié du XVIe siècle. Il reste toutefois difficile de conclure à des filiations précises : si les figures de « Femme deffendant » et de ses avatars semblent offrir une image féminine légitime toute prête à être investie, les femmes auteurs ne les revendiquent pas explicitement dans le corpus analysé. Il est probable que l'allégorie – pourtant présente dans d'autres genres littéraires explorés par les femmes, la poésie notamment – est apparue aux femmes auteurs comme un détour inutile en raison de son grand degré d'abstraction[32]. Ce silence ne correspond pas à une rupture, mais à une réorientation. Lieu de variabilité, la posture rhétorique de la défense des femmes par les femmes (fictives ou réelles) témoigne de la capacité de renouvellement du littéraire et de la perméabilité de celui-ci à un nouveau paramètre, celui de la participation des femmes aux Lettres. Saisir d'un seul geste toutes ces voix féminines, qu'elles soient prononcées par des hommes ou par des femmes, est une façon d'explorer les discours sur la subjectivité qui se multiplient à la Renaissance[33]. Elles dessinent, dans la continuation d'une topique, de nouvelles façons de dire et de se dire pour les hommes et, à plus forte raison, pour les femmes, qui prennent désormais part à la reconfiguration du paysage discursif.

32. Si l'on compare les « professionnelles » de la parole convoquées par Marot ou Billon et la figure d'Agnodice que choisissent les Dames Des Roches pour défendre l'accès des femmes à l'écriture, on constate que les tribulations de la jeune fille grecque, vertueuse mais objet d'envie et sujette à la diffamation, font davantage écho aux difficultés bien réelles de l'accès à la parole publique que l'avocate et l'oratrice. Pour plus de détails, voir l'article de Claude La Charité dans ce collectif.

33. Olivier Pot, « De l'aliénation topique à la topique du sujet », dans Olivier Pot (dir.), *Émergence du sujet. De l'*Amant vert *au* Misanthrope, Genève, Droz, « Cahiers d'Humanisme et Renaissance », 2005, p. 49-111.

Cathleen M. Bauschatz

ÉCHO ET NARCISSE : LE TRAVESTISSEMENT TEXTUEL DANS LES *COMPTES AMOUREUX* (1540) PAR JEANNE FLORE

Le concept de « travestissement textuel » offre une perspective théorique qui nous aide à distinguer l'auteur et le narrateur d'un texte, en attirant notre attention sur les situations où l'auteur cherche à duper le lecteur quant à son identité nationale, linguistique ou « générique » (dans le sens de *gender*)[1]. Dans cette dernière catégorie, on trouve, d'une part, des femmes écrivains qui se travestissent en auteurs, narrateurs ou personnages masculins (ce dont les XIXe et XXe siècles fournissent plusieurs exemples), et, de l'autre, des hommes écrivains qui adoptent une voix ou un masque féminin. Cette dernière pratique est peut-être moins répandue aujourd'hui que la première, mais, depuis l'Antiquité, bon nombre d'auteurs se sont travestis en femme grâce à divers procédés textuels; pensons aux exemples qu'offrent les *Héroïdes* d'Ovide (2 av. J.-C.) et la *Fiammetta* de Boccace (1344). Bien que les *Héroïdes* portent la signature de l'auteur, la moitié des lettres elles-mêmes sont dictées par des femmes qui se lamentent et pleurent d'une manière que plusieurs critiques ont interprétée comme une parodie du discours féminin[2]. Dans la *Fiammetta* de Boccace, le récit, écrit par un homme mais narré par une figure féminine, se complaît dans l'apitoiement de soi-même, au point où l'on peut voir ce livre comme parodique ou artificiel, surtout si on le compare à la version française de la même histoire – *Les Angoysses douloureuses* (1538) – écrite par Hélisenne de Crenne, une femme pour autant qu'on le sache[3]. Récemment, Mireille Huchon a suggéré que les textes de Louise Labé seraient en réalité l'œuvre d'un groupe de poètes lyonnais – Scève,

1. Parce que le mot « genre » en français est moins précis, nous utiliserons *gender* pour désigner l'identité sexuée.
2. Voir Sara H. Lindheim, *Mail and Female*, Madison, University of Wisconsin Press, 2003. Par exemple : « Some argue that the *Heroides* reveal Ovid parodying the abandoned woman's lament [...] » (p. 5).
3. Voir notre article « "Helisenne aux Lisantes" in the *Angoisses douloureuses* and in Boccaccio's *Fiammetta* », *Atlantis. Revue d'études sur les femmes*, vol. 19, nº 1, automne-hiver 1992, p. 59-66. Dans sa thèse, Anne Réach-Ngô (*La Mise en livre des narrations de la Renaissance : écriture éditoriale et herméneutique de l'imprimé*, thèse de doctorat, Université Paris IV-Sorbonne, 2005) a cependant mis en doute l'identité féminine d'Hélisenne de Crenne.

Taillemont et d'autres[4]. Si cela était avéré, il s'agirait non seulement d'un exemple de travestissement discursif (comme chez Ovide ou Boccace), mais aussi d'un effort pour brouiller la « généricité » de l'auteur (ou des auteurs). La question de savoir quelles peuvent être les motivations d'une telle supercherie reste cependant ouverte, comme le montre le débat déclenché par le livre de Mireille Huchon[5].

Que penser d'un autre livre lyonnais du XVIe siècle, les *Comptes amoureux* (vers 1538-1542) attribués à Jeanne Flore[6] ? Les recherches récentes suggèrent que le nom « Jeanne Flore », correspondant à la femme du cercle des devisantes qui est responsable de l'ensemble de ce recueil de sept récits, serait lui aussi un pseudonyme utilisé par un groupe d'hommes : Dolet, Marot, Scève, Bonaventure des Périers[7]. Il semblerait que « Jeanne », et par extension les devisantes aussi, représentent en quelque sorte des narrateurs empruntant la voix d'une femme. Comme dans le cas de Louise Labé, on peut se demander ce que vise ce procédé. Il pourrait s'agir d'une stratégie permettant de combattre le parti « féministe » de la Querelle des Femmes, en infiltrant ses rangs dans le but de défendre l'amour adultère. « Jeanne Flore » paraît ainsi s'adresser aux lectrices, pour les engager à se soumettre à la « sacrosaincte divinité d'Amour », message que des auteures comme Christine de Pizan, Hélisenne de Crenne, et plus tard Marguerite de Navarre, ont conseillé aux femmes de ne pas écouter. Bien que les *Comptes amoureux* visent en principe des lectrices à travers le groupe d'auditrices que forment les devisantes, le livre est probablement écrit pour un lectorat masculin, à qui son jeu et sa morale sont plus susceptibles de plaire. De ce point de vue, les *Comptes amoureux* auraient beaucoup en commun avec les œuvres d'Ovide ou de Boccace.

Indices du *gender* auctorial

Y a-t-il des aspects textuels des *Comptes amoureux* qui nous permettraient d'identifier le ou les auteur(s) comme masculins, en dépit du cadre narratif exclusivement féminin ? Un indice pourrait être la manière dont les narratrices s'adressent aux auditrices et aux lectrices. Dans le recueil attribué à Jeanne Flore, on répète, de conte en conte, le message univoque selon lequel Amour est une figure vindicative qui punira sévèrement les femmes ne lui obéissant pas. Les auditrices tremblent et frémissent, en jurant qu'elles n'ose-

4. Mireille Huchon, *Louise Labé. Une créature de papier*, Genève, Droz, 2006.

5. Voir l'essai de Christine Planté, « Tout.e écrivain.e est "de papier" », dans Michèle Clément et Janine Incardona (dir.), *L'Émergence littéraire des femmes à Lyon à la Renaissance, 1520-1560*, Saint-Étienne, Publications de l'Université de Saint-Étienne, 2008, p. 257-271.

6. *Contes amoureux par Madame Jeanne Flore*, éd. Gabriel-A. Pérouse, Lyon, Presses Universitaires de Lyon, 1980. Désormais, les références à cet ouvrage seront indiquées par le sigle *CA*, suivi du numéro la page.

7. Voir plusieurs ouvrages récents à ce sujet : Diane Desrosiers-Bonin et Éliane Viennot (dir.), *Actualité de Jeanne Flore*, Paris, Champion, 2004 ; *Les Contes amoureux par Madame Jeanne Flore*, éd. Régine Reynolds-Cornell, Saint-Étienne, Publications de l'Université de Saint-Étienne, 2005 ; *L'Émergence littéraire des femmes à Lyon à la Renaissance, 1520-1560* (*op. cit.*).

ront jamais plus désobéir à sa puissance. Par exemple, à la fin du Compte 5, basé sur celui de Nastagio par Boccace, les femmes jurent de ne jamais plus contrevenir aux arrêts d'Amour :

> Et les aultres Dames et matrones, lesquelles auparavant s'estoient diversement excusées vers leurs loyaulx amys, dès lors en avant en prindrent toute amoureuse pitié, de maniere que depuis les Aymans n'eurent juste occasion d'en lamenter et faire plainctes. (*CA*, 191)

Le principe de la domination de l'amour et la soumission des auditrices est établi ici ; l'ensemble du recueil illustre d'ailleurs ce principe d'une façon qui soumet les femmes au désir des hommes, suggérant une perspective plutôt masculine de la part des narratrices[8]. De plus, Meridienne et Cebille, les personnages féminins du livre qui osent résister aux commandements d'Amour, sont sévèrement punies d'une manière cruelle et humiliante, puisqu'elles sont jetées aux chiens ou à d'autres animaux sauvages. Elles se trouvent réduites au silence, comme le sont souvent, selon Elizabeth Harvey, les interlocutrices dans les textes renaissants d'auteurs masculins faisant appel au travestissement textuel[9]. Par exemple, à la fin du Compte 2 :

> Briefvement, Dames amoureuses, le corps de Meridienne en ung instant fut mis en pieces, si que riens d'icelle n'apparut que tout ne fut ensepvely en la panse des bestes pleines de famine. (*CA*, 153)

Il paraît peu probable qu'une femme de la Renaissance eût imaginé un destin aussi humiliant pour un personnage féminin vertueux[10]. On a récemment suggéré que ce conte a été écrit par Étienne Dolet, l'humaniste lyonnais responsable (croit-on) de plusieurs contes dans le recueil, aussi bien que de la publication de l'ouvrage[11]. Le traitement violent réservé ici aux femmes, de

8. Le fait que ce conte, celui de Nastagio, soit originellement de Boccace ajoute au sentiment d'une narration qui joue avec les *genders*. Voir Elizabeth Harvey, *Ventriloquized Voices: Feminist Theory and English Renaissance Texts*, New York, Routledge, 1992. Par exemple, Harvey constate que : « [...] ventriloquism and intertextuality overlap, for, in both cases, a putatively single and bounded utterance is destabilized by questions of origin, authorship, and ownership ; an intertextual allusion opens a text to other voices and echoes of other texts, just as ventriloquism multiplies authorial voices, interrogating the idea that a single authorial presence speaks or controls an utterance » (p. 10). Voir aussi Diane Desrosiers-Bonin : « Or, l'ambiguïté des *Comptes amoureux*, qui n'est pas qu'apparente, pourrait, me semble-t-il, être liée aux processus de réécriture de textes narratifs antérieurs dont les buts s'avéraient à l'origine divergents » (« La Réception critique des *Comptes amoureux* de Jeanne Flore », dans *Actualité de Jeanne Flore*, *op. cit.*, p. 23).

9. « Indeed, ventriloquizations of women in the Renaissance achieved the power they did partly because so few women actually wrote and spoke, but the representations of feminine speech that were current in literary and popular accounts, as well as in ventriloquizations, fostered a vision that tended to reinforce women's silence or to marginalize their voices when they did speak or write » (Elizabeth Harvey, *Ventriloquized Voices*, *op. cit.*, p. 5).

10. Voir l'essai de Magda Campanini Catani, qui nous rappelle que *Le Songe de Poliphile* par F. Colonna sous-tend plusieurs épisodes sadiques dans les *Comptes amoureux* : « La Relecture du Mythe. Quelques échos de la tradition classique dans les *Comptes amoureux* de Jeanne Flore », dans *L'Émergence littéraire des femmes à Lyon*, *op. cit.*, p. 202 et suiv.

11. Voir *Contes amoureux*, éd. Régine Reynolds-Cornell, *op. cit.*, p. 15-16, qui attribue les comptes 1 et 6 à Dolet, aussi bien que le deuxième, s'il n'est pas écrit par Hélisenne de Crenne (théorie aujourd'hui exclue par la plupart des critiques).

même que la manière dont on s'adresse aux femmes partout dans le livre supposent vraisemblablement un point de vue masculin de la part de ce narrateur, en dépit du fait qu'il porte le nom de Madame Andromeda. La question du point de vue constitue un élément clé dans tout effort pour identifier le *gender* de l'auteur ou des auteurs des *Comptes amoureux*, même s'il semble impossible d'établir de manière définitive l'identité des auteurs véritables du livre[12].

Madame Minerve, devisante

Nous aimerions étudier un conte peu typique du recueil, qui soulève justement d'intéressantes questions de *gender* et de point de vue. Il s'agit de l'histoire de Narcisse, le seul récit du livre ayant un personnage central masculin[13]. Ce conte, le quatrième, occupe une place centrale dans l'ouvrage[14]; sa narratrice est Madame Egine Minerve, figure évoquée dès les textes liminaires du recueil. En dépit de la réputation de son homonyme, la déesse Minerve, patronne de la chasteté et de la raison (comme c'est le cas chez Hélisenne de Crenne), cette Minerve impose pour de bon l'idéologie du Dieu de l'Amour. Le poème liminaire des *Comptes*, adressé par Minerve aux « nobles dames amoureuses », met l'accent sur la cruauté d'Amour et prévient les auditrices que celui-ci n'est pas en réalité aveugle (comme on le dépeint souvent), mais qu'il poursuivra les destinataires en utilisant tous ses moyens:

> Madame Egine Minerve aux Nobles Dames Amoureuses:
> Gardez vous bien du vray Amour offendre
> Lequel n'est pas comme on le painct, aveugle:
> Sinon en tant que les Cruelz aveugle,
> Qui n'ont le cueur entier piteux et tendre.
> Le voilà jà tout prest de son arc tendre
> Contre qui n'ayme usant du malefice
> De Cruaulté: doncques au sainct service
> D'amour vueillez de bon vouloir entendre. (*CA*, 95)

12. Voir Floyd Gray: « Les devisantes [...] expriment censément le point de vue féminin traditionnel sur l'amour, le mariage et la sexualité; pourtant, leurs déclarations sont quelque peu superficielles, voire simplistes, rabâchées plutôt que développées ou étayées logiquement, ce qui fait que l'on se demande si elles sont censées représenter le point de vue d'une femme ou l'exagérer dans un but parodique [...] » (« Jeanne Flore et le désir érotique: féminisme ou fantasme masculin? », dans *Actualité de Jeanne Flore*, *op. cit.*, p. 168).

13. Voir la remarque de Pérouse: « [...] J. Flore a montré le châtiment s'abattant sur un homme (alors que les deux premiers et le dernier conte du "noyau" disent les punitions de trois femmes) » (*CA*, introduction, p. 30).

14. Voir Gilles Polizzi: « Selon la disposition du recueil des *Contes amoureux*, de part et d'autre du centre de symétrie que constitue le quatrième conte [...] » (« La fable réifiée: la mise au féminin dans l'écriture des trois premiers *Contes Amoureux* de Jeanne Flore », dans *L'Émergence littéraire des femmes à Lyon*, *op. cit.*, p. 237).

Minerve sert de porte-parole au Dieu de l'Amour, en menaçant les auditrices de la vindicte de celui-ci, défendant du même coup un point de vue masculin favorable à l'amour. Une telle représentation de Minerve, peut-être parodique ou ironique, nous engage à réfléchir au *gender* de son personnage dans le livre.

Dans l'« Epistre » qui suit le poème liminaire et qui constitue une réponse par Jeanne Flore à sa cousine, la même « Minerve » est présentée comme la destinataire du livre[15]. Jeanne Flore réitère l'idée de la punition : « les comptes de la punition de ceux qui contemnent et mesprisent le vray Amour [...] » (*CA*, 97). Cette « Epistre », en plus, contient la déclaration, ressortissant à la rhétorique de la modestie, selon laquelle ce livre n'est que l'œuvre d'une femme :

> Epistre Jeanne Flore a Madame Minerve sa chiere Cousine, Salut [...] j'avois prinse la plume en main pour le vous mettre par escript. Puis tout soubdain je me suis advisée que je feroys chose tres agreable et plaisante aux jeunes Dames amoureuses, lesquelles loyaulment continuent au vray service d'Amour, et lesquelles se delectent de lire telz joyeulz comptes, si je les faisois tout d'ung train jecter en impression. Ce que j'ay faict presentement : neantmoins soubs espoir que vous, et les humains lecteurs excuserez le rude et mal agencé langaige. C'est œuvre de femme, d'où ne peult sortir ouvraige si limé, que bien seroit d'ung homme discretz en ses escriptz[16]. (*CA*, 97)

Jeanne Flore assume la fonction d'éditrice, qui transcrit et fait même imprimer les contes que les autres femmes ont racontés oralement. Elle paraît certainement jouer un rôle plus masculin que les autres devisantes, tout en faisant des excuses pour le livre comme si Minerve était l'un des « humains lecteurs » qui préfèrent les ouvrages « d'ung homme discretz ». Cette indication pourrait constituer une clé quant à l'identité androgyne de Minerve[17]. Il est ironique d'entendre des excuses pour « le rude et mal agencé langaige » d'une femme, au début d'un livre censé être écrit par une femme, mais qui est probablement écrit par des hommes. Ces excuses cessent d'être un exemple de modestie rhétorique (comme chez Hélisenne et d'autres) pour former une parodie, voire une critique, des œuvres de femmes.

15. Minerve était aussi la destinataire des *Angoisses douloureuses* : « [...] Mercure [...] me dist, qu'il en feroit présent à ma dame Pallas : laquelle singulierement aux lectures se delectoit » (Hélisenne de Crenne, *Les Angoysses douloureuses qui procedent d'amours*, éd. Christine de Buzon, Paris, Champion, 1997, p. 489).

16. Comparer les références par Hélisenne de Crenne (un an ou deux avant les *Comptes amoureux*) à sa « main tremblante », et à sa « débile main » (éd. cit., p. 97) ; aussi bien qu'à l'importance de faire imprimer son livre : « Et que diligemment le feist imprimer, affin de manifester au monde les peines, travaulx, et angoysses douloureuses, qui procedent à l'occasion d'amours » (*ibid.*, p. 503). En dépit de ces ressemblances, son but est contraire à celui de Flore : prévenir les femmes contre l'amour.

17. Voir Marjorie Garber : « Athena is often pictured with both male and female insignia – a lance and a distaff – and the interloper [Tiresias] may have seen the goddess as a phallic woman, anatomically male and female at once » (Marjorie Garber, *Bisexuality and the Eroticism of Everyday Life*, New York, Routledge, 1995, p. 166-167).

Écho et Narcisse

Après les trois premiers contes, censément relatés par des femmes (mais où il y a un poème par Clément Marot à la fin du Compte 1)[18], nous arrivons au Compte 4, narré par Madame Minerve elle-même. Cette histoire renouvelle le mythe d'Écho et de Narcisse, qui provient du livre III des *Métamorphoses* d'Ovide. Chez ce dernier, le mythe de Narcisse se place directement après celui de Tirésias, personnage bisexuel et aveugle, qui prédit la brièveté de l'existence de Narcisse. Régine Reynolds-Cornell suggère que Clément Marot – qui avait peu avant traduit une partie des *Métamorphoses* – a peut-être écrit le Compte 4, dans lequel figure un rondeau de Marot, « En languissant », où une femme prend la parole[19]. Marot ayant déjà signé plusieurs poèmes pendant sa jeunesse où il employait une *persona* féminine, il est tentant d'attribuer ce conte à l'auteur de *L'Adolescence Clémentine*[20]. Pourtant, notre tâche ici n'est pas d'établir l'identité historique de l'auteur de ce conte, mais plutôt de préciser le *gender* de sa voix narrative. Comme dans *Le Retour de Martin Guerre*, la question de l'identité revendiquée sera peut-être plus importante que la véritable identité de l'auteur[21].

Il n'est pas possible de résumer ici toute l'histoire de Narcisse, qui est bien connue. Écho est d'abord présentée par Minerve comme le personnage central du conte : une femme punie pour ne pas avoir aimé, ou du moins pour ne pas avoir aimé assez tôt. Mais, au milieu de l'histoire, la narratrice passe abruptement du point de vue d'Écho à celui de Narcisse, un homme puni pour ne pas avoir aimé qui devient le véritable personnage central du conte :

> Mais qui pourroit à la verité faire plus de foy que le beau filz de Cephisus ? [Narcisse] lequel de tant qu'il fut envers aultruy desdaigneux et dur, d'autant après à luy mesmes vint trop à se plaire et contenter. (*CA*, 170)

L'histoire de Narcisse est alors racontée, avec une ample description de la souffrance des femmes qu'il a rejetées. L'accent est mis sur la voix de ces femmes, sur leurs plaintes et prières, d'une façon presque caricaturale[22].

18. C'est la « Chanson chantée à la louenge du Dieu d'Amour ». Les éditeurs suggèrent, pourtant : « Il se peut même que l'insertion de la *Chanson* n'ait eu d'autre but que de finir le cahier (en ce cas, le hasard a bien fait les choses) » (*CA*, 130).

19. Voir Régine Reynolds-Cornell : « Parmi tous les noms qui viennent à l'esprit, celui de Marot serait le plus difficile à écarter » (« Que cache le manteau de Jeanne Flore ? », dans *Actualité de Jeanne Flore, op. cit.*, p. 257).

20. Voir Michèle Clément, qui cite plusieurs rondeaux de *L'Adolescence Clémentine* « où Marot fait parler des femmes en feignant d'adopter leur point de vue » (« Comment un nouveau champ littéraire est créé à Lyon : "En donnant lieu à la main féminine" (1530-1555) », dans *L'Émergence littéraire des femmes à Lyon, op. cit.*, p. 17).

21. Voir l'analyse pénétrante de l'histoire de Martin Guerre, et de la question de l'usurpation d'identité à la Renaissance, par Stephen Greenblatt, « Psychoanalysis and Renaissance Culture », dans Patricia Parker et David Quint (dir.), *Literary Theory / Renaissance Texts*, Baltimore, Johns Hopkins University Press, 1986, p. 210-224.

22. En voici quelques exemples : « piteuses voix » ; « souspirs » ; « prieres justes et honnestes » ; « les voix lamentables espandues » (*CA*, 171) ; « jectaient leurs plainctes et querelles aux ventz sourds » ; « le deses-

Enfin, nous retrouvons Écho, dont le crime est désormais d'avoir été, comme ces autres femmes, trop bavarde. Cette parole excessive est un trait typique des héroïnes de plusieurs œuvres de l'Antiquité et de la Renaissance où un homme écrivain fait parler une femme[23]. La punition d'Écho – ne plus avoir de parole propre – pourrait indiquer un point de vue masculin visant à réduire les femmes au silence. Écho pourra seulement répéter les dernières paroles de Narcisse (un homme), mais d'abord elle essaie de l'embrasser : « elle baisa la bouche de l'amy fugitif » (*CA*, 175). Narcisse est choqué et la qualifie de « lascive demoiselle » (*CA*, 176). Clairement, une équivalence est ici établie entre la voix d'une femme et le caractère excessif de sa sexualité[24]. Amour, le grand vengeur, conduit Narcisse à la fontaine où nous savons que l'histoire va connaître son dénouement. Le narrateur insiste sur le silence de la Nature, en l'absence de la voix d'Écho et des autres femmes. La beauté du site est décrite en détail ; on passe du registre de la parole à celui du regard, lorsque Narcisse voit son reflet dans l'eau : « A peine eust-il fiché son regard sur le beau crystal qu'il veit là soy-mesme, qu'il n'avoit encores jamais veu » (*CA*, 177). Narcisse ne se connaît pas ou ne se reconnaît pas – Minerve dit à ce propos : « et si c'est son ymaige, ne le scet » (*CA*, 177) –, et donc il n'est pas capable de comprendre sa relation à lui-même ou aux autres. L'ambiguïté du *gender* du personnage est soulignée quand il regarde son image en se demandant si c'est une déesse qu'il voit : « Attentif va contemplant avec un subtil et amoureux regard l'excellente beaulté : que luy faict à croire que quelque déesse soit du hault ciel descenduë » (*CA*, 178). Il tombe amoureux de cette image androgyne, à qui il demande de sortir de la fontaine pour le consoler. Mais soudain, en regardant le reflet qui imite chacun de ses propres gestes, il se rend compte que c'est en effet lui-même : « […] c'est l'ombre de soymesmes… las ! De moymesme je brusle, de moymesmes je suis amoureux, et sans fruict aucun interrogue et respondz » (*CA*, 179). Le sexe de l'image réfléchie et l'identité de Narcisse sont révélés ici ; à ce moment, Narcisse « devient aveugle et muet », les deux facultés dont il est question dans le conte se trouvant momentanément paralysées. Narcisse et Écho, l'un aveugle et l'autre muette, mourront peu après.

poir mesme donnoit espoir de luy parler piteusement » ; « nous plaignons » ; « parlant les affictées aymantes » (*CA*, 172). Elles répètent les discours qu'elles espèrent utiliser, si jamais elles rencontrent Narcisse : « […] pensant de se retrouver devant luy, avec prieres pitoiables, et persuasions artificielles, repetaient à part elles en quelle sorte luy descouvroient leurs doulces et ardents amours ».

23. Voir Elizabeth Harvey, *Ventriloquized Voices*, *op. cit.*, p. 1 : « The trope of voice is frequently metonymized in the tongue, or conversely in silence, and it is often embodied in mythical figures associated with voice or rhetoric – the Sibyl, Echo, Philomela, Medusa, the Muse. »

24. Voir Floyd Gray (« Jeanne Flore et le désir érotique », art. cit., p. 179) sur la sexualité excessive d'Écho, typique de la littérature de la « Querelle » : « Or, c'est précisément parce que les héroïnes de Jeanne Flore assument leur sexualité qu'elles correspondent au stéréotype misogyne de la femme impudique véhiculé par la littérature antiféministe de la *Querelle des Femmes*. »

Minerve fournit la conclusion du conte en s'adressant aux Dames : « En ce point, Mesdames, mourust Narcissus contempteur de vray Amour » (*CA*, 181). Il s'agit d'un *exemplum* négatif offert aux dames, mais illustré par un homme : « Que vous les [serviteurs] debvez aymer de mutuelle amour, l'exemple que j'ay recité vous le montre assez [...] » (*CA*, 181). C'est peut-être la seule fois dans les *Comptes amoureux* où la leçon traverse la ligne de démarcation entre hommes et femmes, pour prêcher une morale que l'on pourrait qualifier d'androgyne.

L'identité de Minerve

Retournons maintenant à la question de l'identité de Minerve elle-même, aussi bien que celle des autres interlocutrices des *Comptes amoureux*. Minerve ou Athéna est souvent représentée dans l'art de l'Antiquité par des attributs masculins et féminins : la lance et la quenouille. Existe-t-il des parallèles, dans l'art français du XVIe siècle, à une telle représentation suggérant que Minerve est androgyne ou un homme déguisé ? Prenons comme exemple la peinture controversée de Niccolò Belin da Modena où Francois Ier est représenté avec les attributs de Minerve[25]. Raymond Waddington et Daniel Russell, entre autres, ont débattu la question suivante : ce portrait est-il un exemple de représentation « bisexuelle », de travestissement (Waddington) ou est-il composite et emblématique, montrant le roi avec les attributs de plusieurs dieux et déesses (y compris Minerve), sans qu'il y ait d'indication relative à l'identité sexuelle du roi (Russell)[26] ? Il est clair que, au XVIe siècle, Minerve constituait une figure ambiguë sur le plan du *gender*. Il paraît ainsi significatif que Minerve raconte l'histoire de Narcisse, un personnage dont le *gender* est précisément ambigu, surtout dans cette version du mythe, où le héros croit voir une femme dans son propre reflet.

Sans vouloir imposer le point de vue du XXIe siècle sur les textes du XVIe (comme nous prévient Daniel Russell), le concept de « travestissement textuel » peut néanmoins contribuer à notre compréhension des paradigmes du *gender* à la Renaissance française. D'abord, l'idée d'une « voix féminine » distincte de la « voix masculine » n'était peut-être pas encore clairement établie à cette époque. Par conséquent, l'idée d'une femme écrivant les très sexistes *Comptes amoureux* ne paraissait pas si curieuse qu'elle ne le semble aujourd'hui. Pour citer Russell,

25. Bibliothèque Nationale, Paris. Cette œuvre date d'environ 1540, comme les *Comptes amoureux* eux-mêmes.

26. Les deux études, dans l'ordre chronologique, sont les suivantes : Raymond B. Waddington, « The Bisexual Portrait of Francis I : Fontainebleau, Castiglione, and the Tone of Courtly Mythology », dans Jean R. Brink, Maryanne C. Horowitz et Allison P. Coudert (dir.), *Playing with Gender : A Renaissance Pursuit*, Urbana, University of Illinois Press, 1991, p. 99-132 ; et Daniel Russell, « Emblematics and Cultural Specificity : Two Examples from Sixteenth-Century France », dans Peter Daly et Daniel Russell (dir.), *Emblematic Perceptions : Essays in Honor of William S. Heckscher*, Baden-Baden, Verlag Valentin Koerner, 1997, p. 135-157.

> [...] l'identité humaine à la Renaissance était toujours une mosaïque où les pièces étaient interchangeables, et dont la vision du tout pouvait se modifier sans compromettre l'intégrité de la personnalité d'une manière irréparable[27].

Comme dans le portrait de François Ier, pourrait-on voir dans les *Comptes amoureux* une « mosaïque » de caractéristiques masculines et féminines ? Mais est-ce vraiment aussi simple que cela, et si dénué de conflit ?

Plusieurs écrivains des deux côtés de la Querelle des Femmes paraissent avoir perçu l'avantage de parler du point de vue de l'autre sexe pour persuader le lecteur ou la lectrice. Ce « dernier tour d'escrime » – celui où l'on perd ses armes pour faire perdre celles de son adversaire[28] – était peut-être celui de la voix derrière Jeanne Flore ou sa cousine, Madame Minerve. Pour convertir les lectrices à l'idéologie de l'amour, quelle meilleure stratégie que de désarmer les femmes en faisant présenter par elles les arguments des hommes ? Le mythe de Narcisse, au centre du recueil, révélerait ainsi le *gender* de l'auteur ou du compilateur du livre, derrière les masques de Minerve la devisante et de Jeanne l'éditrice.

*
* *

Le mythe d'Écho et de Narcisse, donc, serait emblématique de la relation entre Jeanne (ou Minerve) et les vrais auteurs du livre. Comme Écho devient la créature de Narcisse, Jeanne ou Minerve serait celle d'un auteur masculin : elle ne peut que répéter les mots qu'il dicte. Elle périra d'ailleurs quand sa vraie identité à lui sera révélée. Le Compte 4 n'est vraiment pas typique du livre. Au lieu de montrer l'amour entre deux jeunes gens en dépit de l'opposition d'un mari âgé et hideux, cette histoire décrit une jeune femme qui ne trouve pas l'amour réciproque à cause de l'égoïsme du jeune homme qu'elle aime. Peut-on penser que l'auteur de ce conte est différent de celui des autres récits ? S'il s'agit de Marot plutôt que Dolet, cette différence de point de vue pourrait révéler un aspect de la brouille qu'ils ont connue, à l'époque de la publication du livre (1538-1540)[29].

Mais, dans le cadre de notre réflexion, il importe surtout de se demander quelle pouvait être la signification du travestissement en femme pour présenter la traduction de mythes antiques. La décennie 1535-1545 a été témoin

27. « [...] the Renaissance self was still a mosaic in which pieces could be changed, and the view of the whole modified, without compromising the integrity of the personality in any irreparable way » (Daniel Russell, « Emblematics and Cultural Specificity », art. cit., p. 144). Nous traduisons.

28. « C'est un coup desesperé, auquel il faut abandonner vos armes pour faire perdre à vostre adversaire les siennes, et un tour secret, duquel il se faut servir rarement et reservéement » (Michel de Montaigne, « Apologie de Raimond Sebond », *Essais*, éd. Pierre Villey, livre II, chap. 12, Paris, Quadrige/PUF, 1988, p. 558, A).

29. Voir Gérard Defaux sur les raisons de la brouille entre Marot et Dolet, vers 1538 : « Histoire d'une brouille : Clément Marot, Étienne Dolet, et l'épigramme "Contre l'inique" », *French Forum*, vol. 17, n° 2, 1992, p. 153-167.

en France d'une transition du latin au français, du manuscrit à l'imprimé, de la mentalité médiévale à celle de la Renaissance, d'une conception monologique de la lecture à une autre, plutôt dialogique. Les traductions d'œuvres latines et italiennes se sont multipliées au moment où des écrivains comme Dolet et Marot proclamaient l'égalité ou même la supériorité de ces traductions par rapport aux versions originales, comme des exemples d'*imitatio*[30]. Nous aimerions suggérer que la traduction elle-même aurait été vue comme une forme de « travestissement », où le français jouait le rôle féminin, tandis que le latin et l'italien représentaient les modèles masculins de ces versions nouvelles. Bien que les humanistes se soient sentis confiants en leurs capacités de re-dire les vieilles histoires, les frontières idéologiques et culturelles mouvantes de l'époque (ce que Marjorie Garber qualifie de « crise de catégories ») auraient pu les engager à cacher leurs efforts sous un masque féminin, en protestant de leur infériorité tout en démontrant leur virtuosité[31]. En comparaison avec la stérilité des vieux maris ou la vacuité de la figure de Narcisse, la jeunesse et la vigueur des personnages féminins – doués pour le langage – pourraient constituer une métaphore de la force d'émergence de la langue française, qui transforme et laisse derrière elle les vieux modèles latins. Le français a commencé par créer un « écho » du latin, a cherché ses propres mots, en essayant de trouver sa propre voix. Jeanne Flore représente peut-être un-e de ces écrivain-es qui cherchaient une nouvelle voix française au milieu de la forêt silencieuse des prédécesseurs anciens[32].

30. Voir le livre récent édité par Marian Rothstein (*Charting Change in France around 1540*, Selinsgrove, Susquehana University Press, 2006), tout particulièrement l'article qu'elle signe : « Printing, Translation, and the Paradigm Shift of 1540 » (p. 141-177). Surtout, Rothstein montre que Dolet et d'autres comme Marot critiquent les traducteurs qui suivent aveuglément la version originale d'un texte. Ils cherchent plutôt l'égalité avec les auteurs romains comme Ovide. Par exemple : « The new view sees translation itself as capable of producing something noble and inherently powerful. Translation has assumed the rhetorical status of a form of *imitatio* [...] » (p. 158).

31. Voir Marjorie Garber, *Vested Interests : Cross-Dressing and Cultural Anxiety*, New York, Routledge, 1992. Garber voit le phénomène de travestissement comme un signe de « crise de catégories », où les frontières de plusieurs sortes sont en train d'être effacées dans une culture : « By "category crisis" I mean a failure of definitional distinction, a borderline that becomes permeable, that permits of border crossings from one (apparently distinct) category to another : black / white, Jew / Christian, noble / bourgeois, master / servant, master / slave. The binarism male / female, one apparent ground of distinction [...] is itself put in question or under erasure in transvestism [...] » (p. 16).

32. Nous voulons remercier Régine Reynolds-Cornell de son aide stylistique, pour une version antérieure de cette étude.

Dora E. Polachek

LE JEU DU TABOU ET DE LA VERTU : HÉLISENNE DE CRENNE ET LA REMISE EN QUESTION DE LA CULPABILITÉ FÉMININE

En tant que femme écrivain, Marguerite Briet, mieux connue sous le nom de plume d'Hélisenne de Crenne, a joui d'une remarquable renommée à son époque. Son roman, *Les Angoisses douloureuses qui procèdent d'amour*, est devenu un succès de librairie dès sa publication par Denis Janot en 1538. Republié indépendamment deux fois (en 1539 et en 1541), cet ouvrage a été repris, à partir de 1543, dans le recueil intitulé *Les Œuvres de ma dame Hélisenne*, qui comptent également les dix-huit *Épîtres familières et invectives* (parues séparément en 1539), ainsi que *Le Songe de Madame Hélisenne* (1540). Hélisenne de Crenne se distingue par ailleurs comme la première femme à avoir fait publier, en 1541, une traduction française des quatre premiers livres de l'*Énéide*[1].

À une époque qui demande à la femme d'être chaste, silencieuse, obéissante et confinée à l'espace domestique, assumer la responsabilité d'une production textuelle aussi importante – c'est-à-dire se faire remarquer dans un domaine réservé aux hommes – ne peut qu'éveiller la méfiance. Au XVIe siècle, toute femme désireuse d'accéder à la parole publique et à la pratique scripturaire court des risques, ce que montre bien le cas d'Hélisenne de Crenne qui, avec la publication des *Angoisses douloureuses*, semble jouer avec le feu. Dans ce récit à la première personne, non seulement l'héroïne s'appelle-t-elle Hélisenne[2], mais elle est dépeinte comme clairement trans-

1. Pour la bibliographie concernant les œuvres et les éditions, voir Hélisenne de Crenne, *Les Angoysses douloureuses qui procedent d'amour*, éd. Christine de Buzon, Paris, Honoré Champion, « Textes de la Renaissance », 1997, p. 43-76 ; pour une liste d'études et de thèses, voir p. 76-85. On trouvera une mise au point bibliographique et critique qui inclut des éditions et des études plus récentes dans Jean-Philippe Beaulieu et Diane Desrosiers-Bonin (dir.), *Hélisenne de Crenne. L'écriture et ses doubles*, Paris, Honoré Champion, « Textes de la Renaissance », 2004, p. 265-278. À noter aussi la publication la plus récente d'une édition des *Angoisses* : Hélisenne de Crenne, *Les Angoisses douloureuses qui procèdent d'amour*, éd. Jean-Philippe Beaulieu, Saint-Étienne, Publications de l'Université de Saint-Étienne, « La cité des dames », 2005.

2. Pour une discussion des conséquences des lectures critiques qui confondent le récit fictif avec la biographie de l'auteure, voir Katharine Ann Jensen, « Writing Out of the Double Bind : Female Plot and Hélisenne de Crenne's *Les Angoyssses douloureuses qui procedent d'amours* », *Œuvres et critiques*, vol. 19, nº 1, 1994, p. 61-67.

gressive, les événements catastrophiques qui se produisent dans la vie de la narratrice-personnage semblant résulter de ses propres actions. Ainsi, l'amour qui la lie à l'homme qu'elle a épousé à l'âge de onze ans est décrit comme « mutuel et réciproque[3] », mais, très tôt dans le récit, Hélisenne rompt cette harmonie maritale lorsqu'elle subit les effets de l'amour coup de foudre après avoir jeté son regard sur un jeune homme nommé Guénélic ; le reste de la première partie du roman s'attarde à souligner la façon dont le personnage central maintient cette conduite amoureuse répréhensible.

À première vue, l'auteure semble reprendre les stéréotypes qui figurent dans des œuvres d'auteurs masculins (la *Fiammetta* de Boccace, par exemple) où la femme apparaît comme invariablement transgressive. Réincarnation d'Ève, elle représente une source de malheurs pour elle-même, mais aussi pour les autres. Comme l'ont noté plusieurs commentateurs[4], à travers la voix de sa narratrice, Hélisenne de Crenne intercale dans les *Angoisses* des fragments empruntés aux textes qui l'ont inspirée et dont elle réussit à travestir certains messages clés. Cependant, contrairement à ces modèles, elle crée un récit qui résiste à une représentation de la femme comme foncièrement pécheresse et méritant d'être punie[5]. Comment Hélisenne de Crenne parvient-elle à transformer, dans la première partie du roman, la vision misogyne de ses sources en une création littéraire destinée à susciter la sympathie des lectrices pour son héroïne ? Pour répondre à cette question, qui considère les effets d'intertextualité comme une forme métaphorique de travestissement, nous examinerons dans un premier temps les techniques narratives mobilisées dans le poème liminaire « Hélisenne aux lisantes » et dans la lettre dédicatoire où elle exhorte « toutes honnêtes dames » « à bien et honnêtement aimer, en évitant toute vaine et impudique amour ». Dans un deuxième temps, nous étudierons certains détails de l'histoire que livre Hélisenne, la narratrice-protagoniste, détails qui sont destinés à mettre en question sa capacité de changer le cours des événements catastrophiques

3. Hélisenne de Crenne, *Les Angoisses douloureuses qui procèdent d'amour*, éd. Jean-Philippe Beaulieu, *op. cit.*, p. 34. Désormais, les références à cette édition – à orthographe et ponctuation modernisées – seront désignées par les lettres *JPB*, suivies du numéro de la page ; nous indiquerons aussi la page correspondante dans l'édition critique de Christine de Buzon, sous la forme de *CB*. Ainsi, dans le cas précédent, la référence sera : *JPB*, 34 ; *CB*, 99.

4. Voir Hélisenne de Crenne, *Angoysses*, éd. Christine de Buzon, *op. cit.*, p. 31-36. Voir aussi l'édition critique de Paule Demats : Hélisenne de Crenne, *Les Angoysses douloureuses qui procedent d'amours*, Paris, Les Belles Lettres, [1538] 1968, où les emprunts à d'autres textes sont indiqués en italiques. Pour une analyse des sources des *Angoisses douloureuses*, voir notamment Gustave Reynier, « Les œuvres françaises : *Les Angoysses douloureuses* d'Hélisenne de Crenne », dans *Le Roman sentimental avant l'*Astrée, Paris, Librairie Armand Colin, 1908, p. 99-122 ; M. J. Baker, « Fiammetta and the *Angoysses douloureuses qui procedent d'amours* », *Symposium*, vol. 27, nº 4, 1973, p. 303-308 ; Cathleen Bauschatz, « *Hélisenne aux Lisantes* : Address of Women Readers in the *Angoisses douloureuses* and in Boccaccio's *Fiammetta* », *Atlantis*, vol. 19, nº 1, 1993, p. 59-66.

5. Pour le rôle de la remise en question de la culpabilité de l'héroïne, voir Anne R. Larsen, « The Rhetoric of Self-Defense in *Les Angoysses douloureuses qui procedent d'amours* (Part One) », *Kentucky Romance Quarterly*, vol. 29, nº 3, 1982, p. 235-243 ; et Colette H. Winn, « R-écrire le féminin : *Les Angoysses douloureuses* d'Hélisenne de Crenne (1re partie). Autour des notions de transgression et de "jouyssance" », *Renaissance et Réforme*, vol. 28, nº 1, 1992, p. 39-55.

qu'elle narre. Parallèlement, nous discuterons comment elle met en marche un processus de déculpabilisation systématique et complexe, tout en offrant à ses lectrices un portrait d'elle-même qui la présente comme une passionnée impénitente, même si la visée du texte est officiellement d'utiliser son expérience afin d'inciter les lectrices à ne pas s'engager dans la voie de l'« amour impudique ». Dans la dernière partie de cette analyse, nous nous pencherons sur le songe au cours duquel Hélisenne se trouve réunie avec son bien-aimé Guénélic, de façon à démontrer comment elle met en scène une transgression érotique qui a un effet paradoxal: justifier la sympathie ressentie par les lectrices au lieu de susciter une condamnation outragée. Bref, nous examinerons le double jeu d'Hélisenne, rendu possible par la superposition des masques de personnage et de narratrice. Nous montrerons comment, grâce à ce dédoublement[6], elle réussit à assumer deux rôles opposés, créant de cette façon un combat entre deux systèmes de valeurs qui lui permet de contextualiser ses emprunts d'une façon originale. En portant simultanément le masque du Père (principalement comme narratrice) et celui de son contraire – la femme éperdument éprise (comme personnage) –, elle crée un ingénieux conflit entre deux voix: celle du système patriarcal, par laquelle elle s'accuse et se condamne, et celle des défenseurs des femmes grâce à laquelle elle réussit à se justifier et se déculpabiliser.

Poème et épître

Avec son poème liminaire et son épître dédicatoire, Hélisenne vise à établir un rapport de bénéfice mutuel entre ses lectrices et elle. En dépit de l'écart de point de vue qui la sépare de ses destinataires (Hélisenne raconte l'histoire de sa chute à des lectrices qui doivent en prendre connaissance afin d'éviter la même expérience), la narratrice utilise des formules flatteuses (« Dames d'honneur et belles nymphes / Pleines de vertu et douceur [...] » (*JPB*, 33; *CB*, 95); « mes nobles dames »; « O très chères dames » (*JPB*, 31; *CB*, 96-97) de manière à établir un lien entre personnes de même condition. Hélisenne a en effet reçu la même éducation que ses lectrices en ce qui concerne les « bonnes mœurs et honnêtes coutumes de vivre » (*JPB*, 34; *CB*, 98). Au moyen de cette stratégie spéculaire, elle s'incorpore dans un cercle de femmes en suggérant son appartenance au même milieu. En raison de cette éducation morale, elle connaît la différence entre le bien et le mal, ce qui lui permet de se dépeindre comme transgressive, moins pour insister sur sa culpabilité[7] que pour susciter la compassion de ses lectrices. Comme

6. Pour une réflexion sur les effets de dédoublement dans ce corpus, voir Jean-Philippe Beaulieu et Diane Desrosiers-Bonin, « Les jeux du même, de l'autre et du multiple chez Hélisenne de Crenne », dans *Hélisenne de Crenne. L'écriture et ses doubles*, *op. cit.*, p. 9-17.

7. Pour une étude riche en observations concernant la culpabilité ressentie sans remords dans le contexte du paradigme théologique, voir Virginia Krause, « Confessions d'une héroïne romanesque: les *Angoysses douloureuses* d'Hélisenne de Crenne », dans *Hélisenne de Crenne. L'écriture et ses doubles*, *op. cit.*, p. 19-34.

son étymologie latine le signale, compatir veut dire « souffrir avec ». La compassion est une émotion qui renforce les similarités entre ses lectrices et elle. Sachant que les femmes sont nées charitables (« Parce que je suis certaine par moi-même que les dames naturellement sont inclinées à avoir compassion [...] »), Hélisenne recherche le confort que les larmes bienveillantes de ses lectrices lui offriront pour apaiser sa souffrance extrême (*JPB*, 31 ; *CB*, 96).

Sans aucun doute, à la base de son récit se trouvent les aspects troubles de son expérience, car la narratrice se concentre d'une manière obsédante sur les « infinis désirs et amoureux aiguillonnements » (*JPB*, 31 ; *CB*, 96) qui la tourmentent depuis le jour où elle a vu Guénélic pour la première fois. Elle ne cache pas le fait que ses feux ardents continuent à enflammer ses pensées, même au moment où elle s'adresse à ses lectrices, faisant oublier la visée censément contre-exemplaire de son récit. Il n'est donc pas surprenant que plus d'un auteur masculin de l'époque ait condamné l'œuvre d'Hélisenne de Crenne, tel Gabriel du Puy-Herbault qui, dans son *Theotimus* (1549), souligne le caractère dangereux du roman. Écrit en latin sous la forme d'un dialogue entre deux hommes, le *Theotimus* associe les *Angoisses douloureuses* à d'autres livres qui, à cause de leur sujet de nature érotique, ne peuvent que dépraver les femmes plutôt que de les édifier. Selon un des interlocuteurs du *Theotimus*,

> [...] il n'y a de procédé plus efficace pour assaillir la modestie des matrones et la chasteté des vierges et des veuves que la lecture d'histoires salaces, et il n'y a aucune femme nulle part si bien née ni si bien pourvue d'intégrité inébranlable qui ne soit corrompue par la seule action de lire ces textes[8].

En dressant une liste d'œuvres spécifiques, l'autre interlocuteur demande, d'une façon rhétorique : « Quoi de plus éhonté que les flammes d'Hélisenne et Fiammetta ? »

Même en s'adressant ouvertement à des femmes, Hélisenne de Crenne savait bien quelles réactions son livre pourrait susciter auprès d'un lectorat masculin soucieux de l'effet néfaste de la lecture sur les femmes. Les lecteurs que fait parler Puy-Herbault mettent en doute – non sans raison – la leçon morale professée par la narratrice dès les pièces liminaires des *Angoisses*, considérant qu'il s'agit dans les faits d'un roman passionnel travesti en récit contre-exemplaire. En utilisant la métaphore d'une campagne militaire entreprise par un adversaire grandement supérieur en armes, le *Theotimus* représente l'assaut lancé par le roman sentimental contre les femmes comme un conflit dont la vertu du « sexe faible » ne peut sortir que vaincue[9]. Bien

8. Gabriel du Puy-Herbault, *Theotimus*, Paris, J. Roigny, 1549, p. 28-29 ; cité par Diane S. Wood, *Hélisenne de Crenne. At the Crossroads of Renaissance Humanism and Feminism*, Madison (Wisconsin)/Teaneck (New Jersey)/Londres, Fairleigh Dickinson University Press/Associated University Press, 2000, p. 27-28. Wood donne la citation en latin et en anglais ; nous la traduisons en français.

9. La certitude de la défaite est surdéterminée rhétoriquement par l'accumulation des constructions négatives, telle que « il n'y a *aucune* femme *nulle* part » (nous soulignons). Les jeunes autant que les vieilles de

que des commentateurs tel Puy-Herbault aient justement remarqué – comment ne pas le faire ? – la place consacrée par le récit au désir illicite d'une femme mariée, ils gardent sous silence le fait que, loin d'exalter les plaisirs physiques de la passion assouvie (comme ce que l'on trouve dans la *Fiammetta* de Boccace), les souvenirs d'Hélisenne sont systématiquement liés à une douleur qu'elle décrit comme une peine qui « excède toutes autres » (*JPB*, 31 ; *CB*, 97). L'évocation de ces souvenirs produit des symptômes physiques qui paralysent la main de la narratrice et ont un effet débilitant dont la description occupe une bonne partie de ce récit où les actions et les événements sont peu nombreux. Ainsi, l'écriture de son histoire lui cause une nouvelle forme de mal qui surpasse de loin la souffrance qu'elle a subie en vivant sa passion adultère non réciproque.

Utilisée comme une stratégie pour s'attirer la sympathie de ses lectrices, le désir qu'a Hélisenne de rouvrir ses vieilles plaies en racontant son expérience la transforme en martyre. Tout en visant un soulagement que la compassion des autres peut offrir, l'acte de mettre son cœur à nu sert aussi de sacrifice ultime destiné à garantir le bien-être des femmes auxquelles elle adresse son récit. Hélisenne se montre prête à raviver sa douleur afin de mettre en garde ses consœurs, qui risquent de succomber tout comme elle à la force irrésistible de la passion. Du début à la fin du récit, la narratrice-personnage justifie la publication de ce qui, aux yeux des autres, mérite d'être gardé sous silence au moyen du raisonnement altruiste suivant : « Car par l'expérience de ma furieuse folie, vous puis aviser et donner conseil qui vous sera utile et profitable pour de tel embrasement vous conserver » (*JPB*, 144 ; *CB*, 221). Le récit qu'elle fait de ce qui l'a perdue prend ainsi la forme d'une hagiographie paradoxale où Hélisenne porte le masque d'une martyre[10].

Qui en est responsable ?

La sympathie et la déculpabilisation deviennent indissolublement liées quand Hélisenne se penche sur la question de savoir qui est responsable de ce qui s'est passé dans sa vie. Qui ou qu'est-ce qui a mis en mouvement cette série d'événements catastrophiques ? Qui peut-on blâmer ? La narratrice évoque l'intervention de forces d'un ordre supérieur, s'exclamant : « Las, que je suis née en mauvaise constellation ! » (*JPB*, 33 ; *CB*, 98). À un autre moment, elle se lamente de ne pas posséder les pouvoirs d'une Cassandre :

bonne naissance et de vertu inébranlable ne peuvent que succomber au danger que représente le roman sentimental.

10. L'idée de martyrologie hagiographique se trouve articulée dans la troisième partie du roman, lorsque le personnage d'Hélisenne raconte tous ses malheurs à Guénélic et que celui-ci en est tellement ému qu'il pleure. Par un procédé de ventriloquie, Hélisenne de Crenne utilise le personnage de l'amant pour souligner le lien qu'elle veut que son lectorat fasse entre les souffrances de l'héroïne et la tradition hagiographique : « Certes, l'on te devrait colloquer au catalogue des martyrs, et de toi faire solennelle commémoration » (*JPB*, 318-319 ; *CB*, 442-443).

si elle avait eu la capacité de prévoir ces malheurs, peut-être aurait-elle pu s'en préserver (*JPB*, 36; *CB*, 101). Par cette allusion mythologique, elle souligne non seulement son érudition, mais renforce aussi les affinités intellectuelles la liant à ses lectrices, qui devraient se sentir fières d'avoir reconnu cette référence. Tout en souhaitant qu'il ait pu en être autrement – ce qui la déresponsabilise –, Hélisenne reste convaincue, telle une héroïne tragique, qu'elle était prédestinée à servir d'exemple de l'incapacité de l'être humain à déjouer la fortune. C'est pourquoi elle affirme que la faute doit être attribuée à son « acerbe fortune » (*JPB*, 118; *CB*, 192) et « [l]'infélice étoile de [s]a naissance » (*JPB*, 130; *CB*, 206-207).

L'utilisation de références mythologiques souligne que l'origine de son malheur vient de plus loin, d'un royaume où les dieux s'amusent à démontrer l'impuissance de la volonté humaine. Sa croyance que « Cupidon avait sur [elle] domination et seigneurie » (*JPB*, 129; *CB*, 205) est renforcée par le rapport inverse qui existe entre l'intensité de son désir et les traits de caractère de l'objet de sa passion. Dans le roman courtois, la personne aimée agit généralement comme le double de celle qui l'aime, car l'intensité de leur désir et leurs qualités morales sont les mêmes[11]. Mais Guénélic, tel qu'Hélisenne le dépeint dans la première partie du roman, ne possède que la beauté physique et la jeunesse de l'amant typique. En le décrivant comme indiscret, cruel et peu soucieux des émotions de la femme qui l'adore, Hélisenne emploie une autre technique narrative destinée à inciter son lectorat à sympathiser avec elle en tant que victime de la situation, mais surtout pour la perspicacité qu'elle affiche. Même au plus fort de sa passion, elle reste toujours lucide, en voyant clair au sujet de Guénélic et de ce qui lui fait défaut comme amant. Il est, après tout, d'une classe sociale inférieure et sans ressources financières, puisque comme elle le dit, il « [n'est] égal à [elle] en noblesse ni en opulence de biens et richesses » (*JPB*, 127; *CB*, 203). Il manque de courage, ce qui est rendu évident par la déclaration: « Madame, je crains merveilleusement monsieur votre mari » (*JPB*, 60; *CB*, 128)[12]. Au lieu de respecter l'accord qui unit les amants courtois et les oblige à garder leur amour secret afin de sauvegarder l'honneur de la femme et de la protéger de la violence d'un mari vindicatif, Guénélic, en pleine vue et ouïe d'Hélisenne, se vante publiquement devant ses amis du fait que les regards qu'Hélisenne lui jette continuellement sont des garants du succès de son entreprise amoureuse, même

11. Pour une analyse de la présence des éléments de l'univers courtois dans les ouvrages du XVIe siècle et leur transformation, voir Dora E. Polachek, « Reshaping the Medieval Past: Courtly Love and Beyond in the *Heptameron* », dans Colette H. Winn (dir.), *Approaches to Teaching Marguerite de Navarre's* Heptameron, New York, The Modern Languages Association, 2007, p. 57-63.

12. Pour des analyses du manque de courage chez Guénélic, voir M. J. Baker, « France's First Sentimental Novel and Novels of Chivalry », *Bibliothèque d'Humanisme et Renaissance*, vol. 36, n° 1, 1974, p. 33-45; et Jean-Philipppe Beaulieu, « Où est le héros? La vacuité de la quête chevaleresque dans les *Angoysses douloureuses* d'Hélisenne de Crenne », dans Denise Alexandre (dir.), *Héroïsme et Démesure dans la littérature de la Renaissance*, Saint-Étienne, Publications de l'Université de Saint-Étienne, 1998, p. 135-145.

s'ils ne se sont encore jamais adressé la parole : « [...] je présuppose qu'en continuant de poursuivre, facilement en pourrai avoir jouissance » (*JPB*, 48 ; *CB*, 115-116). L'indiscrétion de Guénélic met en danger la vie d'Hélisenne, car, en la présence de son mari, il persiste à lui lancer des regards passionnés ; de plus, il l'aborde de si près qu'il marche sur sa cotte de satin blanc (*JPB*, 56-57 ; *CB*, 124).

En dépit ou peut-être à cause de cette humiliation publique, la réaction d'Hélisenne montre que, dans ce récit de mise en garde, la peine et le plaisir sont inséparables[13]. Tout ce qui se trouve d'important dans la vie d'Hélisenne cède devant sa passion dévorante. Bien qu'elle soit méticuleuse en ce qui concerne son apparence physique, le fait que Guénélic salisse ou risque de salir sa robe lui procure du plaisir. En s'approchant de si près d'Hélisenne dans un lieu public, Guénélic dépasse les limites de ce qui est acceptable sur les plans social et sentimental. Symboliquement, il est en train de la fouler au pied, de souiller sa chasteté, mais, pour elle, cet acte de violation, loin de la fâcher, a pour effet d'élever Guénélic au rang d'une divinité que l'on adore (d'une façon quelque peu fétichiste) : « [...] volontairement et de bon cœur j'eusse baisé le lieu où son pied avait touché » (*JPB*, 57 ; *CB*, 124). Mais comme l'a remarqué Gustave Reynier, cette passion dévorante ne peut être assouvie, Hélisenne n'étant en fin de compte coupable que d'un péché d'intention[14]. En effet, bien que comme auteure-narratrice, elle adopte la position masculine du sujet désirant et transforme l'homme en objet convoité, elle ne parviendra – ni dans sa vie ni dans ses fantaisies – à s'unir avec celui qu'elle désire, comme nous le verrons dans le songe du chapitre XX.

Le songe

Pour comprendre le contexte de ce songe fait par Hélisenne, examinons la rencontre déroutante qui vient d'avoir lieu entre la narratrice et Guénélic dans le chapitre intitulé « Reproches de l'ami à sa dame, pour trop languir » (*JPB*, 110 ; *CB*, 182). Guénélic reproche à Hélisenne son refus de lui donner la preuve définitive de son amour pour lui. Fatigué de perdre son temps en paroles, il accuse l'héroïne d'être trop lente à satisfaire à son ardent désir. La protagoniste reconnaît que l'impatience et l'indiscrétion de Guénélic risquent de causer sa perte. En effet, comme narratrice, elle vient de raconter à ses lectrices que la jalousie de son mari s'est exprimée en une violence physique dont elle est la victime : « [...] en prenant le premier bâton qu'il put trouver, qui fut une torche, et me donna si grand coup que violentement me

13. Pour une analyse riche en observations psychanalytiques, y compris la dimension sadomasochiste de l'œuvre, voir Robert D. Cottrell, « Female Subjectivity and Libidinal Infractions : Hélisenne de Crenne's *Angoisses douloureuses qui procedent d'amours* », *French Forum*, vol. 16, n° 1, 1991, p. 5-19.

14. Gustave Reynier, *Le Roman sentimental*, *op. cit.*, p. 111.

fit choir à terre » (*JPB*, 99; *CB*, 171). Attristée par le refus de son bien-aimé d'être patient et de se comporter d'une façon courtoise, elle veut continuer leur discussion dans un lieu plus privé afin de pouvoir lui apprendre à être plus fidèle et attentif. Ce que Guénélic refuse. Démoralisée par l'inconstance et la cruauté de Guénélic, Hélisenne se trouve néanmoins incapable de l'expulser de ses pensées. Fatiguée à l'extrême et couchée à côté de son mari, elle s'endort et fait un rêve :

> Mais, à la fin, je fus en si grand sommeil oppressée, que je demeurai vaincue, et m'endormis. Et, certes, le dormir me fut plus gracieux que veiller, parce qu'il me semblait être avec mon ami en un beau jardin, plaisant et délectable. Et sans aucune timeur le tenais par la main, et lui priais qu'il fût prudent et discret, luy remontrant la grande doléance qu'il me causait au moyen de ses importunités. Il m'était avis qu'il me répondait que la faute se devait ascrire à amour qui par impatience le contraignait à excéder les mètes de raison, mais que dorénavant il tempérerait son appétit sensuel, en sorte qu'il ne me donnerait occasion de m'irriter. Et je, oyant ses douces et melliflues paroles, me semblait que j'interrompais sa voix par souvent le baiser et accoler. Mais las, que je fus dolente ! car pour donner ordre à quelque affaire de grande importance, mon mari m'éveilla, dont je demeurai fort mélancoliée. (*JPB*, 115 ; *CB*, 188-189)

Le songe d'Hélisenne se passe dans un jardin, figuration de cet espace privé tant désiré que Guénélic vient de lui refuser dans la vie réelle. Ce jardin de rêve semble être le lieu parfait pour réécrire, selon les désirs d'Hélisenne, la rencontre désastreuse qui vient d'avoir lieu. Décrit comme « beau, plaisant et délectable », ce jardin incarne aussi la sensualité, et représente la possibilité pour l'héroïne de créer une histoire d'amour enfin satisfaisante, car dans cet espace édénique où il n'y a qu'elle et son bien-aimé, il est possible d'oublier les contraintes sociales et de se laisser aller à ses désirs érotiques[15]. Quand elle prend la main de son bien-aimé, elle arrive enfin au troisième degré de l'amour : le toucher[16]. Mais avec le toucher, l'assouvissement de sa passion s'arrête abruptement, car c'est précisément à ce moment-là que la contrainte réapparaît dans la bouche de l'héroïne qui demande à Guénélic d'être plus prudent et de faire preuve de plus de discrétion. En réponse, Guénélic affirme qu'il va tempérer son appétit sensuel. Hélisenne se montre donc déchirée entre deux penchants contradictoires. La loi du Père demande qu'elle reste chaste, même si la voix du désir charnel s'exprime

15. Tel sera le cas même pour la vertueuse et chaste princesse de Clèves, dans cette fameuse scène de rêverie érotique où elle s'abandonne à sa passion, allongée sur un lit, enlaçant ses rubans autour de la canne des Indes du duc de Nemours. Aucun passage aussi osé ne figure dans les *Angoisses douloureuses*.

16. Dans la tradition courtoise, il y a cinq degrés d'amour : le regard, le parler, l'attouchement, le baiser, et finalement le « don de merci », périphrase désignant les rapports sexuels. Hélisenne fait référence à ces degrés à travers les propos de l'« ancienne demoiselle » (*JPB*, 138 ; *CB*, 214-215). Pour des renseignements concernant l'origine de ce modèle, voir l'édition critique des *Angoysses douloureuses* de Paule Demats (éd. cit., p. 135, note 59), aussi bien que celle de Christine de Buzon (éd. cit., p. 549-550, note 298).

avec force. Ainsi, lorsque Guénélic promet de modérer sa passion par respect pour elle, Hélisenne lui coupe la parole, enchantée par sa voix qu'elle décrit comme prononçant des mots remplis d'une douceur sensuelle. Attisée paradoxalement par une bouche qui profère les paroles de modération qu'elle exigeait de son ami, c'est elle qui initie l'étape suivante « par souvent le baiser et l'accoler ». Qu'aurait pu être la suite de cette fantaisie d'amour frustrante et ambiguë ? On ne le saura jamais, car c'est à ce moment même que la narratrice est réveillée par son mari, ce qui met fin à cette possibilité d'évasion onirique. Quand elle essaie de se rendormir et de retrouver ce jardin, elle n'arrive qu'à faire des cauchemars terrifiants.

Le caractère conflictuel de cette scène onirique, qui ne fournit pas l'occasion d'assouvir les désirs interdits, est illustré par l'incertitude d'Hélisenne quant à l'interprétation à donner à ce songe. Sur le plan narratif, ce passage montre le doute de la rêveuse en ce qui concerne cette fantaisie par l'emploi répété d'expressions telles que « il me semblait » ou « il m'était avis », comme si le récit désirait voiler la vivacité des éléments sensuels. En d'autres mots, la narratrice semble refuser d'insister sur cette situation virtuelle qui correspond pourtant à ce qu'elle désire le plus fortement. Même dans ses rêves, Hélisenne ne peut éviter de se torturer ; elle est incapable de savourer le plaisir de l'image de l'interdit, tellement elle incarne la réunion de deux voix opposées, celle de l'ordre patriarcal et celle de la passion (qui correspond dans ce contexte au désordre). Si la loi du Père a toujours le dessus, elle ne réussit cependant pas à oblitérer complètement le désir amoureux[17]. Les deux visages d'Hélisenne – comme femme soucieuse de la morale et comme pécheresse endurcie (cherchez le masque !) – la condamnent à une frustration sans répit.

Au-delà des intertextes

Bien qu'Hélisenne se dépeigne comme passionnée, les événements qu'elle relate de sa vie et de ses rêves répondent à des stratégies narratives qui visent à faire en sorte que ce désir demeure sinon tout à fait refoulé, certainement jamais réalisé ou réalisable. Dans sa vie, son rapport physique avec Guénélic se réduit à deux courts moments : lorsqu'il touche la manche de sa chemise et quand il marche sur sa cotte de satin blanc. Dans son rêve,

17. Pour autant que nous sachions, aucune étude n'a jusqu'à maintenant examiné d'une façon soutenue ce songe, qui mérite un traitement beaucoup plus détaillé dans le cadre non seulement des *Angoisses douloureuses*, mais aussi du *Songe de Madame Hélisenne*. Nous invitons d'autres chercheurs à poursuivre cette piste riche en possibilités. Pour une introduction de l'intérêt qu'ont éprouvé les auteurs de la Renaissance pour le songe, voir *Songes de la Renaissance*, éd. Françoise Joukovsky, Paris, Christian Bourgois, 1991, p. 32-33 et 76-78. Dans l'introduction de son livre (qui reproduit le songe figurant dans les *Angoisses*), Joukovsky consacre un paragraphe à l'intérêt psychologique du passage, en notant la nature obsessionnelle de l'amour qui y est décrit et qui s'inscrit dans une tradition littéraire : « Ces songes soulignent les aspects pathologiques d'un amour qui envahit tout l'univers mental de l'héroïne, avec d'autant plus de force que la réalité est vouée à l'échec » (p. 33).

elle réussit à atteindre deux autres degrés d'amour : le toucher (quand elle prend la main de Guénélic) et le baiser. Mais comme nous venons de le voir, même dans le contexte du rêve, où la fantaisie amoureuse pourrait s'épanouir, la narratrice se montre incapable de se libérer des restrictions morales et sociales qui l'entravent : elle se révèle à la fois passionnée et chaste dans ses actions. Comment les lectrices pourraient-elles penser du mal d'une femme qui subit la torture mentale d'un amant ingrat, la violence physique d'un mari jaloux et l'emprisonnement en réponse à un adultère dont elle n'est coupable qu'en pensée ?

Chez les auteurs masculins de l'époque, les désirs effrénés de la femme la mènent à l'acte le plus condamnable : les rapports physiques qui correspondent au « don de merci », expression à tonalité religieuse qui voile la chute morale pour laquelle une femme de cette période sera invariablement condamnée si elle consent à l'accorder. Si Reynier a raison de souligner qu'à la différence de la Fiammetta de Boccace, l'héroïne des *Angoisses douloureuses* reste physiquement chaste, l'explication qu'il en donne (« Fiammette se donne, à la première occasion : l'occasion seule manque à Hélisenne[18] ») est contestable. Dans ce roman où l'univers intérieur de la narratrice-personnage est révélé par l'omniprésence du mot « fantaisie », le passage du songe aurait représenté l'occasion idéale – mais en fin de compte refusée par Hélisenne – de s'adonner virtuellement à la passion. Ce qu'il y a de singulièrement distinct dans l'appropriation par Hélisenne de Crenne des stéréotypes misogynes provenant de ses sources est le refus d'offrir le spectacle du plaisir coupable présent chez les héroïnes d'auteurs masculins. Hélisenne de Crenne, en tant qu'auteure, reprend les mêmes situations, mais refuse de les développer de la même façon que ses prédécesseurs, donnant d'autres vêtements à ses emprunts directs[19]. Chez elle, l'acte d'écrire domestique le désir lascif et incontrôlable que l'on associe généralement aux femmes, en l'inscrivant dans une dynamique conflictuelle sans issue.

*
* *

Tout en repoussant les bornes de l'expérience féminine du désir passionnel, Hélisenne de Crenne tient à rester dans les limites de l'acceptable, même dans un espace où elle aurait pu libérer sa protagoniste de toutes ses contraintes habituelles. Nous avons expliqué cette stratégie comme un moyen de susciter de la sympathie pour son héroïne. Mais élargissons maintenant notre approche en contextualisant le problème dans un champ

18. Gustave Reynier, *Le Roman sentimental*, *op. cit.*, p. 114.

19. Voir, entre autres, ce que Diane Wood écrit au sujet de certains emprunts effectués au *Pérégrin* de Caviceo : « Les lettres d'Hélisenne de Crenne et Jacopo Caviceo : lecture et stratégies scripturaires », dans *Hélisenne de Crenne. L'écriture et ses doubles*, *op. cit.*, p. 131-152.

d'étude plus complexe : est-ce le prix qu'une femme doit payer au XVIe siècle quand elle ose entrer dans le domaine scripturaire, réservé aux hommes ? Doit-elle être moralement plus scrupuleuse en créant ses héroïnes éprises de passion, ou est-ce un trait particulier de l'œuvre d'Hélisenne de Crenne ? Nous laissons aux autres le soin de quantifier les créations littéraires d'auteures où l'héroïne subit un sort semblable à celui réservé à Hélisenne dans le cadre d'un récit où la tension entre tabou et vertu ne peut se résoudre qu'avec la mort de l'héroïne. Ce n'est qu'à la fin de la troisième partie de l'œuvre que la réunion heureuse d'Hélisenne et de Guénélic est prévue – mais dans un au-delà épuré de tout ce qui dit ou crie « corps ».

Jean-Philippe Beaulieu

MATHURINE OU LE MASQUE DU BOUFFON AU FÉMININ

Pendant les décennies qui suivirent les guerres de religion en France, se fit entendre, dans divers courts textes polémiques ou satiriques, la voix de figures issues du peuple qui, sur un mode souvent burlesque, commentaient les événements ou les mœurs du temps[1]. Sous le nom de Guillaume sans Peur[2], de Bruscambille[3], ou encore de paysans anonymes[4], les auteurs de ces libelles cherchaient à infléchir ce que l'on appellera plus tard l'opinion publique en faisant participer les gens humbles aux affaires de l'état. Comme l'indique Hélène Duccini, le recours à ce type de déguisement a permis aux gens de plume de « mettre au jour les revendications ou les plaintes de ceux qui ne s'expriment jamais[5] ».

Il est intéressant de constater, dans ce concert de voix, la présence de plus en plus nombreuse de femmes de situation modeste : harengères, poissonnières, bourgeoises ou religieuses. Si certains de ces écrits, surtout pendant la Fronde, ont été rédigés par des femmes qui, comme Suzanne de Nervèze et Charlotte Hénault, ont parfois revêtu une identité autre que la leur pour se livrer à la parole pamphlétaire, la plupart des libelles attribués à une figure féminine sont vraisemblablement dus à des hommes. De telles figurations du discours féminin témoignent de l'accès grandissant des femmes à la vie culturelle et aux affaires publiques ; si le recours à la fiction d'une femme auteur semble s'être développé au cours de la première moitié du XVIe siècle[6], quelques décennies plus tard, les événements politiques et l'évolution du discours pamphlétaire ont permis d'étendre le procédé à des voix n'ayant – en principe – aucune aspiration ou disposition rhétorique.

1. Voir Hélène Duccini, *Faire voir, Faire croire. L'opinion publique sous Louis XIII*, Seyssel, Champ Vallon, 2003, p. 191.
2. *Lettre de Guillaume sans peur, envoyee aux desbandez de la Cour*, s. l., 1615.
3. *Le Discours de Bruscambille, avec la description de Conchini Conchino*, Paris, A. Champenois, 1617.
4. Voir les *Advis, remonstrances & requestes aux Estats generaux tenus à Paris, 1614. Par six paisans*, s. l., 1615.
5. Hélène Duccini, *Faire voir, faire croire*, *op. cit.*, p. 51.
6. Avec la figure de Jeanne Flore et, peut-être, celle de Louise Labé ; voir Michèle Clément, « Comment un nouveau champ littéraire est créé à Lyon : "En donnant lieu à la main féminine" (1530-1555) », dans Michèle Clément et Janine Incardona (dir.), *L'Émergence littéraire des femmes à Lyon à la Renaissance 1520-1560*, Saint-Étienne, Publications de l'Université de Saint-Étienne, « l'école du genre », 2008, p. 26-27.

Dans ce contexte, la ventriloquie au féminin exploite le caractère singulier de l'intervention du petit peuple dans les affaires des Grands en donnant l'occasion à des scripteurs improbables – voués aux marges sociales en raison de leur condition mais aussi de leur sexe – de s'épanouir en tant qu'orateurs. Ainsi la gravité de la situation politique autorise-t-elle, par exemple, Friquette la bohémienne[7] à assumer une fonction prophétique paradoxale que, tout comme Jeanne d'Arc, sa condition sociale ne laissait pas prévoir[8]. Dans un registre analogue, Mathurine, folle d'Henri III, Henri IV et Louis XIII, se voit attribuer une parole pamphlétaire, dans certains écrits qui tirent profit de la notoriété du personnage réel de manière à diffuser un discours politique ou moral. Afin de dégager les effets qui résultent d'un tel travestissement, nous comparerons ces écrits aux libelles parus à la même époque sous le nom de Maître Guillaume, autre bouffon d'Henri IV. Nous constaterons ainsi que, d'un point de vue rhétorique, les textes de Mathurine sont davantage porteurs d'informations relatives à l'*èthos* de la locutrice, faisant jouer à la folie un rôle plus grand que chez Maître Guillaume. On a l'impression que le fait de décliner au féminin le masque du bouffon a engagé les scripteurs à faire appel à une mise en scène de soi qui exploite la double marginalité de Mathurine en tant que « fol » et femme. Comme nous le verrons dans la présente étude, cette marginalité complexifie le masque de la folie que les auteurs font porter à une femme, illustrant du même coup la diversification des catégories éthiques admissibles en matière d'éloquence publique que connaît le début du XVIIe siècle français.

Le bouffon comme masque pamphlétaire

Parmi les pseudonymes récurrents dans l'ensemble des libelles qui fleurissent entre les dernières années du règne d'Henri IV et la Fronde, on trouve Maître Guillaume et Mathurine, à qui sont attribués une cinquantaine de textes pour le premier, moins d'une dizaine pour la seconde[9]. Tous deux ont réellement occupé la fonction de fou du roi sous Henri IV et Louis XIII; ils sont d'ailleurs associés dans plusieurs textes, écho partiel de ce que semblent avoir été leurs relations dans la réalité. Tirant profit de l'impunité accordée au fou de la cour, les deux groupes de textes mettent en scène un *èthos* rhétorique

7. Au sujet de la *Responce de Dame Friquette Bohëmienne*, s. l., 1615, voir Jean-Philippe Beaulieu, « Quand de simples femmes se mêlent des affaires de l'état… Le jeu des *personae* féminines dans deux pamphlets du XVIIe siècle », *Tangence*, n° 77, hiver 2005, p. 106-127.

8. Sur l'importance de la figure de Jeanne d'Arc dans le discours politique des XVIe et XVIIe siècles, voir Jean-Philippe Beaulieu, « "Cette villageoise est Profetisse". Jeanne d'Arc et la figure politique de la sibylle au XVIIe siècle », dans Pierre Berthiaume et Christian Vandendorpe (dir.), *La Passion des lettres. Études de littérature médiévale et québécoise en hommage à Yvan Lepage*, Ottawa, Éditions David, 2006, p. 141-152.

9. Jules Mathorez a établi une liste annotée des publications parues sous le nom de Maître Guillaume et sous celui de Mathurine: *Notes sur Maître Guillaume. Fou de Henri IV et de Louis XIII*, Paris, Fontemoing et cie, 1913 (extrait de la *Revue des livres anciens*, tome I, fascicule 3, décembre 1913), p. 25-55; *Mathurine et les libelles publiés sous son nom*, Paris, Henri Leclerc, 1922, p. 16-20.

qui table sur la fiction du désordre mental[10] de façon à accorder au locuteur un certain droit de regard sur les questions politiques ou sociales de l'époque. On sait en effet que, depuis que Philippe le Bel a accordé à son bouffon en 1316 un statut administratif, le fou du roi est devenu le miroir du prince qui projette l'image contrefaite de celui-ci, avec le droit de presque tout dire sous le masque de la folie, sans encourir de punition[11]. Comme le montre le rôle qu'il joue dans la moralité de la fin du Moyen Âge[12], le fou-sage (ou morosophe) s'est vu imputer un type de discours fantaisiste en apparence, mais porteur d'un sens supérieur pour qui sait en saisir la portée, établissant de ce fait un rapport d'inversion entre le statut du locuteur et la valeur de son discours[13]. Les libraires du début du XVIIe siècle ont bien vu le profit à tirer de ce dispositif de ventriloquie mettant en scène un *èthos* peu conforme aux recommandations rhétoriques traditionnelles qui fondent généralement la crédibilité de l'orateur sur ses qualités de bon sens, de vertu et de bienveillance[14]. Ayant recours à une *persona* auctoriale ironiquement ambiguë et susceptible de déclencher le rire[15], divers imprimeurs ont ainsi utilisé la signature des fous du roi pour assurer, entre 1604 et 1632, la diffusion de pamphlets, dont certains étaient vendus au Pont Neuf ou au Palais par Guillaume et Mathurine eux-mêmes[16], ce qui accréditait la fiction consistant à leur attribuer la paternité de textes. Cependant, il est clair que la grande diversité de nature et de style de ces derniers indique plutôt l'intervention de scripteurs variés, bien que l'usage récurrent de la même figure auctoriale ait assuré une certaine homogénéité à chaque ensemble.

Guillaume et le discours du fol

Pour bien comprendre les particularités du corpus textuel attribué à Mathurine, il faut se pencher sur les pamphlets et libelles signés par Guillaume[17], de façon à saisir en quoi consiste le masque du bouffon le plus célèbre de l'époque. Critiquant, comme bien d'autres[18], un monde dont les

10. Maurice Lever, *Le Sceptre et la Marotte. Histoire des fous de cour*, Paris, Fayard, 1983, p. 237.
11. *Ibid.*, p. 122 et 140.
12. Margarete Newels, « Le Fol dans les moralités du Moyen Âge », *Cahiers de l'AIEF*, vol. 37, n° 1, 1985, p. 23-38.
13. *L'Éloge de la Folie* d'Érasme (1511) a développé le paradoxe chrétien selon lequel de véritable sage est celui qui suit la voie du Christ, c'est-à-dire celle de la déraison. La folie a pu, dès lors, être considérée positivement comme une source de sagesse (Maurice Lever, *Le Sceptre et la Marotte, op. cit.*, p. 164).
14. Aristote, *Rhétorique*, 1378a.
15. Au sujet de l'*èthos* ambigu ou paradoxal, voir Perrine Galand-Hallyn, « Le statut du sujet dans les théories de la représentation antiques et humanistes », dans François Cornilliat et Richard Lockwood (dir.), Èthos *et* Pathos. *Le statut du sujet rhétorique*, Actes du colloque international de Saint-Denis (19-21 juin 1997), Paris, Honoré Champion, 2000, p. 59-51.
16. Jules Mathorez, *Notes sur Maître Guillaume, op. cit.*, p. 16.
17. De son vrai nom, Guillaume Marchand, originaire de Louviers, mort vers 1624. Pour une biographie romancée, voir Nicole Buffetaut, *Maître Guillaume, apothicaire et bouffon d'Henri IV*, Luneray, Éditions Bertout, 2002.
18. Notamment Mathurin Régnier, dont la XIVe satire a d'ailleurs connu une édition signée par Maître Guillaume (*Satyre de Maistre Guillaume*, s. l., 1614).

valeurs sont désormais bouleversées, le bouffon s'amuse à énumérer les travers de ses contemporains, reprenant un procédé satirique dont la *Nef des fous* fournit à la fin du XVe siècle le modèle le mieux connu. Ainsi, dans ses *Bigarures* – d'ailleurs offertes à Mathurine –, Guillaume dénonce les « crocheteurs » et « faux rapporteurs » qui corrompent une société où rien ne va plus, et où les conduites des individus sont contraires à leur condition, comme le « Juge qui n'a qu'une oreille », les « Begues qui veulent discourir » ou encore les « femmes qui veulent prescher[19] ».

Mais sa condition de fou, Guillaume ne la met guère en évidence dans l'ensemble des textes qui lui sont attribués. Certes, d'autres voix (dans le paratexte notamment) rappellent comment il incarne l'union paradoxale de la folie et de la sagesse. Ainsi, dans *Les Articles des cayers generaux de France, presentees par Maistre Guillaume aux Estats* (1615), on précise que si Maître Guillaume semble de « trop basse estophe » pour se présenter devant le roi comme le député des Français, il faut se rappeler que sa « cervelle annoblie / Des plus hauts secrets de follie » lui permet de « sçavoir par où sont glissez / Les abus des siecles passez[20] ». Au début de *La Maladie de M. Guillaume* (1612), on trouve un quatrain reprenant la même idée: « Les sept sages Docteurs furent jadis à Rome / M. Guillaume icy le huitiesme accomplit / Qui d'un grade plus haut les fait mettre en oubly / Pour sagesse et folie avoir en sa personne[21]. » Cependant, Guillaume ne fait presque jamais référence à son rôle officiel de bouffon du roi[22]; il évoque assez peu sa condition de fou, affirmant simplement être « le plus sage de tous les folz de France[23] » et être résolu « de vacquer à fine folie [...], à Philosophie speculative[24] ». Ce laconisme s'explique peut-être par la notoriété de Guillaume, dont l'*èthos* préalable ou extra-discursif dispenserait les auteurs d'une caractérisation plus détaillée[25]. Le masque du fou est ainsi à peine esquissé, laissant au discours lui-même le soin d'actualiser la folie attribuée au personnage. Variant quelque peu selon les pamphlets, ce discours se caractérise de nombreuses digressions et des changements de direction, portés par des sentences populaires et des métaphores domestiques[26], de même que par une oralité qui

---

19. *Les Bigarures de Maistre Guillaume: Envoyées à Madame Mathurine, sur le temps qui court*, s. l., 1620, p. 10-11.
20. *Les Articles des cayers generaux de France, presentees par Maistre Guillaume aux Estats*, s. l., 1615, p. 2.
21. Cité par Jules Mathorez, *Notes sur M. Guillaume, op. cit.*, p. 33-34.
22. On trouve ici et là quelques allusions qui peuvent être interprétées dans ce sens: « Je les feray rire si je puis, comme je faisois quelque fois feu monsieur mon maître »; « [...] il prit subject de me discourir de la prudence de la Reyne ma bonne maistresse » (*La Nouvelle Lune de Maistre Guillaume. Sur l'heureux retour de Messeigneurs les Princes*, s. l., 1614, p. 6 et 11).
23. *Le Procez et jugement dernier, entre les mal-contans et Jacques Bonhomme*, cité par Jules Mathorez, *Notes sur M. Guillaume, op. cit.*, p. 37.
24. *Discours Nouveau faict par Maistre Guillaume à son retour de l'autre monde. Contenant plusieurs dons testamentaires faicts par luy & à sa fidelle Mathurine*, Paris, 1609, p. 4.
25. Au sujet de cette catégorie de l'*èthos*, voir Perrine Galand-Hallyn, « Le statut du sujet dans les théories de la représentation antiques et humanistes », art. cit., p. 45-49.
26. À titre d'exemple: « Aussi la fortune ne favorise jamais les paresseux, mais celuy qui trempe sa souppe le premier en bon axiome de cuisine, a toujours la plus grasse, ou bien il est un sot: car selon le droict qui

multiplie les exclamations et les interpellations familières[27], de façon à former ce que Guillaume appelle « une petite harengue en genre recreatif, qui est une nouvelle drogue de Rhetorique incognüe jusqu'à cest heure[28] ». La mise en rapport du comique et de la rhétorique n'est pas fortuite, comme le confirment certains énoncés relatifs aux dons du locuteur en matière de persuasion. Ainsi, de façon humoristique, l'auteur fait valoir ses aptitudes rhétoriques résultant des effets d'un « melanoguogue » obtenu chez un apothicaire afin de se purger de l'humeur noire (ou mélancolique) : « Quand j'en ay pris une petite dose au matin, je fay merveille l'apresdisnee. Il n'y a Philosophe dans Navare ou Boncourt que je ne mette au rouët[29]. » Censément reconnues par autrui, ces aptitudes expliquent pourquoi on a fait appel à lui pour adresser des conseils aux Malcontents, le groupe de princes s'opposant à Concino Concini entre 1614 et 1617 :

> Depuis on m'a tenu en ce quartier pour un homme fort persuasif & propre à manier telles affaires. Cela faict que plusieurs gens de bien, & amateurs de paix, estimant que je pourrois avoir le mesme pouvoir sur vous : Mes tres-honorez seigneurs [,] m'ont quasi forcé de vous escrire sur les nouveaux bruits de ceste guerre […][30].

Le locuteur a beau affirmer, dans *Le Reveil de Maistre Guillaume*, ne pas jouer de rôle et « parler en matiere descouvertes », contrairement à ces « gens incognus, qui s'ingerent & s'entremette[nt] de faire des remonstrances en secret[31] », le lecteur sait très bien que ces textes relèvent tous, à divers degrés, d'une rhétorique du masque suggérant que la lucidité s'exprime à travers la folie, tout comme la grandeur à travers la petitesse, à l'image du coq de Guillaume, qui peut à l'occasion être « rempli de l'esprit de Prophetie », comme lorsqu'il a prévu par son chant incessant la mort prochaine de Concini en 1617[32].

La folie au féminin

En comparaison, les indications de nature éthique sont nettement plus développées dans les textes attribués à Mathurine, participant à créer un personnage haut en couleurs. Cette différence ne semble pas être due au fait que Mathurine était moins connue à son époque, puisque divers documents, comme le *Journal* de Jean Héroard, les *Mémoires* de Pierre de L'Estoile ou *La*

---

choisit & prend pire est un vray heretique en toute bonne rubrique culinaire » (*Discours Nouveau faict par Maistre Guillaume*, *op. cit.*, p. 2).

27. « Mais quoy, par le sang de ma truye, par la teste d'un oignon, par sainct Goroudon […] » (*Le Voyage de Maistre Guillaume, touchant le Marquis d'Ancre*, Paris, Jean Sara, 1617, p. 6).
28. *La Nouvelle Lune*, *op. cit.*, p. 5-6.
29. *Ibid.*, p. 6-7.
30. *Lettre de Maistre Guillaume envoyee de l'autre monde. A Messeigneurs les Princes retirez de la Cour*, Paris, Jean Millot, 1615, p. 4.
31. *Le Reveil de Maistre Guillaume, aux bruits de ce temps*, s. l., 1614, p. 4.
32. *La Lettre de Maistre Guillaume envoyee a Messieurs les Parisiens*, Paris, Estienne Perrin, 1617, p. 7.

Confession catholique du Sieur de Sancy d'Agrippa d'Aubigné témoignent de la notoriété du personnage, dont on trouve une référence jusque dans les *Historiettes* plus tardives de Tallemant des Réaux (1657)[33]. Cette attention n'a rien d'étonnant quand on considère que cette femme de condition modeste[34], qui serait morte avant 1627[35], semble avoir été la seule à faire office de bouffonne du roi à la cour de France[36], représentant de ce fait une figure d'exception à une époque où les folles de cour sont généralement au service de princesses ou de grandes aristocrates plutôt que du roi. Pensons à la Cathelot de Marguerite de Navarre, la Jacquette de Catherine de Médicis[37] ou encore l'Olyvette de Madame de Bar[38]. Selon Maurice Lever, il était pour ainsi dire impossible pour une femme d'occuper la fonction de bouffon, d'une part parce que le grotesque était moins admis chez elle que chez un homme[39] et, d'autre part, en raison de la difficulté à imaginer une femme faisant office de double dérisoire du souverain[40]. Comment Mathurine a-t-elle pu assumer cette charge? Il est difficile de le déterminer; peu de données factuelles nous sont parvenues, les études qui la mentionnent brossant d'elle un portrait à partir d'anecdotes de sources diverses et des six ou sept textes publiés sous son nom entre 1605 et environ 1622[41], trop souvent considérés comme des documents historiques fiables[42]. Évidemment, comme dans le cas de Maître Guillaume, ces courts textes satiriques – qualifiés de « maturinades » à l'époque –, mettent en scène une *persona* qui insiste moins sur la fonction de Mathurine à la cour[43], que sur sa condition de folle, au point de faire de celle-ci la clé de voûte de quelques-uns des pamphlets, insistant –

33. Voir les références dans Jules Mathurez, *Mathurine et les Libelles, op. cit.*, p. 5, 6, 8 et 9, de même que dans le seul article récent portant sur Mathurine: Marion Lemaignan, « Mathurine ou la question d'un tiers espace de l'hétérodoxie, dans *La Confession catholique du Sieur de Sancy* d'Agrippa d'Aubigné », *L'Atelier du Centre de recherches historiques*, n° 4, 2009, paragraphes 47 à 51, mis en ligne le 21 avril 2009. URL: <http://acrh.revues.org/index1234.html>. Consulté le 24 juillet 2009.

34. Elle a peut-être adopté ce nom en l'honneur de saint Mathurin, invoqué pour la guérison des fous (Maurice Lever, *Le Sceptre et la Marotte, op. cit.*, p. 229).

35. Alfred Canel, *Recherches historiques sur les fous des rois de France*, Paris, Alphonse Lemerre, 1873, p. 197; Jules Mathorez, *Mathurine et les Libelles, op. cit.*, p. 15.

36. P. L. Jacob, « Les fous des rois de France », dans *Curiosités de l'histoire de France*, Paris, Adolphe Delahays, 1858, p. 147.

37. Maurice Lever, *Le Sceptre et la Marotte, op. cit.*, p. 199.

38. Jules Mathorez, *Mathurine et les Libelles, op. cit.*, p. 10.

39. Cette assertion appelle évidemment des nuances, comme le montre l'utilisation de figures de femmes – souvent âgées – dans des textes à caractère comique. On pense à Célestine la maquerelle dans la pièce du même nom de Fernando de Rojas (traduite en français en 1527).

40. Maurice Lever, *Le Sceptre et la Marotte, op. cit.*, p. 198.

41. Jules Mathorez (*Mathurine et les Libelles, op. cit.*, p. 16-20) en compte sept, mais il faut signaler que *La Sagesse approuvée de Mathurine*, dont nous reparlerons, n'est pas un texte assumé par Mathurine. Mathorez suppose qu'un bon nombre de ces libelles ne nous sont pas parvenus, ce qui est tout à fait probable dans le cas de courts textes de circonstance, hâtivement imprimés – sans mention d'éditeur pour la plupart – et ayant sans doute peu circulé.

42. Voir la façon dont Maurice Lever (*Le Sceptre et la marotte, op. cit.*, p. 226-235) les utilise à des fins biographiques.

43. On ne trouve en effet que des références très indirectes à son rapport avec Henri IV, qu'elle désigne à quelques reprises comme « Monsieur mon bon amy ».

souvent dès le début du texte – sur la distance paradoxale qui existe entre son statut présumé et la portée de ses propos.

Les Essais de Mathurine représentent le libelle le plus riche en indications relatives à la locutrice, ce qui n'est guère surprenant quant on pense à la dimension autoréférentielle du célèbre texte dont le pamphlet semble parodier le titre. Les premières pages sont ainsi consacrées à un ample autoportrait, établissant avec netteté la folie de Mathurine avant que celle-ci ne s'engage dans une critique du *Caquet de l'accouchée* de 1622[44] (dont elle est l'un des personnages) et, plus généralement, des détracteurs du sexe féminin. Reconnue dans la rue par les « petits enfans » qui crient « Aga ! Mathurine la folle[45] », la locutrice explique qu'elle est en effet « un peu entachee de ceste maladie-là [la folie] » résultant « d'un coup de carabine » qu'elle reçut « en l'esprit à certain Balet de Caresme-prenant ». Sur un mode comique, elle affiche le caractère dérisoire de son personnage, ne se privant pas d'allusions à sa sexualité, que Maurice Lever – de manière discutable – a interprétées comme des références à la paillardise de la Mathurine historique[46] :

> [...] aussi je suis tousjours [...] au service des gallands hommes, paix ou guerre, à toute heure mon harnois est en estat : car je le fais souvent fourbir, avec un guimpillon fait à l'occasion, & au contraire de ceux qu'on met dedans les pintes : car il est pelu au derriere du manche, & ceux-là le sont au devant. (*EM*, 4)

Loin de dévaluer son discours, cette façon de faire lui permet de mieux caractériser sa condition et de l'assumer pleinement : « Vive la follie, c'est mon gaigne-pain » (*EM*, 4), affirme-t-elle de manière péremptoire. Elle dit avoir su « empoigner si bravement » sa folie « qu'il [lui] en revient tous les ans, plus de vingt & treize Jacobus de rente fonciere, sans conter le tour de baston » (*EM*, 3)[47]. Si Mathurine brandit fièrement la bannière de la folie, c'est pour distinguer la sienne d'une folie plus courante, mais peu assumée, puisque ceux qui en sont atteints ne s'en rendent pas compte :

> Si tous les foux, & les folles portoient crouppiere, il y en auroit beaucoup à Paris, qui auroient le cul escorché, car il y a de toutes sortes, de toutes aages, de toutes qualitez, de tous sexes : mais ils sont foux à la mode qui trotte [...]. (*EM*, 5)

Il s'agit, entre autres, de ces gens qui se croient sages, mais qui sont tout le contraire. On jugerait, « à leur mine de serrer les levres, comme une nou-

44. La première parution de l'ouvrage nous permet d'affirmer que l'édition non datée de ces *Essais* est postérieure à 1622.
45. *Les Essais de Mathurine*, s. l., s. d., p. 3. Ce texte sera dorénavant désigné par le sigle *EM*, suivi du numéro de la page.
46. Maurice Lever, *Le Sceptre et la Marotte*, *op. cit.*, p. 226-227.
47. Selon Jules Mathorez (*Notes sur Maître Guillaume*, *op. cit.*, p. 13), le jacobus (pièce d'or à l'effigie de Jacques Ier) valait 14 livres, 14 sols. Dans les faits, Mathurine recevait en 1622 une rente de 1200 livres (Jules Mathorez, *Mathurine et les Libelles*, *op. cit.*, p. 12).

velle mariee, que ce sont des Socrates », mais qui « s'ils ne rencontroient qu'un estronc, [...] y trouveroient à remordre, rien de bien fait, s'ils ne le font » (*EM*, 5). Avec son franc-parler, la locutrice nous fait comprendre que l'auteur du *Caquet de l'accouchée* est « un fol à la mode » (*EM*, 6), c'est-à-dire un prétendu sage qui se révèle fou, à côté duquel Mathurine apparaît comme une véritable folle qui a la sagesse de prendre la défense des femmes face à un « infame qui ne scait un seul secret de femmes » et à propos duquel elle dit que son esprit achèvera de s'« affoler s'il n'est chastié comme un ennemy de nature » (*EM*, 15). Le discours autodescriptif du début prépare cette démonstration en passant par un renversement virtuel des rapports entre folie et sagesse[48], puisque, dit la locutrice, « [l]a sagesse de ce monde, est folie devant Dieu ; cela me fait esperer, que je seray en ce pays-là, recompensee de double pitance, car je suis folle en cettuy-cy, assez pour deux » (*EM*, 4).

La Cholere de Mathurine, contre les difformez Reformateurs de la France enrichit l'image de Mathurine la folle d'une coloration supplémentaire en faisant d'elle une sibylle carnavalesque qui se prononce sur un événement d'intérêt national, commenté lui aussi par Maître Guillaume[49] : le départ en 1615 des princes « malcontents » pour la Champagne et la Picardie, en guise de protestation au mariage du jeune Louis XIII à Anne d'Autriche, Infante d'Espagne. Représentant le discours qui a eu le plus de résonances, comme l'indiquent les diverses éditions qu'il a connues en 1615-1616[50], ce pamphlet prend la défense de la Couronne contre le groupe de grands aristocrates mené par Henri de Bourbon-Condé. S'y présentant dès le départ comme soucieuse des intérêts de la France, Mathurine dit avoir « alambiqué [s]on petit grand, & sage foul cerveau aux affaires d'Estat » (*CM*, 4). Ce double oxymore exprime clairement les frontières troubles sur lesquelles se façonne l'*èthos* de la bouffonne, cumulant des attributs apparemment contraires faisant d'elle une défenderesse de l'État dont les présomptions extravagantes sont dues à sa condition de folle : « [...] chacun sçait que je suis un second Atlas, & que sans mon support le Ciel des affaires de la France seroit desja tombé » (*CM*, 4). Développant ce registre, Mathurine se dit douée même d'un « esprit prophétique » résultant de la perspective distante qu'elle affirme posséder et qui, tel un miroir inversé, lui permet d'évoquer les troubles que connaît alors la France :

48. À partir de *L'Éloge de la folie* d'Érasme, cette logique d'inversion est devenue courante : si tous les hommes sont fous, le seul qui soit sensé ne peut être que le fou véritable (Maurice Lever, *Le Sceptre et la Marotte*, *op. cit.*, p. 166).

49. Voir, plus haut, les références des notes 22 et 30.

50. Généralement, de tels pamphlets très circonstanciels ne connaissaient qu'une édition. Le fait qu'il existe au moins trois éditions de la *Cholere de Mathurine* dont certaines publiées par des libraires identifiés (au contraire des autres maturinades), constitue une précieuse indication de l'intérêt qu'il a pu susciter. Nous utiliserons l'édition d'Arnaud du Breuil, Lyon, 1616, désormais désignée par le sigle *CM*, suivi du numéro de la page.

> [...] ne vous estonnez pas de me voir esprise d'une saincte fureur, je parle d'un esprit prophetique, je vous en veux compter, car je viens de loing, je viens d'un pays où je n'ay jamais esté, c'est aux Antipodes, où j'ay veu le monde renversé : le vallet commande au Maistre, le subject faict la loy à son Prince, les poissons vont denicher les oyseaux. (*CM*, 8-9)

Cette assertion cumule les énoncés paradoxaux dans un tourbillon carnavalesque où l'ailleurs (les Antipodes) et l'ici (la France) finissent par se superposer de façon à dénoncer indirectement un désordre résultant des actions des princes séditieux, qui sont pris à parti, principalement Henri de la Tour d'Auvergne, duc de Bouillon[51]. Si Mathurine éprouve une telle colère, c'est que tout ce désordre lui a « tellement boulleversé le cerveau [qu'elle en est] toute enthousiasmée » (*CM*, 9); seule l'intervention du jeune roi pourra remédier à la situation. Curieusement, folie et sagesse vont ici de pair, tout comme la lucidité s'exprime à travers une pensée « bouleversée » ou « embrouillée ».

Cette image paradoxale de Mathurine se trouve également développée dans un texte de 1608 dont elle n'est pas la locutrice, *La Sagesse approuvée de Madame Mathurine*, mais où l'auteur, en faisant l'éloge de la bouffonne, dit ouvertement au sujet de celle-ci ce que les maturinades à la première personne développent de manière plus indirecte, confirmant les fondements identitaires sur lesquels l'*èthos* de la folle se construit. Au cœur de la démonstration se trouve affirmée la réversibilité des termes dans la dyade folie/sagesse : « N'estes vous pas d'accord, qu'en ce siecle ou nous sommes, / Qui est folle d'un Roy est la sage des hommes, / Puis qu'une folle parle à un Roy librement[52]. » La folie devient dans ce cas particulier le masque de la sagesse, cachant un esprit délié qui permet à Mathurine de parler « au Roy [...] sagement » et que l'éloge se propose de mettre en lumière : « Il faut [...] blasmer la renommee,/ [...] De publier [...] que Mathurine est folle : & je prouve au contraire, / Qu'elle a si dextrement manié son affaire, / Qu'elle se rend aymable à la terre & aux cieux » (*SA*, 6). Le texte désigne ainsi une faculté de discernement attribuée depuis longtemps au fou de la cour, mais le fait de conférer cette qualité à une femme constitue un paradoxe supplémentaire que *La Sagesse approuvée* exprime dans la description physique de Mathurine qui, affublée d'un pourpoint et d'une épée, « d'un homme, [...] tient tout le corps, / Fors le bas seulement qu'elle tient d'une femme » (*SA*, 6). Comprenant que ce semi-travestissement, qui cumule traits masculins et féminin, semble aller « [c]ontre l'ordre commun » (*SA*, 6), l'auteur n'exploite pas l'aspect comique de ce trait carnavalesque[53],

51. Dont le nom est sujet à plaisanterie : « [...] ô le bon potage qu'on eust faict de ce Boüillon » (*CM*, 8).
52. *La Sagesse approuvée de Madame Mathuri[n]e*, Paris, David le Clerc, 1608, p. 8. Cet ouvrage sera dorénavant désigné par le sigle *SA*, suivi du numéro de la page.
53. À ce sujet, voir les p. 74-75 du chapitre « Carnival and the Cross-Dressed Body », dans Joseph Harris, *Hidden Agendas : Cross-Dressing in 17th-Century France*, Tübingen, Gunter Narr, « Biblio 17 », 2005.

mais s'empresse d'en expliquer le caractère transgressif comme un signe du rôle d'exception que la bouffonne joue auprès d'Henri IV :

> Elle porte un chapeau comme une sage Done,
> Elle porte un trenchant, comme une autre Amazone,
> Signal tres-asseuré d'un esprit courageux,
> Pentasilee estoit au premier Alexandre,
> Mathurine au dernier sacrifie sa cendre,
> Juge lecteur qui est la plus digne des deux. (*SA*, 9)

Mathurine est ici dépeinte comme une figure composite qui brouille les frontières entre sagesse et folie, entre masculinité et féminité[54], tout comme dans le second livre de *La Confession catholique du Sieur de Sancy* où Agrippa d'Aubigné, dans le contexte d'un dialogue où Jean Davy, sieur de la Guette (frère du cardinal Du Perron), et Mathurine se disputent pour savoir qui des deux a assuré le plus de conversions au catholicisme. Sur un mode burlesque qui vise à déconsidérer les milieux catholiques, l'auteur fait de Mathurine un personnage ambigu, à la fois « maquerelle » et « soldate », qui, selon Marion Lemaignan, développe certains traits de la figure réelle pour lui faire jouer « le rôle de l'homme [...] dans le carnaval d'Agrippa d'Aubigné, témoin vivant d'un ordre renversé où les femmes ne tiennent plus leur rang[55] ». Pour sa part, l'auteur de *La Sagesse approuvée* cherche surtout à utiliser cette ambiguïté de manière à insister sur les qualités de courtisan de la bouffonne, qui « sçait plaire à son Roy » et le « resjouïr » (*SA*, 7-8), tout en lui parlant avec franchise, se révélant ainsi plus sage que les Grands : « Si follement on dit que Mathurine est folle, / On dira sagement que les Princes sont foux » (*SA*, 10).

Publié en 1609, *Le Feu de joye de Madame Mathurine*, très court texte de six pages qui souligne l'un des nombreux retours sur la scène publique de M. Guillaume[56], exploite aussi l'aspect composite de Mathurine, qui révèle un double visage, à l'instar de Pallas, convoquée comme figure de comparaison :

> [...] suis-je pas ceste Mathurine qui ay renversé les escadres plus animez de la Ligue, qui ay tousjours monstré que j'estois un autre Pallas ? que d'une main je portois la lance & l'estoc, & de l'autre l'Olive ? (*FJ*, 1-2)

À cette dualité répond une autre, de perspective celle-là, qui marque le début du pamphlet où Mathurine s'adresse à elle-même dans le cadre d'une

54. Jules Mathorez (*Mathurine et les Libelles, op. cit.*, p. 6) suggère que cette façon de s'habiller proviendrait de l'époque où elle était cantonnière dans le régiment de Picardie. Maurice Lever (*Le Sceptre et la Marotte, op. cit.*, p. 28) note que l'androgynie vestimentaire est un trait commun à Mathurine et à son premier patron, Henri III, qui « a été le premier roi de France à nommer une femme à cet office ».

55. Marion Lemaignan, « Mathurine ou la question d'un tiers espace de l'hétérodoxie », art. cit., paragraphe 9.

56. *Le Feu de joye de Madame Mathurine. Ou est contenu la grande & merveilleuse rejouyssance faicte sur le retour de Maistre Guillaume revenu de l'autre monde*, Paris, 1609, p. 1-2 (désigné par le sigle *FJ*, suivi du numéro de la page).

grandiloquente interpellation laissant planer le doute sur l'identité du locuteur, jusqu'au moment où le texte passe à une énonciation personnalisée rendant clair, de façon rétrospective, le caractère éminemment rhétorique de l'incipit (« O trois & quatre fois heureuse Madame Mathurine, levés les yeux au ciel [...] »). Une fois l'identité de la locutrice clairement établie, le pamphlet développe l'image guerrière de Mathurine en faisant glisser celle-ci vers des références de nature sexuelle. Voici comment, en développant le registre mythologique déjà lancé avec la référence à Pallas, le texte suggère une forme de triangle amoureux entre Guillaume, Mathurine et le Soldat français :

> Venons maintenant aux comparaisons tous dementis à part, d'autant que mon espee commence à tenir au fourreau despuis la paix, toutesfois s'il se faut battre[,] le Soldat François le fera pour moy : les seccrettes faveurs qu'il a receues de moy, l'obligent à ceste corvee. Et mon Maistre Guillaume l'en remercira plus amplement estant venu brave, leste, galand : et moy plus heureuse que Venus pour son Adonis, ou Clymene pour son Phaeton ay flechi les Parques et Pluton. (*FJ*, 4-5)

Ce Soldat français est le personnage de textes publiés à partir de 1604 mettant en scène un échange vigoureux entre ledit soldat, partisan de la guerre à l'Espagne, et Maître Guillaume, favorable à la paix. Mathurine, quant à elle, joue le rôle de médiatrice dans ce différent et finit par concilier les deux adversaires, tant dans l'*Appoinctement de querelle, faict par Mathurine, entre le Soldat François & maistre Guillaume* (1615) que dans *La Grande Dispute du Soldat François et de M. Guillaume, contre Mathurine* (1617). Dans ces deux textes, la folle devient la voix de la modération, voire du *statu quo*, lorsqu'elle dit à M. Guillaume : « [...] contenez-vous comme moy dans l'estat honorable où nous sommes en ceste Cour, sans plus vous amuser à mettre vos resveries par escrit[57] ».

Ses discours sont d'ailleurs généralement favorables au pouvoir royal et aux valeurs en place[58], le dérèglement de l'esprit constituant une mise en scène qui vise en fin de compte à favoriser le retour à l'ordre établi, à travers des artifices d'écriture assez semblables à ceux présents chez Guillaume : mobilité du propos, tendance à multiplier les parenthèses comiques, ruptures de ton, coexistence des registres bas et moyen, extravagances de langage qui contrastent avec la prudence du contenu. Derrière le masque de la folie se profile en effet une sagesse populaire non dénuée d'ambiguïté en raison des aspérités du discours qui la porte. La sagesse d'une bouffonne étant encore plus problématique que celle de sa contrepartie masculine, on comprend que les auteurs aient vu l'intérêt non d'atténuer cet aspect, mais bien

57. *La Grande Dispute du Soldat François et de M. Guillaume, contre Mathurine*, s. l., 1617, p. 13.
58. C'est ce qu'a observé avec justesse Jules Mathorez tant au sujet de Guillaume que de Mathurine, *Notes sur Maître Guillaume*, *op. cit.*, p. 25.

au contraire de l'exacerber, en accusant les traits de la locutrice. D'où une figure d'orateur apparemment fort éloignée des considérations éthiques héritées de l'Antiquité, surtout des conceptions de Cicéron et de Quintilien, qui mettent de l'avant la nécessité pour l'orateur de posséder réellement les qualités requises afin d'accréditer le discours[59]. Les Grecs, quant à eux, avaient développé, dès le IVe siècle av. J.-C., une conception autorisant la création artificielle de l'image de l'orateur par des moyens purement rhétoriques, qui s'exprime chez Aristote par des recommandations quant à l'importance de donner avant tout l'apparence de posséder les qualités nécessaires au discours[60]. Diffusée pendant la Renaissance à travers Plutarque[61], la conception aristotélicienne semble avoir engagé l'orateur, selon ses visées, à façonner un *èthos* relevant du simulacre de manière à rendre plus sensible pour le vulgaire, parfois par l'usage d'un style bas, la justesse du raisonnement[62]. Si les traités renaissants sont relativement peu loquaces au sujet de l'*èthos*[63], les pratiques rhétoriques des débuts de la modernité témoignent cependant d'une exploration de ses effets distanciateurs et ironiques[64], contribuant, notamment par le développement de *personae* fictives, à la rhétorique de la personne et de l'individuation que Jean Lecointe voit se développer à la Renaissance[65].

*
* *

Représentant un orateur encore plus improbable que Maître Guillaume, Mathurine illustre bien un tel élargissement des postures éthiques en poussant plus loin les possibilités discursives autorisées par le point de vue du fou. Parce qu'il met en scène une figure excentrée et excentrique, ce corpus soulève toute la question du rapport des femmes au savoir et à la rhétorique. Sur ce plan, Mathurine n'est pas sans évoquer les dérisoires évangélistes que sont les devisantes des *Évangiles des Quenouilles* (publiées en 1480), mais, se dispensant d'un secrétaire masculin, la bouffonne fait entendre directement sa voix, tout comme, ainsi que nous l'avons déjà suggéré en ouverture,

59. Manfred Kraus, « Ethos as a Technical Means of Persuasion in Ancient Rhetorical Theory », dans Thomas H. Olbricht et Anders Eriksson (dir.), *Rhetoric, Ethic and Moral Persuasion in Biblical Discourse*, Londres, T. & T. Clark, 2005, p. 84.

60. *Ibid.*, p. 82. Le contraste entre ces deux conceptions de l'*èthos* est attribué par Bradford Vivian (*Being Made Strange: Rhetoric Beyond Representation*, Albany (New York), State University of New York Press, 2004, p. 103) à une conception du soi – dans son rapport au discours – différente dans les deux cultures, définie plus socialement chez les Romains.

61. Jean Lecointe, *L'Idéal et la Différence. La perception de la personnalité littéraire à la Renaissance*, Genève, Droz, 1993, p. 377.

62. *Ibid.*, p. 384-386.

63. *Ibid.*, p. 377.

64. Ce que notait déjà William J. Kennedy, *Rhetorical Norms in Renaissance Literature*, New Haven/Londres, Yale University Press, 1978, p. 11.

65. Jean Lecointe, *L'Idéal et la Différence*, *op. cit.*, p. 375 et suiv.

Friquette la bohémienne qui se permet d'adresser en 1615 des remontrances aux Malcontents, en invoquant ses talents de diseuse de « bonne-adventure ». Dans les deux cas, une figure de femme est utilisée, par des scripteurs vraisemblablement masculins, comme truchement d'un savoir qui se trouve à la frontière du sérieux et du grotesque, développant le paradoxe – porté par la perspective encomiastique érasmienne – selon lequel, pour citer l'auteur de *La Sagesse approuvee de Madame Mathurine*, « [l]a folie [...] est la plus digne escolle » (*SA*, p. 6) et – ajouterions-nous – un « plaisant Stratageme[66] » permettant de valoriser des voix habituellement reléguées aux coulisses de l'histoire.

66. *Satyre de Maistre Guillaume*, *op. cit.*, p. 3.

Virginie Cassidy

LA RHÉTORIQUE DU SILENCE DE MADEMOISELLE DE MONTPENSIER

Princesse la plus riche de France, Frondeuse exilée à plusieurs reprises, Mlle de Montpensier est également connue pour ses divertissements littéraires dont le recueil de *Divers Portraits*[1], ou encore les brefs récits de la *Relation de l'île imaginaire* et *L'Histoire de la Princesse de Paphlagonie*[2]. Le fait que l'homme de lettres Jean Regnault de Segrais, secrétaire de Mademoiselle de 1648 à 1671 et membre de l'Académie française dès 1662, ait joué un rôle dans l'impression et la publication de ces œuvres a suscité de nombreuses discussions critiques quant à l'attribution de ces écrits à sa protectrice. Femme et cousine du roi de surcroît, son appartenance au sexe féminin et à la famille royale lui défendaient de revendiquer un statut d'auteur. Ainsi, pour conserver l'anonymat, la *Relation de l'île imaginaire* et *L'Histoire de la Princesse de Paphlagonie* sont tout d'abord publiés sous le nom de Segrais pour paraître par la suite signés de la main de Mademoiselle. Les *Mémoires*[3] de la princesse et les *Segraisiana*[4] de Segrais témoignent d'ailleurs tous deux du rôle d'écrivain de Mademoiselle à leur sujet. Cette association littéraire donne lieu de se demander si la contribution de Mlle de Montpensier au recueil de Segrais, *Les Nouvelles françaises ou les divertissements de la princesse Aurélie*[5], publiées en 1656 et rédigées pendant l'exil de Mademoiselle à Saint-Fargeau, ne se résume qu'à une source d'inspiration[6]. Ce recueil met en

1. Anne-Marie-Louise d'Orléans Montpensier, *Divers portraits, imprimés en l'année 1659*, s. l., 1659.
2. Anne-Marie-Louise d'Orléans Montpensier, *La Relation de l'île imaginaire* et *L'Histoire de la Princesse de Paphlagonie*, s. l., 1659. Désormais, les références à cet ouvrage seront indiquées par les lettres *RII*, suivies du numéro de la page.
3. Anne-Marie-Louise d'Orléans Montpensier, *Mémoires de Mlle de Montpensier*, éd. Adolphe Chéruel, t. 3, Paris, Charpentier, 1859, p. 381.
4. Jean Regnault de Segrais, *Segraisiana ou mélange d'histoire et de littérature*, Paris, la Compagnie des libraires associés, 1721, p. 153-154.
5. Jean Regnault de Segrais, *Les Nouvelles françaises ou les divertissements de la princesse Aurélie*, éd. Roger Guichemerre, Paris, Société des Textes Français Modernes, 1990-1992. Désormais, les références à cet ouvrage seront indiquées par les lettres *NF*, suivies du numéro de la page.
6. À propos de l'inspiration de Mademoiselle pour les écrits de Segrais, voir Jean Garapon, « Mademoiselle inspiratrice de Segrais dans *Athys* et *Les Nouvelles françaises* », dans Suzanne Guellouz et Marie-Gabrielle Lallemand (dir.), *Jean Regnault de Segrais. Actes du colloque de Caen (9-10 mars 2006)*, Tübingen, Gunter Narr Verlag, « Biblio 17 », 2007, p. 29-41.

scène une série de divertissements – nouvelles, discussions, ou encore spectacles – qui occupent une société *a priori* exclusivement féminine dans le cadre d'une retraite champêtre. Le narrateur principal du récit-cadre, qui se présente comme secrétaire, déclare prendre consciencieusement note des dires et actions des six devisantes qui racontent chacune une nouvelle. Principal témoin, il se porte caution de la véracité du récit-cadre. Ce récit à clé est ainsi censé rendre compte de la vie de Mlle de Montpensier et de ses amies en exil. En raison des aveux du secrétaire, de la brièveté de ses interventions, voire de son refus de participer à la création de nouvelles[7], l'attribution du recueil à Mlle de Montpensier, et non à son secrétaire Segrais qui le signe, est une perspective qui s'impose notamment chez les critiques féministes[8]. Selon une telle lecture, Segrais n'est plus qu'un auteur transparent[9], un masque derrière lequel se cache la réelle force créatrice du groupe que constituent Mademoiselle et ses amies. Grâce à la situation d'énonciation, la voix de Mademoiselle peut s'imposer dans le recueil puisqu'elle se fait entendre par le biais du personnage principal Aurélie. Sa voix est à la fois mise en valeur par la forte présence du personnage central, et l'attitude en retrait du narrateur principal. Le silence du narrateur masculin permet à la voix féminine de sortir de son silence.

Ayant pris goût aux divertissements littéraires lors de son exil à Saint-Fargeau, il est compréhensible que de retour à la Cour en 1659, Mademoiselle se lance dans de nouveaux projets littéraires considérés, eux aussi, comme de simples divertissements. Dans le cas de la *Relation*, la voix féminine s'affirme dans la dédicace et l'épître, lieux privilégiés des auteurs pour justifier leurs écrits ; cependant, elle n'en reste pas moins dissimulée dans le texte même. Mademoiselle s'empresse de travestir sa voix, laissant place à un narrateur principal de son invention. Si le silence du narrateur masculin est une stratégie qui permettrait à Mlle de Montpensier d'affirmer sa voix dans le recueil de nouvelles, comment interpréter l'emploi de cette même technique pour faire taire sa propre voix dans la *Relation* ? C'est que le silence, souvent perçu comme un signe de faiblesse, peut également devenir une arme rhétorique lorsque celui-ci est employé par choix[10]. Une étude des manifestations de cette rhétorique du silence dans le recueil de nouvelles ainsi que dans la *Relation* permettra de définir comment, par un jeu entre voix présente et voix absente, un travestissement textuel s'instaure au

7. À la fin des *Nouvelles françaises*, Aurélie demande au secrétaire d'ajouter une nouvelle de son invention au recueil qu'il compose. Ce dernier se désiste et propose un madrigal à la place (*NF*, 538-539).

8. Voir les explications de Joan DeJean (*Tender Geographies : Women and the Origins of the Novel in France*, New York, Columbia University Press, 1991, p. 52-55) qui considère Mademoiselle comme le réel auteur du recueil.

9. Juliette Cherbuliez, *The Place of Exile. Leisure Literature and the Limits of Absolutism*, Lewisburg, Bucknell University Press, 2005, p. 70-71.

10. À propos de l'existence et du potentiel d'une rhétorique du silence dans la société moderne, voir Cheryl Glenn, *Unspoken. A Rhetoric of Silence*, Carbondale, Southern Illinois University Press, 2004.

masque auctorial

niveau de l'énonciation, autorisant la Grande Mademoiselle à s'affirmer en tant que sujet du discours.

***Les Nouvelles françaises*: la parole aux femmes?**

Lors de la période de rédaction du recueil de nouvelles, la situation de Mlle de Montpensier n'est pas aussi idéale que le récit-cadre des *Nouvelles françaises* veut le faire paraître. Exilée pour avoir fait tirer du canon sur les troupes royales[11], c'est en quelque sorte une prise de parole publique par ces actes qui l'écarte de Paris et de sa vie mondaine, la reléguant à un domaine qui exige de nombreux travaux. Le recueil, un divertissement pour Mademoiselle, est aussi un moyen de divertir les pensées des amis restés à Paris, et de la remettre au devant de la scène. Dès l'épître dédicatoire, ce n'est pas son exil qui est déploré, mais les amusements liés à sa compagnie qui sont loués. La duchesse d'Épernon devient la dédicataire du recueil par ordre de Mlle de Montpensier afin de « faire naître quelque regret d'être éloignée d'elle [Mademoiselle] » (*NF*, 5-6) et de faire partager « un divertissement qui lui [Mademoiselle] a été agréable » (*NF*, 6). Comme le souligne Cherbuliez, une telle formulation ne suggère pas que Mme d'Épernon regrette l'exil de Mademoiselle mais plutôt le fait de ne pas faire partie de ses proches à Saint-Fargeau[12]. Ce faisant, Mlle de Montpensier et sa cour constituent un nouveau centre de référence pour la noblesse restée dans les faveurs du roi. Grâce au recueil, Mademoiselle prend à nouveau la parole publiquement en employant le « je » par le biais du personnage fictif d'Aurélie dont les interventions sont mises en valeur par une voix masculine, celle du narrateur principal.

L'affirmation du sujet rhétorique féminin se ressent à plusieurs niveaux dans les *Nouvelles françaises*, notamment à travers le rôle que jouent les narratrices du récit-cadre. En ne mentionnant guère les hommes, et en les excluant même du groupe de conteurs, les six devisantes constituent un nouvel ordre social. Bien que les hommes demeurent souvent les héros des nouvelles narrées par les devisantes, ils sont quasi absents du récit-cadre. Lorsqu'ils observent ou écoutent les devisantes, ils sont réduits à un rôle de spectateurs. Quelquefois, ils acquièrent une fonction d'acteurs dans les divertissements organisés par les devisantes, comme dans le cas du joueur de harpe (*NF*, 273). Ils deviennent ainsi des instruments, des hommes objets qui ont pour effet de mettre en valeur l'invention des conteuses. De ce fait, ils ne portent pas atteinte aux libertés des femmes présentes. Contrairement à l'*Heptaméron* de Marguerite de Navarre, modèle dont les devisantes se réclament (*NF*, 22-23), les hommes n'ont pas la parole dans le récit-cadre et,

11. Mademoiselle relate sa version de l'épisode dans ses *Mémoires*, t. 2, *op. cit.*, p. 109-115.
12. Juliette Cherbuliez, *The Place of Exile*, *op. cit.*, p. 72.

surtout, ils ne décident pas à qui la donner[13]. Que six femmes se passent la parole représente ici une déclaration d'autonomie. Les hommes n'ont plus à divertir les femmes, elles acquièrent un rôle actif dans leurs propres divertissements. Ce nouveau salon affirme alors la supériorité et le rôle primordial de la femme dans l'art de la conversation et du divertissement.

Le discours des devisantes et la narration de leurs histoires ont également leur importance pour affirmer le sujet féminin, notamment celui de la princesse Aurélie, la représentation fictionnelle de Mlle de Montpensier. La description de son art de conteuse fait référence aux grandes catégories de l'art rhétorique. Ainsi, Aurélie a une « facilité [...] de parler sur toutes sortes de sujet » (*NF*, 93) qui rappelle les parties de l'*inventio* et de la *mémoire*, « la grâce qui orne tous ses discours » (*NF*, 94) fait appel à celle de l'*elocutio* et du *style*, et « la suite agréable de son histoire » (*NF*, 94) évoque le principe de la *dispositio*. Les devisantes ont toutes les qualités nécessaires pour être des oratrices éloquentes, qu'il s'agisse de la teneur des propos qu'elles tiennent, ou des qualités physiques, comme le ton de la voix, qui leur permettent de communiquer leurs histoires et de persuader ou d'émouvoir leur auditoire. Ainsi, Aurélie a une facilité de s'exprimer qui « marque l'abondance et la richesse » de son esprit (*NF*, 9-10), Uralie « parle avec facilité. Elle aime la conversation et sa conversation la fait aimer » (*NF*, 12) ; quant à Frontenie, elle possède une « voix [...] pleine de charme et aussi douce qu'on en puisse entendre. Les vers et les chansons qu'elle fait avec facilité sont justes, comme son esprit » (*NF*, 15). Le naturel de la conversation est une autre caractéristique essentielle de l'art narratif de cette société conteuse. Aplanice possède un esprit « vif et juste en sa vivacité, amateur des choses naturellement dites, touché des conceptions les plus naïves [...]. Elle écrit spirituellement et sans peine » (*NF*, 13). Silérite possède des « grâces naturelles [qui] étouffent tout l'artifice que les autres recherchent avec soin et ne permettent pas même qu'elle mette en usage ce que la lecture a pu lui en acquérir » (*NF*, 12). Quant à Gélonide, ce sont son originalité et sa gaieté qui sont prônées, « mille personnes tâchent de l'imiter et elle n'imite qu'elle-même. [...]. Son esprit est toujours porté à la joie » (*NF*, 14). Ces descriptions laudatives font partie d'une galerie de portraits qui ont pour but d'affirmer l'*èthos* des devisantes. Ce n'est donc pas seulement le discours des devisantes qui nous persuade, nous lecteurs, de la véracité de leurs récits, mais plutôt le travail de préparation du narrateur principal, du secrétaire, qui à force de figures d'humilité, efface son « je » pour établir le caractère moral des devisantes, rehaussant de ce fait « le prestige des conteuses[14] ». C'est donc par la voix du narrateur masculin

13. Bien que la présence d'un deuxième cercle soit sous-entendue (*NF*, 273), il n'y a aucun signe de la participation de la gent masculine dans le texte puisque les devisantes ne s'adressent jamais directement aux hommes.
14. Voir Peter France, « L'*èthos* du conteur », dans François Cornilliat et Richard Lockwood (dir.), Èthos *et* Pathos. *Le Statut du sujet rhétorique*, Actes du colloque international de Saint-Denis (19-21 juin 1997), Paris, Honoré Champion, 2000, p. 296-298.

mais également par son effacement que les femmes acquièrent et développent la belle parole.

Cette attitude d'effacement est caractéristique de la fonction de secrétaire telle qu'elle est décrite d'abord dans les manuels italiens puis les manuels français des XVIe et XVIIe siècles[15]. Le secrétaire y est peint comme un expert en rhétorique servant son maître avec ses mots; sa tâche principale est alors de persuader par les mots, mais sans voix. Les meilleurs atouts du secrétaire deviennent son silence, sa discrétion, sa capacité à garder les secrets, et son habileté à persuader sans parler; ce que Torquato Tasso appelle « la persuasion tacite[16] ». L'effacement du secrétaire peut s'effectuer sur deux plans. Du point de vue épistolaire, sa voix s'efface derrière des stratégies, celles de « l'équivoque intentionnelle [...], de la variation stylistique, du faux-semblant, de la fausse modestie allant jusqu'à l'affectation d'incompétence[17] », présentes dans l'épître comme à l'intérieur du recueil. Du point de vue personnel, un bon secrétaire enfouit ses propres désirs car il ne doit penser qu'aux intérêts du prince ou de la princesse qu'il sert. Pour répondre aux contraintes de ce métier, Torquato Accetto prône la dissimulation honnête, expliquant que « [l]a dissimulation est une industrie qui consiste à ne pas faire voir les choses telles qu'elles sont[18] ». À la lumière de ces traités, il semble nécessaire de réévaluer le rôle du secrétaire pour le recueil, qui se dédouble ici en narrateur principal sur le plan fictif et en auteur, signataire du recueil, sur le plan historique. Faut-il donc interpréter le silence du narrateur principal comme une preuve de la « maternité » du texte par Mlle de Montpensier, ou considérer que Segrais tente simplement de devenir un parfait secrétaire pour Mademoiselle? Peut-on au contraire interpréter ce silence, suivant les explications d'Accetto, comme une posture rhétorique du secrétaire Segrais, qui aurait pour effet de dénoncer la représentation idyllique de l'exil de Mlle de Montpensier telle qu'elle existe dans le récit-cadre?

La Relation de l'île imaginaire: la parole à un homme?

Dans *Les Nouvelles françaises*, la parole et le silence du secrétaire peuvent donc, d'une part, cautionner; d'autre part, désavouer la véracité des événements du récit-cadre. Dans la *Relation*, le rapport entre le silence, la parole et la vérité est tout autre. Dans sa dédicace à Mme de Pontac, Mademoiselle

15. Francesco Sansovino (*Del Secretario*, Vinegia, Altobello Salicato, [1564] 1588) fait partie d'une longue liste d'auteurs qui proposent des manuels de secrétaire. La traduction française est effectuée par Gabriel Chappuys (*Le Secrettaire*, Paris, Abel L'Angelier, 1588).

16. « Una tacita persuasione ». Torquato Tasso, *Del Secretario, Trattato secondo, Le Prose diverse di Torquato Tasso*, t. 2, Firenze, Le Monier, 1875, p. 258 (nous traduisons).

17. Adelin Charles Fiorato, « Grandeur et servitude du secrétaire », dans Charles Adelin Fiorato (dir.), *Culture et Professions en Italie (fin XVe-début XVIIe siècle)*, Paris, Publications de la Sorbonne, 1989, p. 160.

18. Torquato Accetto, *De l'honnête dissimulation*, éd. Salvatore Nigro; trad. Mireille Blanc-Sanchez, Lagrasse, Éditions Verdier, 1990, p. 151.

présente ce bref récit comme étant le sien[19], et y explique le processus de création, commentant ses sources d'inspiration, son style, et son travail de rédaction :

> Il est bon d'expliquer ce que c'est que le personnage à qui on adresse la relation de l'Isle : car asseurément c'est quelque chose de trop joly pour un nom aussi inconnu que le sien : mais ce fut luy qui me donna le sujet de cette imagination. [...] On le peut voir en de certains endroits de ma relation, qui se rapportent tout à fait à luy, & où je me sers mesme quelquefois des termes qui luy sont les plus ordinaires. [...] n'ayant que faire le soir, je me mis à escrire cette bagatelle ; & le matin avant que de disner je l'achevay. (*RII*, n. p.).

La dédicace contient les formules habituelles de *captatio benevolentiae*, à savoir le caractère hâtif et spontané de la rédaction du manuscrit : « Il paroist assez que ce n'est point une chose premeditée, & qu'au contraire elle a esté faite fort à la haste » (*RII*, n. p.). Ce *topos* de la modestie affectée est propre à convaincre le lecteur du naturel du divertissement littéraire, excusant par là même les possibles maladresses du texte. En ce qui concerne *l'Histoire de la Princesse de Paphlagonie*, le deuxième récit contenu dans l'ouvrage, Mademoiselle prouve sa participation à l'acte d'écriture en faisant de Mme de Pontac un témoin visuel et auditif ; témoin dont la parole est devenue incontestable après les quelques pages de louanges qui lui sont dédiées dans la dédicace : « Pour l'Histoire de la Princesse de Paphlagonie, vous estiez presente quand Madame de Monglat me pria de le faire : vous en avez *veu* le commencement & le progrez en me *voyant* escrire : & la fin par la lecture que l'on vous en à faite » (*RII*, n. p. ; nous soulignons). Si dans certains passages, Mademoiselle n'hésite pas à revendiquer son livre, ailleurs, les formules de modestie affectée de la dédicace servent à excuser l'inconvenance de Mademoiselle écrivaine, qui justifie la transformation du divertissement littéraire manuscrit en un ouvrage publié :

> Si on trouve que j'aye eu tort de faire Imprimer ces deux bagatelles pour vous les donner plus faciles à lire, on sçaura premierement que j'ay creu que vous estes de mon humeur, qui a aversion pour les manuscrits ; & apres il faudra s'en prendre à vous qui l'avez souhaité, & qui me l'avez conseillé. (*RII*, n. p.)

L'ambivalence de Mademoiselle face à son ouvrage se traduit par un travestissement textuel du point de vue de l'énonciation dans la *Relation*. Après s'être identifiée comme auteur de ce divertissement littéraire, Mademoiselle ne cherche pas à imposer sa voix mais la dissimule derrière celle d'un narrateur masculin. Ce récit bref, un « mensonge » (*RII*, n. p.) comme elle l'appelle, est à l'origine un divertissement de salon, une « bagatelle » (*RII*, n. p.) destinée à faire croire à un certain Busillet qu'il pourrait devenir gouverneur d'une île récemment découverte et que Mademoiselle pense acquérir.

19. Elle interrompt ses louanges envers sa dédicataire par un « C'est pourquoy je n'en diray pas davantage, & je reviendray à *mon livre* » (n. p. ; nous soulignons). Nous conservons la typographie de l'édition.

Le récit prend donc la forme d'une missive soi-disant destinée à Mlle de Montpensier de la part de l'homme qui a découvert l'île. Mlle de Montpensier pourrait alors transmettre ce rapport à la victime de la plaisanterie. À l'encontre de la situation d'énonciation du recueil de nouvelles, le passage à un narrateur masculin permet à Mademoiselle de ne pas se porter garante du récit.

Contrairement aux *Nouvelles françaises*, où la voix féminine se fait entendre par le biais des personnages principaux, les personnages féminins de la *Relation*, une princesse et une bergère, sont de bien piètres modèles en ce qui concerne l'affirmation du sujet féminin. Ni la princesse, fille du roi de Madagascar, ni la bergère ne prennent jamais directement la parole, leurs propos étant uniquement rapportés par le narrateur. Toutes deux sont réduites à des femmes objets. La princesse, « promise au Roy d'Ethiopie » par son père, menée par son oncle « au mary qui lui estoit destiné » (*RII*, 15), est définie par les pierres précieuses qui l'habillent : « Elle avoit un Casque d'une Escarboucle seule, avec une maniere de plume d'or où il pendoit des poires de Diamans, taillez à facetes, gros comme des amandes : Elle avoit deux Esmeraudes dont elle estoit armée comme d'une Cuirasse » (*RII*, 11). La bergère, de par sa non-appartenance à la noblesse, peut devenir l'objet du narrateur. Simple anonyme, la bergère perd le peu d'identité qu'elle pouvait avoir en étant désignée par le narrateur comme « ma Bergere[20] ». La princesse comme la bergère vont devenir des spectatrices qui écoutent, chacune à son tour, les aventures du narrateur, tout en ayant un rôle différent. En bon orateur, le narrateur parvient à piquer la curiosité de la princesse qui le presse (*RII*, 15), puis lui « commande absolument de luy dire [son] avanture » (*RII*, 16). Les histoires du narrateur ont ainsi pour fonction de divertir la princesse de ses propres malheurs, remplacés par ses propres aventures avec la bergère. Cette dernière est dépeinte par le narrateur comme une spectatrice beaucoup plus passive : « Je luy [la bergère] contois mes douleurs, elle les escoutoit, & les escoutant les soulageoit » (*RII*, 23). Les deux femmes sont séduites par les aventures mensongères du narrateur. La princesse, que son rang aurait sans doute rendue plus apte à se méfier des discours, ne parvient pourtant pas à percer la vraie nature du narrateur. Quand ce dernier lui fait part des mensonges dont il a usé pour séduire la bergère, la princesse ne se rend pas compte de la mise en abyme de la situation. Elle ne comprend pas qu'il lui ment à elle aussi. Comme la bergère, elle succombe à ses discours et accepte de partager sa vie et ses richesses avec lui. Une fois trompées par le narrateur principal, ces deux femmes disparaissent vite de la *Relation*, étant réduites au silence complet. Elles meurent toutes deux assez subitement : la bergère d'une maladie (*RII*, 25) ; la princesse, elle, « fut tuée d'un coup de

20. Sur les huit références au personnage de la bergère dans l'ouvrage, cinq utilisent l'adjectif possessif, (p. 17, 19, 21, 22-23 et 25).

mousquet qu'elle reçeut dans le cœur : pour la punir je crois d'avoir aymé un aussi grand imposteur que moy » (*RII*, 33), explique le narrateur. La mise en abyme de la situation des deux personnages féminins a pour effet de souligner les dangers du discours rhétorique pour les femmes, réduisant les paroles de l'orateur à une suite de mensonges. La rhétorique du silence de Mademoiselle diffère donc quelque peu de celle employée par Segrais dans le recueil de nouvelles. Alors que ce celui-ci témoigne d'une vérité par ses mots et en dévoile une autre par son effacement, Mlle de Montpensier révèle ici le subterfuge et le mensonge en faisant taire toutes les voix féminines de son récit et en donnant la parole à un homme. Cependant, bien que Mlle de Montpensier donne en apparence tout pouvoir au narrateur masculin, elle discrédite peu à peu la voix masculine.

S'il existe une description détaillée des aventures du narrateur principal, le lecteur n'apprend pas grand-chose sur lui. Contrairement aux narratrices des *Nouvelles françaises*, le narrateur principal ne bénéficie pas d'un portrait flatteur qui rehausse sa réputation d'orateur. En fait, toutes les conditions sont réunies pour le rendre peu crédible. Ce personnage est anonyme, un étudiant âgé d'à peine seize ans qui admet n'avoir rien vu de la vie, et ce, dès les premières pages (*RII*, 9). De plus, l'honnêteté du narrateur est également mise en question par son usage systématique du mensonge. Ainsi, dès la première rencontre qu'il fait à Marseille, il s'invente un passé différent, censé lui apporter une certaine expérience. Pendant quelques instants, il se transforme en soldat de l'armée des Flandres et se voit prier de raconter ses combats, requête à laquelle il se dérobe : « Mais comme je me serois fort mal desmelé d'un tel recit ; n'ayant jamais veu ni fait de combat de ma vie, je me tirai honnestement de celuy-cy sans coup ferir, & j'esvitai d'entrer en matiere » (*RII*, 9). Toutefois, ni son manque d'expérience ni son jeune âge ne l'empêchent de convaincre ses différents interlocuteurs en prenant des identités variées. Pour converser avec la princesse qu'il rencontre, il se dit fils du roi de France. C'est sous cette identité qu'il lui raconte avoir pris l'apparence d'un berger après s'être épris d'une bergère. Pour rester aux côtés de sa bergère, il s'invente des origines sociales plus élevées en vue de se faire accepter par le laboureur qui emploie la bergère. En passant d'une identité à une autre, d'un mensonge à un autre, *l'èthos* du narrateur principal perd en crédibilité.

Non seulement Mlle de Montpensier n'instaure-t-elle pas les caractéristiques du parfait orateur chez ce jeune narrateur caméléon, mais elle le discrédite encore plus par la structure du récit, notamment par la mise en abyme. Comme nous l'avons mentionné, le narrateur principal s'invente un passé digne d'intérêt pour séduire la princesse, s'imaginant des amours malheureuses avec une bergère. À ce moment, seul le lecteur idéal, celui qui fait partie du cercle de Mademoiselle ou celui qui a lu la dédicace de l'ouvrage, est conscient de ces inventions. Ce lecteur idéal est à même de remarquer le parallélisme des situations de la princesse et de la bergère que le narrateur tente de séduire par des mensonges. Or, comme on l'a déjà souligné, la princesse manque de voir que, si son prétendant est prêt à mentir à sa bergère bien-aimée, il est prêt à lui mentir à elle aussi. La mise en abyme de cette situation et ses conséquences de non-interprétation se prolongent également dans la réalité historique de Mlle de Montpensier. En effet, M. Busillet, le destinataire supposé de la lettre que compose la *Relation*, devrait pouvoir discerner la propre tentative de séduction que le narrateur tente sur lui avec cette histoire d'île imaginaire. Mais il n'en est pas ainsi. Seul le lecteur ayant pris connaissance de la dédicace peut se rendre compte de la mise en abyme que représente la situation.

Finalement, comble du mensonge, le récit entier se trouve masqué. Avec un titre comme *La Relation de l'île imaginaire*, le lecteur devrait s'attendre à découvrir une description détaillée d'une île, sans doute de leurs habitants, à la manière des récits de voyage ou des récits utopiques[21]. La lettre écrite par le supposé narrateur principal débute et se termine bien par une description de l'île, la circularité du récit convenant alors au caractère utopique de cette île à la faune et à la flore merveilleuses et abondantes. Pourtant, le récit de voyage, qui fait également office de récit initiatique pour le jeune narrateur, place la description de l'île au second plan. Ce sont les aventures du narrateur principal, aventures qui n'ont rien à voir avec l'île en question, qui sont placées au cœur du récit, tant par la progression de la narration que par ses effets. De ce point de vue, on peut dire qu'il y a là aussi supercherie de la part de Mademoiselle envers ses lecteurs. La description de l'île est décentrée pour devenir le cadre de fictions amoureuses. *La Relation de l'île imaginaire* pourrait alors s'appeler *La Relation de mon imaginaire*, d'après le narrateur… Grâce à cette rhétorique du silence, Mademoiselle met en évidence les techniques des orateurs masculins qui parviennent à manipuler les femmes, ou le public en général, par leurs discours persuasifs. Elle rehausse par là même ses talents de conteuse puisqu'elle acquiert le même pouvoir persuasif que celui qu'elle révèle chez son narrateur principal, lorsqu'elle fait croire M. Busillet à l'existence de son île.

*
* *

On peut conclure que les deux ouvrages considérés dans cette étude ont un but similaire. Il s'agit, par le biais du discours, de faire croire pour le premier à une société idyllique, pour le second à une île utopique. Parallèlement

21. Les explorations intéressent la royauté et de nombreux écrits témoignent de cet engouement pour les voyages vers de nouvelles contrées pleines de richesses où l'on peut imaginer des sociétés idéales. Voir par exemple Denis Vairasse d'Alais, *Histoire des Sévarambes, peuples qui habitent une partie du troisième continent communément appelé la Terre australe, contenant un compte exact du gouvernement des mœurs, de la religion et du langage de cette nation jusques aujourd'hui inconnue aux peuples de l'Europe*, Paris, Barbin, 1677.

à ce dessein annoncé dans les dédicaces et épîtres de chacun des ouvrages, le silence s'emploie pour dénoncer le caractère utopique du récit-cadre. En adoptant la rhétorique du silence utilisée par son secrétaire dans le recueil de nouvelles, en la modifiant et en l'adaptant dans sa *Relation*, Mlle de Montpensier montre ce qu'elle a appris de sa première expérience d'écriture en commun. Le travestissement textuel lui permet à la fois de ne pas heurter les convenances et de se faire entendre. Elle peut, dissimulée derrière ce masque, révéler les difficultés de la condition féminine, que la femme soit écrivaine, princesse ou bergère. Si on ne peut toujours pas affirmer le statut d'auteur pour Mademoiselle en ce qui concerne les *Nouvelles françaises*, on peut conclure que son adaptation de la rhétorique du silence rend légitime son statut d'écrivain; elle sait comment utiliser les mots, comme le silence, pour persuader son lectorat.

Sylvie Tremblay

PARLER OU NON COMME UNE FEMME : LES MISES EN SCÈNE DE SOI CHEZ SUZANNE DE NERVÈZE

Suzanne de Nervèze fait partie du nombre important de femmes écrivains dont l'histoire littéraire n'a pas retenu le nom. Elle écrivit pourtant plus d'une trentaine de textes, la plupart relativement courts, entre 1636 et 1662[1]. Très active pendant les années de la Fronde, elle fit publier de nombreux textes de circonstance et discours polémiques adressés à des acteurs de la scène politique (Anne d'Autriche, Gaston d'Orléans, la Grande Mademoiselle, Mazarin) dans le but explicite de les engager à agir pour la paix, surtout pendant les événements de 1649, c'est-à-dire lors de l'installation de la cour à Saint-Germain-en-Laye et du siège de Paris par les troupes royales. À cette fin et avec un ton modéré qui tranche avec la virulence de nombreuses mazarinades[2], Suzanne de Nervèze déploie un éventail de positions discursives à travers lesquelles elle multiplie les différentes mises en scène de soi, jouant avec la possibilité d'exhiber ou non son identité de femme appartenant à la petite noblesse. Cette mobilité se traduit par un *èthos* féminin parfois très marqué ou, à l'inverse, très peu présent. Ces modulations de l'*èthos* discursif témoignent des buts que l'auteure se donne et qui font varier sensiblement les stratégies textuelles qu'elle choisit d'utiliser. Si certains de ces textes tablent sur l'utilisation de masques rhétoriques pour faire valoir certains points de vue (celui, notamment, d'une femme modeste issue de « la lie du peuple », dans *La Lettre d'une bourgeoise*[3]), d'autres manifestent plutôt une authentique prise en charge du texte par son auteure qui semble n'user alors d'aucun travestissement. De fait, dans *Le Plus Heureux*

1. Pour un survol des quelques données biographiques la concernant, voir Hubert Carrier, *Les Muses guerrières. Les Mazarinades et la vie littéraire au milieu du XVIIe siècle : courants, genres, culture populaire et savante à l'époque de la Fronde*, Paris, Klincksieck, 1996, p. 246-250. Dans la notice que Diane Desrosiers-Bonin consacre à S. de Nervèze dans le *Dictionnaire des femmes de l'Ancienne France* de la SIEFAR <http: / / www.siefar.org / DictionnaireSIEFAR / SFNerveze.html>, on trouve une liste des textes attribués à cette auteure.

2. C'est ce qu'affirme Marie-Noële Grand-Mesnil, *Mazarin, la Fronde et la Presse*, Paris, Armand Colin, 1967, p. 270.

3. Suzanne de Nervèze, *Lettre d'une bourgeoise de la paroisse S. Eustache presentée A Mademoiselle suppliant Son Altesse de vouloir agir pour la paix du royaume*, Paris, Guillaume Sassier, 1649.

Jour de l'année[4] et le *Discours panegerique*[5] (1649), Suzanne de Nervèze ne nous semble pas tirer parti, comme c'est le cas au sein d'autres de ses écrits, des enjeux d'une prise de parole proprement féminine. Au contraire, elle tend ici à estomper, dans son discours, les marques de l'*èthos* féminin pour servir implicitement un autre but: être reconnue comme « lettrée ». La neutralité qu'elle affiche dans ces deux textes lui permet alors de se situer, par-delà les événements politiques évoqués, dans la même lignée que les grands orateurs de l'époque. En ce sens, par les ambitions littéraires dont témoignent leur choix en matière d'*èthos*, ces deux ouvrages se démarquent, comme nous le verrons, de la *Lettre d'une bourgeoise* et de la *Lettre d'une religieuse*[6].

Mises en scène de soi et aspirations littéraires

Parler ou non comme une femme est sans doute affaire de mise en scène. C'est pourquoi certaines des signatures de Suzanne de Nervèze font entendre sans truchement sa voix, alors que d'autres la travestissent pour mettre en relief un *èthos* particulier (un *èthos* entendu comme étant « la construction du moi parlant opérée à travers le discours[7] »). À ce titre, on note trois manières différentes de se mettre en scène: en se faisant entendre expressément en tant que voix féminine – la sienne propre ou celle d'une autre, comme dans la *Lettre d'une bourgeoise* et la *Lettre d'une religieuse*; en proposant une forme de ventriloquie où la voix évoque celle d'un homme, tel que dans *Le Rieur de la cour* (1649)[8] ; ou en n'insistant pas outre mesure sur le fait d'être une femme, comme c'est le cas dans *Le Plus Heureux Jour de l'année* et le *Discours panegerique*. Or, selon la mise en scène choisie, l'auteure adopte une posture discursive qui déterminera en partie la stratégie argumentative utilisée pour convaincre. La mise en scène de soi soulève donc une interrogation éthique, tout en posant la question de la visée de l'auteure par-delà les finalités proprement rhétoriques du texte. Si tous les écrits de Suzanne de Nervèze étudiés à ce jour tentent explicitement, par leur nature délibérative, de convaincre et de persuader un Grand d'agir pour la paix du royaume, et ce, peu importe les stratégies mises en scène pour voiler ou dévoiler l'instance auctoriale, il semblerait qu'en filigrane se joue aussi la reconnaissance

4. Suzanne de Nervèze, *Le Plus Heureux Jour de l'année, par le retour de leurs Majestés dans leur bonne ville de Paris, A Monseigneur l'Eminentissime Cardinal Mazarin*, Paris, Guillaume Sassier, 1649.

5. Suzanne de Nervèze, *Discours Panegerique a Monseigneur le duc d'Orleans*, Paris, Jean Petrinal, 1649.

6. Suzanne de Nervèze, *Lettre d'une religieuse presentee au Roy et a la Reine regente le premier Fevrier 1649 pour obtenir la paix*, Paris, Guillaume Sassier, 1649.

7. Jean Lecointe, « Les consignes éthiques des manuels d'art épistolaire au XVIe siècle et leurs implications littéraires », dans Èthos *et* Pathos. *Le Statut du sujet rhétorique, Actes du colloque de Saint-Denis (19-21 juin 1997)*, Paris, Honoré Champion, 2000, p. 350. Voir aussi la définition qu'en donne Gilles Declercq, pour qui l'*èthos* est une manière dont « l'orateur construit par son énonciation une représentation de sa personne qui façonne la situation d'argumentation » (*L'Art d'argumenter. Structures rhétoriques et littéraires*, Paris, Éditions universitaires, 1992, p. 46).

8. Diane Desrosiers-Bonin, « Le masque du *Rieur de la cour* de Suzanne de Nervèze », *Tangence*, n° 77, hiver 2005, p. 129-142.

et la notoriété de Suzanne de Nervèze comme oratrice et figure auctoriale. Ainsi, l'auteure profiterait, comme d'autres d'ailleurs, de l'instabilité du pouvoir marquant la période de la Fronde et rendant possible la publication d'un nombre impressionnant de mazarinades[9], pour faire entendre sa parole et l'élever à la hauteur de celle des grands orateurs de son époque. Certains textes, plus que d'autres, dévoilent cet enjeu en rendant plus manifeste leur auteure.

L'étude des libelles *Le Plus Heureux Jour de l'année* et le *Discours panegerique* met en relief cette quête de légitimation en tant qu'auteure, présente chez Suzanne de Nervèze, et qui n'est certes pas étrangère à son statut de femme écrivain qui a des aspirations et des qualités littéraires reconnues par certains de ses contemporains. Ce fut le cas notamment de Jean de La Forge qui, dans *Le Cercle des femmes sçavantes*, témoigna de la qualité de ses écrits :

> [...] Toutes d'un grand Esprit, toutes d'un grand mérite,
> Par des écrits charmans, & par mille bienfaits
> Obtiendront un honneur qui ne mourra jamais.
> [...] Nemesis, Mademoiselle de Nervese. Elle s'est fait remarquer par tant de beaux écrits, qu'il seroit inutile de vouloir adjouster quelque chose à sa loüange[10].

De même en fut-il aussi du poète de cour La Gravette de Mayolas qui annonça une postérité possible pour Suzanne de Nervèze :

> C'est Mademoizelle Nervéze,
> Que je marque sans parantéze,
> Dont les vertus & les Ecrits
> Sont assez conus à Paris
> Pour avoir mérité la gloire
> D'être gravée en nôtre Histoire[11].

Et pourtant, malgré ses mérites ainsi louangés, Nervèze a pratiquement été oubliée et sa recherche de légitimation littéraire ne fait que témoigner encore une fois de la difficulté pour une femme qui écrit de se faire reconnaître.

Masques singuliers

Commençons par examiner des textes dont l'*èthos* est bien caractérisé. Ainsi, Diane Desrosiers-Bonin, dans son étude sur les « *Èthè* féminins et

9. Fort mouvementée, l'année 1649 a vu à elle seule la parution de quelque 2000 pamphlets ; voir Hubert Carrier, *La Presse de la fronde (1648-1653) : les Mazarinades*, vol. I, Genève, Droz, 1989, p. 84.

10. Jean de La Forge, *Le Cercle des femmes sçavantes*, Paris, Jean-Baptiste Loyson, 1663, p. 11 et Dii. <http://www.siefar.org/DictionnaireSIEFAR/SFNerveze.html>. Page consultée le 28 avril 2008.

11. La Gravette de Mayolas, « Lettre en vers à Son Altesse Madame la duchesse de Nemours » [datée du 21 février 1666], dans *La Muse historique. Les Continuateurs de Loret. Lettres en vers de La Gravette de Mayolas*, Robinet, Boursault, Perdou de Subligny, Laurent et autres (1665-1689). Supplément, tome I (mai 1665-juin 1666), éd. James de Rothschild, Paris, Damascène Morgand et Charles Fatout, 1881, p. 96. <http://www.siefar.org/DictionnaireSIEFAR/SFNerveze.html>. Page consultée le 28 avril 2008.

finalités rhétoriques dans quelques lettres de Suzanne de Nervèze[12] », présente les différentes articulations d'un *èthos* féminin très marqué, principalement dans la *Lettre d'une Bourgeoise* et la *Lettre d'une religieuse*, publiées en 1649. Elle fait ressortir que l'auteure « recourt à la mise en œuvre de personnages féminins fictifs pour servir de truchement à ses démarches auprès de ses prestigieux destinataires ». Chacune des mises en scène, à travers lesquelles s'expriment à la première personne ses personnages fictifs, a des finalités rhétoriques précises. Dans les deux *Lettres*, il s'agit pour Suzanne de Nervèze d'adopter la *persona* d'un type particulier d'individu, qui correspond à une classe sociale définie. Les masques que l'auteure choisit de porter, celui d'une bourgeoise et celui d'une religieuse, lui servent à témoigner de l'état dans lequel la ville est plongée et des conséquences que cette guerre peut avoir sur la vie des citoyens et sur celle des religieuses. Revêtir ces masques rend sa prise de parole plus légitime et crédible lorsque, d'une part, elle exhorte la Grande Mademoiselle à désarmer les Princes et les bourgeois pour les rendre à leurs occupations habituelles et ainsi rétablir l'ordre dans Paris, et d'autre part, lorsqu'il s'agit de rappeler à la régente Anne d'Autriche son devoir chrétien, cherchant à l'engager dans un véritable examen de conscience.

Dans la *Lettre d'une bourgeoise*, Suzanne de Nervèze se sert du *topos* féminin de la modestie affectée pour souligner à la Grande Mademoiselle que sa plume, comme son zèle, est bien humble, et que sa difficulté à comprendre les grands textes l'empêche de lui parler comme elle le voudrait, tout en annonçant par la même occasion qu'elle aurait alors pu la comparer favorablement aux grandes héroïnes mythiques[13]. De même, elle l'implore d'agir pour l'ensemble du peuple affligé, mais plus expressément encore sur « ce Sexe qui [la] recognoit pour son Ornement[14] », visant conséquemment à s'assurer l'assentiment de celle qui est susceptible de s'identifier au destin des autres femmes. L'instance auctoriale, ici, exhibe abondamment son identité de femme pour profiter des enjeux que suppose une telle prise de parole féminine. « Elle tire ainsi pleinement parti, comme le fait remarquer Diane Desrosiers-Bonin, du ravalement auquel elle se contraint pour mieux valoriser les qualités expressives que lui confère sa position *marginale*[15]. » De

12. Diane Desrosiers-Bonin, « *Èthè* féminins et finalités rhétoriques dans quelques lettres de Suzanne de Nervèze », dans Claude La Charité (dir.), *La Rhétorique épistolaire : de la théorie aux pratiques*, Québec, Presses de l'Université Laval, « République des Lettres », à paraître. Voir aussi Jean-Philippe Beaulieu, « Lorsque de simples femmes se mêlent des affaires de l'État… Le jeu des *personae* féminines dans deux pamphlets du XVIIe siècle », *Tangence*, n° 77, hiver 2005, p. 126.

13. Lucie Desjardins, dans « Entre sincérité et artifice. La mise en scène de soi dans le portrait mondain » (*Tangence*, n° 77, hiver 2005, p. 147), nous rappelle que la modestie affectée est « un *topos* littéraire qui remonte à l'Antiquité latine » et qu'« une attitude modeste est, bien sûr, un élément important de toute *captatio benevolentiae* [où] l'auteur doit souligner lui-même la modestie de son propos et l'insuffisance de son savoir ».

14. Suzanne de Nervèze, *Lettre d'une bourgeoise*, *op. cit.*, p. 5.

15. À ce sujet, voir Diane Desrosiers-Bonin, « Le masque du *Rieur de la cour* de Suzanne de Nervèze », art. cit., p. 34.

plus, Suzanne de Nervèze met l'accent sur sa condition modeste de bourgeoise pour « accentuer l'écart hiérarchique entre la scriptrice et la Grande Mademoiselle[16] ». Elle met également de l'avant son état de femme vieillissante, ce qui lui confère une certaine autorité basée sur son expérience de vie, mais aussi sur le détachement qu'on lui suppose par rapport à ses propres intérêts.

Enfin, puisqu'il s'agit pour la scriptrice d'être efficace dans son effort de persuasion, elle proposera aussi à la duchesse de Montpensier des exemples à suivre : d'abord, son exemple propre, en « petite bourgeoise de la lie du peuple » qui partage ses biens pour aider autrui, puis celui du curé de Saint-Eustache qui en fait tout autant. Elle fait également référence à de grandes figures politiques (saint Louis, Henri IV) dont la Grande Mademoiselle doit se montrer l'héritière. Dans la *Lettre d'une religieuse,* l'usage de la comparaison est tout aussi fréquent pour persuader. Outre Dieu et l'héroïne chrétienne qu'est la veuve Judith, toutes les autres figures utilisées aux fins de comparaison sont en fait des contre-exemples auxquels la religieuse associe les agissements de la Régente. Ainsi, dit-elle, « [i]l est vray que quand le Turc auroit envoyé ces Satelites dans ce Royaume, il n'auroit pas épandu tant de tristesse, d'ennuy, de soupirs et de disette, qu'une Reine tres-Chrestienne et tres-devote en a causé depuis son courroux[17] ». Que le masque ici soit celui d'une religieuse permet justement une telle critique adressée à la reine de la part de tous « ceux qui ont pleuré de joye à la souhaittée grossesse » de celle-ci et qui « blesmissent à present d'horreur et de misere, au sentiment des vengeances ou des punitions » qu'Anne d'Autriche et son fils prennent « sur ceux qui n'ont jamais eu de mouvement, qui n'ait esté zelé et fidelle à [leur] service[18] ». Ainsi nous accorderons-nous pour dire que l'*èthos* présent dans le texte autorise l'argumentation qui y est déployée.

Les « meilleurs esprits du temps »

Le Plus Heureux Jour de l'année et *Le Discours panegerique,* parus eux aussi en 1649, ont quant à eux une couleur différente. Dans *Le plus heureux jour de l'année,* la voix auctoriale, qui semble correspondre à celle de l'auteure elle-même, témoigne de l'enthousiasme soulevé par le retour à Paris, autorisé par le cardinal de Mazarin, de la cour royale, le 18 août 1649. La rhétorique que Suzanne de Nervèze met en place vise d'abord à assurer à Mazarin une place au sein des plus grands. Car ayant tenu ses promesses et favorisant les désirs du peuple, le cardinal donne raison à ce dernier, par ses propres agissements, de lui témoigner ainsi ses ardeurs. En effet, Mazarin se signale à ce point par ses actions que l'auteure elle-même ne manque pas d'en faire

16. Diane Desrosiers-Bonin, « *Èthè* féminins », art. cit. (à paraître).
17. Suzanne de Nervèze, *Lettre d'une religieuse, op. cit.,* p. 4.
18. *Ibid.,* p. 3-4,

l'éloge. Les actions de Mazarin sont à même, écrit-elle, d'inspirer les écrivains en donnant « des nobles matieres aux plus belles productions des meilleurs esprits du temps » qui sauront alors témoigner des « magnificences » du cardinal par « [de] belles cadences d'une eloquence libre et desinteressée[19] ». En cela, ces paroles illustrent bien que Suzanne de Nervèze tente de tisser un pont entre les gens de lettres et le cardinal Mazarin qui, comme le suggère l'auteure, deviendrait alors un sujet d'écriture. L'élévation du cardinal parmi les « meilleurs esprits du temps » s'explique aussi par un autre fait, extérieur à la Fronde celui-là, souligné par Nervèze: que Mazarin ait pris l'initiative de rendre publique sa propre bibliothèque en fait un personnage exemplaire aux yeux de l'auteure. S'ajoutant à sa bonne conduite envers le peuple, l'intérêt manifeste de Mazarin pour le savoir et son inclination à œuvrer pour l'avantage des savants contribueraient à faire de lui un homme qui mérite de passer à la postérité.

Par ailleurs, l'insistance de Suzanne de Nervèze quant à la proximité entre Mazarin et gens de lettres nous invite à croire qu'elle cherche, par la même occasion, à s'inscrire elle-même parmi les plus grands, parmi les « meilleurs esprits du temps » à laquelle elle fait allusion. Dans le *Discours panegerique*, l'instance auctoriale, assimilable à l'auteure elle-même, célèbre également les mérites et les vertus du Grand à qui elle s'adresse. Ce faisant, elle se positionne encore une fois, comme dans *Le Plus Heureux Jour de l'année*, dans la lignée des « plus grands Orateurs du Siècle[20] », groupe qui reste ici indéfini. Ainsi, peut-on lire:

> [...] mais tous les plus grands Orateurs du Siecle, apres l'observation de vos hautes actions, et l'Abregé de leur belle Cimmetrie feront voir à la posterité que la vie de tout un Royaume, et l'honneur des plus puissans personnages du Monde relevent aujourd'huy de vostre conduite. Ouy MONSEIGNEUR, nous pouvons vous donner la qualité du Protecteur de nos jours [...][21].

Dans cet extrait, l'auteure glisse de « tous les plus grands Orateurs du Siecle », désignant des gens jusque-là extérieurs à elle-même, à « *nous* pouvons vous donner la qualité du Protecteur de *nos* jours[22] », un « nous » inclusif, qui la place au sein de ce groupe d'orateurs. Toutefois, l'ambiguïté de la seconde formule est notable puisque ce « nous » désigne le peuple que le Grand protège, alors même que ce Grand, ce « Protecteur de nos jours », peut aussi être une allusion à la figure de mécène favorisant les artistes et les écrivains, comme l'a été Mazarin pour Suzanne de Nervèze entre 1642 et 1644[23].

19. Suzanne de Nervèze, *Le Plus Heureux Jour de l'année, op. cit.*, p. 4.
20. Suzanne de Nervèze, *Discours Panegerique, op. cit.*, p. 4.
21. *Ibid.*, p. 4.
22. C'est moi qui souligne.
23. Nous savons que Suzanne de Nervèze a reçu des subsides du cardinal Mazarin de 1642 à 1644 (Diane Desrosiers-Bonin, « Le masque du *Rieur de la cour* de Suzanne de Nervèze », art. cit., p. 134.). Sur les difficultés financières de Nervèze et ses rapports avec Mazarin, voir Célestin Moreau, *Bibliographie des*

L'adéquation de Nervèze aux grands esprits du temps ne fait toutefois plus de doute en regard de la nature même du discours en question, puisque le panégyrique, en célébrant longuement les bonnes vertus du Grand à qui il est adressé, est aussi un discours performatif pour Nervèze qui fait en quelque sorte ce qu'elle annonce : elle assure au duc qu'« on marquera [son] Nom Royal dans les Chroniques en lettres d'or, Et de mesme [qu'il] se plait à la Lecture de l'Histoire [il] peut s'asseurer que sa vie fera l'ornement de la plus veritable [histoire] de ce temps[24] ». C'est ainsi en masquant à peine que sa propre parole participe aussi de ces « lettres d'or » que Suzanne de Nervèze se place au sein des grands orateurs.

Voilements et dévoilements

Si l'auteure revêt parfois des masques en exhibant son identité féminine, à d'autres moments elle peut aussi montrer son vrai visage tout en taisant le fait qu'elle soit une femme, selon qu'elle s'adresse à un personnage ou à un autre. L'absence de masque est certainement là aussi un choix stratégique. Toutefois, ces stratégies de voilement/dévoilement, qui permettent la mise en scène de soi et servent une argumentation basée sur la comparaison telle qu'elle se présente dans les *Lettres*, ne semblent plus être le motif principal du discours dans *Le Plus Heureux Jour de l'année* et le *Discours panegerique*. L'enjeu même de ces deux textes est ailleurs, centré sur le savoir à transmettre. En effet, il ne suffit plus, au Grand à qui s'adresse le texte, de suivre un exemple pour accroître ses vertus et s'attirer la reconnaissance du peuple ; il importe aussi de s'occuper de la transmission de l'expérience acquise. En effet, dans le *Discours panegerique*, une logique de l'héritage se profile et accentue l'importance du legs :

> MONSEIGNEUR, on marquera vostre Nom Royal dans les Chroniques en lettres d'or, Et de mesme que V. A. se plait à la Lecture de l'Histoire[,] Elle peut s'asseurer que sa vie fera l'ornement de la plus veritable de ce temps, C'est aussi par ses sentimens sans fiction ny flaterie, que les Grands apprennent le secret de s'immortaliser et de se perfectionner, les fautes de ceux qui les ont devancez estans les precautions de leur gloire et les preservatifs de son deschet : et j'ose dire qu'il est imposible à un prince de faillir, s'il consulte ses mouvemens avec ceux qui ont eu des succez contraires. Le sage profite de l'exemple et le communique aux inferieurs [...][25].

Si le duc d'Orléans souhaite atteindre la gloire par le truchement des actions politiques menées à bien, lire l'histoire de Grands l'ayant précédé peut lui donner la clé du succès, lui dévoilant ce qu'il doit faire et ne pas faire pour y

Mazarinades, Paris, J. Renouard, tome I, 1850, p. 330 et Hubert Carrier, *La Presse de la fronde (1648-1653)*, *op. cit.*, vol. I, p. 151,

24. Suzanne de Nervèze, *Discours Panegerique*, *op. cit.*, p. 4 -5.

25. *Ibid.*, p. 4-5.

parvenir. De même, il doit transmettre à son tour le fruit de ses apprentissages à ses successeurs et servir d'exemple au peuple.

De plus, au sein de l'extrait, le choix du pronom « on », utilisé ici pour dire que l'« on marquera [son] Nom Royal dans les Chroniques en lettres d'or », donne à l'ensemble un ton encore plus affirmé, puisque, dans un style soutenu, il revêt le caractère de la généralité. L'énoncé prend alors valeur de vérité universelle, ce qui appuie habilement cette assurance que veut donner l'auteure au Grand à qui elle s'adresse. Ainsi, s'il veut faire partie de l'Histoire, il doit respecter ses droits et devoirs qui le placeront dans la lignée de ces Grands dont on a retenu le nom. Que Suzanne de Nervèze insiste sur ce point rappelle la stratégie utilisée dans *Le Plus Heureux Jour de l'année*: l'auteure se place à nouveau près des grands orateurs, non seulement pour s'assurer la probité future de Mazarin face au peuple, mais aussi – de biais – pour inscrire sa parole au sein du concert des lettrés.

*
* *

Si l'*èthos* est bien caractérisé dans les deux *Lettres* étudiées précédemment, la place occupée par la dimension éthique est moins importante dans *Le Plus Heureux Jour de l'année* et le *Discours panegerique*; de fait, la mise en scène de soi y est fort discrète et n'exhibe pas les traits d'une identité féminine. Aussi, semble-t-il, lorsque l'instance auctoriale s'emploie à célébrer les vertus de ses dédicataires, et qu'elle se réfère aux grands orateurs qui savent faire voir les hautes actions des Grands, c'est aussi d'elle, de Suzanne de Nervèze, qu'il s'agit, et ce, même si le « je » est absent ou ne se lit parfois qu'à la toute fin du texte. D'ailleurs, cette quasi-absence du « je » n'est pas fortuite: elle tend à effacer l'*èthos* féminin du discours pour que le lecteur ne retienne que la qualité rhétorique du texte. À cet effet, il n'y a pas de mise en scène évidente d'un *èthos* proprement féminin: on ne parle jamais de l'humilité de la plume féminine qui écrit et on ne se déprécie pas non plus en mettant en valeur les passions et emportements déraisonnés qu'on attribue souvent aux femmes. Enfin, il n'y a guère de mise en relief d'un écart de condition sociale entre la figure auctoriale et le destinataire, comme c'est manifestement le cas dans la *Lettre d'une bourgeoise*. La voix auctoriale, si elle s'affiche, cherche à rester dans la neutralité, à ce degré zéro de l'*èthos* qui correspond vraisemblablement à l'*èthos* préalable[26]. À la limite peut-on dire que l'*èthos* qui s'exhibe est celui d'un écrivain pour qui seuls les mots comptent, pour qui la recherche de l'éloquence est un but. Par conséquent, Suzanne de Nervèze tente constamment de se montrer à la hauteur, des grands orateurs

26. Au sens que lui octroie Ruth Amossy (*L'Argumentation dans le discours. Discours politique, littérature d'idées, fiction*, Paris, Nathan, 2000, p. 70): « l'image que l'auditoire peut se faire du locuteur avant sa prise de parole ».

d'abord, puis des Grands qui ont à cœur la science, l'histoire et le savoir. Il ne s'agit plus dès lors de paraître modeste et trop humble pour être entendue, bien que cet exercice de rhétorique soit souvent fait par des orateurs, mais plutôt de se montrer davantage, non pas à l'exacte hauteur du Grand, mais comme possédant une voix dépositaire d'un savoir (ou du moins d'une habileté à faire de « belles cadences d'une eloquence libre et desinteressée[27] ») qui la rapproche de celui-ci plutôt qu'elle ne l'en éloigne.

En somme, la neutralité éthique affichée par Suzanne de Nervèze dans ces textes sert volontairement une stratégie rhétorique visant à accroître sa reconnaissance littéraire. En revanche, dans cette absence d'*èthos*, les textes perdent en richesse ce qu'ils gagnent à n'user d'aucun truchement. La mise en scène calculée de l'*èthos*, telle qu'elle apparaît dans la *Lettre d'une bourgeoise* et dans la *Lettre d'une religieuse*, laisse entrevoir une richesse qui est absente du *Plus Heureux Jour de l'année* et du *Discours panegerique*, où l'on ne retrouve qu'un *èthos* comme il se présente habituellement en filigrane dans tout discours[28]. Cet effacement permet toutefois de déployer discrètement une stratégie qui vise à associer théoriquement l'auteure à des figures prestigieuses demeurant abstraites. Enfin, s'il est difficile de déterminer l'efficacité qu'ont pu connaître ces diverses postures éthiques, celles-ci dénotent de la part de l'auteure une plasticité rhétorique qui nous engage à réfléchir aux effets de travestissement, tout en se demandant si l'éloquence ne gagne pas, dans ce cas, à se travestir sous quelque apparat.

27. Suzanne de Nervèze, *Le Plus Heureux Jour*, *op. cit.*, p. 4.

28. Perrine Galand-Hallyn, « Le statut du sujet dans les théories de la représentation antiques et humanistes », dans Èthos *et* Pathos, *op. cit.*, p. 37.

II. Effets de pseudonymie

Joyce Carlton Johnston

MADAME LE VICOMTE : LE JOURNALISME DE DELPHINE DE GIRARDIN

> Si tu veux qu'on te prenne au sérieux, donnes-en l'exemple, étudie la langue à fond ; pas d'à peu près, montres-en à ceux qui ont appris le latin et le grec, et puis n'aie dans ta mise aucune des excentricités des bas-bleus ; ressemble aux autres par ta toilette et ne te distingue que par ton esprit. En un mot sois femme par la robe et homme par la grammaire !
> Sophie Gay à sa fille Delphine[1]

Sans doute inspirés par ses propres expériences, ces conseils donnés par l'écrivaine Sophie Gay à sa fille Delphine mettent l'accent sur des idées préconçues concernant les femmes écrivains. La jeune Delphine semble suivre les conseils de sa mère en se proclamant « muse de la patrie » et consacre souvent ses vers à l'amour de son pays, ainsi qu'à des thèmes courants chez les femmes écrivains de cette période, tels l'amour ou la beauté. Bien que Sophie se soit attachée à faire de sa fille une charmante poétesse circulant dans les meilleurs salons parisiens, Delphine connaîtra son plus grand succès en écrivant des articles, à partir de 1836, sous le pseudonyme masculin de vicomte de Launay. Sa rubrique, « Le Courrier de Paris », où elle pose un regard satirique sur la politique, la société, les salons et la mode, contribue à accroître les abonnements à *La Presse*, le journal de son mari, Émile de Girardin[2]. Ce changement de nom et la volonté d'anonymat qui l'accompagne représentent une nouvelle facette de l'écriture de Delphine de Girardin. En mêlant le monde privé, le monde public et le monde littéraire dans son journalisme, Girardin réussit à créer un texte humoristique, que le masque faussement masculin du vicomte de Launay rend quelque peu subversif. Ce masque se révèle plutôt transparent, comme le confirmera l'examen que nous ferons du roman-feuilleton *La Croix de Berny*, écrit en

1. Citée dans Henri Malo, *Une muse et sa mère : Delphine Gay de Girardin*, Paris, Émile Paul, 1925, p. 161.
2. Cela s'explique en partie par un abonnement de 40 francs par an au lieu de 80 comme les autres journaux de l'époque.

collaboration avec Méry, Théophile Gautier et Jules Sandeau, ouvrage qui n'a jamais été examiné sous l'angle du travestissement textuel.

Le vicomte de Launay, femme d'esprit

Quelques années avant de commencer sa carrière de journaliste, Madame de Girardin manifeste, dans *Le Lorgnon*, roman publié en 1831, son désir de circuler dans la ville en tant qu'observatrice anonyme. L'intrigue se centre sur un jeune homme possédant un lorgnon magique qui lui permet d'ausculter les gens de divers rangs sociaux et de voir tant leurs qualités que leurs défauts dans le but de trouver une femme sincère. L'observation clandestine est un thème qui reparaît en 1836 dans le roman *La Canne de M. de Balzac*. Amie de cet auteur célèbre, Madame de Girardin le prend comme modèle dans un récit qui attribue des qualités surnaturelles à sa fameuse canne. Celui qui la tient dans la main gauche devient invisible et peut alors pénétrer librement dans des espaces publics, comme l'Assemblée Nationale, et privés, tels que les boudoirs féminins. Le protagoniste, Tancrède Dorimont, emprunte cette canne pour dissimuler sa beauté, qui nuit à sa progression dans le monde parisien (ses employeurs potentiels lui refusent un poste de peur qu'il compromette leurs filles et leurs épouses). Afin de trouver le bonheur et de gagner le cœur de celle qu'il aime – une jeune poétesse –, Tancrède doit se dissimuler du regard d'autrui. Madame de Girardin met son héros dans une position qu'elle connaît bien, celle d'une personne qui, en raison de sa beauté, est constamment observée. Comme le note Catherine Nesci, « la femme, dans la culture de la flânerie, ne joue le plus souvent que le rôle d'objet regardé et non de sujet regardant[3] ». Non seulement ces romans préfigurent-ils la flânerie qui alimentera les articles de Madame de Girardin journaliste, mais ils annoncent également l'esprit humoristique qui permet d'être critique sur le monde environnant sans provoquer de regards suspects.

À l'instar de son héros Tancrède Dorimont, Delphine de Girardin refuse d'être l'objet du regard en adoptant le masque du vicomte. Elle publie son premier « Courrier de Paris » le 28 septembre 1836. Le curieux titre, « Deux capotes de satin blanc », annonce l'esprit qui marquera l'écriture du vicomte pendant les douze années suivantes :

> Il n'est rien arrivé de bien extraordinaire cette semaine : une révolution en Portugal, une apparition de république en Espagne, une nomination de ministres à Paris, une baisse considérable à la Bourse, un ballet nouveau à l'Opéra, et deux capotes de satin blanc aux Tuileries[4].

3. Catherine Nesci, « Le feuilleton de Delphine de Girardin : poétique et politique du chiffon », dans Sonya Stephens (dir.), *Esquisses/ébauches ; projects and pre-texts in nineteenth-century French culture*, New York, Peter Lang, 2007, p. 59.

4. Delphine de Girardin, *Chroniques parisiennes 1836-1848*, éd. Jean-Louis Vissière, Paris, Éditions Des femmes, 1986, p. 45. Toute référence ultérieure à cet ouvrage sera signalée par les lettres *CP*, suivies du numéro de la page.

La mode occupe la place la plus importante dans cette rubrique qui discute, et, par la suite, abandonne les événements politiques du jour. La belle salonnière déguisée en vicomte insiste dès le début sur une préoccupation féminine, les pièges de la mode : « Qu'on fasse du feu au mois de septembre quand il fait froid, bien, cela est raisonnable ; mais que l'on commence à porter du satin avant l'hiver, cela n'est pas dans la nature. » (*CP*, 45) Le vicomte élève la mode féminine au niveau de la politique internationale tout en considérant cette dernière comme événement de moindre importance. Il explique :

> La révolution de Portugal était prévue, la quasi-république était depuis longtemps prédite, le ministère d'avance était jugé, la baisse était exploitée, le ballet nouveau était affiché depuis trois semaines ; il n'y a donc de vraiment remarquable que les capotes de satin blanc, parce qu'elles sont prématurées ; le temps ne méritait pas cette injure. (*CP*, 45)

La juxtaposition du monde politique (relevant de l'espace masculin) et celui de la mode (associé à l'univers féminin) crée un lien entre le sérieux et le frivole qui idéalise le second tout en se moquant du premier.

Plusieurs commentateurs récents, tels que Cheryl A. Morgan, Catherine Nesci et Najib Redouane[5], ont déjà remarqué la féminité qui se révèle derrière le masque du vicomte. En 1928, François Bondy faisait déjà l'observation suivante :

> Le vicomte de Launay nous offre beaucoup de récits de bals, et si le détail qu'il donne presque chaque fois de toilettes était alors précieux pour ses lectrices de province et reste comme un beau document, sa sûreté néanmoins dans ce genre de description contraste un peu avec sa personnalité de vicomte masculin. Le style entier fleure le travesti, et cela n'a rien de désagréable[6].

Ce déguisement ne cache donc pas entièrement l'identité de la femme du propriétaire de *La Presse*, puisque, dès novembre 1837, Girardin reçoit des lettres destinées au vicomte[7]. Alphonse de Lamartine décrit ce jeu comme le « masque transparent du vicomte de Launay[8] ». Le vicomte discute en effet des salons comme s'il était lui-même une salonnière, transposant dans l'écriture journalistique à la fois les sujets des conversations tenues dans le salon de Delphine et le style plein d'esprit qui est associé à sa conversation[9].

5. Cheryl A. Morgan, « The Death of a Poet : Delphine Gay's Romantic Makeover », *Symposium : A Quarterly Journal in Modern Literatures*, vol. 53, nº 4, hiver 2000, p. 249-260 ; Najib Redouane, « La création d'un espace mythique dans *Les Lettres parisiennes* », dans Paul Perron, Stéphane Vachon et Roland Le Huenen (dir.), *Itinéraires du XIXe siècle*, Toronto, Centre d'études romantiques Joseph Sablé, 1996, p. 87-102.
6. François Bondy, *Une femme d'esprit en 1830*, Paris, Hachette, 1928, p. 93.
7. Melissa McCullough Wittmeier, *Delphine Gay, Madame de Girardin, The Vicomte de Launay : A Unified Persepective* [sic] *on the July Monarchy*, thèse de doctorat, Stanford University, 2000, p. 61.
8. Girardin utilise d'ailleurs sa rubrique pour prendre la défense de ses amis : Lamartine, Victor Hugo, George Sand, l'actrice Rachel et son propre mari ; voir Léon Séché, *Muses romantiques : Delphine Gay, Mme de Girardin dans ses rapports avec Lamartine, Victor Hugo, Balzac, Rachel, Jules Sandeau, Dumas, Eugène Sue et George Sand*, Paris, Mercure de France, 1910, p. 39.
9. Henri Malo, *La Gloire du vicomte de Launay. Delphine Gay de Girardin*, Paris, Émile Paul Frères, 1925, p. 47.

Catherine Nesci suggère que le « nous » employé comme pronom préféré dans le « Courrier de Paris » désigne non seulement le faux aristocrate, mais aussi l'union entre le vicomte et Delphine de Girardin[10]. Pourtant, la rubrique révèle une distinction entre Launay et la belle salonnière lorsqu'il est question de Madame de Girardin dans les lettres du vicomte. Il écrit le 6 juin 1841 : « L'autre soir, nous étions plusieurs ouvriers en poésie réunis chez madame de G***, et nous nous disputions ces vers comme des confrères avides[11]. » Récitant des vers de poètes masculins assemblés chez elle, Madame de Girardin évite de lire ses propres vers comme si l'échange n'était réservé qu'aux hommes. L'emploi du pseudonyme permet ici de souligner les limites imposées aux femmes dans leur propre salon, tout en fournissant des indices sur la vraie identité du chroniqueur. Comme l'explique Whitney Walton, Girardin « engaged her reader in jokes and games, playing upon and simultaneously undercutting the popular stereotypes and prejudices regarding intellectual women[12] ».

Le nom de plume ne sert pas véritablement à cacher l'identité de la belle salonnière ; il accentue son sens de l'humour et fait ainsi partie du stratagème qui lui permet de critiquer la société et la vie privée de son époque. Comme le disait François Bondy, « ces lettres obtinrent un succès si foudroyant qu'en peu de semaines leur auteur put s'enhardir à tout oser dire[13] ». La renommée de son mari et de son journal lui donnait la liberté de s'exprimer sans toutefois lui faire perdre conscience des écueils qui guettent les femmes écrivains de son époque. Elle reçoit en 1826 une pension annuelle de huit cents francs du roi Charles X après avoir fait grande impression avec ses vers, mais elle la perd quelques années plus tard quand son ode sur la prise d'Alger déplaît au souverain[14]. Sa préface à *La Canne de M. de Balzac* précise les limites imposées aux femmes écrivains : « [...] une femme qui vit dans le monde ne doit pas écrire, puisqu'on ne lui permet de publier un livre qu'autant qu'il est parfaitement insignifiant[15] ». À la différence d'autres femmes qui ont adopté des pseudonymes masculins pour être prises au sérieux (pensons à George Sand et à Daniel Stern), le but recherché par Girardin dans sa rubrique est de nature humoristique. Chez Girardin, les idées contestatrices, comme sa réflexion sur la femme écrivain qui n'a pas la possibilité de publier ce qu'elle désire, n'éveillent pas de soupçon si elles sont dissimulées dans un contexte plaisant. Le déguisement textuel lui fournit

10. Catherine Nesci, *Le Flâneur et les Flâneuses. Les femmes et la ville à l'époque romantique*, Grenoble, ELLUG Université Stendhal, 2007, p. 207.

11. Vicomte de Launay, « Le Courrier de Paris », *La Presse*, 6 juin 1841.

12. Whitney Walton, *Eve's Proud Descendants : Four Women Writers and Republican Politics in Nineteenth-century France*, Stanford, Stanford University Press, 2000, p. 96.

13. François Bondy, *Une femme d'esprit en 1830*, *op. cit.*, p. 47.

14. Pierre Pellissier, *Émile de Girardin, prince de la presse*, Paris, Denoël, 1985, p. 40.

15. Delphine Gay de Girardin, *La Canne de M. de Balzac*, dans *Œuvres complètes*, t. 2, Paris, Henri Plon, 1861, p. 130.

l'occasion de jouer avec les rôles masculin et féminin, mais le masque transparent du vicomte de Launay ne représente qu'une partie du jeu humoristique caractérisant l'écriture de Girardin, lui permettant de déjouer la censure, chose difficile à l'époque en raison de la stricte surveillance établie sur la presse par les dispositions des « lois de septembre » et de l'attentat de Fieschi sous Louis-Philippe. Les écrits du vicomte sont amusants, mais pas du tout insignifiants, puisque plusieurs lettres comportent des critiques de figures politiques (Adolphe Thiers, François Guizot) ou s'attachent à commenter la position inférieure de la femme. Comme on l'a remarqué au sujet de la préface à *La Canne de M. de Balzac*, la critique est parfois précise et mordante, mais le ton reste léger. Dans le *Courrier de Paris*, le masque du vicomte constitue un procédé textuel qui permet à Girardin de jouer avec les mots et les limites imposés aux deux sexes, en entremêlant les espaces féminins et masculins, le tout dans un style moqueur qui ne semble pas fait pour être pris au sérieux.

Toutefois, le talent satirique de l'auteure, ainsi que sa position ambiguë face aux sujets traités (la politique et les femmes, notamment) rend le message du texte parfois difficile à saisir[16]. À propos des femmes, le vicomte soutient les règles de la société qui transforment la femme en objet sans esprit, même si ce sont ces règles qui ont relégué Madame de Girardin elle-même à une position inférieure. Ainsi, le vicomte explique le 8 février 1837 : « [...] les femmes sont un ornement dans la vie, et la loi de tout ornement est de paraître fin, léger, délicat et coquet [...][17]. » Comme l'a observé Cheryl A. Morgan[18], avant son « romantic make-over », c'est-à-dire la nécessaire mort de la poétesse qui permet l'expression humoristique, la poésie de Delphine Gay exalte les femmes de génie telles Juliette de Récamier, Claire de Duras et Germaine de Staël, tout en faisant l'éloge des femmes qui brisent les barrières établies entre les sexes, comme Jeanne d'Arc. Dans une rubrique du 23 mars 1844, Girardin nous rappelle par ailleurs que, à l'instar du masque du vicomte, les chiffons des femmes cachent la vérité :

> Elles [les femmes] ont dansé pour cacher ce qu'elles pensaient ; elles ont déraisonné pour cacher ce qu'elles devinaient ; il y en a même qui ont fait semblant d'aimer pour cacher qu'elles jugeaient, elles ont volé le sceptre et l'ont caché sous des chiffons, et, comme elles étaient bien soumises, on les a laissées régner. (*CP*, 337)

Si elle lance des attaques contre les bas-bleus – les « femmes littéraires » sont décrites dans sa lettre de 4 avril 1847 (*CP*, 423) comme « un des fléaux de l'époque » –, elle soutient aussi les droits des femmes bourgeoises. En 1848,

16. Allison Finch explique qu'à cause de ces ambiguïtés, son œuvre journalistique résiste à la redécouverte (*Women's Writing in Nineteenth-century France*, New York, Cambridge University Press, 2000, p. 137).
17. Vicomte de Launay, « Le Courrier de Paris », *La Presse*, 8 février 1837.
18. Cheryl A. Morgan, « The Death of a Poet : Delphine Gay's Romantic Makeover », art. cit., p. 251.

le gouvernement provisoire proclame officiellement le suffrage universel – il suffit d'avoir au moins 21 ans et d'être de sexe masculin. Le vicomte de Launay répond à cette proclamation dans son courrier du 13 mai 1848 ; attaquant les républicains qui semblent avoir oublié leurs propres valeurs, il prend la défense des femmes et préconise le droit de vote des femmes : « La preuve [que les républicains] ne comprennent pas la République, c'est que, dans leurs belles promesses d'affranchissement universel, ils ont oublié les femmes ! » (*CP*, 446). Le vicomte proteste, sur un ton à la fois sérieux et badin, contre l'injustice des lois qui « ont affranchi les nègres qui ne sont pas encore civilisés, et [...] laissent dans l'esclavage les femmes » (*CP*, 446) ; il finit par lancer : « [...] que la république serait belle, belle sans les républicains » (*CP*, 454).

Si le vicomte amorce de manière légère ses observations sur les événements du 11 juillet 1847 par la déclaration « Oh ! que c'est ennuyeux ! Encore des révolutions ! » (*CP*, 427), Delphine de Girardin deviendra elle-même victime de l'instabilité politique et laissera tomber son masque en écrivant sa dernière rubrique, le 13 mai 1848, à la suite de l'arrestation de son mari. Elle abandonne alors son identité masculine pour parler en son propre nom : « C'est le 25 juin, à sept heures du soir, que j'ai appris que mon mari était arrêté » (*CP*, 427). Dans sa dernière lettre, qui retrace l'emprisonnement d'Émile, elle publie des fragments de sa correspondance. Tout en sachant que la censure sonne la fin de sa carrière journalistique, Madame de Girardin écrit pour provoquer l'indignation contre un gouvernement injuste en se dépeignant comme une femme isolée et inquiète face à l'oppression politique. Pour ses lecteurs, elle rend visibles les espaces blancs laissés par la censure. En renonçant au masque du vicomte, elle refuse de se cacher face au despotisme et elle abandonne son style malicieux pour favoriser un style plus direct et dramatique.

La femme au *steeple-chase*

Si la critique s'intéresse désormais à l'œuvre journalistique de Delphine de Girardin, il reste beaucoup à dire à propos de l'autre texte qu'elle publie dans *La Presse* sous le nom du vicomte de Launay. Girardin emploie ironiquement son nom de plume masculin pour créer un personnage féminin coquet, Irène de Chateaudun, dans le roman-feuilleton *La Croix de Berny* qu'elle rédige en collaboration avec Méry, Théophile Gautier et Jules Sandeau. Un survol du texte se révèle nécessaire pour mieux comprendre comment Girardin y a exploité son travestissement masculin pour donner vie à une figure fictive féminine. La description du « Courrier de Paris » que fait Cheryl A. Morgan dans sa thèse de doctorat s'applique particulièrement bien à ce roman-feuilleton : « For while Girardin apparently negotiated a successful transformation from Muse to Vicomte, she never completely abandoned the former image of herself[19]. » Si le masque du vicomte représente un jeu textuel inventé par Girardin pour mêler – et parfois – confondre le monde des femmes avec celui des hommes, ce faux titre aristocratique soulève les enjeux multiples et complexes des rapports entre *gender*, écriture et société.

Moins humoristique que sa rubrique, le roman-feuilleton permet à Madame de Girardin de créer son propre « steeple-chase » dans lequel le lecteur est forcé de reconsidérer l'identité et la situation de la femme qui écrit sous un pseudonyme. En effet, *La Croix de Berny* accentue la présence de la jolie femme derrière le vicomte parfois plus que son journalisme, d'autant que le roman lui-même est basé sur l'idée d'une mascarade. Le 8 juillet 1845, une annonce apparaît dans *La Presse* qui attire l'attention des lecteurs :

> Après-demain mercredi, 9 juillet, la *Presse* commencera :
>
> LA CROIX DE BERNY,
> ROMAN STEEPLE-CHASE
> GENTLEMEN-RIDERS :
> LE VICOMTE CHARLES DE LAUNAY
> THEOPHILE GAUTIER, MERY,
> JULES SANDEAU[20]

À la suite de cet énoncé, les lecteurs sont invités à deviner quel auteur est derrière chaque personnage :

> L'attention publique ne fera pas défaut à cette lutte littéraire. Pour compléter l'illusion, les lettres ne seront signées que des noms des personnages, et le lecteur ne sera mis dans le secret des rôles qu'après l'achèvement de ce curieux ouvrage. L'imagination des auteurs inventera des situations, des incidents, des difficultés que chacun d'eux à son tour devra franchir dans un élan de rivalité amicale, ce qui justifiera en quelque sorte le titre de roman, où les quatre écrivains lutteront de style et d'esprit, comme dans un steeple-chase ou lutte de vitesse et d'intrépidité[21].

Comme nous le verrons, dans le cadre de ce jeu épistolaire mystérieux, Girardin utilise le masque du vicomte pour signer les textes du seul épistolier féminin de l'ouvrage, Isabelle de Chateaudun, puisque Méry, Gautier et Sandeau développent, quant à eux, des figures masculines : Roger de Monbert, Edgard de Meilhan et Raymond de Villiers. Girardin offre la première lettre qui met en marche l'intrigue le 9 juillet 1845 ; sous la plume

19. Cheryl A. Morgan, *Writing Women in(to) the July Monarchy Press : Fashion, Feminism, and the Feuilleton*, thèse de doctorat, New York, Columbia University, 1993, p. 204.

20. *La Presse*, 8 juillet 1845, p. 3. La date de publication de cette annonce est source de confusion. Bien que Claude Senninger (« *La Croix de Berny*, Grand steeple-chase non académique », *Bulletin de la Société Théophile Gautier*, n° 6, 1979, p 62-63) explique que l'annonce a paru le 9 juillet, même date que la première lettre du feuilleton, l'annonce se trouve dans *La Presse* et porte la date du 8 juillet. Senninger note que Spoelberch de Lovenjoul, dans son *Histoire des œuvres*, mentionne la date de publication du 7 juillet, sans doute parce que celle-ci annonce le début du feuilleton deux jours plus tard.

21. *La Presse*, 8 juillet 1845, p. 3.

d'Irène, le style est le même que celui qu'emploie le vicomte de Launay pour parler de la mode dans le « Courrier de Paris ». Dans sa première lettre, adressée à la vicomtesse de Braimes, Irène écrit :

> J'embrasse ma filleule et lui envoie pour sa fête une jolie robe brodée toute garnie de dentelles. *O mon amie !...* que je les ai retrouvées avec délices, ces dentelles adorées ! seules réalités des grandeurs, seul don de la fortune qui ait une valeur sans mélange... Les beaux châteaux sont un exil, les beaux diamants sont un poids et un souci, les beaux chevaux sont un danger ; mais les dentelles ! elles font notre parure et notre consolation le jour et la nuit. Maintenant, je les sens, je pourrais encore supporter toutes les privations... je ne pourrais plus vivre sans dentelles[22] !

La mode mise à part, Irène de Chateaudun révèle dans sa première lettre à cette vicomtesse – déclinaison au féminin du titre du vicomte de Launay – que bien qu'elle l'admire, elle n'est pas amoureuse de son fiancé, le prince Roger de Monbert (Méry). Gautier prend la plume sous le nom du poète Edgard de Meilhan, et enchanté par une *grisette* dont il fait la connaissance, il écrit à son ami, le prince de Monbert. Sandeau, qui rédige moins de lettres que les autres, remporte le tournoi littéraire puisque Irène tombe amoureuse de son personnage Raymond de Villiers, qu'elle épouse en secret. Leur bonheur ne dure pas puisque Raymond est tué pendant un duel avec Edgard résultant des tromperies de sa femme qui meurt elle aussi, bouleversée par le décès de son mari.

Le développement de l'intrigue sous forme épistolaire fait penser aux *Liaisons dangereuses* de Laclos. Pourtant, l'interaction des quatre écrivains, qui n'ont pour seule règle que l'œuvre soit limitée aux lettres écrites par les quatre personnages en question, mène le lecteur sur des chemins inattendus. Les écrivains s'amusent à créer des situations invraisemblables, forçant leurs collaborateurs à suivre leurs traces. En réponse à un courrier d'Edgard qui annonce l'arrivée d'Irène chez sa mère, Madame de Meilhan, Irène – et à travers elle Girardin – indique à quel point elle s'amuse dans une lettre adressée à sa confidente la vicomtesse de Braimes :

> Je suis à Richeport, chez Mme de Meilhan !... Cela vous étonne... et moi aussi ; vous n'y comprenez rien... ni moi non plus. La vérité est que, lorsqu'on ne sait pas conduire soi-même les événements, ce qu'il y a de mieux à faire, c'est de se laisser conduire par eux[23].

Contrainte de suivre une tournure inattendue des événements, Girardin semble s'adresser tant aux lecteurs qui la critiqueraient qu'à Gautier qui a imposé la situation. Elle lui rend la pareille plus tard quand elle écrit qu'Irène découvre Edgard dans un salon au Havre déguisé en Turc, fumant

22. Delphine de Girardin, *La Croix de Berny*, Paris, Éditions France-Empire, [1846] 1980, p. 12.
23. *Ibid.*, p. 163.

du haschich, « une fort belle négresse [...] endormie à ses pieds[24] ». Par cette réponse au voyage imprévu d'Irène, Girardin met l'accent sur l'importance des masques dans la construction du récit. Ainsi, sous la plume du vicomte, Edgard voyage sous le nom de « M. Granson » et se déguise en Turc, révélant sous ces masques l'identité de Gautier à travers la description d'un homme fasciné par le haschich[25].

À l'instar de Girardin qui emploie un pseudonyme pour écrire, Irène de Chateaudun fait appel au masque pour mieux connaître les trois hommes qui lui font la cour. Edgard et Raymond la connaissent ainsi sous le nom de Louise de Guérin. Bien que l'on puisse interpréter ce jeu comme une simple référence au déguisement transparent de Madame de Girardin, il permet à Irène de tromper les trois amants : les trois « gentlemen riders » ne sont pas conscients qu'ils poursuivent la même proie. Un masque en cache donc un autre dans la série Louise/Irène/le vicomte de Launay/Delphine de Girardin. Bien que cette dernière, sous le masque du vicomte, fasse partie des « gentlemen riders » en contribuant au même texte, elle n'appartient pas au même jeu au sens le plus strict. Edgard, Roger et Raymond s'écrivent des lettres les uns aux autres, tandis qu'Irène adresse toutes ses lettres à la vicomtesse de Braimes. Seul Gautier essaie de susciter un échange entre son Edgard et Irène, au moyen de deux lettres envoyées à Louise, auxquelles Girardin ne répond pas. Ce refus met l'accent sur l'isolement du seul épistolier féminin, expression possible de la conscience qu'a Girardin de sa différence en tant que femme. Si, parce qu'elle mine l'amitié qui lie les trois hommes, Irène est l'objet de critiques de la part des trois écrivains masculins (Gautier, en particulier), Girardin, pour sa part, fait l'apologie des femmes trop sévèrement jugées. Dans sa dernière lettre, par le truchement d'Irène, elle indique que les règles de la société sont plus sévères pour les femmes que pour les hommes :

> Pensez-vous que cela soit possible, Valentine ? Ne serait-il pas plaisant, dites-moi, que ces deux hommes qui ont si indignement traîné mon souvenir dans la fange, qui m'ont si indignement trahie, offensée par leurs laides infidélités, viennent hardiment me parler de leurs droits à mon amour ? Eh ! mon Dieu, malgré l'absurdité d'une telle supposition, ils seraient vraiment capables de le faire : les hommes en amour ont une religion si commode, une conscience si pleine de facilités ! Sous prétexte de prétendues passions indomptables, ils s'accordent tant d'indulgence, ils se permettent sans remords tant de mensonges misérables, tant d'oublis honteux, tant de lâches profanations !...[26]

24. *Ibid.*, p. 253.
25. C'était pendant ce temps que Gautier expérimentait la drogue selon Claude Senninger, « *La Croix de Berny*, Grand steeple-chase non académique », art. cit., p. 60.
26. *Ibid.*, p. 303-304.

Avant le dénouement tragique du feuilleton, *La Presse* rompt sa promesse de garder le secret des identités des écrivains en question. Cette annonce suit une lettre d'Irène le 22 juillet :

> Le vif intérêt qui s'attache à la lecture de la *Croix de Berny* a donné lieu à l'envoi d'un grand nombre de lettres, dans lesquelles on nous demande instamment de vouloir bien ne pas prolonger plus longtemps les incertitudes qui existent sur les véritables auteurs des lettres signées Irène de Chateaudun, Roger de Monbert, Edgard de Meilhan, Raymond de Villiers.
>
> Nous cédons au vœu qui nous est exprimé dans ces lettres :
> *Irène de Chateaudun* – LE VICOMTE DE LAUNAY,
> *Le prince lieger de Monbert* – MERY,
> *Edgard de Meilhan* – THEOPHILE GAUTIER,
> *Raymond de Villiers* – JULES SANDEAU[27]

Évidents ou secrets, l'identité et les déguisements de Madame de Girardin relèvent d'un jeu textuel auquel les autres auteurs du feuilleton ne participent pas au même degré. En comparaison avec la relative simplicité des personnages créés par les trois autres auteurs, la multiplicité des masques associés au vicomte de Launay doit être notée ; assurant de plusieurs façons la présence du féminin dans le récit, elle engage le lecteur à considérer la vraie identité du personnage féminin et de l'auteur.

*
* *

Le travestissement textuel effectué par Madame de Girardin représente un cas intéressant : sous le même pseudonyme, elle devient un commentateur de la vie publique et des salons, puis elle participe, comme seule femme, à un projet d'écriture « à quatre mains ». Les deux publications connurent un grand succès et contribuèrent à la popularité de *La Presse.* Mais si, au départ, Delphine de Girardin utilise le personnage du vicomte pour mélanger le sérieux et le frivole, le masculin et le féminin dans sa rubrique, ce personnage perd en substance en participant à la construction du roman-feuilleton, puisqu'il prête sa plume à un personnage féminin, Irène, elle-même dissimulée par la figure de Louise de Guérin. Dans ces deux cas, l'emploi du masque masculin sert paradoxalement à mettre en relief l'expérience féminine du monde.

N'étant plus capable de publier ce qu'elle désire sans être censurée, Madame de Girardin abandonne le journalisme et le titre de vicomte en 1848 pour heureusement reprendre la plume en 1851[28]. Elle ne perd ni son esprit

27. *La Presse,* 22 juillet 1845, p. 2.

28. Après avoir cessé d'écrire sa rubrique, Madame de Girardin publie un poème qui porte le titre « 1848 : 24 juin-24 novembre » et qui attaque Louis Cavignac qu'elle considère responsable des journées sanglantes du mois de juin 1848. Cette publication sous son vrai nom dans *La Presse,* à la différence de sa rubrique et

ni son talent d'humoriste car sa pièce de théâtre, *C'est la faute du mari*, a connu un grand succès. Comme l'a remarqué le vicomte de Launay dans son « Courrier de Paris » du 9 novembre 1836, « la mode, comme la fortune, a une roue qui tourne sans cesse et ramène alternativement les mêmes choses. Avoir été est une raison pour redevenir » (*CP*, 57). Pourtant, comme Léon Séché le remarque, après 1848 « la politique ne la laissait pas indifférente[29] ». Le vicomte n'est plus, mais les pièces de théâtre de Madame de Girardin (*C'est la faute du mari, Lady Tartuffe* et *Une femme qui déteste son mari*) constituent des attaques contre les gouvernements abusifs et proposent, sous le voile de l'humour, un questionnement sur le rôle de la femme dans le monde. Masquée ou démasquée, dans les rues de Paris ou sur scène, Girardin crée ses propres espaces où son don pour l'expression humoristique vise les hypocrites. Le vicomte disparaît pour permettre la naissance de la dramaturge, mais il laisse ses commentaires sur le monde parisien, l'amour et les femmes, qui ne cessent pas de fasciner – et amuser – ses lecteurs[30].

son roman-feuilleton, provoque une vive réaction dans *La Revue comique* et dans *Le Charivari* qui publie des caricatures peu flatteuses de l'auteure.

29. Léon Séché, *Muses romantiques*, *op. cit.*, p. 177.

30. Je voudrais remercier Bénédicte Sohier pour l'aide précieuse qu'elle a apportée à cette réflexion.

Françoise Alexandre

MASQUES EN MARCHE ET EN MARGE DANS L'ŒUVRE NARRATIVE DE GEORGE SAND

George Sand est de notoriété publique une auteure particulièrement experte au jeu des masques. Masque du nom ou masque de l'apparence font même partie intégrante de sa légende, dorée ou scandaleuse, et continuent d'être fréquemment commentés. D'Amandine Aurore Lucile Dupin de Francueil à George Sand, le parcours fut douloureux et long, comme le montre Martine Reid dans *Signer Sand*[1]. Son premier masque, masque officiel de son nom de jeune fille, Aurore le reçoit de son époux, au jour de son mariage en 1822. Elle se nomme désormais Aurore Dudevant. À partir de 1831, ses premiers écrits, non signés, signés J. Sand lors de sa brève collaboration avec Jules Sandeau, G. Sand en 1832 lors de la publication d'*Indiana* puis, et définitivement, George Sand à partir des publications ultérieures, témoignent de ses tâtonnements dans la recherche d'une identité auctoriale. Ce masque définitif de l'auteure, les raisons de son choix, sont présentés par George Sand elle-même comme la conséquence tant du jeu du hasard et de la nécessité que de volontés qui lui sont imposées, conjuguées à un ultime choix personnel[2]. La forme anglaise du prénom, George – sans s – y ménage

1. Martine Reid, *Signer Sand. L'œuvre et le nom*, Paris, Belin, 2003.
2. On se reportera aux explications fournies par George Sand elle-même dans *Histoire de ma vie*, 4e partie, chapitre XIV, dans *Œuvres autobiographiques* (*OA*), éd. Georges Lubin, Gallimard, « Bibliothèque de la Pléiade », t. II, p. 138-140. Il s'agissait pour elle de décider d'un pseudonyme, du fait que sa belle-famille se refusait à la laisser publier sous son nom d'épouse (« Une famille dont j'avais trouvé le nom assez bon pour moi a trouvé ce nom de Dudevant (que la baronne susnommée essayait décrire avec une apostrophe) trop illustre et trop agréable pour le compromettre dans la république des arts », *OA, II*, 140). Mais, publiant un ouvrage qu'elle avait écrit seule, elle ne pouvait plus user du pseudonyme J. Sand, choisi pour signer *Rose et Blanche*, écrit en collaboration avec Jules Sandeau. Or Henri Delatouche, son premier éditeur, avait fort bien compris qu'il ne fallait pas renoncer à un pseudonyme qui avait acquis un début de notoriété (« Le nom est tout pour la vente, et le petit pseudonyme s'étant bien *écoulé*, on tenait essentiellement à le conserver », *OA, II*, 138). D'où le maintien de Sand et la recherche d'un prénom distinct de J/Jules : une initiale d'abord, ce sera le G. Sand d'*Indiana*, puis George « qui me paraissait synonyme de Berrichon. Jules et George, inconnus du public, passeraient pour frères ou cousins », *OA, II*, 139). Ailleurs elle évoquera le nom berrichon du diable, Georgeon, ou le nom du saint du jour de parution, comme le rappelle par exemple Marie-Madeleine Fragonard (préface aux *Romans 1830* de George Sand, Paris, Presses de la Cité, « Omnibus », 1991, p. V). Toute référence à *Histoire de ma vie* renverra à l'édition de Georges Lubin. Elle apparaîtra dans le corps du texte sous le sigle *HVOA*, I, ou *HVOA*, II, suivi du numéro de la page.

subtilement l'ambiguïté de la nationalité, donc de la langue maternelle, voire celle du genre, d'autant mieux que le nom lui-même, Sand, est un signifiant anglophone.

On sait d'autre part que la jeune baronne Dudevant, récemment installée à Paris en 1831, choisit de porter le costume de « bousingot », d'étudiant, pour circuler dans la ville sans se trouver gênée par le costume féminin :

> Je me fis donc faire une *redingote-guérite* en gros drap gris, pantalon et gilet pareils. Avec un chapeau gris et une grosse cravate de laine, j'étais absolument un petit étudiant de première année. Je ne peux pas dire quel plaisir me firent mes bottes : j'aurais volontiers dormi avec, comme fit mon frère dans son jeune âge, quand il chaussa la première paire. (*HVOA*, II, 117)

Pseudonyme et costume masculin concernent la même époque, 1831-1832, signes d'un passage, marques d'une cérémonie à valeur initiatique qui accompagnent la métamorphose d'une personne privée inconnue en auteure renommée. À propos de son pseudonyme, George Sand elle-même souligne cette dimension cérémonielle, à travers la double métaphore du baptême et du (re-)mariage :

> Et à présent, j'y tiens à ce nom, bien que ce soit, a-t-on dit, la moitié du nom d'un autre écrivain [...] On m'a baptisée, obscure et insouciante, entre le manuscrit d'*Indiana,* qui était alors tout mon avenir, et un billet de mille francs, qui était en ce moment-là toute ma fortune. Ce fut un contrat, un nouveau mariage entre le pauvre apprenti poète que j'étais et l'humble muse qui m'avait consolée dans mes peines. (*HVOA*, II, 139-140)

Pourtant, ces masques ne condamnent pas pour autant au vestiaire le nom civil officiel ou le vêtement féminin : dans sa vie privée, George Sand demeure alors Aurore et c'est une jeune femme en costume féminin qui promène Solange, sa fille, dans le jardin du Luxembourg, proche de ses premiers domiciles parisiens. C'est bien plutôt le costume d'étudiant qui sera assez vite rangé au magasin des accessoires : « Je raconte là un temps très passager et très accidentel dans ma vie, bien qu'on ait dit que j'avais passé plusieurs années ainsi et que, dix ans plus tard, mon fils encore imberbe ait été souvent pris pour moi » (*HVOA*, II, 118). Certes, la coupe sacrificielle des cheveux à l'automne 1834, lors de la crise passionnelle liée à sa liaison tumultueuse avec Alfred de Musset, comme la cigarette et le narghilé, contribueront à perpétuer la légende.

Le « masque George Sand »

Ces *masques* de George Sand ont, de longue date, retenu l'attention de la critique. Ainsi, dans un article récent, Shira Malkin déclare d'emblée que costume masculin et pseudonyme sont consubstantiels chez George Sand : « Déguisement et pseudonyme constituent une identité protéiforme, un écran indispensable que je désignerai par le terme “masque George

Sand"[3]. » Catherine Nesci met elle aussi explicitement en rapport la féminité d'Aurore Dudevant et la recherche d'un masque[4], et ce légitimement, puisque George Sand elle-même en fournit maintes allégations :

> Sur le pavé de Paris, j'étais comme un bateau sur la glace. Les fines chaussures craquaient en deux jours, les socques me faisaient tomber, je ne savais pas relever ma robe. J'étais crottée, fatiguée, enrhumée, et je voyais chaussures et vêtements, sans compter les petits chapeaux de velours arrosés par les gouttières, s'en aller en ruine avec une effrayante rapidité. (*HVOA*, II, 117)

C'est d'abord, on oublie souvent de le signaler, par souci d'économie que George Sand justifie son recours au costume masculin, et c'est à sa mère qu'elle en impute la suggestion. La petite rente que lui sert son mari ne saurait en effet lui permettre de refaire incessamment sa garde-robe. C'est ainsi que sa mère lui aurait conseillé d'adopter la solution qu'elle-même avait adoptée dans sa jeunesse : « [s]'habiller en garçon ». Mais c'est aussi pour échapper au devoir de paraître, qui est à l'époque celui d'une femme de son âge et de son milieu. Ainsi, George Sand affirme, du point de vue rétrospectif qui est le sien dans *Histoire de ma vie*, que la légitimité de son costume de bousingot tient non pas à son désir de se faire remarquer en se déguisant en homme mais bien au contraire au souci de passer inaperçue :

> Personne ne faisait attention à moi et ne se doutait de mon déguisement. Outre que je le portais avec aisance, l'absence de coquetterie du costume et de la physionomie écartait tout soupçon. J'étais trop mal vêtue et j'avais l'air trop simple (mon air habituel, distrait et volontiers hébété) pour attirer ou fixer les regards [...]. Les femmes savent peu se déguiser, même sur le théâtre. [...] Il y a une manière de se glisser partout sans que personne détourne la tête, et de parler sur un diapason bas et sourd qui ne résonne pas en flûte aux oreilles qui peuvent vous entendre. Au reste, pour n'être pas remarquée « en homme », il faut avoir déjà l'habitude de ne pas se faire remarquer en femme. (*HVOA*, II, 118)

De la même façon, le commentaire que lui inspire le choix de son pseudonyme vise à souligner qu'il était fait pour la transformer en non-personne ; au-delà de la nécessité d'échapper à la vindicte de la famille de son époux, elle affirme en effet : « Le nom que je devais mettre sur des *couvertures imprimées* ne me préoccupa guère. En tout état de choses, j'avais résolu de garder l'anonyme. » Et plus loin : « [...] jusqu'au moment où la critique se déchaîna contre moi à propos du roman de *Lélia*, je me flattais de passer inaperçue dans la foule des lettrés de la plus humble classe » (*HVOA*, II, 138-139).

3. Shira Malkin, « Les méprises du masque dans *Histoire de ma vie* », dans Simone Bernard-Griffiths et José-Luis Diaz (dir.), *Lire* Histoire de ma vie *de George Sand*, Clermont-Ferrand, Université Blaise-Pascal, « Cahiers romantiques », 2006, p. 311.

4. Catherine Nesci, « La flâneuse invisible ou George Sand par elle-même », dans *Le Flâneur et les Flâneuses. Les femmes et la ville à l'époque romantique*, Grenoble, ELLUG Université de Stendhal, 2007, p. 258 et suiv.

masque ; moyen de devenir sujet

Si donc Aurore, baronne Dudevant, née Dupin de Francueil, adopte en ces années 1831-1832 un masque « costume-pseudonyme » d'homme, c'est bien plutôt au masque de l'homme invisible qu'elle aspire[5].

Masque de l'homme invisible, pourquoi ? Comment ? On a l'habitude de soutenir que la fonction du masque pour l'auteure a été de lui permettre de devenir autre. Opérant la métamorphose du sujet, le masque ferait de George Sand une figure néo-romantique de Protée, en nom, en genre, en apparence et même en nationalité. Je souhaiterais montrer maintenant que le « masque George Sand » est plutôt pour elle le moyen de devenir, enfin, un sujet. Telle qu'en elle-même enfin le masque l'a changée.

Pour approfondir la question de la rhétorique du masque *pour* George Sand et *dans* son œuvre, envisageons un petit récit de l'auteure, *Nuit d'hiver*[6]. Mon hypothèse sera de le considérer comme particulièrement emblématique de la rhétorique du masque chez George Sand et comme, peut-être, plus révélateur des enjeux du masque pour l'auteure que ses déclarations explicites, dans *Histoire de ma vie* en particulier. *Nuit d'hiver* me semble en effet constituer une parabole, au sens littéral du terme : une sorte d'histoire allégorique à caractère moral, parabole du déguisement et du masque pour George Sand.

Genèse

Nuit d'hiver est publié pour la première fois par George Sand dans *Le Temps* du 27 octobre 1875. Quelques mois donc avant sa mort, début juin 1876. Depuis 1871, l'auteure donne dans *Le Temps* des articles d'« impressions et souvenirs » très divers. En 1875, George Sand souffre de plus en plus des « entrailles », comme elle le confie à ses correspondants, entre autres à Gustave Flaubert. L'été 1875 lui sera très pénible, elle peine à « piocher ». C'est dans ses circonstances qu'elle ressort probablement de ses tiroirs divers petits récits autobiographiques de jeunesse restés inédits, qu'elle reprend, récrit en partie et surtout finalise par une conclusion à caractère moral, philosophique ou poétique. Le *Voyage chez M. Blaise* ou *La Blonde Phœbé* font également partie de cette série. *Nuit d'hiver* porte en exergue dans son édition imprimée d'octobre 1875 la date alternative « 1827 ou 1828 ».

5. Ses déclarations à propos du *topos* de l'autoportrait en début d'autobiographie vont d'ailleurs dans le même sens : « J'ai parlé de ma figure afin de n'avoir plus du tout à en parler. Dans le récit de la vie d'une femme, ce chapitre, menaçant de se prolonger indéfiniment, pourrait effrayer le lecteur ; je me suis conformée à l'usage, qui est de faire la description extérieure du personnage que l'on met en scène, et je l'ai fait dès le premier mot qui me concerne, afin de me débarrasser complètement de cette puérilité dans tout le cours de mon récit [...]. Je désire pourtant qu'à l'avenir on se dérobe à cette exigence des curieux, et que si on est absolument forcé de tracer son portrait, on se borne à copier sur son passeport le signalement rédigé par le commissaire de police de son quartier, dans un style qui n'a rien d'emphatique ni de compromettant. Voici le mien : yeux noirs, cheveux noirs, front ordinaire, teint pâle, nez bien fait, menton rond, bouche moyenne, taille quatre pieds dix pouces, signes particuliers, aucun » (*HVOA*, I, 467-468).

6. *Nuit d'hiver* est publié par Georges Lubin dans les *Œuvres autobiographiques*, *op. cit.*, t. II, p. 545-551. Les citations réfèrent à cette édition.

Georges Lubin, se fondant sur la présence ou l'absence en Berry d'Hippolyte Chatiron, demi-frère de George Sand, qui apparaît dans le récit, met en doute ces deux dates et propose de retenir 1829 pour dater l'épisode et le premier état de sa narration[7].

Le récit consiste en une anecdote qui serait donc imputable à l'hiver 1829. Il est écrit par une narratrice qui reste anonyme mais dont l'identité se confond implicitement avec celle d'Aurore Dudevant/George Sand, eu égard à la série des *Impressions et Souvenirs* à laquelle elle appartient. Les divers indices référentiels déclinés par le texte confirment de toute façon le caractère autobiographique du récit: noms de lieux et noms de personnes renvoient à la biographie de l'auteure. Si La Châtre et Nohant ne sont pas nommés, les allusions à Montgivray, à la rue des Capucins et à l'hôtel Saint-Germain, aux Chottes et plus généralement au Berry ne laissent aucun doute. De même, Duteil, l'ami de toujours, M. Cuinat, maire de La Châtre à cette époque, le Dr Verneuil ou le baron sont des personnes réelles de l'entourage immédiat de la baronne Dudevant.

Nuit d'hiver est un récit autobiographique fort intéressant puisque, par ses dates d'écriture et de réécriture, il encadre l'œuvre de son auteure. Écrit dans son premier état par George Sand juste avant George Sand et dans son état définitif par George Sand presque après George Sand, si je puis dire, il borne l'œuvre. Pour le dire autrement, c'est un récit à quatre mains, commencé par Aurore Dudevant et terminé par George Sand. L'anecdote dont le point de départ se situe au château de Nohant se clôture au château de Nohant. Entre ces bornes, une escapade de quelques lieues, de quelques heures et de quelques pages.

La clef des champs

Car il s'agit explicitement pour la narratrice et celui qui est désigné dans le texte comme « [s]on frère » de prendre la clef des champs: « Prenons tout simplement la clef des champs », enjoint-il à sa sœur (*OA*, II, 545). Frère et sœur décident en effet « d'aller s'amuser un brin » pour passer un carnaval un peu moins triste que ce qui leur a été alloué au cours de la soirée. Le *baron* (en italique dans le texte) n'a cessé en effet de « parler politique » avant d'aller se coucher « à dix heures du soir ». C'est Hippolyte qui se désole de la tristesse de la soirée, c'est Hippolyte qui souhaite « s'amuser un brin », c'est Hippolyte qui suggère de prendre « la clef des champs », c'est encore Hippolyte qui décide « d'aller à la ville », c'est Hippolyte toujours qui propose de sauter par la fenêtre pour s'échapper et non de sortir par la porte, et c'est encore et surtout Hippolyte qui a l'idée du déguisement: « Déguisons-nous. Je vais mettre le costume de paysanne que tu m'avais préparé

7. Voir l'introduction que donne Georges Lubin à *Nuit d'hiver*: *OA*, II, 543-544. Nous suivons et partageons son analyse.

dimanche dernier. Toi, prends le costume de garçon, tu seras mon petit frère. »

Commence alors l'aventure : Hippolyte et Aurore sautent effectivement par la fenêtre et, après avoir pris le chemin de la ville, à pied et à travers champs et non en suivant la grande route, ils se retrouvent à La Châtre. La ville est morne et silencieuse mais un bal se déroule à l'hôtel Saint-Germain. Premier épisode : ils s'y rendent tous deux, y dansent un moment, puis, lassés, décident de quitter le bal. Deuxième évasion : « nous nous esquivons ». Deuxième épisode : dans les rues, ils s'amusent à insulter les passants, puis vont réveiller leur ami Duteil qui se joint à eux, déguisé lui aussi, pour « faire la bête ». Ils se mettent en effet à aboyer et réveillent ainsi tous les chiens de la ville qui leur répondent. Ces farces et quelques autres les conduisent dans les faubourgs puis les ramènent au centre de la ville. Alors, à l'occasion d'une pause accordée à Hippolyte qui a besoin de se désaltérer[8], Duteil et la narratrice qui l'attendent à la porte d'une auberge – elle est assise sur une borne – se mettent à philosopher sur le thème, certes fort rebattu, de « la vie est un rêve ». C'est à ce moment du récit que s'articule, à notre avis, la réécriture de 1875 au récit de 1829. L'aventure se termine par le retour à pied à Nohant.

La clef des masques

conquête de la liberté

Cette clef des champs prise par les protagonistes nous permet de tenter de prendre la clef des masques. On constate en effet que le déguisement et le masque sont mis dans ce récit en relation explicite avec les circonstances et une longue tradition culturelle : c'est Carnaval et à Carnaval on se déguise. Mais on voit aussi que déguisement et masques sont également mis explicitement en rapport avec la conquête de la liberté : le *baron* est figure de toute-puissance menaçante et maléfique. Sa nuisance est soulignée ironiquement par la mise en italique du mot dans le texte et l'absence d'indication patronymique. Il représente non seulement l'aliénation de la narratrice à son mari (« Si nous faisons du bruit, dis-je à mon frère, nous n'irons pas loin. Le *baron* ne voudra pas que tu m'emmènes »), mais aussi l'aliénation de l'esprit de gaieté à l'ennui, de la légèreté de l'esprit à la pesanteur obtuse de la matière dont le coucher à dix heures du soir est un signe. Mais la mascarade du frère et de la sœur n'est conquête de liberté que pour elle : Hippolyte n'a pas besoin d'autorisation pour aller terminer sa soirée à La Châtre, non plus que de sauter par la fenêtre pour prendre la clef des champs. Il peut parfaitement passer par la porte et se permettre de se faire remarquer par le bruit occasionné. Aurore, qui transgresse la Loi, l'autorité du mari et l'interdit conjugal, a pour sa part besoin du secret, du silence et du masque.

8. L'alcoolisme d'Hippolyte Chatiron est notoire. Lorsque ce récit est publié en 1875, Hippolyte est décédé depuis 27 ans (décès à Montgivray, le 23 mai 1848).

Ainsi, dès les premières lignes du récit, le déguisement paraît bien plus procurer à Aurore le moyen d'expérimenter sa liberté et d'éprouver son désir, son être, que celui d'une dissimulation de cet être. Elle se déguise, se masque pour pouvoir être elle-même l'espace de quelques heures : « je suis gaie quand on me rend gaie » répond-elle à son frère qui déplore sa morosité. C'est au contraire la soirée passée auprès du baron qui l'a existentiellement et essentiellement *déguisée*. La fin du récit sonne le glas de cette re-naissance à la gaieté, à l'être : « Alors nous cessons nos chants et nos rires, nous allégeons nos pas et nous rentrons sans bruit par la fenêtre comme nous sommes sortis après que chacun ait promis le secret sur mon équipée. » La magie du masque s'est évanouie, Aurore endosse de nouveau le costume de baronne. L'oiseau est rentré dans sa cage.

Le récit fait valoir d'autres caractères liés à l'endossement du déguisement et à sa nature. Certains de ces caractères sont conformes à la tradition d'inversion du réel lors de Carnaval. Ainsi les sexes sont inversés : Hippolyte adopte un costume de femme alors qu'Aurore s'accoutre en « gamin » (« gros pantalon de drap, gros souliers ferrés, blouse de roulier sur un gros gilet de laine tricotée, les cheveux cachés par un bonnet de coton bleu à haute mèche rouge »). La hiérarchie et les liens dans la fratrie sont en conséquence également inversés : « tu seras mon petit frère » dit Hippolyte à Aurore en devenant donc lui-même la grande sœur. Les corpulences attendues le sont également : le garçon est « petit » quand la fille devient « une colossale danseuse ». Conformément à la tradition carnavalesque, la hiérarchie sociale est renversée. Hippolyte et Aurore, les maîtres, se déguisent en paysanne et en garçon roulier. Duteil s'affuble de « loques » ; « avec une vieille robe de chambre et un bonnet de nuit à rosette [...] il a l'air du Malade imaginaire » écrit la narratrice. Enfin, l'homme renonce à son humanité et fait la bête. Duteil paraît particulièrement compétent dans l'organisation d'un charivari de chiens :

> Nous parcourons les faubourgs en aboyant. Duteil a un talent extraordinaire. Il connaît la note qui irrite le chien le plus paisible et le plus endormi. De proche en proche la clameur gagne et bientôt tous les échos de la ville ne forment plus qu'un hurlement entrecoupé de grincements furieux. La police s'en émeut et intervient en la personne du valet de ville. (*OA*, II, 548)

Mais si les règles du jeu du déguisement, du masque et du charivari de Carnaval sont bien respectées, la signification singulière de l'événement pour la narratrice ne s'y trouve pas épuisée. Preuve en est par exemple la suppression par George Sand dans l'état publié du texte d'une réplique prêtée à Hippolyte dans le manuscrit, « Et les domestiques sont les maîtres, c'est bien connu », qui soulignait trop explicitement le sens officiel de Carnaval. Ce n'est pas cela qui l'intéresse vraiment, surtout si l'on considère que justement c'est bien dans son statut de maîtresse, de Madame la baronne, que réside, ou plutôt que culmine, à cette époque son propre sentiment d'aliénation : le vrai carnaval, le charivari, c'est son mariage. Preuve en est d'autre part apportée par l'épisode du bal.

En effet, Hippolyte et Aurore sont donc entrés à l'hôtel Saint-Germain pour participer à la joyeuse soirée populaire qui y bat son plein : « C'est le bal des ouvriers. Nous mettons nos masques, nous payons six sous chacun et nous entrons. Personne n'est déguisé. Notre entrée fait sensation, on nous traite de chienlits. » Le carnaval ne justifie donc plus dans ce contexte le déguisement et le masque d'Aurore puisque personne n'est déguisé ni masqué. Rien de tel que de se déguiser à contretemps pour se faire remarquer. Le masque est bien là pour jouer à autre chose qu'à Carnaval, même si Carnaval en est le prétexte, ancre l'événement et à sa suite le récit dans la tradition culturelle. Le masque permet d'engager l'entreprise de la conquête de la liberté et d'une identité autonome et singulière.

La scène est initiatique. Les six sous payés pour l'entrée au bal sont le prix du passage. Elle initie en particulier concrètement au pouvoir protecteur du masque et du déguisement dans la conquête de soi-même et la revendication de ses désirs propres. La lexicographie le confirme : si le masque crée pour autrui une apparence autre du sujet qui le porte, s'il peut procurer au sujet lui-même, dans une pratique religieuse par exemple, la croyance d'être effectivement devenu autre et le pouvoir, provisoire, de se conduire en autre, le masque a aussi pour fin de protéger le sujet des autres et du devenir autre, en l'aidant à rester soi-même ou à le redevenir, en lui permettant ainsi de survivre. C'est bien le sens de son emploi comme *masque à gaz, masque à oxygène* ou encore *masque d'escrime*. Le masque protège alors pour la vie contre le risque de mort. Il n'est plus simulacre.

Sous ses apparences civiles et sociales, Aurore Dupin de Francueil, baronne Dudevant, est soumise et timide. À la date de l'événement, elle le souligne dans le récit : pour oser se déguiser, oser transgresser l'ordre conjugal et le devoir d'obéissance au mari, oser être gaie, oser s'amuser, il lui faut un mentor, un passeur, un tiers qui l'*autorise*. Dans *Nuit d'hiver*, Hippolyte et Duteil sont investis de ce rôle. Hippolyte est présenté avec insistance par la narratrice comme le véritable metteur en scène de l'escapade, celui qui a l'idée du déguisement et de ce fait rend possible la transgression. Ailleurs, dans *Histoire de ma vie*, George Sand s'explique, plus de quinze années plus tard, comme on l'a vu plus haut, sur son déguisement d'étudiant ; elle éprouve encore le besoin de préciser, on s'en souvient, qu'elle n'en a pas eu l'idée elle-même mais que c'est sa mère qui la lui a soufflée :

> Quand j'étais jeune et que ton père manquait d'argent, il avait imaginé de m'habiller en garçon. Ma sœur en fit autant et nous allions partout à pied avec nos maris, au théâtre, à toutes les places. Ce fut une économie de moitié dans nos ménages. (*OA*, II, 117)

George Sand ajoute que « cette idée [lui] parut d'abord divertissante et puis très ingénieuse », idée qui, formulée par la mère, lui vient du père, mais fait également revivre celle de Deschartres, son précepteur, qui fut aussi le précepteur de Maurice Dupin, son père, de l'habiller adolescente en blouse de garçon pour lui permettre de pratiquer plus confortablement l'équitation; idée qui réactive la scène rapportée dans *Histoire de ma vie* de la présentation, en 1808, à Madrid, d'Aurore enfant au prince Murat. Aurore avait en effet été déguisée en aide de camp du prince (*OA*, I, 568). Une idée qui, approuvée par son frère Hippolyte, a finalement reçu l'approbation du cercle de famille entier, vivants et morts – à l'exclusion du *baron* bien entendu – et est présentée comme tout naturellement justifiée au motif de son caractère pratique.

De la même façon, on le sait, le masque du nom lui est, selon ses déclarations, offert par son jeune amant et collaborateur des années 1830-1831, Jules Sandeau, qui participe littéralement *pour moitié* dans son pseudonyme. On a rappelé plus haut que l'auteure perfectionne et s'approprie son pseudonyme à la demande expresse de tiers, particulièrement son éditeur Delatouche. C'est, en définitive, par le choix du prénom, George, que l'auteure advient.

Ainsi celle dont les proches, les intimes, ont depuis sa toute petite enfance attendu qu'elle joue le rôle d'un autre éprouve, à l'exclusion du choix du prénom, le besoin de souligner qu'elle reçoit ses masques des autres, ou tout au moins qu'elle est initiée au jeu des masques par les autres. Sa grand-mère, Marie Aurore de Saxe, comme son précepteur Deschartres, comme sa mère Sophie Victoire Delaborde, attendaient d'elle qu'elle se substitue à son père mort, voire pour ce qui concerne sa mère, et son père lui-même avant son décès, au(x) fils né(s) de leur union et rapidement disparus[9]. Mais le rôle

9. Maurice Dupin de Francueil et Sophie-Victoire Delaborde se rencontrent en Italie à la fin de l'année 1800. Maurice aura bientôt 23 ans, il est aide de camp du général Dupont, et sa mère le promet à un riche mariage. Sophie Victoire a 27 ans, elle est alors la maîtresse d'un officier des armées, un certain Collin. Une liaison passionnelle les unit rapidement et Maurice « enlève » Sophie Victoire à son protecteur. Marie Aurore de Saxe rapidement au fait de cette liaison, remuera ciel et terre, c'est-à-dire ses amis et relations, entre autres le père d'Aurélien de Sèze, futur grand amour de George Sand, pour séparer le couple. Ses raisons ne sont pas simplement fondées sur le refus d'une mésalliance. Car Sophie Victoire, si elle est roturière, est bien loin d'être issue d'une misérable famille du « vieux pavé de Paris », comme George Sand veut le faire croire dans *Histoire de ma vie*. Elle est au contraire issue d'une famille fort honorable, qui correspondrait aujourd'hui à la moyenne bourgeoisie, voire, pour certains de ses représentants, à la grande bourgeoisie. En outre, par leurs alliances, les aïeux de Sophie Victoire peuvent s'enorgueillir de quelques noms d'artistes très célèbres aux XVIIe et XVIIIe siècles parmi les peintres, graveurs, sculpteurs et architectes. Mais Sophie Victoire s'est laissée séduire en 1792 par un fils de famille beau parleur, de 25 ans plus âgé qu'elle, Claude Denis Vantin, qui se fait appeler de Saint-Charles. Officier des armées de la République quand elle le rencontre, il est assez probable qu'il est un agent double au service de l'émigration. Quoiqu'il en soit, il l'entraîne avec lui sur les routes de l'Europe, en la faisant passer pour sa fille, est en partie responsable de son incarcération sous la Terreur, lui impose de supporter un mariage d'intérêt avec une autre femme, Louise Antoinette Alais, qu'il épouse pour sa dot (le contrat de mariage est un vrai morceau d'anthologie: AN/MC/ET/XIV/538 du 17/12/1795), la ruine en dépensant l'héritage qu'elle a reçu de ses parents, et bien sûr, la déshonore. Je pense que Caroline, demi-sœur de George Sand, est née en 1799 de cette liaison et que c'est à ce moment que Sophie Victoire est définitivement abandonnée par Claude Vantin. Elle cherche alors protection auprès de Collin. Maurice et Sophie Victoire auront plusieurs enfants, comme en témoigne George Sand elle-même dans *Histoire de ma vie*, mais sans donner de précisions. Ils

n'est pas le masque et si jouer le rôle du père ou du/des frères lui « coupait les ailes », l'expérimentation du masque paraît lui avoir donné « les ailes de courage[10] ». Car jouer dans la vie le rôle d'un autre oblige le sujet à renoncer à lui-même, au risque de s'y perdre définitivement. La tentation du suicide exprimée de manière récurrente par George Sand dans ses écrits personnels, comme le motif du suicide dans son œuvre de fiction en témoignent et ne constituent en aucun cas pour elle une fantaisie poétique que d'aucuns qualifieraient de romantique. L'expérience du masque en revanche, dans son ambivalence – se croire momentanément autre pour devenir soi-même – lui a permis de se trouver et dans un premier temps, en tout cas, lui a servi de bouclier et de parade. Il fut probablement essentiel pour elle au plan symbolique de souligner (en 1829, en 1847/1855 dans *Histoire de ma vie*, en 1875 encore) que ceux-là mêmes dont elle nous dit qu'ils ont failli l'anéantir comme sujet, voire la conduire à la mort, lui ont accordé le droit au masque, ou tout au moins se sont faits les complices de sa prise de masque.

Le masque de *Nuit d'hiver* possède cette ambivalence. Il lui permet de se cacher, elle ne sera pas reconnue. Il lui assure l'incognito et « l'incognito m'encourage » écrit-elle; sous le déguisement de garçon, elle est devenue femme invisible. Sous le masque l'inhibition tombe en effet. Elle peut continuer de s'amuser, de danser, de se réjouir de passer pour un gamin auvergnat. L'expérience lui montre qu'il suffit paradoxalement de détourner l'attention de soi pour pouvoir être soi: « Mon masque tombe. Je continue [de danser] sans m'en apercevoir mais personne ne me reconnaît. Ils sont tous si loin de penser à moi! Pourrait-on jamais supposer… ». Mais pour réussir à détourner l'attention de soi, au point que le masque en devient inutile (il est tombé), il faut y croire soi-même et l'avoir porté un moment: « Et moi-même, personnage grave en dedans, et en possession d'un sang-froid souvent mis à l'épreuve, je ne pense pas que ce soit moi. Non, ce n'est pas moi, c'est l'autre. C'est le petit qui s'amuse comme dit mon frère. »

Aurore, dédoublée, partage ici le regard des autres, dupé par l'apparence, sur elle-même. Sous la protection du masque, elle expérimente la possibilité de satisfaire à l'injonction finale prêtée à Duteil dans le récit: « Vivons pour vivre. » Quelques mois après cette aventure de 1829, Aurore Dudevant prend de nouveau la clef des champs, mais cette fois ce sera la grande route de Paris et non celle de La Châtre qu'elle empruntera. *Nuit d'hiver* figure

eurent probablement 5 enfants: un fils, né fin 1801 qui vivra 3 ou 4 ans. Une fille née en janvier 1803. Tous deux illégitimes, puisque nés avant le mariage de Maurice et de Sophie Victoire en mai 1804. Une fille, Amandine Aurore Lucile Dupin, née le 1er juillet 1804, réputée future George Sand. Un fils, né fin 1805 et mort avant octobre 1806. Enfin Auguste Louis Dupin, né à Madrid en juin 1808 (mais semble-t-il non déclaré en Espagne à la naissance) et mort à Nohant début septembre 1808, huit jours avant le décès de Maurice Dupin lui-même. George Sand, qui en savait beaucoup plus sur l'histoire de sa mère qu'elle a bien voulu le dire, s'est en particulier inspirée de la liaison de celle-ci avec Vantin Saint-Charles dans *Leone Leoni* (1834).

10. Titre d'un conte merveilleux publié dans la première série des *Contes d'une grand-mère* en 1873.

comme une répétition carnavalesque de cette fuite libératrice vers Paris. Comme le déguisement de gamin auvergnat, le déguisement de bousingot n'aura qu'un temps, celui de l'accomplissement identitaire.

*
* *

Le masque a été pour Aurore Dupin épouse Dudevant / George Sand une véritable question de vie ou de mort, et certainement pas une simple coquetterie d'auteure, une concession à la mode ou un choix de stratégie littéraire.

Martine Reid insiste sur les indices qui dénotent chez George Sand le désir d'auto-engendrement. Et elle a raison. Ces indices sont évidemment particulièrement sensibles dans *Histoire de ma vie* comme dans certains motifs récurrents de l'œuvre de fiction. Je n'ai pas adopté pour ma part une démarche psycho-critique, pour comprendre, non pas mieux, mais autrement, tant la poétique de George Sand que cette souffrance qu'elle exprime dans sa jeunesse et qui interpelle vivement le lecteur de sa correspondance. Je me suis tournée vers les archives pour tenter de reconstruire cette histoire cachée, voire taboue, qui est celle de sa ligne maternelle, de la jeunesse de sa mère et en conséquence celle de sa propre naissance et de sa petite enfance : ce sera l'objet d'une publication prochaine. Dans *Histoire de ma vie*, George Sand rapporte une révélation qui lui aurait été faite, vers 1827, par certains membres de sa famille : elle ne serait pas née le 1er juillet 1804, mais « en 1802 ou 1803 » à Madrid. Née illégitime avant le mariage de ses parents en mai 1804, « l'acte de naissance qui porte [son] nom aurait été, en réalité, celui d'un autre enfant né depuis, et mort peu de temps après » (*HVOA*, I, 468), celui donc d'Amandine Aurore Lucile Dupin, née, elle, légitime. S'empressant de dénier – son père et sa mère n'étaient pas à Madrid en 1802 ou 1803 – elle précise néanmoins qu'elle a cru longtemps en cette révélation et qu'elle n'est sûre d'avoir vécu « en personne » que « depuis deux ou trois ans », soit depuis 1845 à peu près, eu égard à la date à laquelle elle écrit cette page. Or George Sand est très probablement née en effet début 1803 à Madrid et déclarée sous un faux nom, comme c'était fréquemment le cas à l'époque en cas de naissance illégitime[11]. Mais un Madrid peut en *masquer* un autre… Il s'agit non de la ville d'Espagne mais du quartier de Madrid, proche de Chaillot, à la porte de Paris. Qu'il me suffise dans le cadre de cet article d'inviter le lecteur, pour le convaincre au moins dans l'immédiat de l'existence d'un réel problème à propos de cette date de naissance, à confronter les différents récits que George Sand a pu faire de sa naissance[12] et l'acte de naissance

11. Son frère Hippolyte, né à Nohant en 1799 des amours ancillaires de Maurice Dupin et de Catherine Chatiron, est ainsi déclaré sous le nom de Pierre Laverdure.
12. Voir *Histoire de ma vie* (OA, I, 464, p. 466), *Voyage en Auvergne* (*Mémoires inédits* ; *OA*, II, 508) et *Manuscrit trouvé* (*OA*, II, 518) : « Chante, chante vieille compagne de l'hyver. N'est-ce pas toi qui chantas sur mon

lui-même : on y constatera rapidement que ces récits, qu'elle rapporte bien entendu, concordent tous pour ce qui concerne l'heure et l'époque de sa naissance : la nuit, l'hiver. Ce qui n'est guère compatible avec l'heure et l'époque de la naissance notés dans l'acte censé être officiel : « 1 heure de relevée », c'est-à-dire une heure de l'après-midi, l'été (1er juillet). La circonstance affichée de manière insistante dans les différents récits, un bal, confirme d'ailleurs l'époque hivernale : les bals de salons réunissaient alors la bonne société au cours de la saison d'hiver et certainement pas au 1er juillet.

L'histoire de sa mère, la sienne propre, et au-delà celle de sa famille maternelle, impossibles à dire[13], Aurore Dupin épouse Dudevant réussira à les évoquer sous couvert de la rhétorique de deux masques : le masque du pseudonyme et le masque de la fiction, travestissant pour le premier le nom propre, qui est *impropre*, pour le second l'histoire familiale, qui est *indicible*. Le récit *Nuit d'hiver* est finalement parabolique à un autre niveau ; en se concluant autour d'un dialogue entre la narratrice et Duteil à propos du rêve, il donne une clef des textes : la poétique de George Sand illustre avant l'heure les concepts de déplacement et de condensation mis au jour par S. Freud dans le travail du rêve. Sous sa plume, c'est le roman qui dit le vrai. Sous son pseudonyme, c'est le nom qui dit le faux. George Sand a transmis à sa descendance le nom de Sand : nul hasard, nulle vanité, c'est son seul vrai nom. L'œuvre de George Sand, qui est œuvre d'*art*, n'en déplaise à Nietzsche, dans son lien à sa vie, confirme la science des dictionnaires : l'indicible n'est pas l'ineffable.

berceau ? » Voir enfin l'acte de naissance d'Aurore Amantine Aurore Lucile Dupin, AD Paris, 6e arrondissement ancien, 12 messidor an XII, reproduit par Georges Lubin, *OA*, I, 1236, note 2 de la page 13. (L'acte de baptême du lendemain enregistré à Saint-Nicolas des Champs note Amandine et non Amantine.)

13. Sous peine bien sûr d'y perdre la légitimité de l'héritage Dupin, et entre autres Nohant.

Valérie Narayana

LE *THÉÂTRE SCIENTIFIQUE* DE JULIETTE FIGUIER/JEAN MIRVAL : RHÉTORIQUE D'UNE « ŒUVRE MASQUE » ?

Comment lire une œuvre d'abord publiée sous le couvert d'un pseudonyme mais présentée à nouveau, dix ans plus tard, sous le nom véritable d'un deuxième auteur s'étant vraisemblablement approprié le texte ? Telle est l'étrange fortune du *Théâtre scientifique*, recueil soumis au public une première fois en 1879 par Mme Juliette Figuier, qui le signe sous le pseudonyme de Jean Mirval[1]. En 1889, soit dix ans après la mort de celle-ci, le même recueil réapparaît, légèrement augmenté de pièces publiées antérieurement par Juliette[2] et avec le titre *La Science au théâtre*[3]. Or, cette fois-ci, l'ouvrage est signé par Louis Figuier[4], mari de la défunte et célèbre vulgarisateur[5].

La présente étude entend se pencher sur *Le Théâtre scientifique* afin d'en faire une nouvelle lecture, qui tiendrait compte des visées de Mme Figuier. La critique (tant celle qui lui est contemporaine[6] que celle, plus récente, qui s'est intéressée à cet ouvrage[7]) attribue généralement le texte à Louis ou, au plus,

1. Jean Mirval, *Le Théâtre scientifique*, préface de Louis Figuier, Paris, Calmann Lévy, 1879. Désormais, les références à cet ouvrage seront indiquées par les lettres *TS*, suivies du numéro de la page.
2. Les deux pièces ajoutées au texte de 1889 s'intitulent « Le Sang du Turco » et « Cherchez la Fraise ». Ces pièces trouvées dans le recueil signé Louis Figuier ont un contenu presque identique à deux pièces antérieures de Juliette, jouées en 1873 et 1874, respectivement. Leur titre semble avoir été changé pour le recueil de 1889. Voir Juliette Figuier, *Les Pilules de M. Brancolar*, Paris, Michel Lévy frères, 1874, et Juliette Figuier, *La Fraise*, Paris, Michel Lévy frères, 1874.
3. Louis Figuier, *La Science au théâtre*, Paris, Tresse et Stock, 1889. Désormais, les références à cet ouvrage seront indiquées par les lettres *ST*, suivies du numéro de la page.
4. La plupart des informations biographiques sur Louis Figuier sont tirées des études de Fabienne Cardot. Voir l'excellente « Introduction » qui précède *Les Merveilles de l'électricité*, Paris, Association pour l'histoire de l'électricité en France, 1985.
5. Voir Fabienne Cardot, « Introduction », *Le Savant du Foyer. Louis Figuier et la vulgarisation scientifique au* XIXe *siècle*, éd. Michel Constantial *et al.*, Catalogue de l'exposition du 21 septembre au 17 octobre 1993 au Carré d'art, Bibliothèque de Nimes, Paris, Fédération française de coopération entre bibliothèques, 1993.
6. Voir, par exemple, Adophe Brisson, *La Comédie littéraire. Notes et impressions de littérature*, Paris, Armand Colin et Cie, 1895, p. 353-358.
7. À propos de la réception du théâtre scientifique, voir Michel Pierssens, « Louis Figuier et l'échec du théâtre scientifique », dans Paul Perron, Roland Le Huenen et Stéphane Vachon (dir.), *Itinéraires du* XIXe *siècle*, Toronto, Centre d'Études romantiques Joseph Sablé, 1996, p. 205-215.

voit en Juliette une simple collaboratrice[8]. Toutefois, un examen plus poussé d'une de ses versions antérieures (ainsi qu'une relecture de documents paratextuels figurant dans cette toute première mouture) révèle que Juliette en est le véritable auteur. Il est donc important de s'attarder à nouveau sur ce recueil de théâtre dont la piètre réception a intéressé la critique[9]. Effectivement, il serait légitime de se demander si l'échec de cette initiative ne tenait pas peut-être aussi à des facteurs liés à l'éducation ou aux règles de bienséance qu'aurait tenté de respecter une femme auteur. À cette fin, la présente étude invoquera l'idée du masque pour appréhender *Le Théâtre scientifique* sans le priver toutefois d'une part d'ombre qui résulte du fait que très peu de documents biographiques existent au sujet des Figuier[10] (*SF*, p. 33). Pour sonder ce texte étonnant, il fallait donc recourir à un principe figuratif qui permette d'explorer un tel ouvrage sans trop durcir la question de son dessein, qui reste équivoque. Un regard jeté vers le dictionnaire confirme l'intérêt du masque comme outil notionnel car on y associe au moins deux sens principaux. Le premier recouvre une fonction de modification : le masque peut déguiser, non seulement en couvrant mais en présentant, de surcroît, une expression factice sur l'objet qui recouvre le visage. Le deuxième sens renvoie à une fonction de protection[11].

Il s'agira de voir comment ces dimensions du masque peuvent être mises à profit pour éclairer trois aspects du théâtre scientifique : la pseudonymie qu'assume Juliette pour signer ce projet ; le rôle possible de la préface signée par Louis dans l'édition de 1879 (ainsi que l'absence de celle-ci dans le recueil de 1889, signé par le vulgarisateur) ; et enfin les figures rhétoriques employées par Juliette dans les pièces mêmes. Ces aspects du recueil, à leur tour, éclairent le climat épistémologique de l'époque qui autorise mais précarise aussi un discours ambiant sur le progrès scientifique. Ainsi, le théâtre scientifique, tout en témoignant du projet – masqué, pour ainsi dire – de Juliette de participer à l'essor scientifique de son époque, révèle une autre réalité occultée, celle des insuffisances du scientisme social.

Dans cette analyse, l'idée du masque sera très utile car les fonctions protectrices et modificatrices qui s'y associent permettent de situer *texte* et *contexte* à une époque où la démocratisation du savoir scientifique se double d'importants enjeux idéologiques et sociaux. En un premier temps, la prophylaxie que procure le masque sera examinée dans le cas de « Jean Mirval » qui entend parler de science à une époque où les femmes sont encore largement exclues de cette pratique. L'usage du pseudonyme chez Juliette/Jean

8. Fabienne Cardot, *Les Merveilles de l'électricité*, *op. cit.*, p. 21. Voir aussi Fabienne Cardot, « Le théâtre scientifique de Louis Figuier », *Romantisme*, vol. 65, nº 3, 1989, p. 59-67.
9. Michel Pierssens, « Louis Figuier et l'échec du théâtre scientifique », art. cit., p. 214-215.
10. Fabienne Cardot, *Le Savant du Foyer*, *op. cit.*, p. 33.
11. *Le Nouveau Petit Robert de la langue française. Version électronique*, Josette Rey-Debove et Alain Rey (dir.), Paris, Dictionnaires Le Robert, 2008.

sera également discuté. En un deuxième temps, il conviendra d'exploiter le côté équivoque du masque pour regarder de plus près la préface écrite par Louis pour le texte de 1879, car celle-ci contient plusieurs détails susceptibles de révéler l'identité de sa femme. Le jeu de dissimulation qui s'y trouve force donc une interrogation sur la situation indécise dans laquelle s'inscrit Mme Figuier, face à un public éventuel. L'absence de cette préface dans l'édition de 1889 sera également examinée, parce que les documents paratextuels qui s'y substituent donnent l'impression que Louis s'est approprié l'œuvre de sa femme défunte. Une telle occultation n'est pas sans rapport avec le fait que le masque, tout en couvrant, peut lui-même présenter une figure qui, en se superposant à ce support, attire le regard. Aussi, l'être déjà dissimulé par la matérialité d'un simple masque non orné peut-il diriger le regard de l'autre, au prix de voir celui-ci s'attarder sur l'ornement, et cela, aux dépens de l'intérêt que suscite presque toujours la figure dissimulée. Enfin, il importe de montrer comment tous ces phénomènes (de préservation, d'appropriation, de dissimulation, voire d'ornementation) sont étroitement liés au climat positiviste mentionné plus tôt. Effectivement, une lecture attentive de la préface de 1879 suggère que dans une conjoncture où la science est vantée comme adjuvante au progrès social, il n'est pas surprenant que s'ouvre un champ libre à des initiatives de bienfaisance. En même temps, le discours scientiste reste avare de détails quant aux modes d'intervention que devrait prendre cette réforme sociale.

C'est précisément cette lacune du positivisme qu'il importe de caractériser, en examinant les rhétoriques à l'œuvre dans *Le Théâtre scientifique* et en tâchant de comprendre comment celles-ci auraient pu contribuer à l'échec de ce projet. À cette fin, la présente étude se penchera sur une des pièces du recueil, « Le Jardin de Trianon ». Par son choix de sujet comme par son emploi de figures de style, ce texte illustre particulièrement bien les insuffisances du projet que semble s'être donné Juliette Figuier. S'y côtoient lieux communs et support thématique insolite – juxtaposition étonnante, mais entretenue par une ferme volonté de démontrer l'intérêt de la science. Or, malgré un consciencieux recours aux ressources de l'argumentation, la pièce finit paradoxalement par mettre à nu ce qui, avec le recul de plus d'un siècle, pourrait être vu comme le travestissement logique du scientisme positiviste. En effet, Mme Figuier, tout en essayant de mettre en scène les « découvertes » du prestigieux discours de la science, trahira malgré elle les dissimulations d'un milieu savant qui prône le progrès par la science mais sans définir de critères de scientificité ni de progrès. Avant d'entreprendre cette analyse, toutefois, il faut situer le ménage Figuier pour mieux comprendre le milieu dans lequel évolue Juliette.

M. et Mme Louis Figuier

Louis Guillaume Figuier (1819-1894) et sa femme Juliette, née Bouscaren (1829-1879) se marient en 1848 et quittent Montpellier pour s'établir à Paris[12]. Physiologiste, Louis est reçu comme professeur agrégé à l'École supérieure de pharmacie, mais à la suite d'un désaccord avec Claude Bernard, il quitte la profession pour se consacrer à la vulgarisation scientifique. De 1851 à 1894, il poursuit cette carrière avec grand succès. Il publie plus de trente ouvrages généraux et spécialisés, dont plusieurs s'étalent sur plus d'un volume et sont réédités plusieurs fois. Chef de file au sein du mouvement de vulgarisation professionnelle qui s'établit dans la deuxième moitié du siècle[13], il écrit un feuilleton scientifique dans *La Presse* et *La France*.

Quant à Juliette, elle se livre aussi à l'écriture. Son œuvre la mieux connue est une collection de contes et nouvelles décrivant le Languedoc, textes qui seront appréciés du public bourgeois[14]. Elle publie également un récit de voyage, *L'Italie selon nature* (1868). Comme son mari, elle fait partie de la Société des Gens de Lettres et, dès son arrivée à Paris, le jeune couple a ses entrées dans plusieurs salons scientifiques[15]. Bientôt, Juliette tiendra un salon qui permettra à Louis d'entretenir ses contacts professionnels et que *La Grande Encyclopédie* qualifie d'« un des plus agréables de son temps[16] ». Mme Figuier côtoie donc plusieurs membres du milieu industriel et savant, ce qui l'oblige vraisemblablement à respecter certaines convenances. Dans les pages qui suivent et qui encadreront l'analyse littéraire à venir, il s'agira de s'interroger sur les diverses identités – masquées ou non – de Juliette Figuier, tour à tour auteure dramatique, épouse de vulgarisateur et habituée des salons.

Jean Mirval : un pseudonyme protecteur ?

Dans ses commentaires sur la pseudonymie, Gérard Genette a souligné l'importance du nom, véritable ou non, dans l'établissement d'une sorte de pacte de lecture[17]. Une telle caractérisation s'applique bien à la fortune du théâtre scientifique. Aussi convient-il de faire maintenant une lecture qui tente de saisir les diverses identités de Juliette dans l'élaboration de ce projet. Déjà, quand celle-ci publie sa prose dans *La Revue des deux Mondes*, elle

12. Voir Henri-Pierre Gervais, « Louis Figuier et la transmission du savoir : Discours de Réception de Henri-Pierre Gervais, membre actif résidant », *Les Heures de l'Académie du Var*, 15 juillet 2007, <http://www.academieduvar.org/oeuvres/txtheures/GervaisLouis%20Figuie_fichiers/gervaislouisfiguier.htm>.

13. Fabienne Cardot, « Le théâtre scientifique de Louis Figuier », art. cit., p. 60.

14. André Berthelot, Hartwig Derenbourg, F.-Camille Dreyfus *et al.*, *La Grande Encyclopédie. Inventaire raisonné des sciences, des lettres et des arts, par une société de savants et de gens de lettres*, t. 17, Paris, H. Lamirault [puis] Société anonyme de *La Grande Encyclopédie*, 1885-1902, p. 343.

15. On trouve ces détails dans le discours nécrologique ajouté à la fin d'un des romans posthumes de Juliette. Voir Juliette Figuier, *Le Savant des Pyrénées*, Paris, Lagny, « Chefs-d'œuvres illustrés », 1892.

16. *La Grande Encyclopédie*, t. 17, *op. cit.*, p. 434.

17. Voir Gérard Genette, *Seuils*, Paris, Seuil, « Poétique », 1987, p. 41.

emploie le pseudonyme de Claire Sénard[18]. Il est donc intéressant de noter que son nom est masqué par un pseudonyme masculin quand vient le moment de présenter *Le Théâtre scientifique* en 1879. Il ne serait pas abusif d'avancer que le fait d'écrire pour le théâtre représente un plus grand défi pour la femme de l'époque que d'écrire de la prose. C'est du moins ce que suggère Allison Finch dans son chapitre sur l'écriture théâtrale des femmes au XIXe siècle, en détaillant les frustrations et obstacles éprouvés par plusieurs écrivaines déterminées à se faire un nom à travers le succès de leurs pièces[19].

De plus, un incident très éclairant suggère que Juliette Figuier hésite un peu à associer son nom au projet scientifique qu'elle envisage. Au moment où paraît *Le Théâtre scientifique*, Juliette a déjà signé douze pièces (en 29 actes) et en a fait jouer onze. Celles-ci n'ont pas été particulièrement bien reçues[20]. À ses débuts, soit vers 1871, elle écrit de courtes comédies en un acte, seul format, ou presque, que les milieux théâtraux tolèrent, sous la plume des femmes[21]. Or, l'année suivante, elle veut présenter une pièce beaucoup plus longue, en quatre actes – un drame, intitulé *Le Presbytère*. La pièce est jouée en 1872 au théâtre de Cluny et provoque un certain émoi[22]. Le directeur doit sortir à la fin de la première pour rencontrer les spectateurs ayant « favorablement accueilli l'œuvre » et voulant connaître le nom du dramaturge. Il leur aurait assuré ne « pouvoir [leur] dire le nom de l'auteur ». L'affiche du Cluny indique donc: « Le Presbytère, drame en trois actes par M*** » (*LP*, i).

Le préambule qui accompagne la pièce publiée débouche sur une explication de Juliette Figuier qui entend signer non pas « une préface, mais une confession ». Elle se dit coupable d'avoir « gardé jusqu'à ce jour l'anonyme [*sic*] » à cause de son appartenance « au sexe faible » et explique ainsi sa dissimulation:

> La méfiance qui existe contre tout auteur féminin est universelle. Pour triompher de cette méfiance, il fallait rompre avec l'usage. D'ordinaire, c'est le nom de l'auteur qui fait accepter la pièce; ici il fallait que la pièce fît accepter l'auteur. Voilà pourquoi j'ai attendu, pour signer *Le Presbytère*, qu'il fût arrivé à sa quinzième représentation. (*LP*, ii)

Juliette – s'étant démasquée – remercie alors le directeur du théâtre, Henri Larochelle puis signe sa confession comme suit: « Que le sexe fort me pardonne! » (*LP*, iii).

18. Fabienne Cardot, *Les Merveilles de l'électricité*, *op. cit.*, p. 21.
19. Allison Finch, *Women's Writing in Nineteenth-Century France*, Cambridge, Cambridge University Press, 2000.
20. Fabienne Cardot, *Les Merveilles de l'électricité*, *op. cit.*, p. 21.
21. Allison Finch, *Women's Writing in Nineteenth-Century France*, *op. cit.*, p. 64.
22. Ces informations se trouvent dans le « Préambule » de la pièce publiée en 1872. Le texte connaît deux autres éditions en 1873 et en 1888. Voir Juliette Figuier, *Le Presbytère*, Paris, Michel Lévy Frères, 1872. Désormais, les références à cet ouvrage seront indiquées par les lettres *LP*, suivies du numéro de la page.

Juliette semble donc avoir hésité à présenter au public une production théâtrale qui ne respectait pas le format généralement accepté pour les femmes – ou, tout au moins, elle a su jouer avec certaines conventions. Cela dit, son long préambule témoigne du fait qu'une fois son nom révélé, elle n'a pas hésité à rappeler l'événement, démarche qui laisse également soupçonner que Juliette ne dédaignait pas l'attention du public. Dans la partie suivante, il sera question du mélange d'audace et de pudeur qui caractérise le rapport qu'entretient Juliette avec la scène.

Juliette Figuier: prouver l'« auteur éprouvé »

Si le masque peut protéger, il peut aussi dissimuler – et avec cela, entretenir la promesse d'une révélation. C'est bien sous le signe d'une telle ambiguïté qu'il convient de lire la préface qu'ajoute Louis Figuier au texte de Jean Mirval. Dans celle-ci, le préfacier situe le projet théâtral – dont il se veut le « propagateur » (*TS*, x) – dans la foulée de ses propres efforts pour « faire aimer la science » et « en répandre le goût » (*TS*, i). Il insiste beaucoup sur les propriétés édifiantes de la science, en déclarant que pour « le peuple », « un théâtre honnête pourrait être » un « grand moyen de moralisation » (*TS*, xix): « Serait-il impossible de créer des spectacles populaires intéressants, instructifs, montrant le beau, l'honnête, l'utile, avec les séductions et le prestige dont on entoure aujourd'hui le vice, la corruption et la sensualité? » (*TS*, xix-xx).

Selon Louis, *Le Théâtre scientifique* jouerait ce rôle mais, précise-t-il, « [j]e ne suis point, en effet, l'auteur des pièces que l'on va lire. Je ne puis revendiquer autre chose que d'avoir eu l'idée d'introduire la science au théâtre ». Puis, il ajoute:

> Il fallait être auteur dramatique éprouvé pour créer le *théâtre scientifique*, puisqu'il s'agissait de mêler, de fusionner, deux éléments en apparence aussi incompatibles que l'eau et le feu, à savoir, la science et le théâtre. L'auteur qui prend ici le pseudonyme de *Jean Mirval* n'est point un nouveau venu au théâtre, car il a fait représenter, sous son vrai nom, depuis l'année 1871, douze pièces (29 actes) sur diverses scènes de Paris. (*TS*, xix-xx)

Les chiffres sont évidemment instructifs. La date de 1871 correspond très exactement à la première pièce de Juliette mise en scène; quant aux pièces et au nombre d'actes, le compte est bon. Louis, en fournissant ainsi une clé susceptible de révéler l'identité de Jean Mirval, livre un message assez ambigu. Bien qu'il autorise sa femme à publier des pièces scientifiques, il se livre à une certaine dissimulation.

Le choix de mots du préfacier est également frappant. En décrivant la visée du texte, Louis se sert d'une métaphore qui, tout en cautionnant le *Théâtre scientifique*, réinscrit fatalement tout ce qui sépare les deux composantes du projet. Les éléments du « feu » et de « l'eau » doivent être

« mêl[és] » et ce fusionnement est décrit avec une rhétorique qui n'est pas sans rappeler celle dont se servent souvent les textes de l'époque pour décrire les différences de nature entre les deux sexes. Étant donné la carrière florissante de Louis vers 1879, il est aisé de supposer que quiconque aurait reconnu en Mirval la femme du vulgarisateur s'attendrait à ce que l'apport de Juliette au *Théâtre scientifique* soit plutôt du côté théâtral. Ce n'est pas qu'au sein de son salon, Mme Figuier se soit interdit d'aborder des sujets savants ; on dit d'ailleurs qu'elle reçut « une instruction extrêmement développée[23] ». Elle devait cette éducation à son directeur de conscience, le prédicateur protestant Charles Grawitz, célèbre à Montpellier pour ses sermons. Ce pasteur lui donna une base en histoire naturelle et en physique grâce à laquelle elle put « s'associer aux savants travaux » de son époux[24]. En même temps, il ne faut pas oublier qu'une telle formation, vue comme exceptionnelle à l'époque pour une femme, n'équivalait certainement pas à celle qui permettait à Louis d'exercer sa profession ; malgré ses connaissances, Juliette n'œuvrait pas dans les milieux de la découverte comme tels. Comme l'analyse d'une de ses comédies le suggérera bientôt, sa façon de « fusionner » science et théâtre reflète largement l'influence d'un milieu où les rôles masculins et féminins sont bien définis.

Madame Louis Figuier : la face cachée d'une préface

Avant de procéder à l'analyse textuelle de la pièce « Le Jardin de Trianon », il convient de s'interroger brièvement sur l'étrange trajectoire du projet théâtral de Juliette Figuier après la mort de celle-ci. Il est intéressant de noter que, dans l'édition de 1889, Figuier écrira une toute nouvelle préface, mais dans laquelle il se gardera de se mentionner comme auteur – il préférera parler des pièces qu'il a « fait jouer » ou « représenter » (*ST*, vii et xi). Son entêtement à faire jouer ces pièces est frappant, car la critique le lui reprochera d'autant plus que l'on apprécie encore ses ouvrages de vulgarisation[25]. Ici, le fait d'avoir prêté son nom au recueil semble effectivement avoir détourné l'attention du travail de Juliette, à la manière d'une expression superposée à un masque. Cela explique peut-être en partie le fait que les commentateurs s'évertueront à trouver dans cet exercice théâtral un étrange écart commercial de la part de leur vulgarisateur bien aimé…

Il n'est pas exclu qu'après la mort de sa femme, Louis ait trouvé un certain réconfort à faire jouer des pièces qui, par leur côté édifiant, remplissaient en quelque sorte un devoir de bienfaisance que s'était donné sa femme. Dans l'analyse qui suivra, il deviendra apparent que le ton des

23. *La Grande Encyclopédie*, t. 17, *op. cit.*, p. 434.
24. Juliette Figuier, *Le Savant des Pyrénées*, *op. cit.*, p. 90.
25. Édouard Noel et Edmond Stoullig, *Les Annales du théâtre et de la musique*, Paris, G. Charpentier et cie, 1889, p. 221.

pièces évoque à bien des égards celui des pièces de couventines. Cela n'est guère surprenant lorsqu'on sait que c'est le pasteur Grawitz qui a initié Juliette au théâtre[26]. On soupçonne qu'un tel contact avec le texte théâtral, renouvelé au gré d'un enseignement essentiellement religieux, n'avait pas de quoi préparer la jeune fille aux exigences des scènes parisiennes. On peut, en revanche, supposer qu'une telle éducation, dispensée par un homme réputé pour ses talents de prédication, ait passé par un souci des figures de style.

« Le Jardin de Trianon »: un masque levé sur le scientisme social

C'est donc à la recherche d'une véritable rhétorique du masque qu'il convient d'analyser « Le Jardin de Trianon » – rhétorique du masque, car Juliette, tout en parlant d'une matière ordinairement réservée aux hommes, tentera de présenter un théâtre édifiant, c'est-à-dire une œuvre dont la visée la rapproche des normes de bienséance féminines. Cette rhétorique, quant à elle, peut s'analyser sur deux plans. D'une part, les échanges au sein de l'action dramatique se prêtent à un tel exercice, car la science y est présentée comme pratique et valeur à défendre. Cette fonction persuasive est souvent déléguée à des personnages féminins, bien que la science reste l'apanage des hommes dans la pièce. Dans les discours qui vantent cette activité, il se glisse à l'occasion des arguments qui commentent le rapport entre le savoir de la science et la femme, épouse ou fille de savant, muse, mégère ou martyre.

D'autre part, il faut se pencher sur une rhétorique plus subtile – celle qui, avant de constituer la science en savoir distinctif, doit d'abord la constituer en savoir distinct. Michel Pierssens, dans sa réflexion sur *Le Théâtre scientifique*, identifie très justement le « contexte intellectuel » de l'époque qui n'arrivera pas à « mettre en cause » des « certitudes trop simples sur la vérité, le savoir, le peuple, le progrès[27] ». Ce commentaire s'applique tout aussi bien à Juliette, peut-être plus encore. Si le théâtre en question veut rendre la science accessible, encore faut-il savoir ce que l'on entend par cette « scientificité ». Une recherche à cet effet dans la préface de 1879 risque de laisser le lecteur sur sa faim :

> Le *théâtre scientifique* met en scène des faits empruntés à l'histoire de la science, des épisodes de la vie des savants illustres, ou des inventions et découvertes mémorables. Le problème à résoudre, c'est de faire, sur une donnée appartenant à l'ordre des sciences, des pièces de théâtre capables d'intéresser, d'émouvoir ou d'amuser, c'est de trouver dans la science un ressort dramatique. (*TS*, v)

26. Juliette Figuier, *Le Savant des Pyrénées*, *op. cit.*, p. 93.
27. Michel Pierssens, « Louis Figuier et l'échec du théâtre scientifique », art. cit., p. 215.

Malgré l'usage de termes qui évoquent la science (« faits », « problèmes à résoudre », « donnée appartenant à l'ordre des sciences »), ce passage n'établit pas clairement ce qui servira de « ressort dramatique ». S'agit-il de mettre en scène la vie des savants ? Dans ce cas, l'initiative s'apparente au simple théâtre historique et les péripéties dépendront vraisemblablement d'incidents biographiques. Or, comme l'explique le préfacier, le théâtre « reproduit fidèlement les mœurs et l'esprit de chaque époque ». Pour dépeindre, alors, les « dernières années du XIXe siècle » et le « caractère sans analogue dans les périodes antérieures » (*TS*, iv) que leur prête le progrès industriel, il faudrait que ce nouvel avatar du théâtre soit proprement *scientifique* pour se distinguer. Son « ressort dramatique » puiserait vraisemblablement dans les péripéties logiques de la découverte même, avec comme dénouement, l'*eureka* de la formule concluante; mais, ici le fait que Jean Mirval soit une femme semble influencer la chose.

Bien que Juliette signe son œuvre d'un nom d'homme – stratégie qui lui permettra de parler d'une matière réservée au sexe fort – elle n'ira jamais chercher dans la science elle-même le « ressort dramatique » attendu. Exclue des milieux de la découverte comme tels et livrée à ses connaissances en botanique et en physique, elle choisira des thèmes moins propices à illustrer les moments les plus éclatants de l'innovation.

C'est nettement le cas de la pièce « Le Jardin de Trianon », consacrée à Bernard de Jussieu, démonstrateur au Jardin du Roi. Le legs scientifique de ce savant est d'y avoir disposé les plantes selon un plan dit naturel, c'est-à-dire un *système* opposé à la *méthode* linnéenne, pour reprendre la distinction foucaldienne dressée dans *Les Mots et les Choses*[28]. Or, la disposition botanique que prône Jussieu (à l'encontre du geste de Linné qui isole les parties reproductives des plantes comme critère de ségrégation) ne précise pas les conventions censément supérieures qui permettraient à Jussieu de mieux cataloguer les traits infinis des plantes. Ici, donc, nulle démarche logique permettant de trancher en faveur de l'une ou de l'autre représentation; nulle péripétie argumentative menant à un clair dénouement... d'où la difficulté d'y placer un « ressort dramatique ».

Juliette envisage autrement la pièce. Elle fait de Bernard un assistant de l'intendant Barneville, dont la fille, Louise, est amoureuse du botaniste. Un autre jardinier, Gilbert, linnéen, jouit de la faveur de Barneville. L'intendant préfère les plates-bandes rangées et ordonnées de celui-ci à celles de Jussieu, qui « sont toujours sans dessus dessous [avec des pieds-d'alouette les racines en l'air!] » (*TS*, 27). Barneville compte marier sa fille à Gilbert et non à Bernard. Il traite le savant d'« utopiste » et lui attribue de nombreux torts, dont celui d'avoir farci la tête de Louise d'« idées inutiles et ridicules » (*TS*,

28. Michel Foucault, *Les Mots et les Choses. Une archéologie des sciences humaines*, Paris, Gallimard, [1966] 1983, p. 150-160.

28), car celle-ci explique en vain que « pour Bernard de Jussieu, la plante est une créature qui respire, qui vit, qui souffre, qui meurt et qui renaît » – « toute créature appartient à une famille et M. Bernard de Jussieu veut donner une famille à chaque plante ! » (*TS*, 27). Ces phrases, tout en laissant deviner le côté livresque de l'écriture de Juliette, permettent aussi d'entrevoir les esquives plus ou moins réussies que lui impose son sujet. Le recours au pathos ne change rien au fait que toute froide et arbitraire que puisse être la méthode de Linné, elle n'en génère pas moins des familles taxinomiques.

L'impuissance de la figure de style face au conventionnalisme est surtout frappante là où il est question de plates-bandes. À Louise qui accuse Gilbert, linnéen, de « compter passivement les étamines d'une fleur », son père réplique avec le discours suivant, censé raisonner la jeune fille :

> Eh ! mais ! ce n'est pas déjà si facile de compter les étamines !… Je n'ai jamais pu en venir à bout, moi ! Mais ce gaillard de Gilbert ! Il vous prend une fleur : une, deux, trois, quatre, cinq, étamines !… [...] Et crac ! il la met dans la classe à laquelle elle appartient… Là sont les Monandries, les Diandries, les Tétrandries : ici les Pentandries, les Icosandries… Je ne sais pas ce que cela veut dire, mais tous ces mots grecs [...] sur des petits carrés de fer blanc, ça fait très bien dans le jardin. (*TS*, 25)

Cet homéotéleute de taxons linnéens traduit bien tout le prosaïsme que Juliette veut associer à la méthode qui a fait concurrence à la gloire de la botanique française. À l'inverse, les remarques de Louise au sujet de son bien-aimé font espérer une véritable révélation scientifique : « Il cherche une méthode nouvelle qui puisse simplifier l'étude des plantes. Cette recherche constante est la cause de ses rêveries [...]. Attendez encore et vous le verrez toucher au but de ses travaux » (*TS*, 26).

Pour sa part, Bernard lance des apostrophes à un bouquet artificiel confectionné par Louise (« ô chères fleurs », « Ne me direz-vous jamais le mystère qui vous unit ou vous sépare ») ; il décrit à Gilbert « la fièvre mystérieuse qui pousse sans cesse vers le progrès ? », ainsi que la « voix » qui lui crie : « Cherche, travaille, dépasse par ton génie ceux qui t'ont précédé… Fais grandir la science [...] » (*TS*, 36).

Après s'être fait chasser du jardin pour avoir protesté les fiançailles forcées unissant Louise à Gilbert, perdu, il s'exclame : « Ne parviendrai-je donc jamais à saisir les rapports que j'entrevois, que je pressens, que je devine, mais que je ne puis formuler ! » (*TS*, 48) Or… en embrassant le bouquet laissé par Louise, il se penche sur ce bouquet, « représentations abrégées des productions végétales du monde entier », qui déclenche une réflexion taxinomique : « Ces épis de blé, d'orge » « [...] formeront la famille… des Graminées ! » ; avec les fleurs « découpées en vasques », « les tulipes, les lys », « je crée une famille… la famille des Liliacées » (*TS*, 48).

Nul besoin d'insister sur ce passage. Les dubitations de Bernard – « voyons, voyons, je ne rêve pas » (*TS*, 27) – ont beau céder à l'hypotypose, la banale évidence de ce qui est censément *découvert* dans ce passage évoque sourdement l'écueil logique de la *taxinomia* que rappelle Foucault quand il écrit :

> [...] s'il était donné à l'expérience, dans son mouvement ininterrompu, de parcourir exactement pas après pas le continu des individus, des variétés, des espèces [...] il ne serait pas besoin de constituer une science ; [...] le langage des choses, par un mouvement spontané, se constituerait en discours scientifique[29].

Tout cela rend fort étonnant la réaction de l'intendant face au catalogue qui révèlera enfin « le trait de génie » de Bernard. Découvrant le plan suivant : « Graminées, Liliacées, Composées, Labiées, Solanées », le père Barneville s'écrie : « Ah mais je comprends mieux cela que les Pentandries et les Icosandries ! » (*TS*, 55).

*
* *

Voilà qui fait mieux comprendre l'échec du *Théâtre scientifique*, texte issu d'un mauvais calcul où l'affect n'arrivera pas à se substituer au véritable mystère d'une science dont le prestige tiendra dans une certaine mesure à son pouvoir de mystification, surtout quand il s'agira d'opérer à travers elle une hygiène sociale dont les modes d'intervention resteront flous. Ces pièces demeurent néanmoins un précieux témoignage du regard d'une femme sur la science de son temps. Pour Juliette, auteure de pièces de théâtre, nonobstant la maladresse de ses répliques, c'est le pouvoir comme la fragilité du savant qui fascinent, voire son côté utopique et civilisateur. Pour Mme Louis Figuier, fidèle épouse aux vertus salonnières, bienséance et bienfaisance devaient se retrouver dans *Le Théâtre scientifique*. Or, comme cette étude le suggère, une rhétorique du masque est à l'œuvre. Sur le plan des répliques, l'usage de la figure de style chez Juliette suggère plus d'assiduité que de maîtrise et ceci, sans doute, en raison d'une éducation essentiellement religieuse où la mise en forme aura été mise au service du discours édifiant. En revanche, sur le plan autrement intéressant de l'idéologie, une rhétorique censée promouvoir le progrès de la science finira paradoxalement par mettre à nu les discontinuités logiques du scientisme – et pour la jeune épouse, montée à Paris avec son mari bientôt rejeté par le milieu scientifique officiel, une réflexion sur la précarité de la gloire s'est imposée, nul doute ; et avec cela, un parti pris pour la pensée créatrice, face à l'utilitarisme. D'où la suppliante réplique de Louise au père Barneville, qui pourrait bien encore retentir à l'époque actuelle : « M. Bernard de Jussieu n'est point un paresseux, c'est un chercheur ! » (*TS*, 26).

---

29. Michel Foucault, *Les Mots et les Choses*, *op. cit.*, p. 160.

Virginie Pouzet-Duzer

MADAME DAUDET, OU L'ÉPOUX FAIT MASQUE

Le célèbre Dornac qui, dès 1888, s'attacha à collectionner les portraits de personnalités, se rendit par deux fois chez les Daudet. « Nos contemporains chez eux » présente ainsi une première photographie de « Alphonse Daudet, *écrivain et auteur dramatique* » datée de 1891, ainsi qu'une seconde de « Madame Alphonse Daudet, *femme de lettres* » datant du 2 mai 1893[1]. La volontaire mise en scène de ces deux lettrés en leur « chez eux » apparaît de prime abord des plus bourgeoises, puisque lourds tapis persans, tapisseries, dorures, tableaux et fauteuils chamarrés de soierie se retrouvent en ces différents coins de leurs salons où les époux posèrent, séparément. Deux doigts de la main gauche sur sa tempe, comme pensant, Alphonse Daudet regarde l'objectif du coin de l'œil, alors qu'assis devant une table de travail il paraît s'apprêter à se saisir sinon de sa plume, du moins d'un des ouvrages soigneusement reliés se trouvant derrière lui. Ce sont donc les masques de penseur, de lecteur autant que d'écrivain que Dornac conféra ici à son modèle. Quelques années plus tard, Julia Daudet souhaita également être photographiée dans le salon. Les doigts de la main droite délicatement appuyés sur son menton, la jeune femme répète ce geste que Renoir avait déjà capturé dans le portrait qu'il avait fait d'elle quelques années auparavant. Soulignons qu'elle pose d'ailleurs dans le même canapé, devant une tapisserie que l'on devinait aussi en arrière-fond du tableau de Renoir. Les pieds posés sur un coussin recouvert de velours, Julia détourne son regard de l'objectif – et rien, sinon le titre de la photographie de Dornac, ne suggère qu'il s'agit d'une femme de lettres. C'est-à-dire qu'aux symboles de l'écriture, présents sur la photographie de son mari, Madame Daudet a préféré les oripeaux faseyants de la féminité. Aussi ce portrait d'une femme écrivain en bourgeoise au foyer s'accorde-t-il avec la personnalité paradoxale (autant que multiple et masquée) de Julia Daudet dont Ernest Tissot souligna le caractère insaisissable :

> Le comte Primoli raconte que je ne sais plus quel peintre, désireux d'évoquer une actrice vénitienne dans l'attitude la plus significative, après l'avoir

1. Dornac, *Nos contemporains chez eux*, première partie du catalogue des photographies mises aux enchères le 16 mai 2008 à Drouot Richelieu, Paris, Piasa, 2008, p. 20.

> esquissée en une douzaine de poses, demeurait incertain. Je me dis aussi : est-ce Mme Daudet, fiancée-poète, est-ce Mme Daudet, épouse-collaboratrice, est-ce Mme Daudet, garde-malade critique, mère indulgente, prosatrice à la plume d'or, est-ce Mme Daudet, veuve chrétienne, qui est la vraie Julia Allard[2] ?

Tout comme les nombreuses poses de l'actrice permettaient à cette dernière de transformer constamment sa propre image, refusant de fait aux yeux du peintre toute essence d'attitude qui n'eut pas été celle d'un mouvement perpétuel, ces terminologies kaléidoscopiques voire caméléonesques choisies par Tissot pour décrire Julia Allard dans ses *Nouvelles Princesses des Lettres* furent autant de masques volontairement portés par cette dernière pour déjouer l'analyse. « En art, pour être exact, il faut que cela tremble aux yeux[3] » – et cette devise paradoxale inventée par Madame Daudet elle-même constitue à la fois une réponse possible aux interrogations de Tissot et un quasi manifeste esthétique. Ici, le « tremblé » peut suggérer à la fois une réaction émotive et un simple flou du regard contemplant quelque point impressionniste – c'est-à-dire que l'exactitude, la précision sont affaire d'étrangeté troublée, et la rigueur toute masculine suppose des virevoltes féminines. Jules Lemaître considérant l'ouvrage *L'Enfance d'une parisienne* notera, de manière fort similaire : « La plupart des détails sont d'une extrême précision, et pourtant l'ensemble a du lointain, du flottant, un air de rêve[4]. »

Or par-delà ce flou voulu, il n'en demeure pas moins que le masque ultime de Julia, celui qui lui permettra de jouir d'une certaine liberté n'est en réalité, comme nous allons le montrer, qu'un très bourgeois « Madame Daudet ». Dans son ouvrage consacré à l'écriture féminine du XIXe siècle, Allison Finch remarque que rares sont celles qui, après 1870, ont souhaité s'abriter derrière des initiales masculines ou le patronyme de leur époux[5]. En d'autres, termes, à une époque où la simplicité est à la mode chez des femmes comme Rachilde, Séverine ou Gyp dans le choix du pseudonyme, Julia fait office d'exception. Née Allard, elle publiera certes des critiques littéraires sous le pseudonyme masculin de Karl Sten[6], mais son nom d'élection fut bien ce « Madame Alphonse Daudet » si désuet et démodé que les ouvrages de Julia sont encore bien souvent aujourd'hui, dans les rayons des bibliothèques, attribués à son époux. En parfaite adéquation avec le code Napoléon de 1804, Julia, quoi que née quarante années plus tard, ne cesse de se représenter comme mère et femme au foyer, épouse idéale – et c'est toujours dans l'ombre qu'elle passe à l'écriture.

2. Ernest Tissot, *Nouvelles Princesses des Lettres*, Lausanne, Payot et Compagnie, 1911, p. 48.
3. Julia Daudet, *Journées de femme – Alinéas*, Paris, Bibliothèque Charpentier, 1898, p. 75.
4. Jules Lemaître, *Les Contemporains*, Paris, Lecène et H. Oudin, 1887, p. 170.
5. Allison Finch, *Women's Writing in Nineteenth-Century France*, Cambridge, Cambridge University Press, 2000, p. 163.
6. Parfois orthographié « Stern » ou « Steen », ce pseudonyme fut choisi pour elle par son beau-frère Ernest Daudet, et constitue un jeu de *simili* anagramme avec ce prénom masculin cher à Oscar Wilde.

« Fiancée-poète », elle avait pourtant été élevée dans une famille bourgeoise férue de lettres. Julia publia seule dès ses dix-huit printemps quelques poèmes dans la revue d'avant-garde *L'Art* sous le pseudonyme tout féminin de Marguerite Tournay – et cette publication lui valut d'être nommée par Louis Xavier de Ricard comme ayant participé au mouvement parnassien[7]. Et c'est sans doute une des raisons pour lesquelles, lorsque Catulle Mendès publia en 1902 pour le ministre de l'instruction publique un panorama du monde poétique, Julia n'y fut guère oubliée. Il n'en demeure pas moins que ces deux parnassiens, dans leurs essais, choisissent l'un comme l'autre d'évoquer surtout « Madame Daudet » – c'est-à-dire que le fait d'être l'épouse du romancier passe ici avant toute velléité d'écriture personnelle. Le masque que Julia Allard a voulu porter en épousant Alphonse Daudet et en lui empruntant son nom suffit donc à mettre à mal son indépendance de poète, voire d'écrivain. Un tel choix sacrificiel ne saurait toutefois être innocent: il apparaît en effet que la *persona* « Julia », telle que la représentent les écrivains et critiques amis de Daudet, se complaise dans le statut d'épouse modèle d'écrivain et que renier sa propre écriture participe de sa gloire. De fait, tous les biographes et critiques littéraires s'intéressant à Daudet s'accordent sur le caractère bénéfique du mariage qui arracha Alphonse à la bohème et à la ruine:

> Elle change sa vie [...]. Peu d'auteurs ont été façonnés par leur femme autant que lui. [...] Elle veut faire de lui un grand écrivain. Elle le force à se lever à sept heures au lieu de onze, à travailler régulièrement. Elle est son premier lecteur, son critique idéal[8].

Aussi, dès 1884, Robert de Bonnières faisait-il, dans le *Figaro*, sous son habituel pseudonyme de *Janus*, le portrait de Madame Alphonse Daudet, celui d'une femme d'artiste présentée de prime abord comme idéalement « au foyer » et excellente ménagère avant que d'être elle-même « poète ou écrivain[9] ». Or cette renommée de Julia comme l'épouse la plus parfaite d'un écrivain à succès, ne l'aurait-elle pas elle-même créée et voulue ? Et ne serait-ce pas ainsi qu'il conviendrait de comprendre le portrait de Dornac évoqué en incipit ? Face-à-main, autant que loup, le nom de l'époux qui écrit ne cesse alors de rappeler que lorsque Julia se fait poète, c'est toujours dans l'ombre douce de celui qu'elle aida à devenir homme de lettres.

Afin de comprendre et de révéler les teintes et les reliefs de ce masque dont se pare l'épouse d'Alphonse Daudet, nous nous proposons de considérer tout d'abord la manière dont l'écriture fut avant tout pour cette dernière circonstancielle, sinon liée à des fonctions sociales – et par là même féminine.

---

7. Yann Mortelette, *Le Parnasse*, Paris, Presses de Paris-Sorbonne, 2006, p. 212.
8. Paul Guth, *Histoire de la littérature française*, t. II: « De la Révolution à la Belle époque », Paris, Flammarion, 1981, p. 639.
9. Robert de Bonnières, *Mémoires d'aujourd'hui*, 2e série, Paris, Paul Ollendorff Éditeur, 1885, p. 315-326.

Il sera particulièrement question de prosopopée et du discours d'autrui transformé et, de cette manière, fait masque. Nous évoquerons ensuite la question du travail à quatre mains, et de ces révisions de perpétuelle collaboratrice qui non seulement firent de Julia Daudet la parfaite ombre de son époux, mais instaurèrent une sorte de « scène mythique » du couple d'écrivains.

Une écriture circonstancielle et masquée

Sous le masque du nom de son époux, demandons-nous tout d'abord quels textes Julia Daudet écrivit. Fragments de souvenirs, lettres, carnets de voyage, mots de remerciements, brèves analyses critiques, poèmes ponctués de citations et de notes, l'écriture de l'épouse d'Alphonse fut aussi prolixe que variée et fragmentaire. Aussi, Lemaître qualifie de « feuillets d'album[10] » les romans et écrits de Julia Daudet. Quant à Tissot, il souligne lui aussi le caractère fragmentaire de son écriture : « croquis plutôt que tableau – profils et non pas portraits[11] ». Voici une des raisons pour lesquelles même *L'Enfance d'une Parisienne* ne saurait être qualifiée de « roman » : Julia Daudet y présente des souvenirs épars, comme autant de petites vignettes indépendantes qui effectivement ressemblent bien à ces feuillets d'album qu'avaient l'habitude de classer, au coin du feu d'un calme foyer, les femmes de son époque[12].

Force est donc de constater que, tout en se pliant aux exigences du système patriarcal, en demeurant « femme de », Julia s'inscrivit, paradoxalement, de manière féminine en ces fragments et écrits de circonstance. Un caractère féminin qui n'est toutefois guère féministe, du fait de la propension qu'eut la jeune femme à critiquer les bas bleus et les femmes savantes, du fait aussi des hiérarchies sociales des années 1870. Aussi Julia remarqua-t-elle :

> Pour que la femme soit elle-même, il lui faudrait briser toutes les attaches où tient son cœur et le bonheur de sa vie, et celles qui purent se dégager, femmes séparées, mères sans scrupules, seules ont pu manifester une intelligence supérieure et mettre au jour une œuvre[13].

Dans cette analyse clairvoyante de la situation de l'époque, il est possible de voir, à l'état encore embryonnaire, l'idée d'une écriture-femme, sans compromis, d'une « féminitude » toute créatrice renversant une conjoncture sociohistorique par trop patriarcale comme Hélène Cixous la présenta dans « Le rire de la méduse[14] ». La remarque de Julia se rapproche également de

---

10. Jules Lemaître, *Les Contemporains*, *op. cit.*, p. 177.
11. Ernest Tissot, *Nouvelles Princesses des Lettres*, *op. cit.*, p. 47.
12. Julia Daudet, *L'Enfance d'une Parisienne*, Paris, Charavay Frères, 1883.
13. Julia Daudet, *Fragments d'un livre inédit*, Paris, G. Charpentier Éditeur, 1883, p. 39.
14. Hélène Cixous, « Le rire de la Méduse », *L'Arc*, n° 61, Paris, 1975, p. 45.

ce constat que fit Simone de Beauvoir à la fin du *Deuxième Sexe* notant que les femmes ont, en général, « dû dépenser négativement tant d'énergie pour se libérer des contraintes extérieures qu'elles arrivent un peu essoufflées à ce stade d'où les écrivains masculins de grande envergure prennent le départ ; il ne leur reste plus assez de force pour profiter de leur victoire et rompre toutes les amarres[15] ». Certes, Julia Daudet ne parvint pas à cette « envergure » d'œuvre qui fut celle de son époux, mais jamais non plus ne s'essouffla-t-elle à tenter de rompre les amarres. Lorsqu'elle évoque, au fil de sa plume, les écrits d'autres femmes, recopiant par exemple les missives que Marceline Desbordes-Valmore envoya à sa propre mère, Julia en profite ainsi pour critiquer ce qu'elle nomme « fausse indépendance » :

> Quelle douceur j'ai trouvé à copier ces lignes, témoignage d'une tradition féminine qui remonte jusqu'à l'avant-dernier siècle, à la femme de Grétry. Se perdra-t-elle chez nous ? Résistera-t-elle à cet assaut de fausse indépendance, de révolte et de négation où les femmes risquent de perdre toute la dignité des passions permises[16] ?

Pour Julia Daudet, il existerait donc une écriture passionnelle, douce et féminine que révèlent essentiellement les correspondances des épouses ainsi que des femmes poètes. Qu'il s'agisse des échanges entre Madame de Sévigné et sa fille, des évocations que Marceline Desbordes-Valmore fit de ses enfants, voire du désespoir de Jeanne-Marie Grandon, épouse du compositeur André Grétry après la mort de leur fille, toutes les occurrences citées par la jeune femme ont en commun le rapport à la mère, à la maternité. De fait, on ne cesse de retrouver sous la plume de Julia, ce « lait », cette « encre blanche » que soulignait Cixous en remarquant : « Dans la femme il y a toujours plus ou moins de "la mère" qui répare et alimente, et résiste à la séparation[17]. » Aussi tous les recueils de poèmes et autres ouvrages fragmentaires de Julia sont-ils accompagnés de dédicaces, tantôt, dans ses plus jeunes années, à ses parents et son mari, tantôt plus tard, à ses enfants puis petits-enfants – comme si en effet son écriture n'était pas autre chose que ce lien si fort que constitue la maternité. Et Julia Daudet avoue se consacrer quotidiennement à « de l'écriture appliquée aux émotions du foyer[18] ». D'ailleurs les critiques, seraient-ils même contemporains des Daudet, ne s'y sont pas trompés parlant de « Pénélope impressionniste » selon le mot de Lemaître, ou reprenant, ainsi que le fit Marius Leblond, le titre d'un roman d'Alphonse en qualifiant de « femme d'artiste » l'épouse du romancier. Le même Leblond remarqua ainsi, au sujet de *L'Enfance d'une Parisienne* : « Mme Daudet, à se souvenir de son enfance, en parle comme d'un de ses

15. Simone de Beauvoir, *Le Deuxième Sexe*, Paris, Gallimard, [1949] 1976, p. 634.
16. Julia Daudet, *Souvenirs autour d'un groupe littéraire*, Paris, Fasquelle, 1910, p. 33.
17. Hélène Cixous, « Le rire de la Méduse », art. cit., p. 42.
18. Jules Lemaître, *Les Contemporains*, *op. cit.*, p. 176.

propres enfants qu'elle aurait observés avec amour et intelligence, de telle sorte que ce sont les plus charmants cahiers de souvenir d'une fillette à soi-même maternelle[19]. » Ce qu'une lettre envoyée par Gustave Flaubert à Julia Daudet en 1879, adressé à son « cher confrère » corrobore :

> Madame & cher confrère. Je ne saurais vous dire le plaisir que m'a causé *L'Enfance d'une Parisienne.* Si le mot *charmant* n'était pas banal je l'écrirais. Sans appareil scientifique, sans surcharge de couleurs, sans prétention à l'idéal ou au naturalisme, vous faites sentir ce que vous avez ressenti. Il m'a semblé, en vous lisant, que j'avais été autrefois une petite fille, jouant aux Tuileries, marchant dans la rue de Rivoli, & vivant dans cette bonne vieille maison avec ses ornements-empire et ses grandes armoires. C'est un régal pour qui aime la littérature en soi que de lire des choses pareilles. La race de votre style est très noble & très délicate – si artiste, sans en avoir l'air[20] !

La qualité du style propre à Julia Daudet, ce « confrère » admiré par Flaubert, ne serait pas tant son caractère artiste que sa manière d'évoquer des émotions, de défier à la fois le temps et le genre.

Fillette autant que mère donc, mais aussi simplement « femme », « la Femme » d'ailleurs telle qu'Edmond de Goncourt souhaitait parvenir à la décrire lorsqu'il demanda à ses lectrices, dans la préface de *La Faustin* de participer à une sorte d'immense documentation sur « l'inconnue *féminilité* de la femme ». Dans ce néologisme qui n'est pas demeuré dans la langue du XXe siècle pouvaient se chuchoter d'autres substantifs définissant des qualités tels « sensualité » ou « fidélité[21] ». Et l'on sait que ce sont des échanges amicaux entre Julia et Edmond que naquit l'idée du roman *Chérie.* Ainsi que le rappelle Katherine Ashley, les carnets de souvenirs de Julia furent d'ailleurs utilisés tels des documents pour la rédaction du roman[22]. Car l'écriture de celle qui fut la seule femme à jamais avoir le droit de s'aventurer dans le célèbre grenier du célibataire endurci serait, selon Goncourt, typiquement féminine. Il écrit en effet dans son journal, en date du dimanche 12 juillet 1885 : « Ce soir Mme Daudet me lisait des notes de son livre d'"Impressions" écrites au jour le jour. Il s'y rencontre des portraits de femme délicieusement étudiés, et comme seul un observateur en jupons peut en faire, détaillant la féminité retorse de ses modèles[23]. »

Mais pour revenir à la question du masque de l'écriture, serait-il possible que le nom de l'époux, volontairement et fièrement arboré, ait permis à Julia de dépasser, de détourner « le nom du Père » ? Étrangement, Julia Daudet

19. Marius Leblond, « L'Enfant », dans *La Société française sous la Troisième République d'après les Romanciers contemporains*, éd. Marius Leblond, Georges Athénas et Ary Leblond, Paris, F. Alcan, 1905, p. 28.
20. Gustave Flaubert, *Œuvres complètes de Gustave Flaubert*, t. 16 : « Correspondance », Paris, Conard, 1954, p. 183.
21. Edmond de Goncourt, *La Faustin*, Paris, Actes Sud, 1995, p. 8.
22. Katherine Ashley, *Edmond de Goncourt and the Novel : Naturalism and Decadence*, Amsterdam / New York, Rodopi, 2005, p. 139.
23. Edmond de Goncourt, *Journal*, t. 7, Paris, Bibliothèque Charpentier, 1894, p. 53.

dans ses *Souvenirs d'un groupe littéraire* n'évoque son père que comme le conjoint de sa mère, ne s'arrêtant vraiment que sur l'influence que son mari et sa mère eurent sur son écriture. Passant ainsi le père quasi sous silence, Julia pourrait parvenir à cet « espace préverbal, non défini par le Père » qui serait pour Cixous la condition *sine qua non* d'une écriture féminine.

Le féminin cité, par-delà la mère, constitue également une manière, pour Madame Daudet, de déjouer les catégorisations par trop hâtive. Aussi, dans ses *Souvenirs d'un groupe littéraire*, plutôt que d'avoir recours à la critique telle qu'elle l'avait pratiquée avec brio sous un pseudonyme masculin, Julia ponctue-t-elle ses souvenirs de rappels (peut-être apocryphes) de discussions de salon, entre femmes, au sujet de livres. Donnant non pas son point de vue mais une variété d'avis, Madame Daudet s'inscrit de nouveau de manière indirecte, en variant les voix et en jouant de masques textuels cette fois féminins. S'il y a travail volontaire et rhétorique, on peut se demander si ce n'est pas ici le nom de son époux, la masculinisant, qui permet à la jeune femme d'avoir le dessus, de prétendre à la vue d'ensemble que constitue le rappel fragmentaire des différents avis littéraires épars. D'ailleurs, cet ouvrage, écrit alors que Julia est veuve, constitue une manière de réinscrire l'époux perdu – et c'est pourquoi le patronyme « Madame Alphonse Daudet » en est ici d'autant plus essentiel.

Rappelons également que ce même ouvrage publié en 1910 comprend de nombreuses lettres d'amis d'Alphonse, recopiées et commentées par son épouse. Plutôt donc que de donner son avis et de parler directement de son mari, plutôt aussi que de narrer ses souvenirs du groupe, elle laisse autrui parler et présente les lettres comme autant de preuves et de témoignages. Par exemple, recopiant une missive de Jules Barbey d'Aurevilly, elle ajoute :

> Quelques mots écrits hâtivement à Alphonse Daudet, son ami d'alors, peuvent donner l'idée de cet élan qui caractérisait ses moindres actes, quoique, dans ces fragments de lettres, l'on n'en puisse reproduire les encres variées et la gigantesque signature[24].

Ici, la lettre constitue à la fois le témoignage tangible de l'amitié entre Daudet et Barbey d'Aurevilly et un signe de la sensibilité de lectrice de Julia qui retrouve dans la missive le caractère même du romancier. Il s'agit également d'une sorte de prosopopée puisque, autour des lettres, Julia Daudet tente de redonner voix à ces grands écrivains amis de son époux. Figure de style qui, étymologiquement, constitue un jeu rhétorique autour de la personne et de son masque, cette ventriloquie subtile laisse une parfaite égalité de style et de goût littéraire entre Alphonse et Julia. Ainsi Daudet publia-t-il similairement en 1874 un roman fait de différentes petites scènes intitulé *Les Femmes d'Artistes* où, au moyen de quelques tours narratifs tels le recours à des lettres

24. Julia Daudet, *Souvenirs autour d'un groupe littéraire*, *op. cit.*, p. 8.

trouvées, il donnait virtuellement la parole à ces femmes, voire leur volait la leur. Et pour revenir à la citation de Julia Daudet, l'ajout d'une remarque sur la typographie y isole le lecteur qui ne verra guère ces encres variées, et inscrit donc Julia Daudet dans l'espace idéal, car inaccessible, des amis réels de ce groupe littéraire.

Chez Julia Daudet, la lettre alors n'est pas volée, mais prêtée. Lettres d'amis adressées à son époux, comme autant de voix d'autrui qu'elle transmet – et qui la masquent. Ici, la circonvolution et la palinodie sont de mise : en citant autrui, Julia peut aisément se glisser dans ces voix et ne jamais vraiment y inscrire le réel fond de ses pensées. Qu'est en effet une citation sinon une médiation, le refus d'une parole fixe, ancrée, adamique ? Aussi pourrait-on dire que ce n'est pas tant l'époux que les lettres qui feraient chez elle office de masque. Rappelant la polysémie de ce terme de « lettre », il nous serait aisé d'en déduire que Julia se dissimule sous un voile de littérature : plutôt que d'avoir en somme une chambre à elle, une soyeuse robe de textes qui feraient d'elle une femme de lettres, Mme Daudet jouit simplement des paillettes éclatantes du costume quotidien de « femme de grand écrivain ».

La scène mythique d'une collaboration

Une des raisons pour lesquelles Julia Daudet demeure citée de nos jours n'est autre que la question de collaboration sur laquelle Margot Irvine est judicieusement revenue dans un récent article[25]. La collaboration entre Alphonse et son épouse n'est d'ailleurs guère un fait unique chez le romancier. Rappelant la longue controverse entre Alphonse Daudet et Paul Arène au sujet de la paternité littéraire des *Lettres de mon moulin*, Murray Sachs énonce ainsi combien Daudet fut régulièrement accusé de plagiat en son temps, mais combien également toute la carrière de Daudet fut tissée de collaborations des plus variées[26]. Au fil de sa vie, ses lecteurs-éditeurs, l'aidant parfois en lui narrant les détails de leurs voyages en Camargue furent aussi variés que son frère, Timoléon Ambroy ou donc Paul Arène. Puis dès 1867 et leurs noces, Julia Allard devient la plus importante collaboratrice du romancier. Aussi, avant que cette dernière ne s'y opposât, *Le Nabab* lui fut dédié : « Au collaborateur dévoué, discret et infatigable, à ma bien-aimée Julia Daudet, j'offre avec un grand merci de tendresse reconnaissante ce livre qui lui doit tant[27]. » Il y avait donc entre Daudet et sa femme une rare, tacite et puissante communion littéraire. Cette collaboration est clairement établie et le rite d'écriture semble définitif autant qu'efficace. Sur la page de gauche

25. Margot Irvine, « Spousal Collaborations in Naturalist Fiction and in Practice », *Nineteenth-Century French Studies*, v. 37, n°s 1-2, 2008, p. 67-80.
26. Murray Sachs, « The Role of Collaborators in the Career of Alphonse Daudet », *PMLA*, vol. 73, n° 1, 1958, p. 116.
27. Alphonse Daudet, *Le Nabab*, cité par Murray Sachs, « The Role of Collaborators », art. cit., p. 118.

s'inscrit le texte d'Alphonse, tandis que sur celle de droite Julia écrit le sien, ajoutant des mots et des phrases, retranchant et retravaillant essentiellement le style de son époux, le « mettant au net[28] ». Daudet lui-même a présenté son travail d'écriture comme initialement oral, et il lui fallait longuement raconter ce que serait son histoire avant que de pouvoir l'écrire et il ajoute que son épouse, plus que quiconque, fut une oreille attentive en de tels moments avant que de s'exclamer : « Ah ! pauvres femmes d'artistes ! Il est vrai que la mienne est tellement artiste elle-même, elle a pris une telle part à tout ce que j'ai écrit ! Pas une page qu'elle n'ait revue, retouchée, où elle n'ait jeté un peu de sa belle poudre azur et or[29]. » Et Julia Daudet complétait :

> Notre collaboration ? un éventail japonais. D'un côté le sujet, personnages, atmosphères ; de l'autre, des brindilles, des pétales de fleurs, la mince continuation d'une branchette, ce qui reste de couleur ou de piqûre d'or, au pinceau du peintre. Et c'est moi qui fais ce travail menu avec la préoccupation du dessin et que mes cigognes envolées prolongent bien le paysage d'hiver, ou la presse verte au creux brun de bambou, le printemps étalé sur la feuille principale[30].

Julia Daudet a ici recours à une métaphore picturale ou plutôt décrit ses habitudes de relecture, d'édition et de réécriture des phrases de son mari comme ressemblant aux dorures ajoutées sur les éventails à motifs japonais. Tout comme les peintres impressionnistes se seraient inspirés de thématiques orientales – allant parfois jusqu'à, tels Van Gogh, se faire « Japonais » –, Julia Daudet revendique une méthode « japonisante » d'obédience impressionniste s'apparentant davantage à la peinture qu'à l'écriture, comme si trame et texte étaient masculins et qu'il ne restait aux femmes qu'à travailler, du bout d'un pinceau, la couleur.

Cette collaboration artistique, au sein d'un même foyer, dont on trouve trace dans le *Journal* des Goncourt autant que chez tous les biographes de Daudet est généralement présentée comme ayant rendu possible l'impressionnisme littéraire si finement ciselé du romancier. Edmond de Goncourt en vint même à se demander si Julia n'était pas l'auteur se cachant derrière l'œuvre de son époux : « La femme [d'Alphonse Daudet] écrit, et je la soupçonne d'être l'artiste du ménage », nota-t-il ainsi dans son journal en date du 5 juin 1874 – avant de se corriger dans une plus tardive édition : « Un ménage qui ressemble à celui que je faisais avec mon frère. La femme écrit, et j'ai lieu de la soupçonner d'être un artiste en style[31]. » Et pour Margot Irvine, Julia Daudet constitue le modèle de la Madame Sourdis dans le roman éponyme d'Émile Zola :

28. Murray Sachs, « The Role of Collaborators », art. cit., p. 119.
29. Alphonse Daudet, *Œuvres*, t. 5, Paris, Édition ne varietur, Librairie de France, 1931, p. vi.
30. Madame Alphonse Daudet, *Fragments d'un livre inédit*, Paris, Charavay Frères, n.d., p. 33.
31. Edmond de Goncourt, *Journal des Goncourt : Mémoires de la vie littéraire*, t. 5, 2e série, 2e volume, Paris, Bibliothèque-Charpentier, 1891, p. 121.

> C'était Adèle, qui composait, qui dessinait et peignait, sans lui demander un conseil, entrée d'ailleurs si complètement dans sa peau d'artiste, qu'elle le continuait, sans que rien pût indiquer la minute où la rupture avait été complète. Elle seule était, à cette heure, et il ne restait, dans cette individualité femelle, que l'empreinte ancienne d'une individualité mâle[32].

Le nom de l'époux, qui cache, dissimule, paraît alors pouvoir, subtilement, pouvoir masquer un secret : celui de la paternité, de l'origine réelle de l'écriture.

Parce qu'il y a dédoublement de l'origine de l'écriture, entre maternité et paternité, on retrouve sous la plume d'Ernest Daudet, comme sous celle de Léon Daudet, la même scène mythique et initiale d'un travail à quatre mains. Léon Daudet remarquait ainsi en 1940 dans *Quand vivait mon père* :

> Mes souvenirs d'enfance me montrent mon père et ma mère travaillant à deux tables juxtaposées, lui écrivant la tête inclinée, sa pipe à côté de lui, car toute sa vie il fuma la bouffarde et Flaubert en mourant, lui laissa une collection de ces pipettes, menues et blanches, au fourneau écaillé, qui lui tenaient compagnie dans son « gueuloir » de Croisset. Je portais la copie de l'un à l'autre, ma mère, très lettrée et bon écrivain elle-même, corrigeant-ci, ajoutant là, comme elle l'a modestement raconté un jour. Mais ce ne fut pas chez elle une fantaisie éphémère, ce fut une habitude et dont on retrouve trace dans tous les manuscrits heureusement conservés[33].

Léon Daudet insiste à la fois sur son statut de passeur, d'intermédiaire entre ces parents, mais aussi sur la modestie de sa mère. Le travail de cette dernière, s'il s'avère celui de correctrice autant que d'éditrice, est présenté comme inscrit dans la durée – et par là même sérieux. Ce sont d'ailleurs ces manuscrits qu'évoque Léon Daudet qui ont servi à ses ayants droit pour tenter – sans succès judiciaire – de prouver la collaboration de Julia Daudet et de l'inscrire en officiel co-auteur.

Le souvenir d'Ernest Daudet, qui insiste quant à lui sur l'écriture de son frère et son statut d'auteur, laisse le lecteur davantage dubitatif. En effet, si la scène de la table y est toujours la même, Ernest Daudet semble refuser de décrire sa belle-sœur en simple collaboratrice : ici, elle ne corrige pas mais rédige ses impressions et souvenirs d'enfance. Or, c'est en contemplant Alphonse travailler que vient à la jeune femme l'inspiration – comme s'il lui suffisait d'imiter ce dernier pour pouvoir créer :

> En face de lui, à l'autre extrémité de la table, après avoir veillé sur le coucher des enfants et baisé leur front, la femme est venue s'asseoir doucement. L'heure est exquise, propice au tranquille labeur qui enfante les belles œuvres. [...] Alors, à cette table heureuse, où le talent est contagieux, en face de cet homme qui est tout pour elle et dont la plume écrit des chefs-d'œuvre, elle se

32. Émile Zola, *Madame Sourdis*, Paris, Charpentier, 1929, p. 64.
33. Léon Daudet, *Quand vivait mon père*, Paris, Grasset, 1940, p. 12-13.

> sent prise aussi d'une sorte de nostalgie, et, sous la page blanche étalée sous sa main, elle laisse tomber en stances harmonieuses proses ou vers, ses souvenirs tout à coup ressuscités. Ces soirs heures fréquemment se renouvellent. Ils se complètent, l'été venu, par les adorables journées de villégiature, dans la maison des champs adossée à la forêt et dont les pampres à couleur d'émeraude et les glycines à fleur bleue se mirent dans la rivière[34].

Soulignons que cette scène bourgeoise d'échange parfait est si souvent réitérée qu'elle pourrait être sujette à caution, dissimulant quelques non-dits sous le voile d'une description idyllique. Nous avons vu que, pour Julia elle-même, la scène à la table de travail compte moins que ce que fut son travail d'écriture. Elle décrit ce dernier de manière orientaliste et précieuse, s'imagine en somme faisant de la porcelaine. Or cette petite besogne, cette fine touche rajoutée sur le produit que créa, avant elle, son époux, n'est-ce pas justement un travail féminin ? En d'autres mots, il serait le créateur, celui qui forme et construit l'objet et elle ne serait que celle qui l'embellit. On pourrait aussi utiliser une autre métaphore, où Alphonse serait l'architecte et Julia la décoratrice. C'est-à-dire que, volontairement, la jeune femme laisse à son mari le rôle essentiel tandis qu'elle se décrit comme simple subalterne. Étonnamment pourtant, soulignons que les critiques de l'époque n'ont jamais tant loué l'intrigue, le fond de l'histoire chez Daudet que la forme, les dialogues, cette langue affinée, efficace et souvent rieuse. Le travail de Julia serait alors un faux masque d'humilité puisque c'est ce travail même qui fit apprécier son mari.

*
* *

Nous terminerons cette esquisse de jeux de masques et d'écritures, en soulignant que, à la manière des Goncourt qui travaillèrent à quatre mains, il semble que les Daudet soient parvenus à une écriture double en son processus, sorte d'impressionnisme littéraire mêlant parfaitement qualités masculines et féminines. Après la mort d'Alphonse en 1897 et pendant ses presque cinquante années de veuvage, Julia n'eut de cesse d'évoquer la mémoire de son époux, de se placer dans l'ombre du nom de ce dernier. Elle écrivit, sinon ses souvenirs de lui, quelques poèmes de circonstance faits recueils, mais jamais plus ne s'essaya à la forme romanesque. Car comme la petite Hélie d'un texte nommé « Poète », Julia Daudet fut sans doute fillette – puis une femme – dotée d'une immense sensibilité littéraire :

> Toujours en ce cerveau de poète future une double impression, le combat, jamais la sensation unique ; comme chez le musicien qui entend dans la note touchée la dernière vibration des notes anciennes, sans cesse elle était gênée,

34. Ernest Daudet, *Mon frère et moi : souvenirs d'enfance et de jeunesse*, Paris, E. Plon et cie, 1882, p. 259-261.

> dans les apports immédiats, par ces précédentes ondes sonores ou visuelles qui agrandissent et compliquent la vie[35].

Le masque de l'époux, ce patronyme « Madame Alphonse Daudet » aurait alors dissimulé, en trompe l'œil, le dédoublement intime de Julia Daudet. Mascarade ludique des plus sincères, ce masque du nom était pour elle signe d'alliance et d'amoureuse complication, révélant ces précieuses fêlures que la collaboration avec le romancier était à même de poétiquement transcender.

35. Julia Daudet, *Miroirs et Mirages*, Paris, Éditions Fasquelle, 1905, p. 82.

David Martens

SOUS LA ROBE DE CLARA GAZUL. COMMENT PROSPER MÉRIMÉE EST ENTRÉ EN LITTÉRATURE

Pour Anaïs Frantz

> Le sexuel est sa propre différence, ou sa propre distinction. Se distinguer en tant que sexe ou en tant que sexué, c'est précisément cela qui fait le sexe ou la sexuation, c'est aussi cela qui rend possible le rapport, et c'est enfin cela qui ne donne pas lieu à sa propre entéléchie : car nul(le) n'est homme ou femme sans reste [...].
> Jean-Luc Nancy[1]

> [A]i-je *fait* parler des femmes ? lesquelles ? en moi, hors de moi ? que veut dire ici moi ? Ou bien les ai-je *laissé* parler ? À moins qu'au-delà de « faire » et « laisser » [...], elles ne m'aient même pas demandé mon avis, à moi, ou fait ou laissé parler moi-même, gardant elles-mêmes toute l'initiative...
> Jacques Derrida[2]

Dans le contexte de l'histoire occidentale, nombre de femmes se sont avancées masquées pour prendre la parole au sein de l'espace public. Dans le domaine littéraire, maintes auteures ont ainsi écrit sous un pseudonyme masculin, en fonction des motivations diverses et selon des stratégies spécifiques. Mais si certaines femmes ont arboré des masques destinés, notamment, à dissimuler plus ou moins durablement leur identité sexuelle, le féminin a aussi pu être utilisé comme masque par des hommes. Moins fréquent peut-être, ce genre de stratégies n'en engage pas moins des femmes écrivains, fussent-elles imaginaires. Mais au sein d'une institution qui, traditionnellement, légitime davantage les auteurs de sexe masculin, comment comprendre qu'un homme choisisse de publier sous un nom

1. Jean-Luc Nancy, *L'« il y a » du rapport sexuel*, Paris, Galilée, « Incises », 2001, p. 27.
2. Jacques Derrida, « Voice II » [1985], dans *Points de suspension. Entretiens*, éd. Élisabeth Weber, Paris, Galilée, « La Philosophie en effet », 1992, p. 180.

féminin ? Quel type de profit peut-il en escompter sur le plan d'une économie des biens symboliques et des motivations intimes de son activité créatrice ?

En 1825, à l'aube du romantisme français, Prosper Mérimée entre en littérature travesti en jeune actrice et dramaturge espagnole. Alors âgé de 22 ans, l'écrivain publie en effet à cette date son premier livre, *Le Théâtre de Clara Gazul*, sans autre nom d'auteur que celui la « comédienne espagnole » que désigne le titre d'un ouvrage dont la préface est attribuée à un supposé traducteur français baptisé du nom éminemment signifiant de Joseph L'Estrange. Longtemps considérées comme mineures dans la production de l'époque, plusieurs des pièces de ce recueil préfigurent la dramaturgie romantique et sont aujourd'hui appréciées des gens de théâtre. En revanche, si le dispositif de la supercherie amuse ou intrigue, force est de constater qu'il intéresse peu ou, à tout le moins, n'est guère pris au sérieux, comme s'il semblait évident qu'il n'avait d'autre portée que celle de la rigolade impliquée par un procédé ayant, il est vrai, tout de la blague de potache.

Inaugurale, cette publication touche pourtant au cœur de certains enjeux fondamentaux de la poétique mériméenne. En donnant à lire sa première œuvre comme écrite par une femme, Mérimée en conditionne la lecture à travers une mise en scène équivoque de son identité sexuelle doublée par le travestissement textuel que constitue la fausse traduction. Une telle mystification joue des modalités en vertu desquelles la connaissance de l'identité sexuelle (et culturelle) de l'auteur détermine l'appréhension de ses écrits. Elle invite en conséquence à étudier les stratégies qui régissent ces travestissements combinés en examinant la poétique des différences sexuelles[3] mise en œuvre par la scénographie mystificatrice qui régit le livre, en particulier dans les rapports qu'elle institue entre l'auteure, son traducteur et un écrivain qui, le simulacre une fois révélé comme tel, reprend l'ensemble du livre et de ses signataires fictifs sous son autorité.

Il s'agira dans un premier temps de souligner comment les modalités en fonction desquelles l'auteure imaginaire est présentée dans la « Notice sur Clara Gazul » inscrivent la jeune femme dans un rapport de tutelle avec plusieurs figures masculines : son traducteur tout d'abord, mais aussi Mérimée lui-même, dans la mesure où cette configuration du système des personnages paratextuels se rejoue dans le dispositif mystificateur et le dévoilement de sa nature. Pour autant, en dépit de la révélation de sa nature de leurre, le masque féminin continue d'imprimer sa marque à l'ouvrage. Censément neutralisée car présentée comme une fiction dont Mérimée est l'auteur, la trace du genre féminin apparaît comme un reste

3. Voir Mireille Calle-Gruber (dir.), « Obstétriques de la littérature. Poétique des différences sexuelles », *Rue Descartes*, n° 32, 2001 et « La différence sexuelle en tous genres », *Littérature*, n° 142, 2006.

avec lequel l'écrivain compose, dans ce livre mais aussi dans la suite de sa production. La supercherie inaugurale de Mérimée constitue en effet la scénographie matricielle d'une fantasmatique récurrente de son œuvre à venir.

Scénographie de la différence des sexes

Le faisceau d'informations attachées à un auteur contribue à déterminer la façon dont sa signature marque ses textes. Plus précisément, il incline à appréhender les œuvres signées de son nom selon les prédéterminations d'un horizon d'attente plus ou moins prégnant et étoffé. Le travestissement d'une figure auctoriale engage en conséquence une appréhension particulière de ses écrits. Si un écrivain décide de signer tout ou partie de ses œuvres d'un autre nom que celui qui le désigne à l'état civil, c'est, notamment, afin que celles-ci soient lues en fonction du nom choisi et de la figure d'auteur qu'il désigne. De tels travestissements peuvent toucher à la langue et à l'origine de l'écrivain, à son rang social ou encore à son identité sexuelle : un écrivain français (Boris Vian) peut parfaitement faire assumer sa fonction par un auteur américain (Vernon Sullivan) ou, comme Mérimée, par une femme alors qu'il est un homme.

Par le procédé mystificateur sur lequel il se fonde[4], *Le Théâtre de Clara Gazul* constitue une entrée pour le moins singulière dans la République des Lettres. Le dispositif paratextuel de ce livre se configure à travers un jeu de relations entre actants à l'identification sexuelle et au statut fonctionnel (auteur / traducteur) différenciés. En l'occurrence, ce livre configure sa fonction-auteur (Foucault) en touchant à la différence entre les genres sexués auxquels appartiennent respectivement Prosper Mérimée et Clara Gazul. Cette relation se complexifie d'emblée au sein de la « Notice » liminaire que le traducteur supposé consacre à la présentation de l'auteure. Ces rapports entre Clara Gazul et Joseph L'Estrange sont en effet régis par les implications du paradigme scripturaire que constitue la traduction en termes de hiérarchisation des différents modes d'auctorialité qu'elle implique.

En tant que pratique d'écriture, la traduction se place sous le signe d'une double altérité fondatrice : celle des textes en jeu en même temps que celle des signatures qui y sont apposées. Conçue comme la transposition d'un texte d'une langue dans une autre, elle se donne à lire comme un agencement de deux textes, dont l'un détermine l'autre. Selon la perspective la plus courante, elle est envisagée dans une fonction ancillaire et considérée comme déterminée par une relation d'étroite dépendance à l'original. De manière corollaire, la traduction établit un rapport entre deux signatures en coprésence, celle du traducteur étant fonctionnellement subordonnée à

4. Pour une approche théorique relative à la mystification littéraire, voir Jean-François Jeandillou, *Esthétique de la mystification. Tactique et stratégie littéraire*, Paris, Minuit, « Propositions », 1994.

celle de l'auteur[5]. Le traducteur n'est alors conçu que comme un auxiliaire et l'impact de sa tâche sur le texte produit se voit généralement neutralisée, alors qu'en toute rigueur, il est bel et bien un « auteur », celui d'une version du texte dans une autre langue.

L'agencement de signatures qui sous-tend le paratexte du *Théâtre de Clara Gazul* joue de cette ambiguïté liée à la façon dont la scénographie de la pseudo-traduction conditionne la distribution de l'autorité entre les différents actants du paratexte mystificateur. Un imaginaire de la traduction, de ce qu'est la traduction et des enjeux qu'elle implique se combine dans le recueil de Mérimée, à une rhétorique de la différence des sexes dans la hiérarchisation des types d'auctorialité dévolus aux figures impliquées dans la supercherie. Quoique présentée comme l'auteure des pièces rassemblées dans le livre, Clara Gazul se voit en effet assujettie à son supposé traducteur en français, non seulement dans l'esquisse biographique qui lui est consacrée par ce dernier, mais aussi en raison même de la nature de traduction du texte donné à lire au lecteur.

N'ayant pas atteint sa majorité lorsque Joseph L'Estrange la rencontre, Clara Gazul est présentée par ce dernier comme mineure d'âge[6], c'est-à-dire comme à peine sortie de l'enfance. Or, tandis que le *Trésor de la langue française* donne comme première définition d'enfant : « Être humain, *sans différenciation de sexe*, dans les premières années de sa vie et avant l'adolescence » (je souligne), selon l'étymologie bien connue, *infans* désigne celui qui est encore dépourvu de la parole. Par conséquent, le genre sexuel de même que les pouvoirs langagiers de la jeune fille se trouvent estompés et, selon l'axiomatique mise en place par cette préface, la jeune auteure suppose un tuteur, fonction que Joseph L'Estrange va assumer auprès d'elle après d'autres pères de substitution[7], non seulement en lui offrant des livres lors de leur première rencontre[8], mais aussi en prenant en charge la traduction de ses pièces en français.

Le statut de traduction de ces textes surdétermine ce rapport de tutelle. Tel qu'il se donne à appréhender au lecteur francophone, *Le Théâtre de Clara Gazul* est en effet pris en charge de bout en bout par son traducteur. Dès la

5. Topographiquement, elle est, le plus souvent, placée sous cette dernière, en plus petits caractères, selon une disposition qui manifeste sa minoration traditionnelle dans la prise en considération de l'économie textuelle.

6. « C'est à Gibraltar [...] que je vis pour la première fois Mlle Gazul. Elle avait alors quatorze ans. » (Prosper Mérimée, *Théâtre de Clara Gazul, romans et nouvelles*, éd. Jean Mallion et Pierre Salomon, Paris, Gallimard, « Bibliothèque de la Pléiade », 1978, p. 3)

7. Née de père inconnu (celui-ci n'est nullement évoqué dans sa généalogie), Clara Gazul est confiée par sa mère à un oncle, Gil Vargas et, lorsque celui-ci est pendu par les troupes napoléoniennes, elle se voit placée sous la tutelle du père Fray Roque Medrano, inquisiteur de son état.

8. « J'avais dans mon petit bagage trois ou quatre volumes dépareillés ; je les donnai à Clara, et ce cadeau, qui lui parut fort précieux, commença notre connaissance. » (Prosper Mérimée, *Théâtre de Clara Gazul, op. cit.*, p. 3) En mentionnant ce présent, le traducteur suggère implicitement qu'il est peut-être à la base de la vocation littéraire de la jeune femme, ce qui tend à accentuer l'assujettissement de l'auteure à son traducteur.

« Notice sur Clara Gazul », le lecteur prend connaissance des biographèmes qui présentent l'auteure à travers un texte de Joseph L'Estrange. De plus, les pièces de ce livre ne sont pas à proprement parler celles de la jeune femme : en tant que traduction, leur lettre est française *et* masculine. Dès lors, cette scénographie mystificatrice semble ne figurer une autorité féminine que pour la placer d'emblée sous une dépendance masculine dissimulée, celle d'un traducteur dont la fonction ancillaire leurre quant à son emprise effective sur le texte. À cet égard, cette esquisse biographique intègre le basculement d'un genre à l'autre que subit l'auctorialité du livre une fois révélée l'identité de son véritable auteur.

De la mystification à la fiction du féminin

L'ambivalence du récit mystificateur eu égard à la différence des sexes et à leur rapport hiérarchisé touche au cœur du dispositif élaboré par Mérimée et de la révélation à laquelle sa nature est soumise. Signée par le supposé traducteur, la « Notice » introductive a pour fonction de crédibiliser la supercherie en conférant une épaisseur biographique à l'auteure imaginaire, à travers un texte qui se présente comme un témoignage, puisque le traducteur y affirme avoir rencontré Clara Gazul à plusieurs reprises. Les pièces de ce recueil – dont la présentation imite à s'y méprendre celle de la collection « Chefs d'œuvre des Théâtres Étrangers », lancée en 1821 par Ladvocat – sont en outre accompagnées par une série de notes de nature historique ou lexicographique, imputées au traducteur et qui miment les protocoles en fonction desquels la traduction pallie les manquements que suppose la stricte économie – l'idéal du mot à mot – du geste scripturaire dont elle procède[9].

Cette fonction de crédibilisation de la supercherie se voit renforcée par le portrait de Clara Gazul que Mérimée a demandé à son ami, le peintre Étienne de Delécluze, de dessiner pour le faire figurer au sein de son livre. Or, dans la mesure où le portrait d'un auteur tend à donner consistance au corps fantomatique du signataire en le faisant venir à la visibilité dont Federico Ferrari et Jean-Luc Nancy ont montré qu'elle est toujours sécrétée par le texte[10], il constitue l'un des moyens les plus efficaces pour accréditer une forme d'existence extratextuelle du signataire d'un ouvrage. En l'occurrence, représentant une figure désignée dans la préface et l'ensemble du paratexte comme une auteure réelle, ce buste de Clara Gazul contribue à accréditer l'existence d'une écrivain dont le caractère imaginaire ne sera dévoilé qu'après-coup, lorsque le caractère de mystification du texte se verra reconnu comme tel.

9. Sur ce point, voir Jacques Derrida, « Qu'est-ce qu'une traduction "relevante" », dans Marie-Louise Mallet et Ginette Michaud (dir.), *Jacques Derrida*, Paris, L'Herne, 2004, p. 565.

10. Federico Ferrari et Jean-Luc Nancy, *Iconographie de l'auteur*, Paris, Galilée, « Lignes fictives », 2005.

En dépit de cette combinaison de procédures d'accréditation, la mystification de Mérimée n'a manifestement trompé que peu de monde à l'époque. La supercherie fut, de fait, rapidement éventée, à l'initiative de l'auteur lui-même, qui ne s'est guère montré discret quant à son rôle effectif dans l'écriture du livre. Avant même sa parution, le jeune écrivain en avait lu certaines pièces en public, dans des salons littéraires – celui d'Étienne Delécluze notamment –, court-circuitant ainsi largement les effets mystificateurs du procédé, pour une part choisie de son public du moins. Dans le cadre du livre même, Mérimée a en outre disséminé un certain nombre de clins d'œil susceptibles de mettre la puce à l'oreille, en particulier en impliquant une figure de traducteur dont le patronyme de L'Estrange, éminemment signifiant, apparaît gros comme un faux nez au milieu du visage.

L'œuvre mériméenne, témoigne, dans son ensemble, d'une fascination prononcée pour les jeux de dissimulation. Celle-ci va de pair avec une jubilation du dévoilement, tout se passant comme si une mystification n'était parfaitement accomplie que dévoilée comme telle, c'est-à-dire, dans le même temps, neutralisée dans ses effets de tromperie. Pour le coup, le dévoilement de la supercherie, faisant partager aux lecteurs le savoir relatif à la nature du dispositif, fait glisser l'ensemble du paratexte du *Théâtre de Clara Gazul* dans la sphère de la « feintise ludique partagée[11] » à laquelle la part de simulacre de sa configuration tend dans un premier temps à le faire échapper. Le dévoilement redouble ou ratifie ainsi, sur le plan de la signature auctoriale, l'apposition d'une signature masculine francophone à celle de Clara Gazul telle qu'elle opérait dans la pseudo-traduction, qui confrontait le lecteur à une version signée par un homme, le traducteur.

À la faveur du dévoilement de la nature effective de l'ouvrage, l'auctorialité féminine à l'œuvre au sein de cette supercherie voit ses lignes de force redistribuées. L'horizon d'attente et d'interprétation de ces textes s'en trouve bouleversé, dans la mesure où ils ne sont plus attribués à une jeune espagnole mais à un écrivain français qui a non seulement souhaité se faire passer pour Clara Gazul, mais aussi qu'une part de son public n'ignore pas cette donne. Dans cette optique, le *Théâtre de Clara Gazul* exhibe un désir d'être lu non tant (du moins non seulement) comme l'œuvre d'une femme que comme celle d'un homme ayant prêté voix à une (ou pris voix de) femme *imaginaire*. Nuance et complexification décisives, dans la mesure où elles tracent la ligne de partage entre la simple dissimulation et le travestissement, un travestissement en l'occurrence « d'autant plus impeccable qu'il s'exhibe comme tel[12] ».

L'ambivalence de ce clivage se marque également chez Mérimée dans le dispositif iconographique particulier qui accompagne certains exemplaires

11. Voir Jean-Marie Schaeffer, *Pourquoi la fiction ?*, Paris, Seuil, « Poétique », 1999.

12. Ainsi que s'exprime Philippe Lacoue-Labarthe à propos d'une série d'autoportraits photographiques d'Urs Lüthi (*Portrait de l'artiste, en général*, Paris, Bourgois, « Première Livraison », 1979, p. 43).

de la première édition du *Théâtre de Clara Gazul*. Dans ceux-ci, l'auteur a fait superposer sur le portrait de Clara Gazul par Delécluze un dessin représentant un buste manifestement masculin, vêtu d'une redingote et portant une cravate. Le visage en était découpé, de sorte qu'une place vide permettait à celui du portrait de Clara Gazul de venir s'y insérer et de laisser ainsi apparaître un portrait de Mérimée lui-même. Tournant la page, le lecteur pouvait voir le visage en question demeurer sur la vignette suivante, celle où se trouvait le portrait de Clara Gazul figurant au frontispice de l'ensemble des exemplaires de l'*editio princeps*. Séparant l'auteur réel de son masque imaginaire féminin, un tel portrait dédoublé reproduit iconographiquement la stratégie de dévoilement de la mystification.

Toute mystification est régie par un clivage temporel en vertu duquel les textes impliqués ne sont plus lus *après* la révélation de leur statut comme ils l'étaient *avant* celle-ci. Chez Mérimée, cette figure d'auteur que constitue Clara Gazul semble n'avoir été mise en œuvre que pour se voir neutralisée et aussitôt placée sous la coupe d'une figure masculine. À telle enseigne qu'il y a lieu de se demander si la subordination du masculin au féminin que donne à lire cette supercherie ne consisterait pas en l'élaboration d'un leurre permettant, en dernière instance, une réaffirmation de l'autorité masculine. Ce serait toutefois faire peu de cas de ce que cette stratégie scripturaire se fonde chez Mérimée sur les deux moments – avant et après la révélation – d'une scénographie qui préserve paradoxalement la part du féminin dans le geste consistant à l'arraisonner à une signature masculine, celle de Joseph L'Estrange aussi bien que celle de Mérimée lui-même.

Le double jeu du genre

Une supercherie comme celle commise par Mérimée vit dans la hantise de son dévoilement et, lorsqu'elle met en scène une auteure supposée, dans celle de sa réduction au statut d'invention d'un auteur « réel », masculin en l'occurrence. Le double discours de ce type d'œuvres est finalement toujours tranché lors de la révélation dont leur stratégie de dissimulation est menacée et/ou à laquelle elle est vouée. Dévoilée comme telle, la mystification élaborée au sein du paratexte doit en toute rigueur se lire comme une fiction, un récit dont la feintise ludique est désormais partagée. Cette transformation n'implique cependant pas que ces textes puissent être lus comme n'importe quelle fiction. Dans la mesure où ce statut fictif procède de la révélation d'une supercherie, ils présentent une spécificité, qui repose sur une reconfiguration – et non une simple réduction – des éléments scripturaires en jeu.

La stratification à laquelle une mystification est soumise par la révélation de sa nature marque les textes en jeu d'une temporalité qui les dédouble d'emblée et préserve en eux une part d'altérité, irréductible par principe. Dans une mystification, le texte et sa signature se donnent dans un premier temps à lire comme autres que ce qu'ils sont effectivement. Mais l'identification de ce « premier temps » procède d'un après-coup. À l'instar du secret tel que Louis Marin en décrit la logique, la mystification « ne se constitue tel[le] que de sa disparition ; [elle] ne s'écrit qu'au futur antérieur ou, au mieux, à l'imparfait[13] ». Le devenir-autre de ces textes se conjugue sous la forme d'un avoir-été facticement, autrement dit d'un être-passé-pour. De tels livres, préservant nécessairement la mémoire de leur premier statut et de leur premier mode de publication, diffèrent dès lors *constitutivement* d'avec une supposée authenticité première.

En l'occurrence, Mérimée ne saurait faire en sorte que la supercherie qui a marqué la publication de ses textes n'ait pas eu lieu, aussi déconstruite ait-elle pu être dès le départ dans ses effets proprement mystificateurs. L'apparent « retour » du *Théâtre de Clara Gazul* au statut de version originale supposée, et supposée masculine (en même temps qu'authentique), se révèle impossible, dans la mesure où ce recueil n'a jamais été indépendant du subterfuge qui a déterminé sa première publication. Même lorsque la mystification se voit assignée au statut de fiction, le texte qui a en fait l'objet préserve la mémoire de son premier statut et, du même coup, celle de sa première signataire[14]. Dès lors, la part dévolue au féminin change de fonction, mais ne disparaît nullement. Au contraire, elle se trouve d'autant mieux préservée que l'auctoralité masculine s'institue par la mainmise qu'il exerce sur elle.

Certes, *Le Théâtre de Clara Gazul* est fondé sur la mise en scène factice d'un être-femme de l'auteur corollaire d'un être-traduction du texte. Cette supercherie mériméenne paraît de ce point de vue n'avoir été élaborée qu'en vue d'une réduction qui fait partie intégrante de ce qu'est ce livre, à savoir une mystification (ou une pseudo-mystification) et, en l'occurrence, un ouvrage écrit par un homme. Mais le procédé et la temporalité paradoxale et dédoublée à laquelle il obéit présente dans le même temps de multiples lignes de fuite, qui déstabilisent l'homogénéité de cette dynamique. Corollairement à un arraisonnement phallogo-franco-centriste, ce dispositif textuel stratifié implique, en dépit de la réduction du féminin à laquelle il procède, mais aussi et surtout en raison des modalités de celle-ci, non une simple neutralisation, mais une reconfiguration des différences sexuelles à l'œuvre au sein de cet agencement de signatures.

Le paratexte liminaire que constitue la « Notice sur Clara Gazul » se place sous le signe d'une ambivalence révélatrice à cet égard. Joseph L'Estrange y présente la jeune fille comme une forte tête, qui ne s'en laisse pas compter par Fray Roque Medrano, parent inquisiteur sous l'autorité féroce duquel

13. Louis Marin, « Logiques du secret », dans *Lectures traversières*, Paris, Albin Michel, « Bibliothèque du Collège international de philosophie », 1992, p. 247.

14. Le plus souvent, les mystifications littéraires – c'est le cas de celle de Mérimée – sont republiées en préservant le dispositif mystificateur, auquel se trouve adjoint des appendices – introductions, etc. – qui en précisent la nature et, éventuellement, en retracent l'historique.

elle a été placée. C'est précisément pour lui tenir tête qu'elle se lance dans le théâtre, en tant qu'actrice d'abord, puis comme auteure. De même la tutelle exercée par le traducteur sur la jeune fille se voit-elle relativisée par l'affirmation selon laquelle la traduction de ses pièces en français a été faite « sous les yeux de Doña Clara[15] ». Outre le clin d'œil au lecteur averti, cette mention revient à soumettre le travail du traducteur à l'approbation de l'auteure et, par conséquent, à relativiser le statut de traduction de ces textes[16] en même temps que l'autorité de Joseph L'Estrange exerce sur eux en tant que traducteur.

Cette discrète emprise du féminin se marque également dans le dispositif iconographique accompagnant certains exemplaires de la première édition du livre. L'association de ces deux images a le plus souvent été interprétée comme une réduction de la figure féminine en fiction élaborée par un homme, partant, dans la perspective d'une hiérarchisation des genres sexuels en faveur du masculin. Mais alors que le lecteur aurait pu s'attendre à ce que ce soit l'image de Clara Gazul qui s'efface pour laisser place au portrait de Mérimée, conférant la prééminence à l'écrivain, c'est au contraire le corps masculin de l'auteur prétendument réel qui est présenté comme une forme vide superposée au portrait de la jeune femme. L'écrivain apparaît certes en premier, mais disparaît une fois la page tournée, tout se passant comme si, alors même que la supercherie se dévoile, Mérimée dissimulait Clara Gazul et, par conséquent, comme si c'était la figure masculine qui constituait un travestissement[17].

La résorption de l'auctorialité féminine imaginaire à l'œuvre dans ce texte de Mérimée semble ne pouvoir s'accomplir sans donner à entendre une voix contradictoire avec son mouvement le plus apparent. Une trace féminine ne laisse pas de demeurer, comme la mémoire d'une différence à traiter, avec laquelle l'écrivain sera amené à composer tout au long d'une œuvre caractérisée par une galerie de figures féminines particulièrement masculinisées, de *La Vénus d'Ille* à *Carmen* en passant par *Colomba*. Chez Mérimée, la part de féminité qui habite nombre de figures masculines paraît ne jamais pouvoir être évincée sans reste, à commencer chez l'auteur tel(le) qu'il entre

15. Prosper Mérimée, *Théâtre de Clara Gazul*, *op. cit.*, p. 6.

16. Un texte dont la traduction est lue et approuvée par l'auteur, c'est-à-dire contresignée par lui (ou elle), peut-il être tenu pour une traduction au sens strict ? En l'occurrence, en indiquant la part prise par l'auteure dans la traduction de ses propres textes, Joseph l'Estrange rend « sa » traduction quelque peu étrangère à elle-même en en faisant un second original de ces pièces censément écrites en castillan par Clara Gazul. Pour le dire autrement, cette indication brouille le statut de traduction du *Théâtre de Clara Gazul* en le faisant glisser dans le domaine de l'auto-traduction.

17. Pour une analyse plus approfondie de ce dispositif iconographique et de ses enjeux, voir notre article, dont l'argumentation et les conclusions rejoignent celles de la présente étude : « Portrait de Prosper Mérimée en auteur(e) imaginaire. Les clins d'œil d'une iconographie d'écrivain », *Interférences littéraires*, n° 2, mai 2009, p. 61-74 – URL de la revue : <http://www.uclouvain.be/sites/interferences> ; les images évoquées sont reproduites dans cet article, ainsi que dans le volume reprenant un choix d'œuvres de Mérimée en Pléiade (*op. cit.*).

sur la scène littéraire travesti en jeune actrice et dramaturge espagnole. À ce titre, la mystification sur laquelle se fonde *Le Théâtre de Clara Gazul* met en place une scène primitive et matricielle, en particulier dans ce qu'elle engage d'une poétique des différences sexuelles.

De Clara Gazul à *La Guzla*

Cette curieuse entrée dans le champ littéraire sous la robe de Clara Gazul constitue une scène primitive de l'œuvre. De façon remarquable, l'écrivain lui a accordé un attachement particulier et ambigu. Plusieurs de ses publications ultérieures, comme la *Chronique du règne de Charles IX*, ont ainsi paru dans leur première édition sans le nom de Mérimée, mais accompagnés de la mention pour le moins ambiguë « par l'auteur du *Théâtre de Clara Gazul* ». Ce n'est qu'en 1842, à la faveur d'une réédition du recueil, que l'écrivain signe pour la première fois de son nom son premier livre. Préservant quelque peu la coexistence de deux figures et de deux genres sexuels, une telle formule permet à l'auteur de maintenir une part féminine dans sa signature et dans son écriture, ainsi que sa seconde mystification, parue deux ans après *Le Théâtre de Clara Gazul*, tend à la confirmer en dépit des apparences.

En 1827, Prosper Mérimée récidive en effet dans le registre de la pseudo-traduction en publiant *La Guzla ou Choix de poésies illyriques recueillies dans la Dalmatie, la Croatie et l'Herzégowine*. L'ouvrage est cette fois présenté comme traduit de l'illyrique par un préfacier anonyme qui prétend avoir recueilli ces chants auprès d'un joueur de guzla – il s'agit d'une sorte de guitare à une corde – originaire des Balkans et nommé Hyacinthe Maglanovich. Ce n'est que quinze ans plus tard, à travers l'« Avertissement » qui accompagne la réédition du recueil en 1842 – l'année où l'écrivain fait également figurer pour la première fois son nom sur une réédition du *Théâtre de Clara Gazul* – que Mérimée endosse nominativement la paternité d'un ouvrage qui semble avoir davantage abusé les lecteurs que son premier livre, ainsi que l'écrivain se plaît à le souligner avec ironie mordante[18].

Dans l'histoire de l'œuvre mériméenne, la publication de *La Guzla* paraît réitérer l'oblitération de ce que Clara Gazul représentait en termes d'inscription d'une signature féminine au sein(g) de celle de l'écrivain. Les ballades rassemblées dans ce recueil sont en effet attribuées à un auteur masculin d'âge mûr. En outre, la différence des sexes entre ces deux auteurs supposés s'accompagne d'une différence notable dans l'opération de dévoilement dont ces supercheries ont fait l'objet. Au contraire de la façon dont il en avait usé avec le *Théâtre de Clara Gazul*, l'écrivain n'a pas vendu d'entrée de jeu la mèche. Ceci explique que certains aient pu se laisser prendre au piège, parmi lequel plusieurs traducteurs. Cette différence de traitement suggère que la

18. Prosper Mérimée, *La Guzla ou choix de poésies illyriques recueillies dans la Dalmatie, la Bosnie et l'Herzégowine*, Paris, Kimé, « Rencontres », [1827] 1994.

première mystification se devait d'être plus explicitement exhibée, comme s'il s'agissait d'en marquer la différence essentielle, celle portant sur le sexe des signataires.

Si une telle différence de traitement de la supercherie entre le *Théâtre de Clara Gazul* et *La Guzla* tient au partage des genres sexuels existant entre l'écrivain et son auteure supposée, loin de lever l'ambivalence des genres, la seconde mystification de Mérimée la préserve secrètement. Comme la critique n'a pas manqué de le noter, à commencer par Goethe[19], le titre du recueil anagrammatise le patronyme de Gazul, que Joseph L'Estrange présente incidemment comme une joueuse de guitare[20]. En outre, Hyacinthe, le prénom du barde Maglanovich, est également féminin[21]. Il s'agit donc de faire à nouveau vibrer une corde sensible, Mérimée faisant chanter à travers la guzla de Maglanovich la voix cryptographiée de Clara Gazul, selon une ventriloquie ou une ventrilographie qui ne semble couper court avec le travestissement féminin à l'œuvre dans le *Théâtre de Clara Gazul* que pour mieux le laisser subsister en sourdine[22].

*
* *

L'insistance de cette fantasmatique empreinte d'ambiguïté sexuelle touche au cœur de l'élaboration de l'autoportrait symbolique à laquelle se livre un auteur dont le patronyme – Mérim*ée* – est marqué d'une désinence féminine relativement rare dans l'onomastique française. Les avatars que cette complexion narcissique équivoque connaît dans l'œuvre à venir indiquent son caractère fondateur dans la poétique du sujet mériméen. Ainsi que l'a montré Christian Chelebourg, chez Mérimée, l'écriture se conçoit comme une entreprise permettant au sujet qui s'élabore dans et à travers elle « d'accéder à une forme de virilité symbolique[23] ». Tout se passe comme si, dans ce premier livre pour le moins particulier, il s'agissait pour l'écrivain de couper court au –e final féminisant son nom et d'affirmer sa masculinité en même temps que son autorité d'auteur.

---

19. Voir Jean-François Jeandillou, *Supercheries littéraires. La vie et l'œuvre des auteurs supposés*, Genève, Droz, [1989] 2001, p. 180.
20. « [D]oña Clara prit sa guitare et nous chanta [une] chanson » (Prosper Mérimée, *Le Théâtre de Clara Gazul*, *op. cit.*, p. 4).
21. Par ailleurs, dans la première édition du livre, l'écrivain suggère une filiation entre l'une des ballades de Maglanovich et l'une des pièces du *Théâtre de Clara Gazul* : « Je suppose que cette chanson, dont on a donné un extrait dans une revue anglaise, a fourni à l'auteur du *Théâtre de Clara Gazul* l'idée de *L'Amour africain* » (*Ibid.*, p. 1167, notice de *L'Amour africain*).
22. Cette ambivalence sexuelle cryptographiée se retrouve également dans le titre du récit que Mérimée tenait pour l'une de ses plus belles réussites, *La Vénus d'Ille*. Le toponyme où est découvert cette statue représentant une Vénus particulièrement équivoque et inquiétante condense en effet (Ille) les pronoms masculin (il) et féminin (elle) de la troisième personne.
23. Christian Chelebourg, *Prosper Mérimée, le sang et la chair. Une poétique du sujet*, Paris-Caen, Minard, « Archives des Lettres Modernes », 2004, p. 70.

À ne l'envisager que sur le plan de sa dynamique hiérarchisante la plus apparente, la supercherie du *Théâtre de Clara Gazul* paraît scénographier un transfert d'auctorialité d'une figure féminine à un écrivain en herbe. Cependant, la structuration imaginaire du dispositif imprime une ambiguïté foncière à cette poétique de la dénégation. La mystification mériméenne repose en effet sur une rhétorique du travestissement dont l'ambivalence contredit l'évidence de cette hiérarchisation des sexes et « versatilise[24] » toute assignation de genre parfaitement assurée. Si à travers ce premier livre, Mérimée semble avoir cherché à faire la part du féminin – comme on dit faire la part du feu –, force est de constater qu'il a dans le même temps mis en œuvre, et par là même exhibé, un aspect fondateur et durable de son imaginaire, celui de la division et de l'ambivalence générique qui, à ses débuts, sous-tend sa signature et son identité d'écrivain.

24. Voir Ginette Michaud, « Versatiliser le genre. (Trois scènes de lecture : Nancy, Cixous, Derrida) », dans Catherine Mavrikakis et Patrick Poirier (dir.), *Un certain genre malgré tout. Pour une réflexion sur la différence sexuelle à l'œuvre dans l'écriture*, Québec, Nota Bene, 2006, p. 17-79.

III. Se masquer, se travestir, s'écrire

Marie-Gersande Raoult

TROUBLES DU GENRE[1] CHEZ RACHILDE. LA MASCARADE DES SEXES DANS *MONSIEUR VÉNUS* ET *MADAME ADONIS*

La littérature décadente repose principalement sur une appréhension subversive des représentations sociales de la fin du XIXe siècle. Territoires de transgression de la norme, les textes jouent sur les codes, ou plutôt même les déjouent, s'employant à perpétuellement brouiller les frontières. Aigris par une société inapte à répondre à leur soif de sensations inédites, les personnages des œuvres de ce mouvement entretiennent avec la réalité un rapport totalement dévoyé. Il s'agit alors de combler ce manque à être par une tentative de recréation du monde qui passe avant tout par une recréation du moi. Les âmes fin-de-siècle s'appliquent ainsi à développer un contre-moi par le recours à l'artifice, instaurant au cœur des récits un trouble dans leur propre représentation quant à la notion même de genre. Les protagonistes, selon l'ambiguïté qui les définit, cultivent des apparences changeantes, à l'image de leur « moi-mosaïque », échappant sans cesse à une représentation univoque et se plaçant plutôt sous le signe d'une certaine insaisissabilité. Le recours aux simulacres, et plus particulièrement au travestissement, est alors essentiel au sein de cette entreprise de détournement des représentations normatives symbolisant parfaitement les tenants et les aboutissants de la littérature fin-de-siècle: les personnages qui s'évertuent à changer de sexe touchent au factice et se mettent d'eux-mêmes hors-nature.

En tant qu'artifice, le travestissement est un des signes privilégiés de la Décadence dans la mesure où il participe d'une esthétique de la subversion jouant sur l'inversion sexuelle et estompant les frontières du masculin et du féminin. Ce changement artificiel de sexe est prégnant chez Rachilde, auteure française qui aura marqué son temps par ses héroïnes au sexe douteux, figures incarnant une certaine crise du pouvoir féminin. Deux de ses romans

1. En référence à l'ouvrage de Judith Butler (*Trouble dans le genre. Le féminisme et la subversion de l'identité*, trad. Cynthia Kraus, Paris, Éditions de la Découverte, [1990] 2005), dans lequel la philosophe expose sa théorie de la performativité du genre et témoigne de la subversion dont celui-ci peut faire l'objet en entreprenant une déconstruction de l'ontologie sexuelle.

en particulier, *Monsieur Vénus* et *Madame Adonis* – où l'ambiguïté du sexe des protagonistes est déjà perceptible à travers l'oxymore contenu dans les titres et le mélange des genres qu'ils suggèrent –, témoignent de cette volonté des héroïnes à se défaire de la domination masculine et, plus largement même, de celle du concept de genre. En dissimulant leur propre nature par le biais du déguisement, elles s'affichent sous les traits de l'Autre (si tant est que l'autre réside dans le sexe opposé et qu'il ne soit pas le Même[2]). L'identité est alors en jeu au cœur de ces textes, quand elle n'en constitue pas un enjeu. Ainsi, les femmes se métamorphosent, opérant sur leur propre individualité une transformation à la fois physique et morale qui tend à les viriliser et, par voie de conséquence, à fragiliser la masculinité des hommes qui les côtoient.

Au-delà même de ces travestissements tant physiques que psychiques s'insinuent des tendances homosexuelles qui portent en fait un désir tout androgynal de dépassement des sexes, de syncrétisation des contraires. Enfin, relativement à la rhétorique transgressive qui définit la littérature décadente, le récit fait écho textuellement à cette déconstruction identitaire en jonglant avec la notion de genre et en se travestissant grammaticalement. Ce jeu tant thématique que stylistique et poétique sur les représentations sexuelles révèle alors plus profondément une crise identitaire qui sème le doute. Le trouble étant jeté, la mascarade des sexes peut prendre place.

Entre confusion et négation du sexe

« À présent, mon cœur, ce fier savant, veut faire son petit Faust… il a envie de rajeunir, non pas son sang, mais cette vieille chose qu'on appelle l'amour[3] ! », tel est l'objectif que se fixe Raoule de Vénérande, l'héroïne de *Monsieur Vénus* et que partagent généralement les personnages féminins rachildiens, las de la façon dont les hommes les aiment et les traitent ; exerçant continuellement sur elles une impérieuse domination, ceux-ci les empêchent en effet de connaître les vertiges du plaisir. La liste des reproches faits aux mâles est longue : « […] brutalité ou impuissance. Tel est le dilemme. Les brutaux exaspèrent, les impuissants avilissent et ils sont, les uns et les autres, si pressés de jouir, qu'ils oublient de nous donner, à nous, leurs victimes, le seul aphrodisiaque qui puisse les rendre heureux en nous rendant heureuses : l'Amour !… » (*MV*, 87). La différence sexuelle se gère donc sur le mode du conflit, ce qui pousse la femme à bouleverser les codes sexuels établis et à renverser le schéma des relations hommes / femmes, tout en ouvrant

2. La notion de Même doit être ici envisagée dans son opposition à celle d'Altérité qui fonde le caractère de ce qui est Autre. Le Même symbolise le rapprochement, l'égalité de conditions et stigmatise le rapport identitaire, l'Identité relevant de l'ordre du Même. La philosophie platonicienne a largement développé ces deux concepts dans sa tentative de définition du rapport à autrui. Ainsi, dans l'étude de l'ontologie (la Science de l'Être), le Même et l'Autre sont désignés comme des genres de l'Être.

3. Rachilde, *Monsieur Vénus*, Paris, Flammarion, [1884] 1926, p. 91. Désormais, les références à cet ouvrage seront indiquées par les lettres *MV*, suivies du numéro de la page.

le champ des représentations. Ce sentiment d'être réduite à un simple objet de désir désillusionne les héroïnes sur l'amour tel qu'il est conventionnellement vécu et les engage à mener une véritable guerre des sexes :

> Je ne suis qu'une automate sans entrailles qu'on étend sur des fourrures ou sur des fleurs, selon la saison, pour exagérer sa puérilité ou son détraquement [...] Non ! il ne me suffit plus d'être aimée comme une sœur ou comme une idole... Je désire être aimée comme une femme, simplement[4].

Les femmes se mettent alors en quête d'une identité nouvelle, loin des représentations qu'on leur associe communément, cherchant à terrasser l'amour vulgaire comme l'exprime si clairement Marcelle Désambres, l'héroïne de *Madame Adonis*. En pleine crise de virilité, elles se mettent alors en tête de diriger le jeu amoureux, inversant les rôles sexuels. Invitant de la sorte à de nouveaux rapports entre les sexes, Raoule de Vénérande et Marcelle Désambres affirment leur volonté de se placer en dehors du fantasme masculin et de poser plus largement la problématique des sexes.

Pourtant, *Monsieur Vénus* et *Madame Adonis* se révèlent des romans du désir féminin. Le travestissement apparaît alors comme un moyen idéal pour les héroïnes à la fois d'accaparer les caractères masculins et de subvertir les rôles sexuels. En effet, au sein de cette tentative d'inversion des codes sexués, un masque s'avère indispensable pour estomper au maximum tout indice de leur appartenance au sexe féminin et d'harmoniser au mieux la discordance qui se fait sentir entre leur âme et leur corps. Ainsi Raoule et Marcelle se placent-elles désormais sous le pôle masculin, favorisant au sein des récits une rhétorique de la confusion des sexes et un trouble dans le genre. Elles sont à l'origine de la comédie qui s'y joue et où tout n'est que falsification de la nature entendue dans sa dimension biologique. Le travestissement, par la poétique de dissimulation et le jeu sur les formes qu'il véhicule, propose corrélativement une mise à distance de la nature, voire même un refus symbolique de celle-ci. Exempté des règles du réel, il corrobore également le souhait de tout décadent de vivre sur les modes du théâtral et de l'artifice, qui facilitent le camouflage des innombrables failles inhérentes aux lois dictées par la nature. Le travestissement augure alors une double dimension à la fois esthétique et psychologique déstabilisant les limites de la représentation des sexes et engageant par là le sentiment d'identité des personnages ; ce qu'exprime Raoule de Vénérande par cet aveu : « Je me suis toujours trouvée seule, alors que j'étais deux. » (*MV*, 91)

4. Rachilde, *La Princesse des ténèbres*, Paris, Calmann-Lévy, [1896] 1919, p. 351-353. Notons que dans la première édition de 1896, Marguerite Eymery (véritable nom de notre auteure) substitue sa signature pseudonymique habituelle à un nouveau pseudonyme, celui de Jean de Chilra qui fonctionne comme l'anagramme de « Rachilde ». Si derrière le pseudonyme Rachilde, il demeure difficile de savoir s'il se cache un homme ou une femme, à travers ce nouveau nom d'emprunt, Marguerite Eymery revendique clairement son statut d'« homme de lettres », puisque derrière le nom de « Rachilde » se cache un gentilhomme du XVIe siècle.

Favorisant à la fois l'échange et la confusion des sexes, le travestissement provoque au sein des œuvres de Rachilde une permutation continue des rôles et des signes, qui oscille entre féminisation et virilisation, qui met en scène des « corps intersexes[5] ». Si cette inversion se fonde certes sur une négation du sexe naturel, elle stigmatise surtout une indécision identitaire liée intrinsèquement à une irrésolution du genre qui participe en avance de la démonstration des *gender studies* sur la « flexibilité de la division sexe / genre[6] ». Dans *Monsieur Vénus*, si le sexe biologique des protagonistes est clairement identifié dès le départ, le genre auquel ils appartiennent l'est bien moins. « Où vont les sexes ? » telle est la question que se pose Béatrice Slama en observant cette distorsion qui s'exprime entre les rapports hommes-femmes : « En même temps qu'ils dénoncent et rejettent le "masculin" chez la femme, des hommes découvrent avec angoisse et parfois une secrète complaisance le "féminin" en l'homme[7] », et c'est le cas de Jacques Silvert. Le mouvement inverse se produit chez les femmes à l'égard des hommes.

Une forme de dédoublement, né de ce décalage entre le sentiment du sexe et le sentiment du genre, caractérise les personnages de sorte qu'ils se positionnent à la fois sur le mode féminin et sur le mode masculin. Ceci contribue fortement à la déconstruction de la notion d'identité. La confusion des genres se traduit notamment à travers les descriptions physiques et le comportement des personnages qui démontrent que « ni le désir sexuel, ni le comportement sexuel, ni l'identité de genre ne sont dépendants de la structure anatomique, des chromosomes ou des hormones. D'où l'arbitraire des rôles sexuels[8] ». Le genre s'y annonce donc performatif. Chez *Monsieur Vénus*, Raoule se conduit comme un homme. Escrimeuse, elle fume des cigarettes turques, est armée d'un couteau-poignard, revêt des costumes d'homme et va même jusqu'à se couper les cheveux à la garçonne. Elle se présente comme un homme : « Mais souvenez-vous donc que je suis un garçon, moi, [...], un artiste que ma tante appelle son neveu [...]. » (*MV*, 57) Elle déjoue son identité en se revendiquant de l'autre sexe et en proclamant : « je suis *honnête homme*[9] ! » (*MV*, 75). Son entreprise illusionniste est si aboutie que Jacques Silvert en vient même à en oublier sa véritable nature et s'étonne à la vue de ses seins qui demeurent un des éléments de trahison à l'égard de

5. Elsa Dorlin, *Sexe, Genre et Sexualités*, Paris, PUF, « Philosophies », 2008, p. 34

6. Ilana Löwy, « Intersexes et transsexualités : les technologies de la médecine et la séparation du sexe biologique du sexe social », *Les Cahiers du genre*, n° 34, 2003, p. 91.

7. Béatrice Slama, « Où vont les sexes ? Figures romanesques et fantasmes "fin de siècle" », *Europe*, Paris, n° 751-752, novembre-décembre 1991, p. 27.

8. Ilana Löwy, « Intersexes et transsexualités », art. cit., p. 96.

9. Robert Stoller explique à ce sujet que ce type de femme intersexuée se crée, « au sens psychologique, un pénis qui a la même signification symbolique d'intrusion, d'agressivité que chez les mâles normaux ». (*Recherches sur l'identité sexuelle*, trad. Monique Novodorsqui, Paris, Gallimard, « Connaissance de l'inconscient », [1968] 1978, p. 70).

son vrai sexe : « Raoule, tu n'es donc pas un homme ? tu ne peux donc pas être un homme ? » (*MV*, 216), s'exclame-t-il, déçu. Son caractère masculin semble si bien affirmé qu'elle se fait appeler « Monsieur de Vénérande » et que le baron de Raittolbe la désigne comme « mon cher ami ». Par ce jeu volontaire sur les codes grammaticaux, le texte témoigne de l'équivoque du sexe psychique et du sexe psychologique en regard du sexe biologique et anatomique :

> Lorsqu'on théorise le genre comme une construction qui n'a rien à voir avec le sexe, le genre devient lui-même un artefact affranchi du biologique, ce qui implique que *homme* et *masculin* pourraient tout aussi bien désigner un corps féminin qu'un corps masculin, et *femme* et *féminin* un corps masculin ou féminin[10].

À la structure binaire du sexe correspond une multiplication des genres. Aussi, l'identité s'affiche comme « *re*-constructible, et partant, *constructible*, déterminable via une intervention exogène[11] » et non une détermination endogène comme cela s'articule dans la pensée commune. On se retrouve alors face à une mixité des caractères qui participe d'une mutation de la représentation structurale traditionnelle de la sexualité et d'une mise à mal de ce que Monique Wittig définit comme la « pensée straight[12] ». Jacques, victime de la virilité montante de Raoule, se féminise d'autant plus qu'il était déjà prédisposé à une certaine apparence et sensibilité féminine. Le narrateur le perçoit comme « un beau mâle de vingt et un ans, dont l'âme aux instincts féminins s'est trompée d'enveloppe » (*MV*, 96). En effet, il se dégage de sa personne une somme d'impressions qui appartiennent à un réseau de signification proprement féminin. Sa douceur et sa délicatesse, suggérées par « ses chairs blondes, toutes duvetées comme la peau d'une pêche » (*MV*, 59) ou encore la finesse de ses membres le font s'apparenter aux parangons de la féminitude :

> Digne de la Vénus Callipyge, cette chute de reins où la ligne de l'épine dorsale fuyait dans un méplat voluptueux et se redressait, ferme, grasse, en deux contours adorables, avait l'aspect d'une sphère de Paros aux transparences d'ambre. Les cuisses, un peu moins fortes que des cuisses de femme, possédaient pourtant une rondeur solide qui effaçait leur sexe. [...] Cette impertinence d'un corps paraissant s'ignorer n'en était que plus piquante. (*MV*, 59-60)

La confusion est omniprésente. Dans le cas de Jacques, le besoin de se travestir pour assurer sa métamorphose féminine est quasi nul, puisque son anatomie et ses attitudes se révèlent déjà comme des masques dissimulant son sexe véritable. Son physique est à lui seul un simulacre ; rares sont les

10. Judith Butler, *Trouble dans le genre*, *op. cit.*, p. 68.
11. Elsa Dorlin, *Sexe, Genre et Sexualités*, *op. cit.*, p. 36.
12. Monique Wittig, *La Pensée straight*, trad. Marie-Hélène Bourcier, Paris, Balland, [1992] 2001, p. 71.

signes qui témoignent de son identité biologique. Pour tout dire, « la main assez large, la voix boudeuse et les cheveux plantés drus étaient en lui les seuls indices révélateurs du sexe » (*MV*, 29). Le genre n'est plus alors déterminé par le sexe lui-même en tant que référence biologique dans les œuvres de Rachilde[13], mais plutôt par la sensibilité et les actes qui déterminent le personnage en question[14]. Jacques finit par se penser en tant que femme, en venant même à réfuter sa nature originelle ; on le surprend à s'exclamer : « Je ne suis pas un homme ! » (*MV*, 185). Raoule, à ses dépens, se masculinise : « Tu dois t'apercevoir, dit-elle ironiquement, que je n'ai pas, comme toi, des mains de fleuriste et que, de nous deux, le plus homme c'est toujours moi. » (*MV*, 107) C'est lors de leur nuit de noces qu'elle s'ancre définitivement dans le genre masculin. L'illusion est alors totale, parachevant ce carnaval de l'identité sexuée :

> Elle [...] ouvrit un placard dissimulé dans la tenture et en tira un habit noir, le costume complet, depuis la botte vernie jusqu'au plastron brodé. Devant la glace, qui lui renvoyait l'image d'un homme beau comme tous les héros de roman que rêvent les jeunes filles, elle passa sa main, où brillait l'alliance, dans ses courts cheveux bouclés. Un rictus amer plissa ses lèvres estompées d'un imperceptible duvet brun. (*MV*, 207-208)

Raoule ne cesse alors de traiter Jacques comme sa fiancée lorsqu'elle lui fait livrer des fleurs, le somme de porter des bijoux et fait de lui une vraie « petite femme capricieuse » (*MV*, 112), assurant ainsi le travestissement psychologique, comportemental, social et physique de leur couple. Cette transition révèle à Jacques son penchant pour les hommes et sa nature féminine. De même, le physique ambigu de Marcelle Désambres dans *Madame Adonis* jette le doute sur son sexe et partant sur sa sexualité : « Sa poitrine, droite, n'accusant pas de seins possibles, demeurait une énigme qu'on redoutait d'approfondir. Et la ligne serpentine du corps décelait quelques irritantes beautés peut-être fausses[15]. » (*MA*, 157) Le recours au travestissement et le changement de sexe qu'il implique servent alors de prétexte à la représentation d'une homosexualité latente ou de fait, que ce soit chez Jacques Silvert et Raoule de Vénérande dans *Monsieur Vénus* ou chez Marcelle Désambres dans *Madame Adonis*.

Un prétexte à la représentation de l'homosexualité

La métamorphose s'opérant sur la représentation de l'autre en tant qu'identité sexuée conduit dans nos deux romans à une quête du propre

13. Ce que Robert Stoller (*Recherches sur l'identité sexuelle*, *op. cit.*) analysera quelques décennies plus tard en proclamant l'indépendance entre sexe et genre.
14. La notion de performativité du genre est fondatrice de la pensée butlérienne. Judith Butler explique que « le genre c'est la stylisation répétée des corps » (*Troubles dans le genre*, *op. cit.*, p. 36).
15. Rachilde, *Madame Adonis*, Paris, Ferenczi et Fils, [1888] 1929, p. 157. Désormais, les références à cet ouvrage seront indiquées par les lettres *MA*, suivies du numéro de la page.

sexe, inavouée chez *Monsieur Vénus* et dissimulée chez *Madame Adonis*. Le Même se fait l'Autre et l'Autre se fait le Même, fragilisant le modèle de l'attraction sexuelle fondé sur la différence des sexes. Dans l'histoire littéraire de l'homosexualité, le mouvement décadent ouvre de nouvelles voies à l'écriture du corps, de la sexualité et du bizarre – autrement dit le « queer[16] ». Ainsi, les œuvres de Rachilde donnent le « la » aux futures *gender studies*. L'homosexualité y symbolise bien souvent un vice raffiné révélateur de la singularité de l'individu. Qu'il s'agisse de pédérastie ou de lesbianisme, le thème de l'homosexualité est traité en rapport avec l'esthétisme décadent qui correspond à un culte des apparences, de l'art et de l'artifice, à une volonté de se placer en dehors de la nature et de son système normé, d'où l'importance du motif du travestissement dans les romans. Chez *Monsieur Vénus*, l'inversion des rôles conserve malgré tout le moule de la bicatégorisation sexuelle et donne l'illusion d'un amour « normal » puisqu'établi entre un homme et une femme, si ce n'est que l'homme est en fait une femme et la femme un homme. Comme l'explique Judith Butler : « [...] parfois, l'ambiguïté au niveau du genre permet précisément de contenir ou de contourner la pratique sexuelle qui n'est pas "normale" et par là d'œuvrer à maintenir telle quelle la sexualité "normale"[17]. » Aussi, les limites du sexe s'ouvrent sur une forme volontaire de non-catégorisation où plus rien n'est déterminé en soi, où l'on peut se défaire pour mieux se refaire[18].

Dans *Monsieur Vénus*, la phrase suivante : « Je suis *amoureux* d'un homme et non pas d'une femme! » (*MV*, 95) tient du langage de l'usurpation et exprime insidieusement le désir homosexuel chez Raoule, dans la mesure où elle se prend elle-même pour un homme. On devine alors, si l'on considère ce jeu du couple de la femme et de l'homme travestis, le saphisme latent ou la pédérastie latente – on ne sait plus réellement dans le cas de Raoule quel genre attribuer à ses tendances tant elle déjoue l'identité sexuelle – qui soustend cette comédie des sexes. En féminisant Jacques, cet homme si peu homme, elle cherche à vivre un amour où le mâle, en tant qu'identité sexuée, n'a plus sa place. Le transvestisme met alors en acte le désir. Ainsi, cette mascarade va révéler à Jacques son attirance pour les hommes, lui à qui l'on a ôté le peu de virilité qui constituait son être. Chez *Madame Adonis*, le couple Louis et Louise Bartau, dupes du jeu de la travestie Marcelle Désambres qui se présente alternativement sous ses traits propres ou sous ceux d'un frère imaginaire, ne dépiste à aucun moment les signes révélateurs de sa nature

16. Par le recours à l'usurpation des apparences et de l'identité, les personnages se rapprochent de la politique « queer » – définie entre autres par Judith Butler –, témoignant de la même esthétique : s'inventer soi-même au gré de jeux de rôles. Au sujet de la théorie *queer*, voir notamment Teresa de Lauretis, « Queer Theory : Lesbian and Gay Sexualities », *Differences : A Journal of Feminist Cultural Studies*, vol. 3, nº 2, 1991, p. iii-xviii.
17. Judith Butler, *Troubles dans le genre*, *op. cit.*, p. 34-35.
18. On cherche à vaincre ce que Eleni Varikas qualifie de « tyrannie de l'hétéro-définition », en édifiant son moi selon sa propre subjectivité et non plus selon le seul déterminisme culturel et social (*Les Rebuts du monde. Figures du paria*, Paris, Stock, 2007, p. 74).

bisexuelle. Il ne vient pas à Louise l'idée que Marcel Désambres – qui n'est autre que Marcelle Désambres déguisé en homme – en passe de devenir son amant, puisse être une femme. « Son amant » ou « sa maîtresse » – là encore il paraît difficile de déterminer la nature de sa relation adultère – ne cesse pourtant de semer des indices qui pourraient la mettre sur la voie : « Tu ignores bien des choses de notre amour… […] je te connais, mais pauvre chérie, tu ne me connais guère […] la peur d'être surpris fait que je suis condamné à des précautions qui me navrent […]. » (*MA*, 217) Dans ce semi-aveu, Marcel fait fortement allusion au contexte social de l'époque qui réprime les amours lesbiennes et qui oblige les homosexuelles à duper le monde en se travestissant en homme pour pouvoir vivre leur désir du même sexe. Ainsi, si cette séduction est vécue sous le signe de l'imposture et du mensonge en raison du travestissement, celui-ci semble être le seul moyen efficace pour que Marcelle amène Louise à succomber aux charmes de Lesbos.

De même, Louise ne perçoit pas pourquoi Marcelle, devenue sa confidente en qualité de sœur de son amant, lui donne à lire *Mademoiselle de Maupin* où il est question d'amitiés de femmes. En plein échange charnel avec Marcel, elle ne comprend pas qu'elle goûte en fait aux jouissances du saphisme : « c'est donc cela un amant, [se répète-t-elle], se fourrant sous l'oreiller, c'est donc cela ! » (*MA*, 81). Ces voluptés nouvelles la séduisent fortement et contribuent à accentuer (et c'est dans cette contradiction que réside toute l'ambiguïté du texte) sa passion pour son « amant » tant elles éveillent en elle du désir et lui procurent du plaisir. « Jamais je n'ai eu si peur et jamais je n'ai été si heureuse. Est-ce que ton amour est autre chose que l'amour des hommes ? Sais-tu des caresses que les maris ne savent pas ? » (*MA*, 181). Ainsi, Louise dévoile son homosexualité latente ou tout du moins sa bisexualité, déjà annoncées par sa stérilité et le caractère masculin de son corps. Marcelle, quant à elle, en pleine conscience de sa nature homosexuelle, affiche sa volonté d'échapper à l'ordre des sexes.

Le doute sur le véritable sexe de Madame Adonis n'est levé qu'à la fin du roman, lorsque Louis surprend son épouse en pleins ébats amoureux avec Marcel. De rage il le tue et reconnaît alors, sous le déguisement masculin, sa maîtresse Marcelle. Il comprend ainsi la machination dont sa femme et lui-même ont été victimes, ce qui laisse Louise totalement stupéfaite et hébétée : « ce n'était pas un homme, lui, mon amant ! » (*MA*, 234). Symboliquement bisexuée, Marcelle Désambres peut apparaître comme bisexuelle ou androgyne, du fait qu'elle cumule en un seul et même être les deux sexes, car il est vrai qu'au-delà des tendances homosexuelles, bien souvent c'est le fantasme d'un troisième sexe qui s'exprime à travers cette représentation sous-jacente de l'androgynie. Le roman se clôt sur la mort de Madame Adonis qui symbolise un retour à l'ordre classique des sexes puisque Louis et Louise forment de nouveau un couple. Le projet de s'affirmer en tant qu'homosexuelle avorte donc avec cette mort et finit par s'apparenter à un acte de folie, comme le dévoile la conclusion du magistrat chargé de l'enquête concernant le décès de Marcelle : « [...] puisqu'elle s'habillait en homme pour mourir, c'est qu'elle était folle » (*MA*, 237). Une ironie grinçante de la part de Rachilde vis-à-vis de ces propos transparaît alors qui montre bien que l'homosexualité est encore largement marginalisée dans cette société de fin de XIXe siècle, même si dorénavant elle trouve sa représentation en littérature[19].

Le travestissement en tant que masque fonctionne alors comme un révélateur du moi profond, faisant émerger les instincts les plus enfouis de l'être. De façon somme toute contradictoire, au lieu d'infirmer l'être, il l'affirme ; en tant qu'effet de dissimulation, il se révèle le miroir de l'essence même de la personne qui s'y soumet. Par ce recours au transvestisme, les personnages fonctionnent sur le mode du théâtre et de la représentation, déconstruisant leur identité pour mieux la reconstruire. Ils se réinventent au gré de leurs fantasmes. En tant que motif du désir homosexuel, le travestissement s'affirme alors comme la métonymie favorite d'un certain érotisme transgressif, ouvrant sur un désir de syncrétisme sexuel ; il parle à la place du personnage. Le masque que représente le recours au changement d'apparence sexuelle, exacerbe le désir, le cachant pour mieux le montrer. Par cette maîtrise de l'univers symbolique de l'artifice, les personnages manipulent le réel. Ce sont désormais les apparences qui constituent la réalité, l'usurpation et le mensonge se faisant des intersignes de vérité.

Travestissement textuel : une poétique de l'hybridité

Le récit lui-même subit un travestissement où s'exprime le brouillage des genres. L'italique est visuellement un code permettant de souligner cette entreprise textuelle de subversion dans *Monsieur Vénus*. Il permet d'insister sur les inversions en jeu et notamment sur l'imbroglio grammatical qui caractérise l'emploi du masculin et du féminin. Ainsi le genre des adjectifs qualificatifs est-il dévié. L'héroïne développe par le langage une identification masculine. Par cette appropriation dialectique, Raoule n'est pas « amoureuse » mais « amoureux » (*MV*, 95). Le pronom personnel « il » la désigne désormais, alors que le pronom personnel « elle » renvoie à « Jacques ». Des substantifs et des qualificatifs systématiquement masculins s'appliquent ainsi à Raoule. Celle-ci témoigne largement du sentiment de se sentir un mâle et performe son identité de genre par le biais d'actes discursifs. Par ailleurs, le discours se féminise dès lors qu'il est question de Jacques : « Tu

19. Les lois culturelles régulent les représentations identitaires. Selon Judith Butler (*Troubles dans le genre, op. cit.*, p. 85) : « La matrice culturelle par laquelle l'identité de genre devient intelligible exige que certaines formes d'"identités" ne puissent pas "exister" ; c'est le cas des identités pour lesquelles le genre ne découle pas directement du sexe [...]. »

seras ma femme chérie comme tu as été ma maîtresse adorée ! [...] Ce serait si doux d'être ton mari ! de t'appeler en cachette Mme de Vénérande !... car ce sera mon nom que je te donnerai ! » (*MV*, 188). Le statut marital traditionnel et les conventions d'usage qui l'accompagnent sont ici totalement inversés. Tous les qualificatifs dont use Raoule à l'égard de Jacques sont employés au féminin : « Tu es divine !... [...] Je ne t'ai jamais vue si jolie. » (*MV*, 126) On note ici visuellement, en raison de la version écrite, la présence de la lettre « e » à la fin du participe « vue » et de l'adjectif « jolie » ; par le respect de la règle d'accord du complément d'objet direct, on comprend que le « t' » désigne certes Jacques mais sous le statut de femme. Le texte travesti par toute une série de jeux linguistiques fonctionne sur l'échange des genres appliqué sur le plan grammatical. Masqué, il voile en fait pour mieux montrer. Ce travestissement textuel est un leurre révélateur. Ainsi, Raoule est désignée comme le « fiancé » de Jacques, alors que ce dernier en est la « femme chérie, [...] [la] maîtresse adorée[20] » (*MV*, 187). Le titre de l'œuvre renvoie également à cette ambivalence en adjoignant un statut masculin à une figure hautement féminine, si bien que Monsieur Vénus peut, par l'indissociation des sexes inhérente à sa formulation, désigner indifféremment Jacques Silvert, l'homme-femme ou Raoule de Vénérande, la femme-homme. Raoule reprend ce procédé oxymorique dans la mesure où, à son prénom d'origine masculine, est ajoutée une désinence féminine. Comme l'explique Regina Bollhalder-Mayer, « l'oreille reçoit la consonance masculine, alors que l'œil lit la forme féminine[21] ». Dans l'avant-propos de *Madame Adonis*, Rachilde affirme elle-même : « je suis androgyne de lettres[22] ». En fait l'auteure appelle à n'envisager l'écrivain que du point de vue de son travail d'écriture indépendamment de sa nature sexuelle, d'où le choix certainement de la part de Marguerite Eymery du pseudonyme Rachilde pour brouiller les pistes de son identité. Comme l'explique encore Regina Bollhalder Mayer : « elle semble réclamer la liberté – celle de l'artiste – de pervertir les signes, d'effacer l'opposition du vrai et du faux, du caché et de l'apparent, du masculin et du féminin. L'androgyne est au cœur de l'écriture décadente[23]. » En cela, Rachilde propose, au-delà même d'une réflexion sur l'effectivité d'une identité sexuelle, une réflexion sur l'identité littéraire[24]. Au sein de cette confusion, le sexe s'éloigne des représentations classiques et advenues et ouvre la voie à de nouveaux modes d'identité.

20. Ceci est un parfait exemple de ce que Judith Butler qualifierait de performativité discursive du langage.
21. Regina Bollhalder-Mayer, *Éros décadent. Sexe et identité chez Rachilde*, Paris, Champion, 2002, p. 105.
22. Se référer à la première édition de *Madame Adonis*, Paris, E. Monnier, 1888, p. xi.
23. Regina Bollhalder-Mayer, *Éros décadent*, *op. cit.*, p. 109.
24. Cette réflexion sera reprise par Monique Wittig (« Entretien avec Claire Devarrieux », *Libération*, 17 juin 1999) : « En littérature, je ne sépare pas les femmes des hommes. On est écrivain, ou pas. On est dans un espace mental où le sexe n'est pas déterminant. Il faut bien qu'on ait un espace de liberté. Le langage le permet. Il s'agit de construire une idée du neutre qui échapperait au sexuel. »

Le travestissement plonge le texte dans l'ambiguïté la plus totale et rend le récit énigmatique. Si, dans *Monsieur Vénus*, les représentations maintiennent les règles de l'hétérosexisme, dans *Madame Adonis* se met davantage en place une poétique de l'androgynie bien que l'on demeure dans cette même volonté du « passer pour ». La jeune femme qui se cache en fait derrière le titre du roman, *Madame Adonis*, incarne un Hermaphrodite dégénéré. Rappelons que Marcelle Désambres remplissant deux rôles diégétiques, apparaît sous les traits de deux personnages différents à l'insu des autres protagonistes. Ceux-ci, dupes de sa mascarade, pensent avoir affaire à un couple de frère et sœur. Successivement les deux personnages qu'elle incarne (Marcel et Marcelle) séduisent respectivement un couple de jeunes mariés (Louis et Louise). On note ici le jeu sur l'onomastique qui renvoie systématiquement à la forme et masculine et féminine d'un même prénom interchangeable et qui suggère par là la dimension plurisexuelle, ou à tout le moins la dualité sexuelle relative à un même genre. L'histoire va alors conjuguer bisexualité, saphisme et androgynie. Les descriptions physiques du frère et de la sœur sont placées sous le signe de l'ambivalence : Marcel est dit « beau comme une fille » (*MA*, 26-27), a des « cils de femme » (*MA*, 24) et « se parfum[e] toujours, car il [est] raffiné au-delà du possible » (*MA*, 179). Sa voix est « tellement douce qu'on [dirait] la voix d'une femme » (*MA*, 149). De même Marcelle a une physiologie proche de celle de l'homme. Elle tente de dissimuler son corps d'aspect masculin au moyen d'accessoires l'enjolivant d'une certaine féminité lorsqu'elle veut séduire Louis : « La glace renvoyait aux yeux effarés de Louis deux seins à peine bombés, deux seins d'éphèbe aux boutons frêles, duvetés de brun. Et il avait le secret de ses hanches onduleuses ; elle mettait des paniers sous ses jupes, car elle n'avait pas de hanches du tout. » (*MA*, 194) Son indécision anatomique facilite également sa métamorphose en homme, d'autant qu'« elle [...] ressemble [à son frère] comme si c'était *lui* ! » (*MA*, 136). Le travestissement permet ainsi de concrétiser la volonté d'asexualisation et de cultiver une morphologie reposant sur le mélange des caractères sexués :

> Pour la lesbienne, le travestissement masculin fondé sur une virilité symbolique, voire idéale, signifie l'annihilation de l'homme. Il nourrit aussi une féminité double qui sous-tend un nouveau modèle d'altérité sexuelle, substituant à l'être unisexué un individu hybride, héritier du mythe de l'androgyne. Sapant extérieurement la division des sexes, le travesti permet d'accéder au troisième sexe [...][25].

De ce fantasme de l'hermaphrodisme émerge un désir d'unité idéale et mystique qui déterminerait le feu d'un amour nouveau bien loin des relations communes et vulgaires. En cela, Marcelle tente d'accéder à une certaine forme

25. Nicole G. Albert, *Saphisme et Décadence dans Paris fin-de-siècle*, Paris, Éditions de La Martinière, 2005, p. 136.

de déité et de finitude : « L'amour ? Il va renaître, comme le phénix, quand nous aurons incendié, en son honneur, toutes ces imaginations vieillies à travers les choses permises par les hommes [...] L'amour ? Nous sommes sa création ! Il est Dieu ! Nous serons dieux, la sublime union d'une trinité d'êtres qui ne veut en faire qu'un, l'être complet des légendes indiennes. » (*MA*, 224)

Le texte est lui-même contaminé par cette volonté d'hybridation du genre, régi qu'il est par une certaine neutralité, travesti par une série de jeux linguistiques faisant alterner les pronoms personnels « il » et « elle » dans la confusion la plus totale pour désigner Marcel et Marcelle. Cependant, l'acte discursif montre ici ses limites. Le discours du neutre et des nouveaux genres y apparaît en friche et semble inventé, du point de vue linguistique. Comment échapper en effet à la grammaire tant il est difficile de mettre en œuvre « la revendication linguistique d'un soi "qui ne peut pas être" dans le langage qui le réclame[26] ». Il n'en demeure pas moins que « ces fictions du double et de la duplication mettent en scène des créatures hybrides en proie à un divorce intérieur[27] ». Rachilde opère un renversement des rôles sexuels pour révéler l'homosexualité de Marcelle, d'où l'« inquiétante ambiguïté d'un discours [...] décadent [qui] se met en place au cœur de cette réversibilité des signes masculins / féminins[28] ». Symboliquement bisexuée, l'héroïne apparaît comme une gynandre à qui la figure mythique d'Hermaphrodite aura servi d'artefact pour mener à bien sa tentative de séduction saphique : « Les libertés prises par la femme avec la nature, c'est-à-dire avec son corps – corps anatomique et corps habillé –, marquent [...] la faillite définitive du "pacte séculaire qui définissait le rapport des sexes", mais aussi envers le sexe opposé auquel la lesbienne prétend se substituer[29]. » On tente alors de quitter la construction binaire au profit d'une construction hybride qui arbore un mode troisième qui, tout en empruntant aux principes mâles et femelles, subvertit ces derniers et les transgresse par cette rhétorique du masque et du travestissement, instaurant plus largement au sein des textes la dimension de transidentité. Aussi, « le dévoiement de la nature s'accompagne ici d'un dévoiement de la syntaxe, à l'image de l'hermaphrodite qui malmène la grammaire sexuelle[30] ».

Au-delà des tendances homosexuelles, c'est le fantasme d'un troisième sexe qui s'exprime à travers ce discours du neutre. L'androgyne s'érige alors en métaphore de la confusion des sexes, symbolise une icône oblique de

26. Judith Butler, *Troubles dans le genre, op. cit.*, p. 230.

27. Nicole G. Albert, *Saphisme et Décadence dans Paris fin-de-siècle, op. cit.*, p. 153.

28. Micheline Besnard-Coursodon, « Monsieur Vénus, Madame Adonis : sexe et discours », *Littérature*, n° 54, mai 1984, p. 127.

29. Nicole G. Albert, *Saphisme et Décadence dans Paris fin-de-siècle, op. cit.*, p. 136.

30. *Ibid.*, p. 156.

l'amour homosexuel et stigmatise la crise profonde de la construction de l'entité mâle et de l'entité femelle en ce tournant de siècle. Au sein de cette confusion et de ces représentations amphibiques de femmes principalement, le sexe semble finalement oublié, voire même éradiqué, à tout le moins dépassé au profit d'« une interchangeabilité, d'une diffraction ou d'une multiplication des sexes[31] ». Le texte rachildien pulvérise le sentiment identitaire. S'engage alors une dissolution des frontières entre les sexes, révélant le développement d'un entre-genre où affleure l'idéal de l'hybride par l'entremise d'un discours pluriel : « Le renversement des rôles déconstruit en effet l'identité des sexes ; on ne se sent plus homme ou femme ; les frontières entre le masculin et le féminin sont brouillées. Car loin de devenir des sujets univoques, les personnages restent ambigus[32] ».

*
* *

À travers l'étude de cette réversibilité des signes masculins / féminins et l'analyse de cette poétique de la transgression des sexes, s'inscrit un fantasme de fin de sexe. À travers *Monsieur Vénus* et *Madame Adonis*, le travesti incarne la volonté de la littérature rachildienne de défaire les représentations normatives. En tant que trouble jeté dans le genre et « dans les désirs d'autrui par un sexe greffé sur un autre sexe, de manière à le dissimuler, tout en le laissant transparaître, et à faire naître l'équivoque dans les âmes, dans les sens[33] » et même dans le texte, il s'affirme ainsi comme un des symboles de l'Éros dit décadent. Rachilde, dans son art littéraire, a bousculé et interrogé les représentations sexuelles normées de cette fin de XIXe siècle. En sapant de la sorte l'ordre des sexes, elle offre à l'être l'occasion de se démultiplier – le dotant même parfois de sèmes de « fantasticité » – mais aussi de prendre conscience de sa pluralité et de sa complexion. C'est ainsi que le travestissement « substitue à la nécessaire limitation de tout objet réel la richesse d'une démultiplication des perspectives, des éventualités, des lectures. Et les personnages, insaisissables, enflent d'une aura fascinante, celle de la potentialité[34] ». Ces êtres de prime abord socialement impossibles ouvrent en fait à la resignification et à la réassignation des normes[35]. Nous sommes alors au-delà du visible, au-delà du dire, plongés dans un univers à la dimension transcendante, où la notion d'identité est

31. Elsa Dorlin, *Sexe, Genre et Sexualités*, *op. cit.*, p. 131.
32. Regina Bollhalder Mayer, *Éros décadent*, *op. cit.*, p. 94.
33. Jean Lorrain, « Chroniques de Paris : Travestis », *Le Courrier français*, 24 mars 1889, p. 2.
34. Gisèle Suranyi, *Le Masque énigmatique dans « La Comédie Humaine »*, thèse de doctorat soutenue en 2006, <www.paris-sorbonne.fr / fr / article.php3?id_article=4479>.
35. Voir à ce sujet, Judith Butler, *Défaire le genre*, trad. Maxime Cervulle, Paris, Éditions Amsterdam, [2004] 2006, p. 41-42.

désormais de l'ordre de la co-existence. En explorant une voie rhétorique où la subversion des normes sexuelles devient un moyen de contrecarrer le carcan de la toute-puissance masculine, Rachilde fragilise les déterminations sociales en ouvrant aux femmes, et même aux hommes, le champ des possibles.

Patrick Bergeron

LES HORS NATURE DE RACHILDE OU COMMENT S'INVENTER UN SEXE

> De nos jours, quelle est la femme qui ne cherche pas à singer l'homme et, de loin, débouchant à l'angle d'une rue, quel est le personnage dont le sexe n'est pas douteux[1] ?
> Rachilde, *La Fille inconnue*

> Hélas ! mon pauvre enfant, [...] ne savez-vous pas que vous êtes entré dans le monde de l'artifice, dans le monde adorable et pervers du mensonge[2] ?
> Catulle Mendès, *Lila et Colette*

La mascarade et le travestissement textuel sont au cœur de l'univers narratif de Rachilde. Il s'agit pour une bonne part d'une caractéristique du décadentisme, cette mouvance de la littérature fin-de-siècle principalement illustrée par des auteurs masculins, tels J.-K. Huysmans, Maurice Barrès et Jean Lorrain, et à laquelle les œuvres de Rachilde ont longtemps été redevables. Mais ce goût du masque et du déguisement représente aussi une constante biographique, qui se traduit par une volonté délibérée, chez l'écrivaine, de jouer les « hommes de lettres », voire d'échapper aux contraintes du sexe – le sien aussi bien que l'autre.

C'est précisément ce jeu de réinvention de soi à travers l'évasion de son sexe que je me propose de mettre en lumière. À cette fin, l'ensemble du corpus rachildien mériterait d'être considéré pour mon analyse, car, de *Monsieur Vénus* (1884) à *La Marquise de Sade* (1887) et *Madame Adonis* (1888), pour ne citer que ces trois exemples, l'auteure ne cesse d'ajouter des variations au thème de la recomposition des identités sexuelles et de subvertir les modèles, fussent-ils du domaine historique, autobiographique ou mythique. Je limiterai cependant mon examen au roman *Les Hors nature* (1897), qui, en plus d'avoir moins souvent bénéficié d'études particulières que les œuvres

1. Rachilde, *La Fille inconnue* [1938], citée par Regina Bollhalder Mayer, *Éros décadent. Sexe et identité chez Rachilde*, Paris, Honoré Champion, 2002, p. 21.
2. Catulle Mendès, *Lila et Colette*, Paris, Monnier et Cie, 1885, p. 3.

précédemment citées[3], reprend les motifs décadents du masque et du travestissement tout en en poussant la logique outrancière jusque dans ses derniers retranchements. Je m'intéresserai principalement au portrait qu'y trace la romancière d'un couple de frères à la sexualité ambiguë et au comportement excessif. J'aimerais montrer que ce texte de Rachilde est radicalement original par sa charge subversive et son jeu permanent de recomposition, si ce n'est de décomposition des identités, particulièrement sexuelles. J'espère ainsi aider à expliquer les artifices de mise en scène de soi-même qu'a privilégiés Rachilde.

Échapper à son sexe[4]

Comme l'observe Marc Angenot dans *Le Cru et le Faisandé*, Rachilde s'est vite imposée comme « *la* spécialiste du mystère sexuel, l'authoresse [*sic*] émancipée revendiquant dans un monde décadent son statut ambidextre et faisandé[5] ». C'est peu dire que d'affirmer à son propos qu'elle a introduit un nouveau discours dans le paysage littéraire – à forte dominance masculine – de la fin du XIXe siècle français et de la Belle Époque. Atypique et transgressive, son œuvre a établi un précédent notable à l'échelle des horizons fermés à l'écriture féminine auxquels elle se mesurait. Il faut garder cet élément en tête pour comprendre quelle rhétorique du masque et de la réinvention des sexes Rachilde a mise en œuvre dans ses romans.

Le choix du pseudonyme masculin – ou androgyne ? – « Rachilde » (du nom d'un gentilhomme suédois du XVIe siècle, en réalité le fruit de son imagination) n'est pas seulement un nom sur papier. C'est aussi un stratagème visant à déjouer la censure et les jugements sexistes à une époque (celle d'Hubertine Auclert et de Marguerite Durand) où la lutte pour l'émancipation des femmes était loin d'avoir remporté toutes ses batailles, ni triomphé des préjugés sexistes[6]. « Rachilde » est aussi un personnage que se crée Marguerite Eymery et qui dénote une disposition à jouer sur la sexuation. La relation entre identité et écriture est, dès lors, essentielle. « Je n'ai jamais eu

3. Signalons au passage deux remarquables études servant de préfaces à deux éditions des *Hors nature* : celle de Jean de Palacio, « *Les Hors Nature*, ou Byzance à Paris », dans Rachilde, *Les Hors nature*, Paris, Séguier, « Bibliothèque décadente », 1994, p. 7-32 ; celle de Guy Ducrey, « Introduction » aux *Hors nature* de Rachilde, dans *Romans fin-de-siècle*, éd. Guy Ducrey, Paris, Robert Laffont, « Bouquins », 1999, p. 619-635.

4. Je reprends, dans cette section, une partie des éléments de mon étude : « Rachilde, la comédie des sexes et la virilité déchue », dans France Grenaudier-Klijn, Élisabeth-Christine Muelsch et Jean Anderson (dir.), *Écrire les hommes – Représentation du personnage masculin et de la masculinité dans l'œuvre des écrivaines de la Belle Époque (1890 – 1914)*, à paraître.

5. Marc Angenot, *Le Cru et le Faisandé. Sexe, discours social et littérature à la Belle Époque*, Bruxelles, Éditions Labor, 1986, p. 153.

6. Dans le concert de diatribes contre les féministes, notons l'ostracisme que subit le type du bas-bleu. Barbey d'Aurevilly écrit ceci, à propos « [d]u bas-bleuisme contemporain » : « [...] les femmes qui écrivent ne sont plus des femmes. Ce sont des hommes, – du moins de prétention, – et manqués ! Ce sont des Bas-bleus. *Bas-bleu* est masculin. Les Bas-bleus ont, plus ou moins, donné la démission de leur sexe. Même leur vanité n'est plus celle de la femme » (Jules Barbey d'Aurevilly, *Les Œuvres et les Hommes du XIXe siècle*, t. 5, Paris/Bruxelles, Société générale de librairie catholique, 1878, p. xi.).

confiance dans les femmes, écrit Rachilde dans son brûlot *Pourquoi je ne suis pas féministe*, l'éternel féminin m'ayant trompé d'abord sous le masque maternel[7]. »

Ce jeu sur la sexuation, présent dès *Monsieur Vénus* – roman qui relate la liaison entre une femme « virile » (masculinisée non par son apparence, mais par son mode de vie libéré), Raoule de Vénérande, et un « homme-objet », qui cumule les attributs féminins, Jacques Silvert –, se radicalise dans *Les Hors nature*. Dans ce roman de 1897 en effet, le partage des attributs sexuels ne se fait plus à l'intérieur des rapports homme-femme, mais entre deux frères au portrait résolument paradoxal et problématique. En fait, la complication des caractéristiques sexuelles, sans laquelle la posture auctoriale de Rachilde ne saurait s'expliquer, est révélatrice d'un goût des négations que nous aurions tort de banaliser, car il énonce l'originalité foncière du projet (ou paradoxalement, de l'absence de projet) du décadentisme. La contribution de Rachilde à l'affirmation de ce courant est, comme chacun le sait, fondamentale. Par cette filiation, il est aisé de voir où mène le jeu rachildien sur la sexuation : à un éloge de l'« insexuation », un détail qui n'a pas échappé à Maurice Barrès, cet autre éminent inventeur du décadentisme. Dans sa préface à *Monsieur Vénus*, l'auteur du *Culte du Moi* note en effet : « Le dégoût de la femme ! la haine de la force mâle ! Voilà que certains cerveaux rêvent d'un être insexué[8]. » Outre une application du diktat néoromantique, formé sur l'exhortation baudelairienne : « Au fond de l'*Inconnu* pour trouver du *nouveau*[9] ! », ce dégoût intégral des sexes aide à voir où se place Rachilde : dans une réalité « hors nature », où le caprice, l'orgueil, l'ironie et le dandysme notamment (ce dernier étant pourtant exclusif aux hommes règle générale), règnent en maîtres. La liberté absolue de l'esprit et de l'imagination, que Rachilde revendique avec conviction, se conquiert dans ces conditions, surtout en ce XIXe siècle finissant.

Dans le contexte du roman *Les Hors nature*, lequel, conformément à la lecture qu'en fait Jean de Palacio, offre « le *nec plus ultra* de la Décadence[10] », la rhétorique du masque et du travestissement est conjuguée avec une thématisation exemplaire de la décadence. C'est ce qui en fait une œuvre proche du roman canonique de J.-K. Huysmans, *À rebours* (1884). Comme le constate Guy Ducrey, *Les Hors nature* viennent formuler « une protestation obstinée et hautaine contre la nature, dont le récit tout entier analyse les conséquences[11] ». Ajoutons à cela que, sous la plume de Rachilde, « le factice est un germe contaminant » et fatal. On ne défie pas impunément les lois

7. Rachilde, *Pourquoi je ne suis pas féministe*, Paris, Les Éditions de France, « Leurs raisons », 1928, p. 6.
8. Maurice Barrès, « Complications d'amour », dans Rachilde, *Monsieur Vénus*, Paris, Flammarion, 1977, p. 19.
9. Charles Baudelaire, « Le voyage, VIII », *Les Fleurs du mal*, dans *Œuvres complètes*, éd. Michel Jamet, Paris, Robert Laffont, « Bouquins », 1980, p. 100.
10. Jean de Palacio, « *Les Hors Nature*, ou Byzance à Paris », art. cit., p. 16.
11. Guy Ducrey, « Introduction », art. cit., p. 622.

élémentaires de la nature, n'en déplaise aux « grands seigneurs libres »; comme des Esseintes, l'archétype du décadent créé par J.-K. Huysmans, les deux protagonistes masculins du livre, les barons Paul-Éric et Jacques Reutler de Fertzen, en font l'expérience.

Voilà qui s'avère éclairant pour nous : *Les Hors nature* ne se contentent pas de pousser, aussi loin que possible, l'aventure sensuelle et spirituelle de deux frères qui s'évadent des contraintes de leur sexe et endossent des identités doubles (comme Marcelle Désambres dans *Madame Adonis*, Paul-Éric cumule les attributs masculins et féminins, alors que Jacques Reutler se distingue autant par sa virilité que par son inappétence sexuelle). Le roman fait également la chronique d'une mort annoncée, en relation directe avec le marasme consécutif à la défaite française contre la Prusse inscrite en toile de fond[12] : « [...] j'ai fait la nature le décor de ma volonté[13] ». Rachilde exprime ici, en termes schopenhauériens, une profession de foi qui fait écho à l'aphorisme d'Oscar Wilde : « [L]a vie imite l'art bien plus que l'art n'imite la vie. » « La Vie imite l'Art beaucoup plus que l'Art n'imite la Vie[14]. » Les frères de Fertzen jouent à recomposer les lois de la réalité au point où mourir devient l'unique échappatoire « hors nature ». Cette apothéose macabre ou « point doré de périr », pour paraphraser Valéry dans son poème « La ceinture » (*Charmes*, 1922), est autant « le *nec plus ultra* de la Décadence » que la signature de Rachilde, ce que viendra réaffirmer en 1899 son maître-livre *La Tour d'amour*, qui relate la passion nécrophile d'un vieux gardien de phare.

Le dépassement de la nature

À l'époque où elle publie *Les Hors nature*, en 1897, Rachilde a 37 ans. Elle compte à son actif plus d'une douzaine de livres, dont les romans *Monsieur de la nouveauté* (1880), *Monsieur Vénus* (1884), *Nono* (1885), *À mort* (1886), *La Marquise de Sade* (1887), *Madame Adonis* (1888) et *L'Animale* (1893), de même qu'un volume de *Contes et nouvelles, suivis du Théâtre* (1891). C'est un bien singulier univers qui est contenu dans la cervelle « infâme et coquette » d'une toute jeune fille, observe Maurice Barrès dans la préface de *Monsieur Vénus*[15]. Les confrères décadentistes de Rachilde entérinent le fait qu'elle investit de manière plus qu'estimable un domaine plutôt exclusif aux hommes (la culture du temps tenant l'activité créatrice pour essentiellement masculine). Témoin, ce qu'en dit, à la parution de *L'Homme roux* (1889), le

12. Rappelons que Rachilde a voulu marquer le caractère historique de la défaite dans la généalogie des frères barons : non seulement présente-elle l'aîné comme le Prussien et le puîné comme le Français de la famille, elle a aussi infusé à chacun d'eux un caractère mixte franco-prussien à travers le dualisme présent dans leurs prénoms (Jacques Reutler et Paul-Éric).
13. Rachilde, *Les Hors nature*, dans *Romans fin-de-siècle*, *op. cit.*, p. 844. Désormais, les références à cet ouvrage seront indiquées par les lettres *HN*, suivies du numéro de la page.
14. Oscar Wilde, *Le Déclin du mensonge* [1889], trad. Philippe Neel, Paris, Éditions Complexe, coll. « Le regard littéraire », 1986, p. 83.
15. Maurice Barrès, « Complications d'amour », *op. cit.*, p. 6-21.

journal d'Anatole Baju, *Le Décadent*: « l'auteur qui, on le sait, porte le jupon non sans beaucoup de grâce, ne parle pas autrement de ses congénères que MM Bourget et Guy de Maupassant[16] »; « [...] Mlle Rachilde est un type bien parisien. Cette toute jeune femme partie il y a quelques années de sa province est parvenue à force de travail à se faire dans le roman un nom qu'aucun écrivain féminin de notre époque ne saurait égaler[17]. » Un même son de cloche émane du côté de Huysmans, qui la considère comme « la seule femme de lettres qui fût un écrivain[18] ».

Le roman *Les Hors nature* a d'abord été publié en revue, dans le *Mercure de France*, sous le titre *Les Factices*, entre décembre 1896 et mars 1897. Le livre de Rachilde paraît broder autour de l'assertion de Huysmans: « la nature a fait son temps[19] », au moment où des Esseintes voit « l'artifice » comme « la marque distinctive du génie de l'homme », suivant en cela Baudelaire pour qui « l'imagination fait le paysage[20] ». Le premier chapitre des *Hors nature* donne le ton: Paul-Éric de Fertzen, un jeune dandy névrosé et précocement usé par la vie, gage de son extrême délicatesse (il contemple avec effarement ses cheveux blancs, à dix-neuf ans!), est affairé à sa toilette; pour distinguer les vraies des fausses, il s'amuse à briser des perles en attendant de pouvoir orner son habit avec un muguet rose, aberration botanique que viendra lui offrir son frère aîné, Jacques Reutler, versé en chimie[21].

Les Hors nature racontent les égarements de ces deux frères millionnaires, leur « existence de grands seigneurs libres » (*HN*, 743), d'abord à Paris, puis en province, au château de Rocheuse, en Franche-Comté, le tout sur fond d'inceste, d'homosexualité, d'hermaphrodisme, de byzantinisme et de sadisme[22]. Alors que *À rebours* présentait un héros résolument solitaire, Rachilde décrit ce que nous pourrions appeler un cas de narcissisme bicéphale. Davantage qu'une camaraderie, une complicité ou une liaison, Rachilde a imaginé avec

16. Anatole Baju, « Les Décadents & la vie », *Le Décadent*, 3e année, n° 4, 1er-15 février 1888, p. 3.
17. Raoul Vague, « Chronique littéraire », *Le Décadent*, 3e année, n° 6, p. 12.
18. Cité par Linda K. Stilmann, « Rachilde », dans Christiane Makward (dir.), *Dictionnaire littéraire des femmes de langue française, de Marie de France à Marie NDiaye*, Paris, Karthala / Agence de la francophonie (ACCT), 1996, p. 488.
19. Joris-Karl Huysmans, *À rebours*, dans *Romans*, t. I, éd. Pierre Brunel, Paris, Robert Laffont, « Bouquins », 2005, p. 595.
20. Charles Baudelaire, *Salon de 1859*, dans *Œuvres complètes*, *op. cit.*, p. 778.
21. Parmi les exemples les plus éloquents de l'esthétisation de l'artifice, citons la scène d'amour avec une étoffe: « Tu ne comprends rien à la volupté, toi! Cela, vois-tu, c'est de la beauté artificielle, mais c'est réellement, suprêmement beau. Toute beauté naturelle a une tare. Il n'y a pas de teint de femme, d'épiderme de gorge ou d'épaule qui puissent me donner une pareille sensation au toucher. C'est un bien petit absolu, c'en est un, cependant. Et cela crie, entends-tu, cela proteste et s'affole comme une créature douée d'âme. Vraiment, cette étoffe a peur de mes caresses. Elle se sait belle et ne veut pas qu'on la pollue. » (*HN*, 681) Plus loin: « Chère illusion d'une illusion, murmura Paul [...] se berçant dans la soie, forme vague de l'impératrice qui est mieux que l'impératrice, apparence de femme mille fois meilleure que la femme, très pure courtisane dont les froids enlacements donnent le vertige à la courtisane, amante des amantes qui n'as pas de bouche pour dire leurs noms et qui les appelle de si loin, traîtresse qui fuis les doigts et les envenime, peau de panthère blanche qui aurait l'odeur de la neige si la neige pouvait embaumer, je t'adore... » (*HN*, 681)
22. Voir à ce propos Guy Ducrey, « Introduction » art. cit., p. 620.

les frères de Fertzen une dyade décadente d'autant plus inquiétante qu'elle est constamment menacée par l'abîme que les protagonistes projettent autour d'eux.

La force du roman ne réside pas dans son intrigue ni sa structure, qui ne réinventent pas la roue, mais dans sa mise à l'épreuve de thèmes et de conceptions subversifs, notamment au sujet des identités et des rôles sexuels. Le cadet des deux frères est présenté comme un don Juan neurasthénique et efféminé. Comme Jacques Silvert, l'homme-objet dans *Monsieur Vénus*, il affiche différents attributs féminins, à commencer par son épaisse chevelure dorée, effémination qu'il accentue par sa garde-robe, voire son accoutrement (il aime se promener en peignoirs orientaux et en souliers brodés de perles ; durant le carnaval, il se travestit en princesse byzantine et en profite pour violer[23] son ancienne maîtresse). Pour sa part, l'aîné des frères de Fertzen, Jacques Reutler, est autant caractérisé par ses attributs masculins (sa taille élancée, son air grave, son regard ténébreux ; il est comparé à Hercule Farnèse) que par sa chasteté opiniâtre. Son inappétence en matière sexuelle, qui prend même la forme d'une répugnance devant les plaisirs charnels, s'explique par le culte (haine-amoureux) qu'il voue à son frère.

Comme nous venons de l'évoquer, il n'y a pas d'intrigue à véritablement parler dans *Les Hors nature*, ou en tout cas, pas au sens romanesque, car le livre expose le constant va-et-vient entre affrontements et réconciliations, connivence et incompréhension du « couple » de frères. Pour un peu et l'on se croirait au théâtre, car c'est aussi l'une des caractéristiques fondamentales du livre que d'intégrer, au propre comme au figuré, une trame théâtrale[24].

Le roman se compose de deux parties, toutes deux formées de neuf chapitres – une composition en miroir qui accentue l'effet de dédoublement omniprésent dans le récit. La première partie s'intitule « Les enfants d'Irminsul (Le Rêve de l'Action) », et expose le mode de vie et de pensée des frères Paul-Éric et Reutler. En ressortent : le donjuanisme et le tempérament artiste et nerveux de Paul-Éric ; le mystère de Reutler, dépeint en « prêtre sans religion » et en « hibou savant » ; la théâtralité totale de leur existence, entre poses et coups de théâtre (surtout la mort de Jane Monvel, sur scène[25]).

23. Signalons au passage le thème de la banalisation ou du traitement frivole du viol, élément caractéristique du cynisme esthétique du cadet de Fertzen.

24. À ce propos, voir Guy Ducrey, « Introduction », art. cit., p. 625 : « *Les Hors Nature* est parmi tant d'autres choses un roman de "mœurs théâtrales". Toute la première partie du récit relate en effet l'ascension sur les planches, dans une féerie "moyenâgeuse", d'une ancienne femme de chambre, Jane, promue actrice, et les tribulations d'un auteur, Paul lui-même, en quête d'un théâtre où faire représenter son œuvre. Cette trame, simple en apparence, est en fait le prétexte à la confrontation de deux univers également factices : celui de l'esthète occupé jusque-là à poser en artiste dans un décor fabriqué, et celui du théâtre, chargé par le stratagème de corbeilles de roses et de cygnes importés de produire du rêve aux yeux d'une foule crédule. »

25. Cette mort est à la fois insolite et tragique : Jane périt au moment d'entrer en scène. Les planches cèdent sous ses pas. L'actrice débutante s'effondre à travers « un trou de citerne d'où montait un vent glacial,

La seconde partie, intitulée « L'Élémental (L'Action du Rêve) », raconte leur vie retranchée au château de Rocheuse et la précipitation de leur destin, entre deux incendies : celui de l'église du village, qu'ils aident à combattre (sans une once d'héroïsme ; ils font plutôt songer à l'état d'esprit d'un Néron qui s'improviserait pompier) et celui qui dévore le château et ses occupants.

Rachilde a conçu trois catégories de personnages : les deux héros ; trois femmes (la comtesse Geneviève de Crossac, maîtresse de Paul-Éric qui se pique d'être auteur-interprète dramatique ; Jane Monvel, la femme de chambre promue actrice dans la « féerie sans ballet » de Paul-Éric, et Marie, la servante et criminelle, également appelée Mica, entichée de Reutler mais contrainte de se donner à Paul-Éric) ; enfin, le personnel domestique des frères de Fertzen, surtout Jorgon et le groom Célestin. L'absence d'intrigue au sens romanesque, ou la théâtralité des faits et gestes que nous avons évoquées, détermine le type de relations qui subsistent entre ces trois catégories de personnages. Le rapport haine-amour qui lie les deux frères et se colore d'homosexualité et d'inceste platoniques constitue le noyau du récit. Avec ce que Claude Dauphiné appelle « un effacement presque complet de toute parenté », Paul-Éric et Jacques Reutler expérimentent davantage un lien conjugal que fraternel : « Les protagonistes vivent, pensent et agissent en dehors de ses cadres et de ses tabous. Livrés à eux-mêmes, n'ayant pas ou peu connu les vertus ainsi que les tensions du milieu familial, ils apparaissent souvent isolés et inadaptés[26]. » Privés tôt de leurs parents, ils ont été laissés à eux-mêmes, et si, en sa qualité d'aîné, Reutler a veillé à l'éducation de Paul-Éric, il a surtout permis à sa nature excentrique et amorale de croître sans être inquiétée. Bref, la même année où Barrès publie *Les Déracinés*, Rachilde signe elle aussi un roman des liens familiaux distendus et du conflit des origines. Le dépassement de la nature incarné par les frères de Fertzen sert ainsi à affirmer la tyrannie et les impasses des désirs des esthètes, de même qu'à postuler, comme bon nombre d'autres œuvres rachildiennes, l'impossibilité de l'amour.

Les personnages féminins du roman démontrent de même l'impossibilité de l'amour. Par leur truchement, Rachilde dépeint l'insuffisance du couple comme structure interpersonnelle. Il n'est pas question ici de mariage ou de procréation : elles sont, au mieux, des maîtresses, vite choisies et vite dédaignées. Au début du roman, Paul-Éric rompt avec Geneviève de Crossac ; Jane Monvel meurt au théâtre et Marie-Mica, entrée au service des frères barons et vainement éprise de Reutler, devient la maîtresse forcée de Paul-Éric, qui n'hésite pas à l'humilier. Le contraste avec une personnalité forte comme celle de Raoule de Vénérande dans *Monsieur Vénus* est frappant. Visiblement,

---

puant » (*HN*, 694). La chute lui est fatale. Le directeur ordonnant aussitôt qu'on abaisse le rideau, la « féerie sans ballet » imaginée par Paul-Éric prend la forme impromptue de ballet macabre : c'est la mort qui aura été offerte en spectacle au public.

26. Claude Dauphiné, *Rachilde*, Paris, Mercure de France, 1991, p. 291.

Rachilde n'a voulu dépeindre dans *Les Hors nature* que des femmes faibles et dominées, des victimes de la fantaisie de « grands seigneurs libres »; en aucun cas, des « marquises de Sade ». Comme quoi – semble nous dire Rachilde – tout, dans les sexes, est interchangeable. Travestissements, mascarades, inversions et autres manifestations de l'artifice obéissent en fin de compte à une même revendication: subvertir pour libérer. Dans un tel cadre, l'amour – de chair ou d'esprit, mais surtout de chair – est à réinventer, comme l'illustre le passage où Paul-Éric préfère, aux caresses de son amante, le contact avec la soie blanche. « Tu n'es qu'une femme! » (*HN*, 682) crie-t-il à Jane, jalouse de l'étoffe précieuse, et ce cri sous-entend que « n'être qu'une femme » peut représenter une faiblesse ou servir d'insulte. « L'éternel féminin » se voit donc décidément malmené chez Rachilde.

Et pourtant, en comparaison de Geneviève de Crossac et de Jane Monvel, Marie-Mica jouit d'un statut à part. Elle est le seul des trois personnages féminins qui, en dépit de la domination masculine qui s'exerce à son détriment (les héros la rencontrent cachée dans un bosquet, peu de temps après qu'elle eut subi une tentative de viol), se dérobe à son joug. Incendiaire du village, c'est encore elle qui met le feu au château de Rocheuse avant de prendre à nouveau la fuite. Rachilde la montre ainsi tout à la fois dominée et insoumise, offensée et vindicative. Elle est de loin la figure féminine la plus riche et en même temps la plus mystérieuse du livre, et il conviendrait, dans une étude subséquente, de s'y attarder davantage.

Dans le contexte de mon analyse, Marie-Mica remplit un autre rôle que j'aimerais signaler: elle ourdit une vengeance à la Nana en jetant le château de ses maîtres en proie aux flammes; vengeance d'une femme, certes, mais aussi vengeance de la plèbe (dont elle est issue) contre l'aristocratie. Le reste du personnel domestique aura une fonction plus modeste: accentuer l'effet de contraste entre les niveaux inférieur et supérieur du château, c'est-à-dire entre le mode de vie trivial des domestiques (dont Célestin – prénommé à l'inverse de sa nature – en personnifie le penchant vicieux) et l'existence perverse des frères barons.

À n'en pas douter, Rachilde atteint, dans *Les Hors nature*, le sommet de son art de repenser, entre perversion et parodie, la sexuation et la guerre des sexes. Avec Reutler, le viril, savant et chaste, et Paul-Éric, le dandy parfois très homme et parfois très femme[27], Rachilde crée une fratrie dans laquelle la masculinité devient la quintessence de la décadence par sa faculté de tout dominer avec hauteur, cynisme et dédain; une bulle sans air contre les femmes et le siècle – sans air, il s'agit donc du récit d'une belle et intense asphyxie.

27. Citons, choisis entre plusieurs passages pertinents, celui-ci: « Physiquement, l'adolescent aux fossettes et aux grâces de princesse byzantine disparaissait peu à peu pour laisser croître un être singulièrement idéal, s'émaciant, remplaçant l'homme comme un portrait peut remplacer le modèle ». Et: « Il ne se déguisait plus en femme et avait l'air d'une femme déguisée » (*HN*, 741).

*
* *

C'est par la façon qu'a Rachilde de repenser la sexuation que *Les Hors nature* forment un livre à ce point moderne et atypique, indéniablement fascinant à relire dans le contexte du XXIe siècle, alors que le féminisme, sans rien avoir perdu de sa légitimité, peut néanmoins s'enorgueillir d'avoir réalisé de grandes et capitales conquêtes. Rachilde a construit son roman sur le cumul des identités et des rôles. La virilisation de Jacques Reutler et l'efféмination de Paul-Éric tendent à prédominer, mais la romancière propose davantage qu'une sexuation contrastée. Elle induit un jeu du chat et de la souris identitaire : Paul-Éric est à la fois « empereur » et « impératrice », « fort » et « forte », « Paul » et « Pauline », et ainsi de suite[28]. L'originalité de Rachilde à l'époque n'était pas d'approcher la relation fraternelle sous cet angle, puisque, dans *Les Frères Zemganno* (1879), Edmond de Goncourt avait déjà tracé un portrait de deux frères se partageant virilité et féminité. De plus, le fait, déjà souligné à l'époque par Jean Lorrain, que « les héros n'y commettent rien[29] » ne doit pas nous masquer le rôle de l'inceste et de l'homosexualité, qui agissent tous deux par mythes interposés : Hermaphrodite, Pygmalion et Byzance principalement. Rachilde procède à une réécriture des mythes de manière à montrer jusqu'où peut mener l'hésitation des sexes. L'originalité et la subversion (indissociables ici) de son écriture deviennent dès lors paroxystiques. *Les Hors nature*, par-delà l'esprit de perversion et de parodie qui s'en dégage, se donnent à lire comme un intransigeant refus des servitudes sexuelles. « Il n'y pas de littérature féminine, écrit Rachilde en 1931. *Il y a des écrivains.* Leur sexe importe peu[30]. » C'est moins d'indifférence qu'il s'agit ici que de réciprocité ou d'interchangeabilité : si les frères de Fertzen tiennent, finalement, les femmes en piètre estime, Rachilde développera ailleurs le raisonnement inverse en montrant des héroïnes qui ont horreur des hommes. « Je n'ai jamais aimé les hommes, ils sont si bêtes et si brutaux », lit-on dans *Madame Adonis*[31] ; « je hais tous les hommes, je ne veux pas faire l'amour, je veux faire la guerre[32] ». Voilà en définitive l'enjeu de la mascarade et du travestissement textuel chez Rachilde : montrer les affrontements d'êtres luttant moins pour assujettir l'autre que pour rester eux-mêmes, dans la réinvention. Aussi voyons-nous s'affirmer chez Rachilde le *nec plus ultra* de la liberté.

28. Voir à ce propos Jean de Palacio, « *Les Hors Nature*, ou Byzance à Paris », art. cit., p. 13.
29. Jean Lorrain, « Pall-Mall Semaine », *Le Journal*, 20 mars 1897, cité par Jean de Palacio, « *Les Hors Nature*, ou Byzance à Paris », art. cit., p. 11.
30. Cité par Rachel Mesch, *The Hysteric's Revenge. French Women Writers at the Fin de Siècle*, Nashville, Vanderbilt University Press, 2006, p. 119.
31. Rachilde, *Madame Adonis*, Paris, J. Ferenczi et fils, 1929, p. 167.
32. Rachilde, *Le Meneur de louves* [1905], cité par Jean de Palacio, « *Les Hors Nature*, ou Byzance à Paris », art. cit., p. 31.

Marilou Denault

RACHILDE ET LE MASQUE DE L'ANTIFÉMINISME

En 1928, dans une collection des Éditions de France intitulée « Leurs raisons » et dirigée par André Billy, paraît le texte *Pourquoi je ne suis pas féministe,* de l'écrivaine Rachilde. Débutant son ouvrage par un avant-propos intitulé « Excuses », l'auteure y va d'un conseil qu'elle adresse aux femmes nouvellement instruites : « [...] les femmes savantes... L'homme moderne a horreur de ces femmes-là ou alors il les lui faudrait plus modestes, sinon plus habiles[1] ». Ce passage révèle subrepticement quelques-uns des mots d'ordre que Rachilde appliqua toute sa vie, soit la mesure et l'habileté. Et manifestement, la ruse lui aura réussi puisque la jeune provinciale périgourdine parvint à se tailler une place de choix au sein du milieu littéraire parisien, férocement misogyne. Elle écrivit son premier roman, *Monsieur de la Nouveauté* en 1880, mais c'est en 1884 qu'elle acquit une renommée avec la parution du scandaleux *Monsieur Vénus.* La publication du roman lui valut d'ailleurs un procès, une condamnation mais aussi, plus tard, une nouvelle édition préfacée par Maurice Barrès qui la baptisa « Mademoiselle Baudelaire », insistant sur l'envoûtante perversité du roman. Son mariage avec Alfred Vallette constitua un tournant décisif puisqu'il lui permit de participer à la revue du *Mercure de France,* de codiriger la maison d'édition du même nom et de mettre sur pied l'un des cercles littéraires les plus courus du moment. Prolifique, elle publia une soixantaine de titres.

Or, bien que déterminée à acquérir renommée et respect, Rachilde ne se fit pas pour autant complaisante et elle n'hésita pas à construire une œuvre qui a fortement bousculé les conventions par les audacieuses inversions sexuelles qu'elle mit en scène, comme ce couple que forment Raoule de Vénérande et Jacques Silvert, issu de *Monsieur Vénus,* l'homme devenu l'objet de désir et la femme, l'être désirant. Cette Rachilde, plusieurs l'ont proclamée féministe, érigeant la créatrice de femmes de papier transgressives (comme la machiavélique Mary Barbe) en une véritable Amazone

1. Rachilde, *Pourquoi je ne suis pas féministe*, Paris, Éditions de France, « Leurs raisons », 1928, p. 3. Dorénavant, les références à cet ouvrage seront indiquées par les lettres *PJF*, suivies du numéro de la page.

revendiquant la libération de la femme. Or, Madame Alfred Vallette, mère de Gabrielle Vallette, aime cultiver le paradoxe et le discours qu'elle tiendra, en dehors de son œuvre littéraire, sur les femmes de lettres, le féminisme et la féminité, n'a rien de progressiste. Rachilde se révèle, en fait, misogyne et antiféministe.

Dans le pamphlet *Pourquoi je ne suis pas féministe,* l'auteure nous éclaire sur ses réserves à l'égard du « sexe faible » et de ses représentantes qui pullulent dans la carrière littéraire. Curieusement, Rachilde se dresse devant la nouvelle Ève et l'accuse d'utiliser la littérature à des fins politiques, sociales, personnelles, extérieures enfin à l'Art. Elle accuse en fait ces femmes de lettres d'être cabotines, truquées[2]. Cynique, l'auteure allie malicieusement, en une même phrase, les mots « libertés » et « libertinage » (*PJF,* 79), signifiant par là que ces femmes dénaturent le métier d'écrivain et lui retirent toute dignité. Son propos est, on peut le voir, mordant d'ironie à l'égard des revendications féministes, ironie où perce parfois une certaine lassitude :

> Je fais la part... du feu sacré en la personne des poétesses nationales, ou non, qui continuent à filer la laine des nuages sur des quenouilles d'or pour qu'autant en emporte le vent aux quatre coins du monde, mais, vraiment, les femmes de lettres font un peu trop de littérature politique ! Ces dames sont sèches... comme toutes les chemises des archiduchesses ! (*PJF,* 33)

Outre ces reproches quant au rapport que ces femmes entretiennent avec la littérature, reproches auxquels nous reviendrons un peu plus loin, Rachilde tient aussi un discours férocement misogyne. En effet, pour définir sa position de femme non-féministe, celle qui s'est plu à fumer entre copains et à porter le pantalon, adopte aussi le point de vue masculin vis-à-vis d'une image de la féminité qui prévaut en cette fin de siècle. Celle d'une féminité dangereuse, fatale, mortifère : « Bourrer les crânes féminins de toutes sortes de sciences qu'ils n'auront jamais le temps de faire passer au crible de leur entendement personnel ou qu'ils ne pourront pas adapter, c'est absurde, probablement très dangereux. » (*PJF,* 23)

Angoisses fin-de-siècle

Le monde, en cette fin de siècle, est pensé à l'aune du « paradigme de la Décadence[3] ». Marc Angenot démontre en effet qu'il y a dans la distribution des discours fin-de-siècle, une sorte de « *récit minimal* [...] qui montre le cours de l'histoire, ou des histoires sociales, comme s'étant infléchi en un délitement, une désagrégation perverse et irrémédiable[4] ». Les thèmes qui

2. Voir à ce sujet l'ouvrage de Claude Dauphiné, *Rachilde,* Paris, Mercure de France, 1991, p. 181.

3. Marc Angenot, *1889. Un état du discours social,* Longueuil, Le Préambule, 1989, p. 315.

4. Marc Angenot, *Le Cru et le Faisandé. Sexe, discours social et littérature à la Belle Époque,* Bruxelles, Éditions Labor, 1986, p. 181. C'est l'auteur qui souligne.

marchent sont tous des thèmes anxiogènes : en effet, les Français assistent, impuissants, à la fin de la morale, d'une race, du sens, d'un sexe et, surtout, à la fin des valeurs stables, établies. Il s'agit d'une société riche en innovations que celle de la IIIe République, mais en cela tout aussi angoissante, le siècle étant en outre ponctué de la défaite de la guerre franco-prussienne, de la crise économique des années soixante-dix et, après 1880, d'une baisse nette du taux de naissance[5]. Cette dénatalité constituera d'ailleurs l'un des multiples objets d'angoisse, mué en un objet du discours articulé au paradigme d'une décrépitude générale : « le malthusianisme dégrade la femme et détruit la race », « la famille se désagrège[6] ». Le discours médical fera en effet culminer l'angoisse en annonçant une dégénérescence imminente de la race, épuisée par les abus sexuels. La décadence ainsi pressentie est, on le voit bien, étroitement articulée aux dangers du sexe, celui-ci à son tour intrinsèquement lié à la féminité. « La femme, dira Octave Mirbeau, n'est pas un cerveau, elle est un sexe, rien de plus[7]. » En effet, pessimisme et misogynie s'articulent ensemble sous ce même paradigme de la décadence : « la "vraie" femme disparaît et cette évolution est l'intersigne d'une dégénérescence générale[8] ». Les ouvrages scientifiques des Krafft-Ebing, Weininger et Lombroso[9] ont élaboré en théorie scientifique, dans la foulée de Darwin, l'infériorité de la femme, justifiant ainsi les appréhensions nées de l'émancipation féminine[10]. « Voici venir maintenant d'étranges productions, des constructions savantes et légendaires qui ramènent les femmes aux vieux canons de la féminité, les réengagent dans les sentiers de l'infériorité physique et mentale[11]. » Tous, d'un accord tacite, déclarent la femme irresponsable, car menée par ses menstruations, par la nature donc, « ne pouvant que subir l'atavisme d'une féminité obtuse comme un destin[12] ». En plus d'entamer une agaçante brèche dans la sphère des prérogatives masculines, l'émancipation des femmes est surtout menaçante en ce qu'elle ouvre la voie à de dangereuses incursions du féminin dans des domaines que sa nature ne saurait comprendre, analyser, supporter et cette incapacité

5. Marc Angenot, *Le Cru et le Faisandé*, *op. cit.*, p. 171. C'est en 1899 que le courant néo-malthusien se développera puissamment en milieu ouvrier, générant sûrement bien des angoisses quant à l'avenir de la « race » française.

6. Fragments du discours social repérés par Marc Angenot, *ibid.*, p. 180.

7. Octave Mirbeau, « Lilith », *Le Journal*, s. l., 20 novembre 1892.

8. Marc Angenot, *1889. Un état du discours social*, *op. cit.*, p. 485.

9. Respectivement *Psychopathia Sexualis* [1886], *Sexe et Caractère* [1903], *La Femme criminelle et la Prostituée* [1896].

10. « L'intelligence, dans tout le règne animal, varie en raison inverse de la fécondité ; il y a un antagonisme entre les fonctions de reproduction et les fonctions intellectuelles comme entre la genèse, l'accroissement et la structure. Maintenant le travail de la reproduction étant en grande partie dévolu à la femme, pour cette raison biologique elle est restée en arrière dans le développement intellectuel. » (Cesare Lombroso et G. Ferrero, *La Femme criminelle et la Prostituée*, Paris, Félix Alcan Éditeur, 1896, p. 187.)

11. Jean-Pierre Peter, « Les médecins et les femmes », dans Jean-Paul Aron, Laure Adler *et al.*, *Misérable et Glorieuse la femme du XIXe siècle*, Bruxelles, Éditions Complexe, 1984, p. 95.

12. Mireille Dottin-Orsini, *Cette femme qu'ils disent fatale*, Paris, Grasset, 1993, p. 300.

congénitale ne peut qu'avoir un effet délétère sur la société[13]. Ainsi, « la *doxa* conçoit l'avenir comme inévitablement orienté vers un renversement de toutes les valeurs, dont "la femme émancipée" en est la plus ridicule, mais aussi la plus menaçante des manifestations[14] ».

Quant aux écrivains, et particulièrement ceux qui se sont proclamés eux-mêmes « décadents », ils apporteront de l'eau au moulin anxiogène et contribueront au façonnement de ce symbole d'une fin du monde, la prostituée: « Ce ne sont en littérature que foyers dévastés, maris adultères ou alcooliques, enfants tuberculeux ou accidentés, pitoyables victimes de cruelles émules de Nora[15]. » Enivrée par l'abjection, selon le mot de Baudelaire[16], la sensibilité décadente revendique la dépravation; c'est au nom de l'Art que ces auteurs se détournent du naturel pour sonder les profondeurs abyssales des perversions contre nature. « Dans une *doxa* hantée par la décadence, le *mundus inversus,* le délitement des stabilités symboliques, Rachilde et quelques autres (J.-K. Huysmans, Jean Lorrain) consentent, de façon très perverse en effet, à donner une littérature "décadentiste" qui confirme les diagnostics crépusculaires et les angoisses fin-de-siècle[17]. » Rachilde, quant à elle, dans une réplique alarmiste du texte *Pourquoi je ne suis pas féministe,* corrobore étrangement ces thèses alarmistes et la créatrice de la puissante Raoule de Vénérande soutient que « répandre l'instruction sur les simples d'esprit, c'est répandre tous les maux de la boîte de Pandore » (*PJF,* 25).

Paradoxale, Rachilde l'est définitivement. En effet, alors même qu'elle souscrit à cette misogynie ambiante, l'auteure incarne et fournit aux yeux des femmes un exemple profondément inspirant de non-conformisme féminin dans ce contexte de la société bourgeoise de la IIIe République: Rachilde prend la plume. En effet, toute antiféministe qu'elle soit, elle ne souscrit nullement au discours sur l'idéal féminin, canonisant littéralement la femme maîtresse de maison[18], idéal de la « prêtresse de l'inanité vertueuse[19] » auquel tous se raccrochent, dans cette fin-de-siècle tourmentée. La femme, apprend-

13. « Grâce à notre organisation sociale, absurde au suprême degré, qui leur fait partager le titre et la situation de l'homme si élevés qu'ils soient, elles excitent avec acharnement ses ambitions les moins nobles, et par une conséquence naturelle de cette absurdité, leur domination, le ton qu'elles imposent, corrompent la société moderne. » (Arthur Schopenhauer, *Essai sur les femmes,* Arles, Actes Sud, [1884] 1987, p. 31.)
14. Marc Angenot, *1889. Un état du discours social, op. cit.*, p. 497.
15. L'auteure fait ici référence à l'héroïne de la *Maison de poupée* de Ibsen. Anne-Lise Maugue, « L'Ève nouvelle et le vieil Adam. Identités sexuelles en crise », dans Georges Duby et Michelle Perrot (dir.), *Histoire des femmes en Occident,* t. IV, Paris, Perrin, « Tempus », [1991] 2002, p. 626. Voir aussi l'article d'Alain Corbin qui affirme que « depuis que Huysmans, les Goncourt, Zola et Maupassant ont remis le thème à la mode, jamais le roman n'a fait tant de place à la vénalité sexuelle. » (« La prostituée », dans Jean-Paul Aron, Laure Adler *et al., Misérable et Glorieuse la femme du XIXe siècle, op. cit.*, p. 41.)
16. Marc Angenot, *Le Cru et le Faisandé, op. cit.*, p. 156.
17. *Ibid.*, p. 153.
18. Voir à ce sujet l'article d'Anne Martin-Fugier, « La maîtresse de maison », dans Jean-Paul Aron, Laure Alder *et al., Misérable et Glorieuse la femme du XIXe siècle, op. cit.*, p. 117-134.
19. Bram Dijkstra, *Les Idoles de la perversité: Figures de la femme fatale dans la culture fin-de-siècle,* trad. Josée Kamoun, Paris, Seuil, 1992, p. 17.

on dans un manuel destiné aux élèves du primaire, « est faite pour la vie de famille, pour le foyer domestique dont elle est l'âme et l'ornement[20] ». Rachilde, au contraire, parvient à se réaliser en dehors des rôles traditionnels de mère et d'épouse, reconnue d'abord non pas comme l'épouse Madame Alfred Vallette ni comme la mère de Gabrielle Vallette, mais bien sous le nom de Rachilde, homme de lettres. Or, et cet attribut nous le rappelle, la décadente ne prendra jamais son exemple à témoin pour inciter les femmes à faire comme elle. À ses yeux, elle est une exception[21], un homme de lettres dans un corps de femme et elle fera tout pour être reconnue comme tel. Ainsi, puisqu'elle aspire ardemment à vivre de son écriture, l'antiféminisme affiché dans son texte pamphlétaire ne révèle-t-il pas une stratégie rhétorique motivée par de pragmatiques considérations ? En effet, Marguerite Eymery souhaite être envisagée avec sérieux. Elle fera imprimer sur ses cartes la mention « Rachilde, homme de lettres » et dans une « lettre-confession » de 1887 adressée à A.-F. Cazals, qu'elle lui demande d'insérer dans la revue *Le Décadent*, Rachilde se qualifie en ses termes :

> Déteste les pianos. Danse à Bullier. S'habille de satin blanc pour aller fumer avec des camarades et garde son veston de chambre pour aller au bal. N'a, quoi qu'on en puisse dire, aucune sorte de maladie nerveuse. Se porte admirablement bien, peut se passer de déjeuner. [...] Enfin, par-dessus tout, un honnête garçon [...][22].

La jeune femme affiche alors son profond désir qu'on ne l'associe pas aux femmes de lettres. Ce qu'elle souhaite, c'est conquérir le verbe, mais celui des hommes[23]. Elle rêve d'égaler l'homme et de le supplanter au sein de sa propre écriture.

Un audacieux conformisme

Ainsi, c'est ce à quoi elle se consacra. À ceux qui ont pris à témoins ses audacieux personnages au sexe inversé pour en faire l'image même de l'écrivaine défenderesse d'une féminité émancipée des carcans traditionnels, nous répondrons que Rachilde présente une version de la féminité plutôt orthodoxe : Raoule de Vénérande et Mary Barbe, la *Marquise de Sade*, « s'inscrivent dans la lignée des Clara, Nana et autres nouvelles Ève de l'époque[24] ». Les transgressions opérées par la plume de Rachilde sur ses personnages féminins font que, bien que devenues les sujets de leur exis-

20. Marc Angenot, *1889. Un état du discours social*, *op. cit.*, p. 482.
21. « J'aime, par-dessus tout, la logique et si je consens à être une exception (on ne peut pas faire autrement dans certains cas) je n'entends pas la confirmer en prenant mes personnelles erreurs pour de nouveaux dogmes. » (*PJF*, 6)
22. Claude Dauphiné, *Rachilde*, Paris, Mercure de France, 1991, p. 45.
23. Voir à ce sujet l'ouvrage autobiographique de Rachilde, *Quand j'étais jeune*, Paris, Mercure de France, 1947.
24. Sophie Pelletier, *Rachilde : décadence et transgression dans Monsieur Vénus et La Marquise de Sade*, mémoire de maîtrise, Montréal, Université de Montréal, 2006, p. 147.

tence, elles demeurent des femmes fatales à leurs homologues masculins, à l'instar de cette féminité mortifère qui hante le discours social. De plus, inverser les rôles ne signifie pas pour autant transcender les clichés et lieux communs qui forgent les identités sexuelles :

> [...] quand bien même Raoule s'empare ici du phallus et déstabilise le système sexe-genre, elle n'exclut pas un rapport de domination selon les schèmes classiques, car le féminin qu'investit ici le mannequin Jacques, n'est concevable que comme pénétrable et passif[25].

Ainsi, au cœur de toutes ces inversions, le féminin est faible, dominé, objet alors que le masculin demeure force, esprit, sujet. Certes ces inversions introduisent un questionnement sur le genre, en tant que construction sociale, puisque interchangeable, mais la définition de la masculinité, la définition de la féminité, quant à elles, demeurent en accord avec le cliché doxique. Sophie Pelletier, dans un mémoire intitulé *Rachilde : décadence et transgression dans Monsieur Vénus et la Marquise de Sade*, en vient à ces conclusions : « Rachilde est bel et bien, comme elle le fait d'ailleurs imprimer sur ses cartes de visite, un homme de lettres de son temps : elle reprend à son compte les cas de viragos ou d'hémophiles étudiés par Krafft-Ebing, et crée à son tour des Raoule et Mary fort inspirantes pour les penseurs du temps. La machine à clichés tourne rondement, elle est bien huilée, et Rachilde apparaît comme l'un de ses moteurs[26]. »

Refaire l'amour

Mises à part ses déclarations provocantes de misogynie et orthodoxes quant au danger que représente une femme « émancipée », certains reproches qu'elle adresse aux femmes tels que formulés dans son pamphlet concernent le rapport que ces auteures entretiennent avec la littérature. Son premier grief, nous l'avons évoqué plus haut : elles *utilisent* la littérature pour arriver à leurs fins. Plus important encore, elle les accuse de dépoétiser l'Amour, en considérant avec mépris leurs revendications bassement pragmatiques, « incapables – dit-elle – de voir au-delà de leurs très sales petites théories quotidiennes[27] ». Rachilde vient ainsi, à titre de digne représentante de la sensibilité décadente, introduire dans le débat social et politique que mènent les féministes un argument qui relève d'une tout autre sphère, l'esthétique, et joue, avec mauvaise foi, sur les registres sociaux et littéraire[28]. L'une des grandes revendications qui traverse toute l'œuvre de Rachilde et

25. Dominique D. Fisher, « À propos du "Rachildisme" ou Rachilde et les lesbiennes », *Nineteenth-Century French Studies*, vol. 31, nos 3-4, printemps-été 2003, p. 9.
26. Sophie Pelletier, *Rachilde : décadence et transgression*, *op. cit.*, p. 148.
27. Rachilde, « Questions brûlantes », *La Revue Blanche*, 1er septembre 1896, p. 196, cité par Catherine Ploye, « "Questions brûlantes" : Rachilde, l'affaire Douglas et les mouvements féministes », *Nineteenth-Century French Studies*, vol. 22, nos 1-2, automne hiver 1993-1994, p. 198.
28. Voir à ce sujet l'article de Catherine Ploye, « "Questions brûlantes" », art. cit., p. 195-207.

qui, pour le coup, pourrait être récupérée par le discours féministe, se résumerait à *Refaire l'amour* « en transformant son goût pour la viande crue en lui tendant un petit pain au lait[29] ». Il s'agit là d'un des thèmes fondamentaux de l'œuvre rachildienne : les personnages qu'elle met en scène sont tous épris d'idéal et d'absolu et rêvent d'un amour plus « cérébral » – diraitelle – intellectuel, enfin dissocié de la roture des sens. Edmond de Goncourt a formulé ainsi cet axiome typiquement décadent : « Nous avons peu à peu remplacé la femme, autrement dit le prétexte de l'amour, et la nature, par le tableau. Tout ce qui n'est pas traduit par l'art est pour nous comme de la viande crue[30]. »

Ainsi, ce n'est pas l'opposition masculin/féminin que l'écrivaine construit dans ce discours, mais bien la dualité chère aux symbolistes et aux décadents opposant la société à l'art, caractéristique du conflit auquel doit faire face le personnage fin-de-siècle forcé de vivre dans « la vulgaire réalité des faits », pour reprendre les mots de Jean Floressas Des Esseintes[31]. Les revendications féministes, face au regard méprisant de l'esthète décadent, apparaissent alors infiniment prosaïques. Dans un roman intitulé *La Jongleuse*, que Rachilde publia en 1900, le personnage Éliante Donalger se définira justement à rebours de ces « femmes d'aujourd'hui », incarnée par Missie, « cette espèce de grande guenon[32] », représentante de ses « pires ennemies[33] ». Éliante, héroïne décadente, voudra elle aussi « refaire l'amour » et préférera l'objet d'art à la « caresse saine de l'époux[34] ». Froide envers le jeune homme Léon, Éliante se montre ardente envers une amphore :

> Je suis réellement amoureuse de tout ce qui est beau, bon, me paraît un absolu, la définition même de la volupté. Mais ce n'est pas le but, le plaisir ; c'est une manière d'être. Moi je suis toujours… *heureuse*. Je voulais vous mener ici pour vous prouver que je n'ai pas besoin de la caresse humaine pour arriver au spasme… […] J'ai le dégoût de l'union, qui détruit ma force, je n'y découvre aucune plénitude voluptueuse. Pour que ma chair s'émeuve et conçoive l'infini du plaisir, je n'ai pas besoin de chercher un sexe à l'objet de mon amour[35] !

À l'instar du personnage Des Esseintes, Éliante (ainsi que Paul-Éric des *Hors nature*, ému par le seul contact d'une magnifique soierie) et tous ces êtres de papier incarnant la sensibilité décadente, préfèrent de loin l'objet d'art aux vulgarités. C'est donc en tant qu'artiste que la reine des décadents réclame

29. Rachilde, *Refaire l'amour*, Paris, Mercure de France, 1925, p. 394.
30. Edmond de Goncourt, *Journal*, t. VII, 16 novembre 1864, p. 26, cité d'après François Livi, *J.-K. Huysmans. À rebours et l'esprit décadent*, Paris, A. G. Nizet, 1972, p. 75.
31. Nous faisons ici référence au personnage du roman *À rebours* de Joris-Karl Huysmans.
32. Rachilde, *La Jongleuse*, Paris, Édition des Femmes, [1900] 1982, p. 72.
33. *Ibid.*, p. 168.
34. *Ibid.*, p. 48.
35. *Idem.*

qu'advienne une différence, mais elle est d'ordre esthétique, cette différence, et non sociale. Ces considérations témoignent ainsi d'un désir marqué de s'exclure complètement de ce groupe d'émancipatrices dont les basses revendications ne correspondent en rien à ses aspirations à l'absolu.

Le double discursif masculin

Dans un monde qui conçoit très étroitement le spectre des possibles féminins, dans un monde où la femme qui écrit est forcée d'endosser les rôles de toute façon réducteurs du bas-bleu ou de la muse, à une époque où, selon les dires de Remy de Gourmont, écrire pour les femmes était « leur façon polie de faire l'amour en public[36] », Rachilde a su se tenir en équilibre sur le ténu fil de la légitimité, en se faisant homme de lettres. Dans un autre passage du pamphlet *Pourquoi je ne suis pas féministe*, Rachilde assimile le métier des femmes de lettres à celui des actrices, « toujours obligées – dit-elle – à la représentation ». Le seul mot de « représentation » souligne, en creux, l'obligatoire mascarade à laquelle la femme écrivaine doit nécessairement se livrer, et nous invite ainsi à mieux comprendre cette posture de l'antiféminisme adoptée par Rachilde. Dans une société où l'identité est d'abord représentée, où les couples *s'affichent* dans les salons et les bals, où le créancier jauge la solvabilité d'un homme d'après l'imposante mise de son épouse, nous pourrions à bon droit inclure Rachilde dans ce lot de femmes masquées, jouant le jeu, même à elles-mêmes, pour qu'à tout prix elles soient considérées des écrivains authentiques. Déterminée à vivre de sa plume, Rachilde, bien qu'elle n'en portât que provisoirement le costume, continua en effet d'endosser le discours masculin :

> Je n'ai jamais eu confiance dans les femmes, l'éternel féminin m'ayant trompé d'abord sous le masque maternel et je n'ai pas plus confiance en moi. J'ai toujours regretté de ne pas être un homme, non point que je prise davantage l'autre moitié de l'humanité mais parce qu'obligée, par devoir ou par goût, de vivre comme un homme, de porter seule tout le plus lourd du fardeau de la vie pendant ma jeunesse, il eût été préférable d'en avoir au moins les privilèges sinon les apparences[37].

Ainsi, pourvue d'un fort sens pragmatique et certainement motivée par son dégoût pour le « masque maternel[38] », Rachilde choisit donc d'investir une identité masculine et endossa un autre masque, plus commode celui-là. Or, paradoxale, elle le demeura jusqu'au bout : alors qu'on la présentait au jeune auteur Alfred Jarry, la provocante Rachilde, plutôt que de se conformer à sa réputation d'homme de lettres dans un corps de femme, continua de broder,

36. Dominique D. Fisher, « À propos du "Rachildisme" ou Rachilde et les lesbiennes », art. cit., p. 10.
37. Rachilde, *La Jongleuse*, *op. cit.*, p. 6.
38. « Rachilde, nous l'avons dit, s'est souvent interrogée sur l'instinct maternel. Elle a affirmé plus d'une fois qu'il s'agissait du "suprême leurre", d'une notion sans fondement, artificiellement entretenue à des fins sociales. » (Claude Dauphiné, *Rachilde*, *op. cit.*, p. 151.)

les yeux rivés sur son ouvrage. Ainsi, tout au long de sa vie, Rachilde aura revendiqué « son statut ambidextre[39] ». Devant manœuvrer au sein d'une société aux prises avec de multiples angoisses, certes, mais plus précisément en matière d'identité sexuelle, Rachilde adopte une posture volontairement ambiguë : alors qu'elle semble consolider une vision orthodoxe du féminin, elle en ébranle, par ses actes, ses certitudes.

Terminons avec les mots d'Éliante à propos, encore une fois, de son amphore : « Mon vase d'albâtre me paraît plus harmonieux, moins sauvage d'attitude, immobilisé dans la plus jolie posture humaine, la posture sans sexe[40]. » Peut-être y a-t-il dans cette phrase la formulation d'un authentique souhait de la part de Marguerite Eymery. Peut-être la créatrice d'Éliante se surprend-elle à rêver d'un monde où l'écrivain n'aurait pas à manier les identités sexuelles pour obtenir respect et reconnaissance. Ce rêve d'un troisième sexe, venant résoudre la sempiternelle guerre des sexes, elle le formule aussi dans ce pamphlet, en affirmant que ce combat n'aurait de véritable raison d'être le jour où adviendrait un troisième sexe, celui « des fourmis travailleuses ou des abeilles ne confectionnant leur miel que pour les reines » (*PJF*, 12).

39. Marc Angenot, *Le Cru et le Faisandé*, *op. cit.*, p. 153.
40. Rachilde, *La Jongleuse*, *op. cit.*, p. 87.

Paul-André Claudel

DE L'AVANT-GARDE PARISIENNE À L'ANONYMAT DU CAIRE. LES AVATARS SCRIPTURAIRES DE VALENTINE DE SAINT-POINT

Poétesse immorale, amazone des salons, nouvelle Cléopâtre : c'est en ces termes colorés que le critique et écrivain Alphonse Séché, dans son *Anthologie des femmes poètes*, et deux chroniqueurs de *La Petite République* et de *Paris Journal*, présentent à leurs lecteurs la tonitruante Valentine de Saint-Point, qui occupe dans les premières années du siècle le devant de la scène littéraire[1].

Ces quelques lignes, vestiges d'une réception désormais effacée, rappellent que la figure de Valentine de Saint-Point (1875-1953), à la fois poétesse, dramaturge, critique d'art, peintre et chorégraphe, alimenta les rumeurs et les chroniques mondaines de la Belle Époque. De son vivant, cette créatrice singulière bénéficia incontestablement d'une certaine renommée : renommée toute parisienne, alimentée par sa proximité avec Rodin (dont elle fut l'un des modèles), par sa réputation sulfureuse (le *Manifeste de la luxure* qu'elle rédigea en 1913 suscita un large scandale) et par sa participation au futurisme italien (dont elle fut le premier représentant féminin) ; renommée encore amplifiée par son brusque départ en Égypte dans les années 1920, qui marquera d'un halo de mystère les dernières années de son existence.

L'expérience de Valentine de Saint-Point a fait l'objet, dans les dernières années, d'une redécouverte critique : à un siècle de distance, cette « oubliée

1. « Jamais on ne vit galop plus infernal de mots et d'idées, c'est une vraie bourrasque littéraire, un chaos extraordinaire avec ses hauts et ses bas, ses gouffres et ses sommets, une invraisemblable anarchie où le mal se mêle avec le bien, la joie avec la douleur, la vie avec la mort et l'amour : un brasier inouï où se tordent toutes les passions. » (Alphonse Séché, *Les Muses françaises. Anthologie des femmes poètes*, t. II, Paris, Louis Michaud, 1909, p. 292-293) ; « Elle ne prétend pas avoir bon caractère, elle fait une heure d'escrime par jour, pour se préparer à la guerre. Si pour dîner, vous portez un chapeau qui déplaît à Madame de Saint-Point, elle exécutera le fautif » (« Chez Valentine de Saint-Point », article anonyme paru dans *La Petite République* du 23 juin 1912) ; « Elle adorait scandaliser la bourgeoisie et c'est sans doute dans ce but qu'elle se mouchait dans des pétales de rose et prenait des bains de sang de mouton. Tous les grands hommes de son époque la courtisèrent » (« La nièce de Lamartine meurt dans une masure du Caire », article anonyme paru dans *Paris Journal* du 27 septembre 1947).

des avant-gardes[2] » a été remise en lumière par deux biographies en langue française[3], par la réédition de ses principaux textes théoriques[4] et par la représentation de certaines de ses créations chorégraphiques les plus audacieuses. Cette reconnaissance a permis l'intégration de Valentine de Saint-Point dans un panorama plus large, propre à la création féminine de la Belle Époque : à la fois aux côtés des grandes égéries de salon, des romancières de la liberté des mœurs, des muses poétiques et de ce que l'on a pu appeler « les femmes de l'avant-garde[5] ».

Dans le cadre d'une réflexion sur les formes d'accès à la parole féminine par le biais du masque et du déguisement, l'expérience littéraire de cette artiste aux cent visages constitue de toute évidence un cas singulier. S'il est acquis que la littérature offre de multiples moyens pour couvrir son identité, pour se *faire autre* dans l'exercice de la parole, la dynamique du travestissement se retrouve comme décuplée dans l'itinéraire de Valentine de Saint-Point. Chez cette créatrice, en effet, l'identité féminine n'apparaît pas comme une donnée immédiate, mais comme une appartenance problématique, à revendiquer mais surtout à transformer, à modeler, sinon à contrefaire.

Plus précisément, la thématique de la femme travestie semble se manifester de deux points de vue complémentaires. Elle est d'abord au service d'une stratégie personnelle : installée à Paris autour de l'année 1900, Valentine de Saint-Point va user de divers stratagèmes pour se faire un nom, dans un champ dont on sait qu'il devient extrêmement concurrentiel au début du XXe siècle. Son parcours peut être vu, littéralement, comme un *jeu de rôle* lui permettant de se construire une identité littéraire, en l'adaptant aux divers contextes qu'elle traverse sans oublier, à chaque occasion, de *faire l'événement*. En ce sens, elle use moins du masque entendu comme occultation du moi et comme écriture de l'ombre (dans un sens mallarméen ou blanchottien) que du masque comme suprême esthétisation, reconfiguration scripturaire de l'identité.

2. Pour reprendre une expression de Barbara Meazzi et Jean-Pol Madou, qui abordent précisément la question des « marges de la modernité » dans leur ouvrage *Les Oubliés des avant-gardes*, Chambéry, Presses de l'Université de Savoie, 2006.

3. Voir respectivement Fawzia Zouari, *La Caravane des Chimères*, Paris, Plon, 1990 (biographie romancée de la poétesse) et Véronique Richard de la Fuente, *Valentine de Saint-Point. Une poétesse dans l'avant-garde futuriste et méditerranéiste*, Céret, Éditions des Albères, 2003 (biographie illustrée, agrémentée de nombreux documents).

4. Voir à ce propos le *Manifeste de la femme futuriste* (suivi du *Manifeste futuriste de la luxure*, de l'article « Amour et luxure », de la conférence « Le Théâtre de la femme », de « Mes débuts chorégraphiques » et de la conférence « La Métachorie ») récemment republié par les Éditions Mille et une nuits (éd. Jean-Paul Morel, Paris, 2005). Ces textes avaient déjà été exhumés en 1996 par Giovanni Lista, spécialiste des liens entre futurisme et arts du spectacle, et publiés chez Séguier ; sur ce sujet, nous renvoyons plus largement à Giovanni Lista, *La Scène futuriste*, Paris, CNRS Éditions, 1998.

5. Voir à ce propos Gill Perry, *Women Artists and the Parisian Avant-garde. Modernism and "Feminine Art", 1900 to the Late 1920s*, Manchester / New York, Manchester University Press, 1995, ainsi que Mirella Bentivoglio et Franca Zoccoli, *Women Artists of Italian Futurism. Almost Lost to History*, New York, Midmarch Arts Press, 1997.

Mais dans le même temps qu'elle se construit une image de sujet artiste au féminin, Valentine de Saint-Point produit un discours plus large, d'ordre méta-littéraire, sur la fonction sociale de la femme écrivain et sur la représentation fictionnelle de la féminité. Dans ses essais et ses textes théoriques, largement aussi importants que ses poèmes et ses œuvres de fiction[6], elle émet des diagnostics très critiques sur le statut inférieur que l'on réserve à la représentation de la femme, en invitant à miner la galerie convenue des pratiques, des comportements, des rôles imposés par la dramaturgie sociale. Femme fatale, mère de famille, jeune fille virginale ou muse languissante : autant de représentations qui pèsent à ses yeux sur la liberté féminine, et qu'il s'agit de réformer en profondeur.

L'hypothèse que l'on peut formuler est qu'elle entreprend cette double démarche (à la fois de construction d'une image personnelle, et de déconstruction d'une imagerie collective) au service d'une stratégie de substitution, vouée à proposer au public une nouvelle représentation de la femme artiste : représentation hyperbolique, image d'une *femme d'avant-garde intégrale*, qu'elle ne parviendra pas à imposer comme un modèle durable et qui, de fait, la conduira à l'échec. Trois axes s'imposent pour étudier cet itinéraire fondamentalement dysphorique : à l'analyse de tous les aspects relevant de la fictionnalisation de soi, c'est-à-dire la construction d'une image féminine singulière pour accéder à la légitimité, succédera l'examen de ses aspects inversés, relevant de la démystification militante de l'imaginaire féminin, puis, dans un troisième temps, l'analyse de la faillite symbolique de son parcours : ce retrait total de la vie littéraire que l'on peut lire à la fois comme un splendide renoncement et comme un ultime coup de théâtre.

Entre séduction et mystification : « exhibition maîtrisée » et « public voyeur »

Si le parcours de Valentine de Saint-Point peut se prêter à une analyse de type bourdieusien, centrée sur la diversité de ses « stratégies de placement » dans le champ littéraire du début du XXe siècle[7], il est sans doute plus fruc-

6. Rappelons que l'œuvre écrite de Valentine de Saint-Point embrasse quatre domaines. La production poétique, au sein de laquelle on peut retenir cinq livres essentiels : *Poèmes de la mer et du soleil* (1905), *Poèmes d'orgueil* (1908), *L'Orbe pâle* (1912), *La Soif et les Mirages* (1912), *La Caravane des chimères* (1934). Le genre romanesque, qui se réalise essentiellement dans une trilogie de grande ampleur et dans un roman de formation paradoxal : *Trilogie de l'amour et de la mort* (1906-1907-1909) et *Le Secret des inquiétudes* (1924). L'œuvre théâtrale, plus réduite, où l'on retiendra le drame *Le Déchu* (1909). Enfin, une partie non négligeable des écrits de Valentine de Saint-Point est composée de manifestes, d'articles critiques et de réflexions sur l'art ; en voici les principaux titres : « Lamartine inconnu » (1905), « La double personnalité d'Auguste Rodin » (1906), « Philosophie de la mode » (1907), « La femme dans le théâtre » (1909), « De la tragédie et du vers antique » (1909), « Manifeste de la femme futuriste » (1912), « Manifeste futuriste de la luxure » (1913), « Le théâtre de la femme » (1913), « La Métachorie » (1914).

7. En prenant appui sur *Les Règles de l'art* (Paris, Seuil, 1992), pour ce qui est de la construction d'une trajectoire « singularisante » au sein du champ littéraire, mais également sur *La Distinction* (Paris, Éditions de Minuit, 1979) pour ce qui est de la réception immédiate d'une telle œuvre sous le signe du scandale.

tueux de l'aborder dans les termes (empruntés notamment à Pascale Delormas) d'*autographie*, c'est-à-dire de construction scénographique de soi[8] : ce travail de communication, loin de se dérouler exclusivement sur la page, déborde vers ce qui est à proprement parler une *scène littéraire*.

Le premier aspect de ce jeu concerne, sans surprise, le choix d'écrire sous un pseudonyme : Valentine de Saint-Point n'est pas le nom de baptême de la poétesse, mais un nom de plume qu'elle adopte définitivement vers 1904, après bien des aléas de son état civil. Née Anna Jeanne Valentine Vercell, mais usant communément du nom de Cessiat-Vercell (hérité de sa grand-mère, mariée à un neveu de Lamartine), elle deviendra en 1893, à la suite d'une première union, Madame Florian Perrenot, puis, après la mort de son mari et son remariage en 1900, Madame Charles Dumont ; c'est à partir de 1904, après s'être séparée de son deuxième époux et l'avoir laissé à son destin de futur ministre de la République, qu'elle adopte de façon durable le pseudonyme de « Valentine de Saint-Point », dont les résonances sont nombreuses. De toute évidence, ce pseudonyme à particule présente tout d'abord des connotations aristocratiques et anti-bourgeoises : un tel nom, aux échos romanesques, offre à l'onomastique un mirage de noblesse sociale et de supériorité artistique, renforcé par l'aura religieuse de la syllabe « saint » placée en position centrale. Mais ce nom fait également référence au château de Lamartine, le château de Saint-Point, situé près de Mâcon, qui abrite la tombe du poète : il fait office de clin d'œil au lecteur cultivé, en référence aux origines familiales de la poétesse, qui est l'arrière-petite-nièce du grand Lamartine.

Double mot de passe (signe d'aristocratie spirituelle et allusion à une glorieuse filiation), c'est sous ce « nom-titre », comme l'aurait appelé Jean-Pierre Richard[9], que la poétesse écrira toutes ses œuvres, poèmes, romans, manifestes et essais. En toute logique, ce pseudonyme ne survivra pas à sa carrière littéraire : il faut souligner qu'elle l'abandonnera à la fin de son existence, dans le prolongement d'une conversion à l'Islam mûrie dans l'immédiat après-guerre. Désormais installée en Égypte et ayant renoncé à l'écriture, elle se rebaptisera « Rawiha Nour Eldine » (« porteuse de la lumière divine ») : c'est ce nom qui orne sa tombe, au cimetière du Caire où elle est enterrée. Fait rare sinon exceptionnel, Valentine de Saint-Point aura donc jonglé durant son existence avec quatre noms au total, en plus d'un « nom de plume », utilisé pendant près de trente ans ; ce nom n'apparaît pas

8. Sur ce sujet, voir Pascale Delormas, *Genres de la mise en scène de soi. Les « autographies » de Jean-Jacques Rousseau*, thèse de doctorat, Université de Paris 12-Val de Marne, 2007. La perspective de Pascale Delormas doit beaucoup à l'approche de Dominique Maingueneau sur les discours auto-légitimants, la situation de « paratopie » et la projection de l'écrivain dans une « scénographie » (entre autres textes de référence, citons au moins Dominique Maingueneau, *Le Contexte de l'œuvre littéraire. Énonciation, écrivain, société*, Paris, Bordas, 1993, et *Le Discours littéraire. Paratopie et scène d'énonciation*, Paris, Armand Colin, 2004).

9. Voir Jean-Pierre Richard, « Petite remontée dans un nom-titre » (sur la construction progressive du pseudonyme de Saint-John Perse), dans *Microlectures*, Paris, Seuil, 1979, p. 195-203.

comme un *masque littéraire* – puisqu'elle ne dissimule pas sa personne derrière celui-ci, et qu'elle est loin de chercher un quelconque anonymat – mais plutôt comme une identité postiche, une forme de maquillage de soi.

Ce choix de la poétesse révèle un aspect fondamental de son expérience, lié à une forme de théâtralisation : cette artiste qui, à partir des premières années du siècle, animera des salons, réalisera des conférences, s'exhibera lors de spectacles de danse, paraît concevoir l'activité littéraire comme un jeu avec le public, auquel elle donne à voir une figure très construite. Véronique Richard, auteure d'une biographie consacrée à la poétesse, présente cette stratégie comme une « exhibition maîtrisée » face à un public placé dans une situation de « voyeur[10] ». C'est sans doute dans cette perspective qu'il faut interpréter la fascination de la poétesse pour les costumes de couleurs vives et les bijoux de luxe, dont on garde divers témoignages. Lucia Re va jusqu'à parler de son « fétichisme sartorial[11] », en particulier lors de toutes ses prises de parole en public, et rappelle un détail d'ordre vestimentaire qui peut illustrer cet aspect : sa préférence pour la couleur rouge, qui la fera surnommer, pendant ses années parisiennes, la « muse pourpre ».

On gagnerait sans doute à considérer ce vêtement rouge comme un véritable costume, qu'elle impose comme son signe de reconnaissance. On pourrait multiplier les références à ce propos ; limitons-nous à citer un article de *Comoedia* – qui commence ainsi le récit d'une de ses conférences : « Pour la seconde fois, Valentine de Saint-point s'est présentée au public Athénien du Faubourg Saint-Antoine, habillée de soie rouge, hautaine muse pourpre » – et un compte rendu des *Échos Littéraires* qui la présente en des termes très proches, à l'occasion d'une autre apparition : « La belle autoresse portait une toilette de soie rouge aveuglante et splendide, un collier fait d'amulettes et de gris-gris et ses doigts étaient chargés de bagues[12]. » Si l'on ajoute à ces évocations les descriptions de son atelier « richement décoré de meubles gothiques, de tissus orientaux, aménagé dans une salle d'armes très haute[13] », « tapissé de vieux ornements sacrés dont l'or se ravivait à la lueur de cierges brûlants sur de hauts lampadaires[14] », on admettra qu'il se dégage

10. Véronique Richard de la Fuente, *Valentine de Saint-Point, op. cit.*, p. 43 : « Par ses attitudes, ses déclarations, [Valentine de Saint-Point] entretenait le mythe de la femme altière, complexe, provocatrice, qui attirait le regard et suscitait les commentaires d'un public voyeur. Mais c'était pour elle le seul moyen d'être intégré au monde grâce à un jeu social et culturel très élaboré, basé sur l'exhibition maîtrisée, censée la valoriser. »

11. « In her penchant for feminine masquerade and orientalist ornementation, Valentine seems to have been an example of "sartorial female fetishism" » (Lucia Re, « Valentine de Saint-Point, Ricciotto Canudo, F. T. Marinetti : Eroticism, Violence and Feminism from Prewar Paris to Colonial Cairo », *Quaderni d'Italianistica. Official Journal of the Canadian Society for Italian Studies*, vol. 24, 2003, p. 37-68).

12. Respectivement : André Warnod, « Un gala pour Rodin », *Comoedia*, 29 janvier 1913, et Georges Martin, « Causerie de Madame Valentine de Saint-Point », *Les Échos littéraires*, 10 février 1913. Les deux fragments sont reproduits dans l'ouvrage de Véronique Richard de la Fuente (*Valentine de Saint-Point, op. cit.*, p. 86).

13. Pour citer à nouveau un fragment de « Chez Valentine de Saint-Point », art. cit., p. 5.

14. « Soirée apollonienne », article signé « Françoise » dans *Fémina*, 15 juillet 1912, p. 31.

tout un programme esthétique dans le choix d'un tel décorum, qui la place entre l'Odette de Proust et le des Esseintes de Huysmans.

Mais au-delà du choix d'un « nom de scène » et de l'adoption d'une image publique identifiable, la création d'une identité littéraire passe également, chez Valentine de Saint-Point, par un autre phénomène : il s'agit de sa revendication insistante d'une filiation avec Alphonse de Lamartine. De toute évidence, un autre des aspects de sa stratégie de promotion passe par le rappel régulier de cette parenté. Ainsi, dans la vie civile, Valentine de Saint-Point se présentera comme l'héritière directe du poète (alors même qu'elle n'est, en réalité, qu'une descendante par alliance, par le biais d'un mariage de sa grand-mère avec un membre de l'illustre famille) : diverses anecdotes évoquent la présence ostensible du buste de Lamartine dans sa demeure parisienne, ainsi que sa facilité à déclamer des vers de son arrière-grand-oncle dans toutes les circonstances (notamment lors des comices politiques de son deuxième mari[15]). On ne s'étonnera pas que ses textes – poèmes ou romans – citent avec une très grande fréquence des passages issus de l'intertexte lamartinien[16], au point que les deux voix ont parfois tendance à se confondre.

À un degré encore supérieur, Valentine de Saint-Point présentera Lamartine comme celui dont le sang coule encore dans ses veines, comme la présence obscure qui habite sa mémoire. Ainsi, lorsqu'elle écrit, pour la *Nouvelle Revue*, un article intitulé « Lamartine inconnu[17] », c'est le concept même de la métempsycose qui semble convoqué à l'arrière-plan. « Rarement, sinon jamais, on a su montrer l'âme de Lamartine, l'essence même, unique et profonde, du poète et de l'homme politique », écrit Valentine de Saint-Point ; elle seule revendique une capacité de compréhension particulière pour son aïeul, une sorte d'empathie qui l'élèverait au statut de lectrice modèle. Très sensible aux thèmes de l'Orient, du mysticisme, de l'utopie politique, Valentine de Saint-Point sera d'ailleurs une grande lectrice du *Voyage en Orient* de Lamartine, dont certains passages semblent irriguer son expérience en profondeur. À tel point que l'on pourra interpréter sa décision finale de partir en Égypte comme une façon de transformer son existence en destin sur les traces de l'arrière-grand-oncle.

---

15. Diverses anecdotes à ce sujet sont consignées dans Fawzia Zouari, *La Caravane des chimères*, *op. cit.*, notamment p. 82-83 (épisode savoureux qui la voit déclamer des vers de Lamartine dans la cage d'un lion, lors d'une modeste fête de canton).

16. À titre d'exemples (non exhaustifs), l'un des textes réunis dans les *Poèmes d'orgueil* (Paris, Éditions de l'abbaye, 1908), dans la section « Mes ancêtres », s'intitule « Lamartine » ; l'envoi du même recueil est constitué d'un sonnet dédié à son aïeul (« Dans tes cris j'ai cherché la note inexprimée, / Que ton âme n'a pu chanter. Puis animée / Par ton sang qui bout dans mes veines et mon cœur, [...] / j'ai magnifié ton Dieu dans le soleil vainqueur ») ; de même, la couverture du roman *Le Secret des inquiétudes* (Paris, Messein, 1924) est ornée du vers « Frappe encore, ô Douleur, si tu trouves la place ! » tiré de « L'hymne à la douleur » lamartinien.

17. Valentine de Saint-Point, « Lamartine inconnu », *La Nouvelle Revue*, 1er janvier 1905, p. 3-10.

Un militantisme démystificateur : la parole dénonciatrice

L'itinéraire de Valentine de Saint-Point se présente donc comme une élaboration à mi-chemin entre vie et littérature, dans la logique d'un *dandysme au féminin* qui n'est pas sans liens avec le « *vivere inimitabile* » théorisé dans les mêmes années par un auteur tel que D'Annunzio[18]. Parallèlement à ce façonnement de soi, dont certains aspects relèvent de l'exhibition, sinon de l'histrionisme (et pourraient faire songer aux multiples identités littéraires d'emprunt d'une Else Lasker-Schüler), Valentine de Saint-Point joue également d'une parole militante et dénonciatrice, vouée à la démystification du féminin comme représentation. Il s'agit, en même temps que l'on mène la mascarade et que l'on cherche des ornements pour sa propre personne, de jouer à démasquer, en montrant les superstructures qui bornent socialement l'identité féminine. Dans cette perspective, on ne s'étonnera pas, d'ailleurs, de trouver dans son œuvre les thématiques littéraires de la société comme scène, jeu, spectacle de pantins : certes, l'image du pantin est un *topos* du symbolisme finissant (la liste des pierrots lunaires et autres arlequins croqués par la poésie fin-de-siècle serait très longue, de Verlaine à Laforgue), mais elle a également chez Valentine de Saint-Point un parfum de critique sociale[19].

Cette démarche de contestation prend d'abord l'aspect d'une revendication littéraire, pour la défense d'une autre représentation fictionnelle de la féminité. Dès 1910, Valentine de Saint-Point choisit deux cibles, sur lesquelles elle s'acharnera, à travers une série de textes critiques, jusqu'à la Première Guerre mondiale. Elle tourne d'abord en dérision les représentations convenues de la littérature populaire ; celle du théâtre bourgeois et du mélodrame notamment, dont la galerie de personnages lui fait horreur. C'est à une exécution en règle des *topoï* théâtraux sur les femmes que se livre ainsi son manifeste de 1913 intitulé « Le théâtre de la femme » : « poupée jaboteuse, sentimentale ou perverse » prise dans de tristes aventures boulevardières, ou au mieux « ménagère complaisante et silencieuse », l'héroïne de théâtre n'a que des rôles d'être faible et soumis, sans rapport avec la vérité féminine[20].

18. Rappelons que pour le poète italien, la tâche de l'artiste consiste à faire de sa propre vie la plus réussie des œuvres d'art. Le titre choisi par Annamaria Andreoli pour la biographie de l'*Imaginifico* qu'elle a publiée récemment renvoie directement à cette conception : *Vivere inimitabile. Vita di Gabriele D'Annunzio (1863-1938)*, Milano, Mondadori, 2000.

19. Dans cette perspective, citons au moins le poème de Valentine de Saint-Point intitulé « Le pantin », dans *Poèmes d'orgueil*, *op. cit.*, p. 53 : « Je mourrai, un jour de fête, / Alors que les pantins dansent. / Je n'entre pas dans leur danse, / Je ne fête pas leurs fêtes, / Je mourrai, un jour de fête, / Alors que les pantins dansent. / / Alors qu'ils crient et qu'ils hurlent / Tous, une gaieté prescrite, / Rien je ne crie ni ne hurle, / Même une vertu proscrite. / / [...] Ma solitude est si lourde, / Amertume inguérissable ! / Solitude riche et lourde, / Solitude inguérissable ! / / Je mourrai, un jour de fête, / Alors que les pantins dansent. / Je n'entre pas dans leur danse, / Je ne fête pas leurs fêtes, / Je mourrai, un jour de fête, / Alors que les pantins dansent. »

20. Valentine de Saint-Point, « Le théâtre de la femme », dans *Manifeste de la femme futuriste*, *op. cit.*, p. 29-43.

Symétriquement à ces attaques contre l'imaginaire porté par la littérature de masse, Valentine de Saint-Point s'attache également à montrer les stéréotypes des discours prétendument avant-gardistes, et de toute la littérature d'élite; elle dénoncera en particulier les abus de la misogynie futuriste, en s'en prenant directement à un passage du manifeste de Marinetti, à l'occasion d'une conférence donnée à la salle Gaveau. Ce n'est pas au mépris de la femme qu'il faut inviter le nouvel homme futuriste, mais au mépris des stéréotypes que les siècles ont construits pour elle. « Assez des femmes, pieuvres des foyers dont les tentacules épuisent le sang des hommes et anémient les enfants », sus à la femme « garde malade, bonnes d'enfants, soutien des faibles[21] », écrit la poétesse.

Face à l'inanité des rôles offerts par la littérature à la femme, tant dans la littérature populaire que dans l'espace restreint de l'avant-garde, Valentine de Saint-Point manifeste sa volonté de réagir par la création d'autres images. Dans l'espace du roman, elle compose ainsi des figures de sensualité débridée, de femmes sans attaches, de femmes initiatrices (de façon exemplaire, les trois romans du cycle de l'amour et de la mort[22] sont placés chacun sous l'autorité d'une figure mythique et provocante: Aphrodite, ou l'érotisme débridé, Déméter, ou la mère initiatrice, Astarté, ou la femme déesse et bourreau). Dans les poèmes plus tardifs, on trouvera de même des figures antiques censées faire office de figures-relais: Électre, Iphigénie, Antigone, mais aussi Clytemnestre ou Médée. C'est en définitive une galerie de contre-modèles féminins qui est valorisée, dans l'idée de substituer une mythologie à une autre. « Cette vocératrice [*sic*] annonce passionnément qu'une ère vient de finir », commentera Apollinaire, sensible à cette figure « tournée vers l'avenir », prête à imposer au monde « ses volontés de femme nouvelle, de Lilith ressuscitée[23] ».

Ce travail sur l'imaginaire littéraire lié au féminin, que Valentine de Saint-Point semble concevoir comme une véritable *bataille des images* (Ève remplacée par Lilith), se double d'une entreprise plus concrète, pour une expansion des domaines de légitimité de la femme de lettres elle-même. Dans cette perspective, on peut reconnaître trois rôles que s'attribue la poétesse – et qu'elle attribue par là, en tant que porte-parole privilégiée, à l'écriture des femmes: un rôle assumé de scandale et de *remise en cause des codes établis* (notamment par la publication de romans nietzschéens faisant l'apologie de l'amour libre et même de l'inceste). Valentine de Saint-Point défendra l'idée de la liberté morale, du culte de la sensualité sinon de la luxure, se transformant ainsi en

21. Valentine de Saint-Point, *Manifeste de la femme futuriste*, *op. cit.*, p. 10.

22. Valentine de Saint-Point, *Trilogie de l'amour et de la mort*: *Un amour*, Paris, Vanier-Messein, 1906; *Un inceste*, Paris, Vanier-Messein, 1907; *Une mort*, Paris, Vanier-Messein, 1909.

23. Guillaume Apollinaire, « Les poèmes de l'année », conférence prononcée le 22 avril 1909, dans *Œuvres en prose*, éd. Michel Décaudin et Pierre Caizergues, t. II, Paris, Gallimard, « Bibliothèque de la Pléiade », 1991, p. 906.

une figure de l'éros néo-païenne. Un rôle strictement *théorique et esthétique,* à travers la production de manifestes à un rythme soutenu : dans des textes complémentaires, écrits dans une prose très maîtrisée, Valentine de Saint-Point revendiquera un rôle de critique et de théoricienne de l'art. Enfin, un rôle d'*expérimentation à travers des créations artistiques radicalement nouvelles,* comme dans le domaine de la danse, où elle tente d'imposer un nouveau modèle chorégraphique, sous le nom de « métachorie ».

Certes, la poétesse participe là d'un tournant d'époque, d'un renversement des représentations qui a été souvent observé. Dans son essai sur *L'Identité féminine dans la fiction occidentale,* Nathalie Heinich remarque par exemple que les parcours allant dans le sens d'une ouverture des prérogatives du féminin se multiplient à l'aube du XXe siècle, notamment dans le domaine de l'avant-garde (de Sibilla Aleramo à Isadora Duncan) ; elle ajoute que parallèlement à ce phénomène, de nombreux romans de cette époque « tracent le portrait de femmes en guerre contre les conventions » (des livres de Marcel Prévost à ceux de Victor Margueritte[24]). L'initiative de Valentine de Saint-Point s'inscrit sans nul doute dans ce mouvement collectif, mais elle a le mérite d'approfondir cette démarche par un jeu sur les deux dimensions, sociale et textuelle, du débat qui a cours, et par une sorte de délire de puissance qui en amplifie encore les échos. En ce sens, cet itinéraire presque carnavalesque peut être interprété comme une préfiguration de la femme surréaliste comme muse, à la fois créatrice et libératrice de l'éros masculin[25].

Le dernier masque ? Une ésotériste sur les rives du Nil

Une telle prise de position dans le champ esthétique garantit à Valentine de Saint-Point, et aux modèles qu'elle défend, une grande visibilité : on ne compte pas les entrefilets et les chroniques mondaines qui mentionnent cette « Reine de Paris[26] » jusqu'à la veille de la Grande Guerre. Mais dès 1914, l'astre de Valentine de Saint-Point semble décliner. Son activité cesse pendant les premières années de la guerre ; puis un voyage aux États-Unis, où elle tente d'imposer sa nouvelle conception de la danse – cette « métachorie » censée représenter la synthèse ultime des arts – se résout par un échec. De ce point de vue, la guerre fait véritablement office de frontière littéraire et artistique.

24. Voir Nathalie Heinich, *États de femme. L'identité féminine dans la fiction occidentale,* Paris, Gallimard, 1996, ainsi que l'article « Femmes écrivains. Écriture et indépendance », dans Nicole Racine et Michel Trebitsch (dir.), *Intellectuelles. Du genre en histoire des intellectuels,* Paris, Éditions Complexe, 2004, p. 137-155.

25. C'est en particulier l'opinion de Giovanni Lista, pour qui « par son exaltation du désir et de son pouvoir d'égarement, Valentine de Saint-Point annonce également le surréalisme [...] et sa vision de la femme révolutionnaire en tant que libératrice de l'Éros » (voir à ce sujet « Valentine de Saint-Point, la fille du soleil », introduction à Valentine de Saint-Point, *Manifeste de la femme futuriste,* Paris, Séguier, 1996, p. 5-12).

26. « La nièce de Lamartine meurt dans une masure du Caire », art. cit., p. 18.

De fait, en 1924, après quelques années passées en Corse – où elle animera le « Collège des Élites », un groupe de réflexion sur les rapports Orient-Occident –, Valentine de Saint-Point décide d'abandonner l'Europe et de partir pour l'Égypte : convertie à l'Islam, elle y mènera une activité politique en faveur de l'indépendance du Moyen-Orient. Fawzia Zouari nous informe que ce renoncement final correspond à un changement de code chromatique : celle que l'on appelait jusque-là « la muse pourpre » décide de s'habiller ostensiblement en vert, et de sceller ainsi sa métamorphose intérieure. Ce départ a été interprété de diverses façons du point de vue critique : on y a vu le signe de son échec dans le monde occidental, un « adieu à la littérature[27] » doublé d'une tentative de repartir à zéro sur de nouvelles terres, mais aussi, à l'inverse, un tournant réactionnaire et antimoderne de la poétesse. Il est vrai qu'il se prête à plusieurs lectures, car il contient l'ambiguïté d'une posture, entre splendide renoncement et dernière mise en scène.

Il est tentant d'y voir une sorte d'abandon du dernier masque : le geste dépité d'une poétesse qui, désormais détachée de toute préoccupation de carrière, choisirait d'aller vivre dans l'anonymat de l'exil. Valentine de Saint-Point semble suivre les traces de bien des artistes ou des intellectuels postromantiques attirés par les sables du désert, loin d'une civilisation occidentale condamnée à la banqueroute spirituelle. On se souvient du cri du duc de Fréneuse, dans la dernière page de *Monsieur de Phocas* : ce n'est pas un hasard si ce dandy mystique, hanté par Astarté vue en rêve, décide au terme du roman de Jean Lorrain d'abandonner la France pour gagner l'Égypte[28]. Objet de multiples pèlerinages, réels ou imaginaires, ce pays devient à l'aube du siècle un lieu de refuge pour de nombreux artistes. C'est ce départ loin du monde, à la recherche d'un salut qui ne peut se jouer que loin des sophistications parisiennes, que semble répéter ici la poétesse. Au Caire, Valentine de Saint-Point commencera, de fait, une nouvelle vie. Elle animera la revue *Le Phoenix* (sous-titré « organe de la renaissance orientale »), puis, à la recherche d'une impossible pureté, s'adonnera à la spiritualité Soufi et à l'ésotérisme. Un article, significativement intitulé « La faillite de la civilisation occidentale », traduit sa conversion aux valeurs de l'Orient[29].

---

27. Pour reprendre le titre de l'essai que William Marx a consacré à la mythologie du renoncement littéraire, à partir du modèle rimbaldien, emblématique pour une génération de poètes (William Marx, *L'Adieu à la littérature*, Paris, Éditions de Minuit, « Paradoxe », 2005).

28. Ainsi s'achève, en effet, le journal du duc de Fréneuse, *alias* Monsieur de Phocas : « Paris, 28 juillet. – Je pars demain pour l'Égypte » (Jean Lorrain, *Monsieur de Phocas*, éd. Hélène Zinck, Paris, GF Flammarion, [1901] 2001, p. 283).

29. Valentine de Saint-Point, « La faillite de la civilisation occidentale », *Le Phoenix*, n° 1, 1925, p. 33 ; dans ce texte aux accents prophétiques, « le désespoir des peuples courbés sous le joug de la surproduction industrielle, créatrice de besoins artificiels » est associé, dans une même condamnation, au « néant philosophique » et au « vide effarant de la mort intégrale » que les « fausses élites matérialistes prétendent ouvrir sous nos pas ». Si la condamnation de l'échec occidental est sans nuances, l'article s'achève par un message d'espoir : « Une aube est proche ! C'est de l'Orient que monte aussi le soleil spirituel ! [...] Les puissances spirituelles qui président au destin des mondes sont avec vous : écoutez leur appel ! Haut les cœurs, pour le salut de l'Orient. »

L'image d'une poétesse démissionnaire, en quête de cette sanctification qu'elle avait peut-être inconsciemment inscrite dans son nom même, a de quoi séduire; mais force est de pointer, dans cette posture sacrificielle, encore une logique de la théâtralisation : d'abord parce que le départ est organisé et mis en scène, au moins dans une certaine mesure, et qu'il ne relève pas d'un exil irréfléchi[30]; ensuite et surtout, parce que c'est là une façon fondamentale, pour la poétesse, non pas d'abandonner tout souci de l'image mais de s'inscrire dans une nouvelle mythologie, peut-être plus grandiose encore : il s'agit de toute évidence du mythe du grand-oncle, dans le prolongement de l'aventure qu'il vécut dans le sud de la Méditerranée et de son culte pour l'Orient, considéré comme une patrie spirituelle idéale (« J'ai eu presque en naissant, le pressentiment de l'Orient. Ma nature est primitive et solaire, je crois. Les langues, les histoires de l'Orient m'entraînent involontairement vers ce berceau de soleil du genre humain[31]. ») En effet, c'est bien sur les traces de Lamartine et de son *Voyage en Orient* que semble partir Valentine de Saint-Point, comme pour poursuivre la légende.

Si l'on accepte de considérer l'existence d'un arrière-plan lamartinien dans l'aventure orientale de la poétesse, c'est alors un dernier jeu de rôle qui s'esquisse. Plus précisément, ce sont deux modèles souterrains, empruntés à cet arrière-plan, qui semblent guider ses choix. D'abord celui de Julia, la fille même de Lamartine, morte pendant son voyage et qu'il rappelle avec insistance dans ce livre[32] : par certains aspects, Valentine de Saint-Point, adepte depuis ses jeunes années des tables tournantes et des séances de spiritisme, semble se rêver en réincarnation de la jeune et pure Julia, morte au Liban à l'âge de dix ans. Le deuxième modèle semble être celui de la fascinante Lady Stanhope que rencontre Lamartine en Syrie, et à laquelle il consacre de magnifiques pages du *Voyage en Orient*[33]. Nièce du premier ministre William Pitt, surnommée la « reine de Palmyre », ce personnage féminin ayant choisi de finir sa vie isolé dans le désert fait une très forte impression au poète.

30. Ainsi, rappelons que Valentine de Saint-Point ne part pas seule pour l'Orient, mais qu'elle est accompagnée par Vivian Du Mas et Jeanne Canudo (veuve de son ancien compagnon Ricciotto Canudo). Cf. Véronique Richard de la Fuente, *Valentine de Saint-Point. Une poétesse dans l'avant-garde futuriste et méditerranéiste*, *op. cit.*, p. 197-202, et Fawzia Zouari, *La Caravane des chimères*, *op. cit.*, p. 185-346.

31. Alphonse de Lamartine, *Nouveau voyage en Orient*, dans *Œuvres complètes*, t. XXXIII, Paris, [1850] 1860-1866, p. 14. L'attraction de Lamartine à l'égard de l'Orient le conduira même, dans ses *Mémoires politiques*, à attribuer à son nom une hypothétique étymologie arabe : « le vrai nom de mes ancêtres était *Allamartine*, et la tradition les faisait sortir d'un grand village du Mâconnais, colonie exclusivement arabe jusqu'à nos jours, et dont aucune mésalliance ne mêlait le sang arabe au sang gaulois » (Alphonse de Lamartine, *Œuvres complètes*, t. XXXVII, *op. cit.*, p. 67).

32. Rappelons que Julia, laissée à Beyrouth par Lamartine, meurt en décembre 1832 de la tuberculose. Sur ce sujet, nous renvoyons à l'excellent article de Sarga Moussa, « Julia dans *le Voyage en Orient* de Lamartine », dans André Guyaux et Sophie Marchal (dir.), *La Vie romantique*, Paris, Presses de l'Université de Paris-Sorbonne, 2003, p. 389-397.

33. Voir, dans Alphonse de Lamartine, *Voyage en Orient*, éd. Sarga Moussa, Paris, Honoré Champion, [1835] 2000, le chapitre intitulé « Visite à Lady Esther Stanhope », p. 163-179.

Certaines phrases par lesquelles Lamartine décrit Lady Stanhope semblent s'appliquer parfaitement, avec un siècle d'anticipation, à sa propre arrière-petite-nièce :

> Ce n'était nullement une femme folle ; sa seule folie, c'était la grandeur de son âme ! Tout ce qui était petit ou mesquin la dégoûtait. [...]. Elle fit bien ; elle aima mieux aller habiter parmi les grandes ombres, les grandes ruines, les grands songes des déserts, que de languir dans la médiocrité de nos destinées d'alors. Elle dit adieu à l'Europe, et s'ensevelit toute vivante en Asie ! [...] Quand on participe à cette illusion des grandes âmes, qu'on l'a vue s'éteindre, on a trop vécu ; on prend en dégoût l'Europe où ces scènes se sont passées, on désire oublier ou renouveler sa vie dans un autre continent ! On cherche un désert en Asie pour passer en vivant entre les pensées de Dieu et l'oubli des hommes. [...] *Mais l'âme de Lady Stanhope a passé dans la mienne, et mourir dans un désert d'Asie, au sein d'une contemplation de Dieu, de la Nature, et loin des hommes d'Europe est le dernier de mes vœux*[34] !

Du sang de Julia à l'âme de Lady Stanhope, par le truchement de Lamartine : c'est à ce tableau de famille imaginaire qu'il faut intégrer le dernier chapitre de la vie de Valentine de Saint-Point, qui abandonne l'avant-gardisme pour s'installer, en Égypte, dans un contact presque magique avec les modèles d'une vie tout entière. « Lamartine, comme tant d'autres, s'unifia aux personnages habillés de sa fantaisie ; il raconta sa vie maquillée par ses rêves et ses aspirations romantiques[35]. » C'est ce qu'écrit Valentine de Saint-Point dans son article sur Lamartine en 1905, mais ses mots ont une charge auto-prédictive qui annonce sa propre fin. Les biographes de Valentine de Saint-Point – fort pudiques sur les dernières années de sa vie – n'évoquent certes pas ce jeu d'influences dans les termes d'un délire d'identification, mais il y a bien quelque chose comme une matrice littéraire qui emporte sa vie. Parfait point final d'un itinéraire tout entier marqué par le jeu avec les représentations littéraires, mais en quelque sorte emporté par celles-là mêmes jusqu'à la solitude du désert d'Égypte.

34. Alphonse de Lamartine, *Cours familier de littérature*, t. XIII, Paris, 1862, p. 407-411. C'est nous qui soulignons. Sur le personnage fascinant de Lady Stanhope (1776-1839), installé en Syrie de 1814 à sa mort, nous renvoyons à l'ouvrage d'Alice Héneiné (*Lady Esther Stanhope et le Liban*, Beyrouth, Dar Lahad Khater, 1983). On y apprend que Lady Stanhope était renommée pour ses dons de voyante, qu'elle recevait de temps à autre quelques voyageurs étrangers de haut rang, et qu'elle avait pris l'ascendant sur les tribus bédouines de la région où elle s'était établie, dans les montagnes libanaises.

35. Valentine de Saint-Point, « Lamartine inconnu », article cité, p. 5.

Angelica Rieger

ÉCRITURE ET MASCARADE : COLETTE WILLY ET LA VOIX/VOIE DE RENÉE NÉRÉ

Chez Colette, pseudonymie et biographie se répondent : ses signatures changeantes marquent des tournants dans sa vie autant professionnelle que privée. De Willy à Colette en passant par Colette Willy, elle se complaît dans cette mascarade de la féminité cachée derrière des noms d'hommes. Je me propose d'étudier l'impact de ce jeu de masques sur son écriture, notamment pendant la période des « Colette Willy », à l'exemple de *La Vagabonde*, son premier roman à succès paru sous ce nom en 1910, de sa suite, *L'Entrave*, publiée en 1913, ainsi que de *L'Envers du Music-Hall*, de la même année, en analysant les transformations que connaît la protagoniste, Renée Néré, qui ne porte pas ce prénom ambivalent par hasard[1]. Son impitoyable autoanalyse passe du monologue au dialogue et aboutit à une polyphonie qui la laisse sans voix.

Réflexions préliminaires

L'utilisation particulière en tant que « *gender masquerade* » que la critique féministe a faite de la théorie du discours carnavalesque et de la mascarade dans la tradition de Bakhtine a été appliquée presque immédiatement à Colette, et la pseudonymie de ses débuts a été assez largement discutée pour ne pas y revenir en détail[2]. Ce qui m'intéressera plutôt par la suite, ce sont les répercussions de cette mascarade sur son écriture.

Aussi ne ferai-je que rappeler brièvement les trois changements de pseudonyme qui marquent chacun des tournants décisifs dans la vie de l'auteure.

1. Éditions citées : Colette, *Œuvres complètes*, Paris, Flammarion, 1973, 15 tomes ; t. 4 : *La Vagabonde* (1910) et *L'Entrave* (1913) ; t. 5 : *L'Envers du music-hall* (1913). Désormais, les références à ces ouvrages seront indiquées par les lettres *V*, *E* et *MH*, suivies du numéro de la page. Notons en passant que le personnage de Renée-artiste de variété réapparaît dans un nouveau jeu de masques, sous le nom de « Madame Colette Willy », dans un récit du recueil *Chambre d'hôtel* (t. 11).
2. Voir à ce propos Julia Kristeva (dir.), *Notre Colette*, Rennes, Presses Universitaires de Rennes, 2004 ; Ursula Link-Heer, Ursula Hennigsfeld et Fernand Hörner (dir.), *Literarische Gendertheorie. Eros und Gesellschaft bei Proust und Colette*, Bielefeld, Transcript, 2006 ; ainsi que le numéro spécial d'*Europe* dédié à Colette, n°s 631-632, novembre-décembre 1981.

Pendant son premier mariage, Gabrielle-Sidonie Colette s'efface derrière le pseudonyme de son mari, Henry Gauthier-Villars : la série des *Claudine* est signée « Willy ». Après son divorce et avec ses premières publications indépendantes, elle y ajoute son nom de famille – qui se prête à merveille à ce jeu – en guise de prénom féminin, signe « Colette Willy » et finit par laisser tomber « Willy » définitivement en 1920.

D'un masque-pseudonyme à l'autre, nous avons donc affaire à trois périodes de création littéraire[3] sous trois pseudonymes différents : d'abord la période « Willy », de 1900 à 1907, de *Claudine à l'école* à *La Retraite sentimentale* ; ensuite la période « Colette Willy » qui coïncide avec son travail au music-hall sous ce même pseudonyme, de 1906 à 1910, et se termine avec la publication de *L'Envers du music-hall* en 1913 ; et enfin la période « Colette » qui comprend les œuvres publiées à partir de 1920, après la fin de son second mariage conclu en 1912, jusqu'à sa mort. Mon hypothèse de travail est que chaque passage d'un pseudonyme à l'autre influe directement sur l'écriture de Colette[4]. Pour suivre le cheminement de l'une à l'autre, je me concentrerai ici sur la seconde période, celle de la transition de l'écriture de « Willy » à celle de « Colette ».

La « période Willy », celle des *Claudine*, est marquée par cette figure dont la vie est racontée de sa perspective, à la première personne, de *Claudine à l'école*, *Claudine à Paris* et *Claudine en ménage* à *Claudine s'en va*. Son nom ne figure plus dans les titres après les quatre premiers volumes, et disparaîtra définitivement à la fin de *La Retraite sentimentale* en 1907 – ainsi que, quelque temps plus tard, la narration à la première personne[5]. Un premier masque, celui de « l'ingénue libertine », est tombé.

3. À propos de la tripartition de l'œuvre de Colette, voir Leo Pollmann (*Sternstunden weiblichen Schreibens. Auflösen und Bergen*, Frankfurt am Main, Peter Lang, 2008, p. 81) : « Colette dissout, dans la série des *Claudine*, les idées reçues de la jeune fille et de la jeune femme docile, pour liquider ensuite en bonne logique la transcendance verticale de l'amour et pour développer finalement par l'écriture de l'absence une nouvelle écriture qui se rapproche de très près de l'idéal de l'écriture féminine » (« Colette löst in ihren Claudine-Romanen das überlieferte Bild des Mädchens und der folgsamen jungen Frau auf, liquidiert dann folgerichtig die vertikale Transzendenz der Liebe, um schließlich im Schreiben aus der Abwesenheit heraus einen neuen [sic], dem Ideal weiblichen Schreibens sehr nahekommendes Schreiben zu entwickeln » ; je traduis).

4. Pour ce qui est du développement de l'esthétique, de la poétique et de l'écriture de Colette, voir surtout Michel Gauthier, *La Poïétique de Colette*, Paris, Klincksieck, 1989 ; ainsi que Carmen Boustani, *L'Écriture-corps chez Colette*, Villenave d'Ornon, Fus-Art, 1993 et Francine Dugast-Portes, *Colette, les Pouvoirs de l'écriture*, Rennes, Presses Universitaires de Rennes, 1999. Pour son aspect émancipateur, voir Vera Elisabeth Gerling, « Emanzipation der / durch Sprache : Subversion von Genderdiskursen bei Colette », dans Ursula Link-Heer, Ursula Hennigsfeld et Fernand Hörner (dir.), *Literarische Gendertheorie*, *op. cit.*, p. 75-94 et Lynne Huffer, *Another Colette : The Question of Gendered Writing*, Ann Arbor, University of Michigan Press, 1992.

5. Voir néanmoins *La Maison de Claudine* (1922), un clin d'œil en arrière qui ne partage guère plus que le prénom avec la série et sa protagoniste ; on consultera à ce propos Marie-Françoise Berthu-Courtivron, *Espace, Demeure, Écriture. La maison natale dans l'œuvre de Colette*, Paris, Nizet, 1992.

« Écrire ! » ou *La Vagabonde*

Claudine sera éclipsée par Renée, qui, elle aussi, commencera sa vie de protagoniste de série dans *La Vagabonde* par une narration à la première personne. Au sens propre du terme, « se démasquer » équivaut, pour cette « femme de lettres qui a mal tourné » (*V*, 18) convertie en artiste de music-hall, à « se libérer » progressivement de cette dernière. Elle appréhende ce dialogue avec cet autre moi dès la première page : « [...] je vais me trouver seule avec moi-même, en face de cette conseillère maquillée qui me regarde, de l'autre côté de la glace [...]. Elle me regarde longtemps, et je sais qu'elle va parler [...]. » (*V*, 9 et suiv.) Cet autre « moi-même » – doublement et implicitement présent dans son nom et prénom anagrammatiques – pose immédiatement une série de questions essentielles qui commencent toutes par « Est-ce toi qui es là ? » et culminent dans « Pourquoi es-tu là, toute seule ? » (*V*, 10), questions qui auront pour toute réponse que son « moi » se trouve en pleine dissolution : Renée est une larve, une chrysalide, à l'intérieur de laquelle quelque chose de nouveau doit se former :

> Moi... En pensant ce mot-là, j'ai regardé involontairement le miroir. C'est pourtant bien moi qui suis là, masquée de rouge mauve, les yeux cernés d'un halo de bleu gras qui commence à fondre... Vais-je attendre que le reste du visage aussi se délaie ? S'il n'allait demeurer, de tout mon reflet, qu'une coulure teintée, collée à la glace comme une longue larme boueuse ? (*V*, 11)

Après le spectacle, Renée se « démasque » littéralement en se démaquillant et, de retour dans son appartement, continue cette « auto-réflexion » devant une autre glace : « [...] il n'y a personne ici, personne que moi. Le grand miroir de ma chambre ne me renvoie plus l'image maquillée d'une bohémienne pour music-hall, il ne reflète... que moi. Me voilà donc, telle que je suis ! » (*V*, 15).

Renée tire un bilan amer de ce qu'elle voit : une femme seule et « [u]ne femme de lettres qui a mal tourné » (*V*, 18). Un autre long monologue intérieur nous apprend son double désir : combler sa solitude et, surtout, (re)devenir une femme de lettres, en secouant tout ce qui l'en empêche – sa vie d'artiste de variété avec la vie quotidienne qu'elle entraîne – afin d'« [é]crire ! » – la formule est, avec son point d'exclamation, répétée quatre fois sur la même page (*V*, 18). Ce dont elle aurait besoin, c'est, pour employer la formule de Virginia Woolf, *[a] room of her own*, le cadre et l'oisiveté indispensables pour écrire.

La deuxième partie du roman joue avec la tentation diabolique de résoudre d'un seul coup ces deux grandes questions existentielles : écrire et ne plus être seule. Un homme, Maxime Dufferein-Chautel, pourrait lui en offrir la possibilité. Sur le point d'accepter sa demande en mariage, Renée part une dernière fois en tournée et nous pouvons suivre la lente prise de conscience de son moi de « vagabonde » à travers les lettres qu'elle adresse à Maxime en cours de route. Notons en passant que le monde du music-hall est très habilement choisi pour une mascarade : le masque y est un « must » auquel tout ce monde obéit.

Au passage de la deuxième à la troisième partie de *La Vagabonde*, le récit abandonnera définitivement le « je » pour privilégier le « tu », les monologues intérieurs successifs devant la glace sont remplacés par une série de lettres à un vis-à-vis masculin absent. La rupture définitive avec ce « tu » se situe à la fin de l'œuvre, dans une dernière lettre d'adieu. Renée écrit à Max :

> Car je te rejette, et je choisis… tout ce qui n'est pas toi. Je t'ai déjà connu, et je te reconnais. N'es-tu pas, en croyant donner, celui qui accapare ? Tu étais venu pour partager ma vie… Partager, oui : *prendre ta part !* […] Tu es bon, et tu prétendais, de la meilleure foi du monde, m'apporter le bonheur, car tu m'as vue dénuée et solitaire. (*V*, 222 et suiv.)

Renée, après avoir arraché le masque du protecteur à son admirateur pour y découvrir son « vrai visage » de dominateur, choisit de continuer son chemin de « [v]agabonde, et libre » (*V*, 223), mais ce n'est pas pour autant qu'elle réalisera immédiatement son projet de se reconvertir en « femme de lettres ».

L'Entrave du « vrai type »

Dans *L'Entrave*, la suite de *La Vagabonde*, nous retrouvons une Renée désenchantée, sur la Côte d'Azur, à Nice. Elle n'est plus une artiste de variété, mais elle n'est pas non plus – ou pas encore – une écrivaine ayant trouvé sa propre voie / voix, ce dont elle est consciente : « Mais, à changer de table, de lampe et de chambre, qu'ai-je acquis ? Le soupçon, bientôt la certitude, que tous les pays vont se ressembler, si je ne trouve le secret de les renouveler, en me renouvelant, moi. » (*E*, 227)

Renée libérée s'exprime toujours à la première personne, mais de plus en plus à travers l'enchevêtrement des dialogues d'un quatuor composé de deux doubles : Renée et son « amie » May (*E*, 233), Jean, l'amant de May – plus tard de Renée –, et (Jean) Masseau, ami de Jean et personnage faustien trouble. Au départ, Renée partage l'existence bohémienne de ce trio en observatrice distante. May et Jean forment un couple « moderne » tumultueux « où l'on ne traite la femme en femme qu'au lit » (*E*, 245). En dehors du lit, May tente d'être un « vrai type » (*E*, 256) – ce qui ne réussit pas toujours, surtout pas au moment de la séparation, où Renée constate que « c'est lui, enfin, à n'en pas douter, c'est lui le *plus fort* » (*E*, 261 ; l'auteure souligne). Jean est ce que Renée voudrait être, son double mâle, mais ce sera la plus faible, May – le faux « vrai type », son double « femelle » –, qui reprendra le dessus en elle.

Dans ce quatuor, les rapports de force restent clairement établis, malgré la mascarade androgyne des femmes : May, le « vrai type » et Renée au prénom ambigu. D'une part, la femme-« vrai type » peut accéder aux droits du mâle, à l'épanouissement sexuel, mais le rapport de forces reste inchangé, et il y a, par conséquent, peu de chances qu'il change lorsque le quatuor sera réduit à un trio, une fois May éliminée.

Avec l'aide de Masseau l'entremetteur, Jean finit par séduire Renée ou plutôt par la mettre à la place de May, tout en la remettant « à sa place » : « De ses deux mains libres, Jean m'a saisie solidement par les coudes, de manière que ma nuque a compris tout de suite ce qu'on lui voulait et se ploie en avant, mouvement pour fuir, si l'on veut, mais bien commode pour découvrir la place à baiser » (*E*, 314). Se ployer sous un baiser : après May, Renée, elle aussi, tombera dans le « piège du mâle », celui de la sensualité dominatrice. La (re)découverte de sa propre sensualité paralyse toutes ses ambitions, y compris littéraires.

Ce n'est qu'après avoir perdu et retrouvé Jean qu'un dernier dialogue avorté avec l'autre, l'homme, lui rend sa voix. Jean, excédé par l'idée que Renée l'« entend[e] penser », finit par se révolter – « tu m'écoutais penser, ou plutôt tu me prêtais des pensées conformes à l'idée fausse que tu te faisais, non de moi, mais de l'*homme*, l'*homme*, ton ennemi, ta bête noire » (*E*, 401) – pour lui imposer le silence : « Répondre, écrire encore des scènes, des échanges abominables de mots qu'on n'oublie plus... Mettre encore, à ce moment où nous ne supportons plus rien l'un de l'autre, du poison entre nous ? » (*E*, 404 et suiv.). Et Renée semble apprendre sa leçon, se confiner malgré elle dans une relation purement sensuelle : « Je te dis, tu m'entends, que ce n'est que du désir ! » (*E*, 405) est le verdict final de Jean qu'elle fait semblant d'accepter : « [...] je me mis dans ses bras, et je fermai les yeux pour qu'il ne vît pas que c'était mon âme que je lui donnais » (*E*, 406). À la fin, Renée reste en arrière de son « maître », « ralentie, adoucie, changée » : « Il me semble, à le voir s'élancer sur la vie, qu'il a pris ma place, qu'il est l'avide vagabond et que je le regarde, à jamais amarrée. » (*E*, 406) Renée la vagabonde n'existe plus que dans son double mâle, Jean le vagabond. Ses projets d'indépendance et d'écriture semblent avoir définitivement échoué.

Polyphonie et absence de voix dans *L'Envers du music-hall*

Néanmoins, Renée la vagabonde ressuscite la même année dans *L'Envers du Music-Hall*. Mais elle s'y efface derrière un « nous » qui comprend une multitude de voix et de nombreux jeux de masques auxquels elle cède le pas, anonyme et sans voix, dans des dialogues où cette voix s'efface derrière la ponctuation (points d'exclamation, points d'interrogation, points de suspension).

On remarque d'emblée la fragmentation du récit : vingt-six micro-récits regroupés en cinq parties forment un ensemble hétérogène aux titres souvent grinçants, comme « Les gagne-petit » et « Le laissé-pour-compte ». Évidemment, derrière tous les protagonistes de ces épisodes se cachent autant de porteurs de masques dont la narratrice révèle « l'envers ».

La première partie, « En "tournant" » est la plus importante de *L'Envers du Music-Hall* et je me concentrerai par la suite sur ses quatorze récits, dédiés, par exemple, à des moments décourageants de la vie d'artiste de variété en tournée, comme « Le mauvais matin », à des confrères malchanceux comme « L'affamé », aux moments difficiles de cette existence comme « Lola » ou « Malaise ».

Dès le premier récit, « La halte », la narratrice se masque du « nous » collectif de cette communauté hétéroclite : « [...] un train [...] *nous* jette, *nous* abandonne, troupe ensommeillée, bâillante et geignarde [...]. L'air libre fouette *nos* joues, et *nous* plissons les yeux [...]. » (*MH*, 7 ; je souligne.) La troupe discute des options pour remplir les deux heures et demi qui lui restent avant de reprendre le train, et le « nous » passe au « on » assorti : « Qu'est-ce qu'*on* va faire ? – *On* va envoyer des cartes postales... – *On* va prendre un café-crème... – *On* va faire un piquet... – *On* va voir la ville » (*MH*, 7 ; je souligne). Ces suggestions impersonnelles seront rejetées en faveur d'une visite du parc printanier de « la ville où on ne joue pas » (*MH*, 8), mais la troupe y ressent un malaise collectif pendant lequel la narratrice retrouve sa voix un court instant en désignant « ses » compagnons de tournée pour se reperdre de nouveau dans cette collectivité pourtant peu gaie :

> Nous ne sommes pas bien ici, tout y est trop beau ! [...] Oh ! oui, allons-nous-en... Mes compagnons courent presque, à présent... [...] Nous savons bien, tous, que nous ne manquerons pas le train. Mais nous fuyons le beau jardin, le silence et la paix, la noble oisiveté, la solitude dont nous sommes indignes. Nous courons vers l'hôtel, vers la loge étouffante et la rampe qui aveugle. Nous courrons, pressés, bavards, avec des cris de volailles, vers l'illusion de vivre très vite, d'avoir chaud, de travailler, de ne penser guère, de n'emporter avec nous ni regret, ni remords, ni souvenir [...]. (*MH*, 10 et suiv.)

Cette déclaration programmatique donne le ton de l'ensemble qui continue sur « On arrive, on répète ». Il est inutile de multiplier les exemples, ceux-ci suffisent pour montrer que le « je » de la narratrice se pare dans les deux premiers comme dans le troisième récit, « Le mauvais matin », du masque du « nous » d'un collectif en pleine déroute et sans avenir :

> Ce dur matin d'hiver nous trouve sans courage, sans élan vers l'avenir. Rien ne veut fleurir ni brûler en nous sous ce jour de neige sale. L'heure, le froid, le mauvais réveil, une mal'aria éphémère nous rejettent, voûtés et craintifs, vers ce qu'il y a de plus misérable, de plus humilié dans notre passé [...]. (*MH*, 17)

Dès le troisième récit, « Le mauvais matin », cette narratrice disparaît complètement du récit. Elle est abordée par une voisine de loge qui, elle aussi, ne parle d'ailleurs qu'en « on » et en « nous » :

> – La loge 17, c'est par ici ?
> – ...

> – Merci beaucoup, Madame. Quand on arrive du dehors, on est ébloui par le noir, dans ce corridor… De cette affaire-là, nous sommes voisines de loge ?
> – … (*MH*, 19)

Cette « voisine de loge » – d'ailleurs sans visage – entame une « conversation » pendant laquelle elle ne semble pas se rendre compte qu'il s'agit en effet d'un monologue et que c'est elle qui doit – en l'absence de tout écho – formuler questions et réponses :

> – …
> – Tenez, vous qui me parlez de voyage, tenez […].
> – … ?
> – Laissez-moi donc, avec vos voyages ! (*MH*, 22).

L'histoire de sa vie se terminera sans que son interlocutrice muette ait placé un seul mot aux endroits lui étant réservés par les trois points de suspension – il y en a seize fois trois au total – qu'elle fait suivre parfois par des points d'interrogation, comme dans l'exemple précédent, ou d'un point d'exclamation à la fin de l'« entretien » :

> – […] on peut s'estimer heureux quand on se rencontre, comme aujourd'hui, entre personnes qui savent causer et qui sont de bonne société.
> – … !
> – Mais pas du tout ! c'est sans flatterie. Au revoir, Madame, jusqu'à ce soir ! (*MH*, 22).

Malgré les effets comiques de cette « entrevue », il est clair que la narratrice n'y tient aucune part active. Si nous admettons que l'invisibilité, elle aussi, est un masque, voire le masque des masques par excellence, nous sommes arrivés ici à la mascarade des mascarades : Colette Willy a fait disparaître Renée Néré au point de la réduire aux trois points de suspension dans ce pseudo-dialogue « de sourdes » dont l'interlocutrice reste totalement muette sans qu'elle s'en aperçoive.

L'avant-dernier récit du recueil, « Fin de route », est dans le même registre : la narratrice, muette du début à la fin et présente uniquement à travers le « tu » de son interlocutrice, écoute parler cette rencontre de hasard, ex-consœur et ex-concurrente qui prend ce passé commun éphémère comme point de départ pour lui confier sa vie entière depuis leur séparation. Renée n'y est présente qu'à travers les appellatifs – « ma chère » (*MH*, 58) – ou les impératifs – « Tais-toi ! » (*MH*, 56) – réitérés de l'interlocutrice, ou de simples formules relevant de la fonction phatique du langage, ne visant qu'à poursuivre la conversation ou le monologue, telles que « Tiens » ou « tu sais » (*MH*, 56)[6].

6. « L'affamé » est d'un registre voisin : le protagoniste confie des détails intimes de sa vie d'artiste à une consœur qui aura juste le temps de placer des monosyllabes, des pronoms interrogatifs, des fragments de phrases ou des phrases extrêmement courtes par un « Écoutez… » impérieux répété à deux reprises (*MH*, 34). N'empêche que c'est par ces rares interventions qu'elle recommence à poser des questions, à l'interroger, à le faire parler, même si à la fin, encore une fois, elle n'a « pas le temps de lui répondre » (*MH*, 36).

Ce n'est que dans « La matinée » qu'elle recommence à reprendre la parole par bribes. Vis-à-vis de Brague, son compagnon de route de toujours – c'est avec lui qu'elle part en tournée à la fin de la deuxième partie de *La Vagabonde* –, elle répond par des fragments de phrase où le « je » est soigneusement remplacé par les points de suspension déjà connus :

> – [...] Tu m'entends ?
> – ... m'en fiche.
> – Toi, tu joues en matinée.
> – ...sse-moi tranquille, Brague ! (*MH*, 28).

À la fin du récit, Renée reprendra d'abord son « nous » collectif qu'elle utilise surtout pour décrire le masque de l'artiste de variété qui doit cacher la triste réalité des coulisses au public dont elle fait partie – ce qui fait resurgir son « moi » à la fin :

> Le public, prostré, invisible dans la salle éteinte, ne verra rien de ce qu'il doit ignorer : [...] il ne devinera pas, surtout, qu'une horreur nerveuse me soulève, à ne rencontrer, à ne palper que des mains, des bras, des joues, des nuques mouillées ! [...]. Et moi-même. (*MH*, 30 et suiv.)

Ce « moi » restera seul après le départ collectif à la fin du spectacle : « Le rideau tombé, nous nous séparons vite, comme honteux, pauvre troupeau fumant que nous sommes [...] » (*MH*, 31).

Vers la fin du recueil, le « je » de la narratrice semble reprendre le dessus. Dans « Amour » avec Glory, « La travailleuse » avec Hélène et « Après minuit » avec Maud – autant de masques qu'elle n'essaiera même pas –, elle observe des modèles féminins à ne pas suivre dans la quête de son « moi ». C'est avec Lola, la chienne, qu'elle entamera son premier « vrai » dialogue. Elle lui donne à boire dans les coulisses – « Prends. Je voudrais te donner tout ce qui t'est dû. Car tu m'as reconnue, et tu m'as demandé à boire, toi qui ne parles à personne » (*MH*, 50) – et finit par l'acheter. C'est par un long « monologue » de l'animal adressé à travers son regard à Renée que celle-ci finit par se reconnaître et reprendre sa voix (*MH*, 51).

Dans le récit suivant, elle retrouve définitivement ce « je » qui ne formule néanmoins encore que des désirs hypothétiques au conditionnel :

> Je voudrais sortir d'ici. Mais dehors, c'est la pluie [...]. Il n'y a, hors d'ici que la pluie et la chambre d'hôtel. [...] Je voudrais m'en aller d'ici, mais je manque passagèrement de force pour compléter mon souhait, pour imaginer le lieu qui me réconforterait. Créer ce lieu, ou le ressusciter dans mon souvenir, le peupler d'un visage aimé, l'animer de fleurs, d'eaux, de bêtes familières est un effort trop grand, qui me sera permis un peu plus tard, peut-être dans une heure [...]. (*MH*, 52 et suiv.)

Le titre du dernier récit de « En "tournant" », sous forme de citation – « La grève, bon dieu, la grève !... » – ne révèle pas du premier coup d'œil la fin de la mascarade des mascarades de Renée. Et pourtant, dès la première phrase, elle sortira de son invisibilité pour (re)devenir l'observatrice pénétrante qui lui ouvrira la voie pour devenir « une femme de lettres » : « D'un œil assoupi, je suis la "pavane" que dansent "les Grandes Concubines de l'Histoire" » (*MH*, 59). L'œil est encore « assoupi », mais la fin d'une époque est clairement annoncée par la « pavane[7] ». Ses compagnons forment une triste mascarade, un groupe féminin sans avenir et aux noms désuets. Elles doivent décider si elles participent ou non à cette grève annoncée par le titre. C'est aussi une ultime occasion pour la narratrice de faire passer en revue les différents types de « p'tites femmes du caf'-conc » (*MH*, 61). Ce défilé de masques des « grandes concubines » commence par Agnès Sorel « qui bâille de faim », Diane de Poitiers « qui porte en décembre des chemisettes d'été », « la belle Montespan » au « mari phtisique » et aux « deux gosses » et « la mère Louis, notre duègne rhumatisante » (*MH*, 62), bref, toutes ces femmes qui peinent à gagner leur vie au music-hall et qui se solidarisent, timidement et pour la première fois, pour clamer ce qui leur est dû : une rémunération de leur travail qui leur permette de vivre dignement. Elles n'ont pas l'habitude – « La moindre arpète de la rue de la Paix leur en remontrerait, en matière de revendications » (*MH*, 62), mais « [e]lles ont dit : « "Chic ! la grève !" comme elles auraient dit : "On va gagner le gros lot !" sans y croire. À présent qu'elles y croient, elles commencent à trembler, d'espoir. » (*MH*, 62)

Ce n'est sûrement pas un hasard que cette fresque noire de la vie de music-hall, cette « pavane pour les grandes courtisanes défuntes », se termine sur une faible lueur révolutionnaire d'espoir et de solidarité féminine. Même Renée s'y joint pour un court instant en retardant son départ : « Je peux bien attendre encore un peu, pour sortir en même temps que le pensionnat fatigué qui va s'égailler dans Paris… » (*MH*, 63). Renée ne finira par jeter le masque de l'artiste de variété qu'à la fin du volume.

*
* *

Résumons, pour conclure, l'itinéraire de la narratrice des textes étudiés, Renée Néré : *La Vagabonde* constitue un beau début de recherche de sa propre voix/voie. La fin de *L'Entrave* marque son premier échec – elle tombe dans le piège de vouloir usurper une voix de « vrai type ». Et, pour citer Rosanne Stone, « la tentative d'occuper une place comme sujet qui prend la parole à l'intérieur du cadre de la répartition traditionnelle des rôles entre les sexes signifie de se faire complice du discours même que l'on souhaite-

7. La version pour orchestre de la *Pavane pour une infante défunte* (1899) de Maurice Ravel (avec qui elle créera *L'Enfant et les Sortilèges* en 1919) est de 1910 et la mélomane Colette ne l'ignorait sûrement pas.

rait déconstruire[8] ». Dans *L'Envers du Music-Hall*, elle emprunte une autre voie : la voix de Renée Néré se noie dans la collectivité pour en émerger à la fin une dernière fois avant de disparaître définitivement, affermie et prête à envisager l'œuvre que produira Colette la « la femme de lettres ». Mon hypothèse de travail du départ se confirme : chaque passage d'un pseudonyme à l'autre influe directement sur l'écriture de Colette. À la fin de la « période Colette Willy », le masque de Renée Néré est désormais inutile et sera enseveli à côté de celui de Claudine. La voie qui mène à cet autre masque que Julia Kristeva appelle « le génie de Colette[9] » est désormais libre.

Remerciements à Katharina Silberg et Joris Lehnert d'avoir bien voulu revoir cet article.

8. « To attempt to occupy a place as speaking subject within the traditional gender frame is to become complicit in the discourse which one wishes to deconstruct » (je traduis) ; Allucquere Rosanne Stone, « The "Empire" strikes back : A posttransexual manifesto », 1993, p. 12. <http://www.ucm.es/info/rqtr/biblioteca/Transexualidad/trans%20manifesto.pdf> (08-07-2009).
9. Allusion à Julia Kristeva, *Le Génie féminin. La vie, la folie, les mots : Hannah Arendt, Mélanie Klein, Colette*, t. III, Paris, Fayard, 2002.

Charlotte Maria

CLAUDE CAHUN OU LES MASQUES DE L'IDENTITÉ

Pseudonymes, carnavals, textes écrits au masculin : le masque et le travestissement sont des éléments centraux dans l'œuvre de Claude Cahun, notamment dans la perspective de recherche identitaire qui sous-tend son œuvre majeure, *Aveux non avenus*[1]. Cependant, leur présence manifeste voile la multiplicité des enjeux, qui, dès ses tous premiers écrits dans le journal de son père, se mettent en place dans son écriture. En effet, si le masque la situe d'emblée dans une tradition symboliste marquée par l'influence des écrits de son oncle Marcel Schwob, il est aussi, paradoxalement, sous la forme des pseudonymes, la marque de la volonté d'exister en dehors de toute filiation littéraire. Ses préoccupations lui sont d'ailleurs tout à fait propres, car pour Claude Cahun, se masquer, c'est aussi se travestir, questionner l'image de l'homme et de la femme, le genre sexuel. Comment procède-t-elle ? En revêtant des masques, encore et encore : chercher son identité en la disséminant, fragmenter son moi en le trouvant ; jusqu'au vertige. L'humour seul pourra la sauver, et, derrière le masque de l'ironie, les jeux auront pour enjeu de sauver le « je ».

Tradition symboliste

Le masque est ainsi un élément récurrent dans l'œuvre de Claude Cahun. On le retrouve dans ses photographies, dans ses textes. Plusieurs fois associé au carnaval, il est directement lié à la tradition fin-de-siècle et notamment à Marcel Schwob. Le masque est en effet le triomphe de l'artifice, déguisement-refuge contre-nature.

Dans un conte intitulé « Le Roi au masque d'or », l'oncle de Claude Cahun nous décrit un monde où chacun des personnages revêt le masque de son emploi : les prêtres portent un masque sérieux, les bouffons un masque rieur et le roi un masque d'or. Mais sous leur travestissement, les prêtres ont un visage rieur et les bouffons ont des « figures hâves creusées

1. Somme de « poèmes-essais et d'essais-poèmes », parue en 1930, à Paris, aux Éditions du Carrefour. Les renvois à cet ouvrage s'effectueront désormais au moyen des lettres *ANA*, suivies du numéro de la page.

par la tristesse, avec des yeux sanguinolents d'insomnie[2] ». Le roi lui-même découvre que, sous son masque d'or, il est couvert de lèpre. L'essence que le masque devait rendre visible était une fausse essence. Le roi s'enfuit alors sans savoir qu'il est guéri, trompé par son aveuglement comme il l'avait été du temps où il voyait.

Claude Cahun est très marquée dans ses écrits par les préoccupations fin-de-siècle de l'antiphysis et de l'abolition des repères entre la vérité et l'illusion :

> Illusion et vérité sont deux enfants jumeaux qui ont échangé tant de fois leurs faveurs bleue et rose qu'en nommant chacun par le nom de sa couleur je les ferais railler, même si je tombais juste. (*ANA*, 52)

Illusion et vérité sont même indiscernables au point qu'il n'est plus possible de différencier le masque et le visage :

> On étudie son personnage ; on s'ajoute une ride, un pli à la bouche, un regard, une intonation, un geste, un muscle même… […] Un jour d'enthousiasme, on applique trop son masque, il vous mord à la peau. Après la fête, on soulève un coin pour voir… Décalcomanie manquée. On s'aperçoit avec horreur que la chair et le cache sont devenus inséparables. Vite, un peu de salive ; on recolle le pansement sur la plaie[3].

Ici, avec une image cruelle et violente, Claude Cahun met en scène le renversement des codes : le naturel est trompeur et l'artifice devient vérité.

Mais l'importance de la place du masque chez Claude Cahun relève également de questionnements qui lui sont propres. Et notamment, de manière paradoxale, le besoin de se différencier, d'exister individuellement en tant qu'écrivain.

Pseudonymes : masques de l'écrivain

Comment devient-on écrivain ? Comment transformer l'activité d'écriture en identité d'écrivain ? Pour répondre à ces questions, Nathalie Heinich a mis à jour les différents seuils conduisant à la formation de l'identité d'écrivain. Parmi ces seuils, le plus marquant semble être celui de « l'épreuve de la publication[4] ». Sur ce point, Claude Cahun se distingue de la grande majorité des écrivains. Née dans une famille où l'écriture était une activité commune, ses premières publications se firent tout naturellement, comme Marcel Schwob quelques années auparavant, dans le journal familial, *Le Phare de Loire*. Grand quotidien nantais acheté par le grand-père de Claude Cahun, Georges Schwob, en 1876, *Le Phare* était alors dirigé par son père, Maurice.

2. Marcel Schwob, « Le Roi au Masque d'or », dans *Œuvres*, éd. Sylvain Goudemare, Paris, Phébus, [1893] 2002.
3. Claude Cahun, « Carnaval en chambre », *La Ligne de cœur*, n° 6, mars 1926, dans Claude Cahun, *Écrits*, éd. François Leperlier, Paris, Éditions Jean-Michel Place, 2002, p. 485-486.
4. Nathalie Heinich, *Être écrivain. Création et identité*, Paris, Éditions de la découverte, 2000, p. 70.

Cahun y tint une chronique de mode hebdomadaire du 20 octobre 1913 au 29 juin 1914. Elle bénéficia également des relations éditoriales de son père et publia son premier ouvrage, *Vues et Visions*[5], recueil de proses poétiques, dans le prestigieux *Mercure de France* alors qu'elle n'avait pas vingt ans. *Vues et Visions* fut repris seul dans un luxueux ouvrage illustré, publié en 1919 chez Georges Crès. L'accès à la publication ne fut donc pas, à proprement parler, une épreuve pour Claude Cahun. On peut bien sûr imaginer le travail, les interrogations, les doutes que ses premières publications ont suscités. Mais cela ne peut être le même gouffre que pour celui qui n'a aucun pied dans le monde de littérature.

Chez Claude Cahun, l'identité d'écrivain s'est avant tout formée par l'intermédiaire du masque du pseudonyme. En effet, il est frappant de noter que, parmi toutes les publications citées, aucune ne l'a été sous le nom de Lucy Schwob, véritable patronyme de Claude Cahun. Les articles du *Phare* sont signés « M. » ; *Vues et Visions* porte la signature de « Claude Courlis » dans la version publiée dans le *Mercure de France* et « Claude Cahun » dans l'ouvrage paru aux Éditions Georges Crès. Dans une famille où le nom Schwob avait été illustré par au moins trois hommes de plume (le grand-père Georges, le père Maurice et, bien sûr, l'oncle Marcel), on comprend cette volonté d'individuation présente dans l'abandon du patronyme paternel.

Son premier pseudonyme, « M. », représente le niveau zéro du pseudonyme, le nom réduit à son minimum, une seule lettre, avec laquelle on peut être un autre, derrière laquelle on peut se cacher :

> En ce jour de liberté, s'il m'est permis de ne point déguiser ma pensée, vous saurez Madame, que la Mode vous mène par le bout du nez. S'il lui plaisait même de vous y faire mettre un anneau…
> Là ! Je me réfugie vite sous le masque du pseudonyme[6].

Le pseudonyme « Claude Courlis » évoque un oiseau caractérisé par un bec long, fin et recourbé vers le bas. Dans le huitième photomontage d'*Aveux non avenus*, Claude Cahun s'amuse d'ailleurs à mettre en relation visuelle la forme de son nez avec celle d'un bec d'oiseau. On y verra sans mal un besoin de se ramener au stéréotype sémitique, une évocation de ses origines juives et de sa ressemblance physique avec son père et son oncle.

Concernant le choix du pseudonyme « Claude Cahun », l'auteure a elle-même avancé plusieurs explications, évoquant tour à tour son grand-oncle Léon, sa grand-mère Mathilde et son cousin René. Mais en dehors de l'attachement qu'elle pouvait porter à chacun de ses personnages, le choix du nom « Cahun » est le choix d'un nom inconnu :

5. Claude Cahun [sous le pseudonyme de Claude Courlis], « Vues et visions », *Mercure de France*, n° 406, Paris, 16 mai 1914.
6. Claude Cahun [sous le pseudonyme de M.], « Sous le masque », *Le Phare de la Loire*, lundi 9 février 1914.

> Je signais de préférence du nom de jeune fille de ma grand-mère, nom qu'à vrai dire je tenais pour illustre mais savais inconnu de tous ceux que je pourrais espérer avoir pour amis ou lecteurs (Je me trompais. Il y eut une exception : Pierre Mac Orlan. L'auteur de *La Cavalière d'Elsa* se devait d'avoir lu *La Tueuse* de Léon Cahun [...])[7].

« Cahun » a ainsi le mérite de ne pas être (trop) connu, tout en la rattachant à une hérédité revendiquée. Elle ajoute d'ailleurs à ce propos : « Nom qui plus est incontestablement "youtre"... et pour comble discrédité dans la Bible, dans la Genèse même[8]. » En choisissant ce nom, elle affiche ses origines juives tout en évoquant, en écho à l'histoire d'Abel et Caïn[9], son sentiment de damnation, de culpabilité a priori.

Entrer en littérature pour Claude Cahun, c'est donc avant tout se choisir un nom. Le pseudonyme est un masque qui cache mais qui surtout permet de revêtir le costume de l'écrivain. Et en se nommant, elle crée son personnage, s'auto-engendre, existant ainsi par et pour elle-même.

S'il a été jusqu'à présent question du nom « Cahun », une remarque s'impose sur le prénom Claude, déjà présent dans le pseudonyme « Claude Courlis ». Le choix de ce prénom est particulièrement signifiant : il est un des rares prénoms français totalement épicènes. Claude Cahun clame en effet : « Masculin ? Féminin ? mais ça dépend des cas. Neutre est le genre qui me convienne toujours. » (*ANA*, 176)

Travestissement, condition féminine et indéfinition sexuelle

L'entrée en littérature se fit donc par une chronique de mode, lieu idéal de l'artifice et du travestissement. En effet, les articles, signés « M. », étaient écrits au masculin, avec un ton mordant et très ironique, n'hésitant pas à se moquer du sujet même de ses articles :

> Alors, on sacrifie la forme à la couleur ; la femme n'a plus la ligne, le dessin plus de traits : par égard pour la mode, le « Phare » abandonne jusqu'à sa dernière page à cette rage de la couleur. Il faut être « dans le train » et cette fureur de la mode est encore plus impérieuse chez les dames un peu... mûres que chez les jeunes tendrons.
> On comprend donc que cette gazette plus que centenaire doive s'y abandonner sans réserve.
> Déplorable tendance d'un monde décadent ; je voudrais...
> Mais la mode est là, elle ne supporte guère qu'on discute avec elle des goûts et des couleurs[10].

Tout en jouant à regarder s'écrire, elle subvertit les codes journalistiques, critique le journal dans lequel elle est en train d'écrire, poussant même le

7. Claude Cahun, « Confidences au miroir », manuscrit rédigé à partir de 1945, paru dans *Écrits*, *op. cit.*, p. 593.
8. Claude Cahun, « Confidences au miroir », *op. cit.*, p. 593.
9. Genèse, chapitre 4.
10. Claude Cahun [sous le pseudonyme de M.], « La mode en couleur », *Le Phare de la Loire*, lundi 22 juin 1914.

sarcasme jusqu'à mettre en faillite son propre texte : « Faut-il vous faire l'article ? J'aime autant vous avouer que je suis payé pour cela[11]. »

Sur un ton se donnant l'air léger, ces articles sont le lieu d'une insolence fantasque ouverte à toutes les inventions : « Au parterre, aux fauteuils d'orchestre et de balcon, bon gré mal gré, il vous faut affecter une aigrette. Mettez-la où vous voudrez, pourvu qu'elle trouble la vue d'un voisin[12] » ; insolence qui peut même s'avérer assez féroce : « Vous teniez en laisse, la saison dernière, un chien de police. Un gamin n'est plus encombrant. Sortez le vôtre, puisque, cette année, les enfants sont à la mode[13]. »

Derrière cette verve ironique, on sent poindre une critique de la condition féminine. Cela apparaît régulièrement avec humour : « Exigez la liberté de vos pas : le tailleur est l'uniforme du footing. Fendez-le par-devant, vous êtes à l'aise et cela ne fait pas un pli[14] » ; mais également avec gravité : « Prise en pleine croissance dans la gaine du corset, l'étroitesse de l'entrave, elle brisera sa chaîne, ou soumise, elle s'étiolera. Car, à cet âge heureux, il faut jouir de la vie pour croître et embellir[15]. »

Cependant, la prise de parole au masculin semble l'extraire de cette condition qu'elle refuse et tourne volontiers en ridicule : « Je traite de cette question comme de la mathématique ? Votre bouche s'entrouvre... Refermez-la bien vite. Vous alliez, Madame, sourire d'ignorance[16]. » L'énonciation masculine permet d'échapper à la position de la femme-objet que l'on réservait aux personnes du sexe féminin. Cette voix d'homme lui permet d'adopter un ton moqueur et désinvolte, de prendre de la distance et de faire de l'esprit.

En plus des articles parus dans le *Phare de la Loire*, *Amor amicitiae*, texte de jeunesse rédigé autour de 1913 et non publié de son vivant, est également écrit au masculin avec la dédicace : « A R.M. son ami Claude Cahun », de même que le ou les narrateurs de *Vues et Visions* sont eux aussi masculins. Un des rares articles signé « Lucie Schwob », et donc assumé en tant que texte produit par une femme, est une réponse au journal *Philosophies* à l'enquête : « En somme, nous vous demandons tout à coup de nous révéler une méditation que vous feriez sur le thème : Dieu[17]... » La méditation de « Mlle Lucie Schwob » commence par ces mots :

> Je ne puis répondre à votre question que d'une façon que vous jugerez très sotte, très féminine. Mais peut-être me sera-t-il beaucoup pardonné parce que cette réponse sera franche, révélatrice, telle que vous la souhaitiez en

11. Claude Cahun [sous le pseudonyme de M.], « Article de voyage », *Le Phare de la Loire*, lundi 6 juillet 1914.
12. Claude Cahun [sous le pseudonyme de M.], « Bonnets de nuit », *Le Phare de la Loire*, lundi 12 janvier 1914.
13. Claude Cahun [sous le pseudonyme de M.], « La mode enfantine », *Le Phare de la Loire*, lundi 30 mars 1914.
14. Claude Cahun [sous le pseudonyme de M.], « Sans entraves », *Le Phare de la Loire*, lundi 3 novembre 1913.
15. Claude Cahun [sous le pseudonyme de M.], « L'âge ingrat », *Le Phare de la Loire*, lundi 6 avril 1914.
16. Claude Cahun [sous le pseudonyme de M.], « Le nouvel an et l'an passé », *Le Phare de la Loire*, lundi 2 janvier 1914.
17. Claude Cahun [signé Lucie Schwob], « Méditation de Mlle Lucie Schwob », *Philosophies*, n°s 5-6, Paris, mars 1925, p. 612-614. Ce journal était dirigé par Pierre Morhange, professeur de philosophie.

> somme et, par contraste, servira de repoussoir à votre propre dieu, qui vous apparaîtra d'autant plus, et d'autant plus adorable, que le mien vous paraîtra grotesque.

Malgré une certaine forme de coquetterie, elle se dévalorise au point de laisser transparaître que le fait d'être une femme semble poser problème. Dans *Aveux non avenus*, la marque du féminin apparaît mais en alternance avec le masculin, comme s'il y avait une lutte entre les deux genres. La féminité est vue négativement : « (Vous en êtes déjà arrivés à cette conclusion. Pardonnez : j'ai l'esprit lent… et la chair forte !), et plus féminine. – Qu'y puis-je ? Ah l'épuiser. » (*ANA*, 8) Mais cette difficulté à s'assumer en tant que femme est-elle à assimiler à de la misogynie comme on l'a déjà supposé[18] ? Rien n'est moins évident. Ce qui est rejeté est son propre corps et, au-delà, la conception de la féminité telle qu'elle est véhiculée dans la société. Elle n'hésite d'ailleurs pas à se contredire : « Pour moi, femme je suis, et pour un coup m'en glorifie. Si quelqu'un me marche sur le pied, qu'il m'aime ou s'excuse. » (*ANA*, 193) Le problème n'est pas la femme mais l'image de la femme : « Extrait du code viril : la femme doit céder à son mari sa gloire et même sa sainteté ; elle doit le suivre partout jusque dans la débauche, l'enfer s'il y a lieu – et sans rien y perdre de sa vertu[19]. »

Dans ce questionnement très moderne sur la question du genre sexuel, Claude Cahun refuse de trancher : « Les signes ont-ils un sexe ? Mon multiple est humain. Un signe hermaphrodite ne suffirait pas à le rendre (à lui rendre justice)[20] », Son refus de la norme et des étiquettes la pousse à revendiquer le neutre et à finalement dépasser toute tentative de catégorisation.

La position paradoxale de Claude Cahun concernant la féminité – parfois revendiquée, souvent dénigrée, toujours problématique – est la manifestation d'un phénomène de dissémination identitaire qui amène régulièrement les divers aspects de son moi à se contredire.

« Sous ce masque un autre masque » : le vertige de l'identité

Le masque est le symbole du caractère paradoxal de cette recherche. Il permet de se travestir, d'être autre, mais il est aussi un objet de dissimulation. Il montre tout en cachant. Dans *Aveux non avenus*, Claude Cahun écrit une sorte d'autoportrait présenté comme étant celui de « Mlle X » :

> Si l'on osait regarder de près, ce visage ne serait plus qu'un masque ; ce corps de paille accommodé au goût le plus général et changeant à son heure ; ces mains nues, des gants couleur de peau, et sur quoi (pour acquit de prudence) les manches font encore des mitaines…

18. Voir Georgiana Colvile, « Je est un(e) autre, structures de l'anorexie dans les autoportraits de Claude Cahun », *Mélusine*, n° 18, 1998, p. 252-259.
19. Claude Cahun, « Éphémérides », *Mercure de France*, n° 685, 1er janvier 1927.
20. Claude Cahun, « Confidences au miroir », *op. cit.*, p. 586.

> Mais où donc s'est réfugiée l'hôtesse ? – Là, derrière le judas des trous pour les prunelles, deux points noirs de méfiance (points mathématiques) sont en faction, en perpétuelle défensive. Et tout au fond de la fente qui sert pour respirer, malgré l'âme sentinelle, passe et repasse le traître éclat rose d'une langue mordue. (*ANA*, 101)

Dans sa fonction dissimulatrice, le masque protège : il est le « judas » derrière lequel elle s'est « réfugiée ». Ce besoin de dissimulation se traduit dans son écriture par une utilisation intensive des codes, des symboles, des références non explicitées : « J'ai moi-même intérêt à compliquer le jeu. » (*ANA*, 172) Dans *Aveux non avenus*, texte autographique, c'est au lecteur de décrypter ce qu'elle a rendu délibérément abscons, quitte à le laisser décontenancé : « Alors supprimer les titres. Ce sont des clefs. » (*ANA*, 32) Au lieu de se définir, elle semble chercher à s'« indéfinir » (« Et l'enfant commença de se confondre et de s'indéfinir » [*ANA*, 78]).

Le masque fait partie du déguisement. Il cache tout en donnant à voir. Il est là pour attirer les regards, provoquer des réactions. Et tout en se dissimulant, Claude Cahun affiche un narcissisme exacerbé dans une théâtralisation du moi savamment orchestrée. Ainsi, dans la section « Portrait psychologiques » d'*Aveux non avenus*, après avoir annoncé : « Non. Je ne tracerai que des ébauches. Quand on a fini de démonter la mécanique, le mystère reste entier. Parfois le hasard nous met dans la main un petit échantillon d'âme » (*ANA*, 59), elle présente trois personnages (Aurige[21], « A », le propriétaire d'Aurige, « B » et le poète, l'amant d'Aurige, « C ») à qui elle attribue des « traits principaux », et des « idéals [*sic*] proclamés » ou « secrets ». Elle les fait ensuite répondre à un questionnaire rappelant les enquêtes que l'on trouvait à cette époque dans les revues d'avant-garde : (« Que voudriez-vous être ? », « Que voudriez-vous faire ? » ; « Que voudriez-vous connaître ? » ; [*ANA*, 60 et 61]), expose une saynète dialoguée entre A, B et C sous le nom d'« Explications » et présente enfin une série de « Lettres d'Aurige au poète » (*ANA*, 67 et 68). Dans cette section, le moi apparaît ainsi sous la forme de personnages distincts, pouvant se contredire, s'aimer, se repousser. L'identité est matériellement démultipliée. À la question « Ce qui vous déplaît le plus en vous en général ? », Aurige répond : « Être prise au dépourvu, être contrainte à changer mes projets, à répondre sans préparation, à écrire sans ratures, à me montrer sans fards, même si ces fards m'enlaidissent le teint, à souffrir avec des nerfs mal tendus [...]. » B répond : « La vulgarité, la déraison, la faiblesse d'esprit, la laideur, le manque d'empire sur soi. Et tout ce qui affecte déraisonnablement les sens » ; et C : « La laideur, la méchanceté, la prétention, la bêtise, la paresse anglo-saxonne, la tyrannie et l'entêtement

21. Un aurige (*Hêniokhos*, en grec ancien : qui tient les rênes) est un conducteur de char. L'Aurige de Delphes, découverte en 1896 à Delphes sous la Voie sacrée, est la plus célèbre statue de la Grèce antique. Elle représente un aurige, soit un conducteur de char grandeur nature (1,80 m de hauteur). Il s'agit donc d'un personnage masculin que Claude Cahun fait parler au féminin.

breton, les scènes, la colère, l'ingratitude, la suffisance et la fatuité. La cruauté des hommes envers les chevaux et les mouches » (*ANA*, 64). Le moi peut être masculin et féminin, timide et arrogant, beau et laid, calme et nerveux.

La neuvième section d'*Aveux non avenus* s'ouvre avec un photomontage dans lequel apparaît une enfilade de onze visages autoportraits autour desquels il est écrit : « Sous ce masque un autre masque. Je n'en finirai pas de soulever tous ces visages. » (*ANA*, 211) Tout en cachant le visage, le masque montre un autre visage, multipliant les possibilités à l'infini.

Cette fragmentation est également une des manifestations d'une profonde tension, d'une puissante lutte interne, s'accompagnant d'un rapport au corps très violent : « Mon cœur alenti sonne comme un glas funèbre, puis bat bruyamment comme un tocsin. Il devient mobile, se promène dans mon ventre, y éclate en colique profonde. » (*ANA*, 16)

> La fragmentation menace même de diviser le moi jusqu'à l'anéantissement :
> Alors casser les vitres. Mais laisser passer le vitrier sans recours lâche. (Qui répare ses maladresses les paye.)
> Laisser la vitre claire, et selon les hasards et les heures voir confusément, partiellement, tantôt les fugitifs et tantôt mon regard. Réciprocité parfaite. (Celui que vous savez, profitant d'un « espion », perfectionna le jeu.) Vue trouble, lignes brisées… Vous ne voulez pas vous arrêter, comprendre. Et moi-même le puis-je ?
> Avec les morceaux, composer un vitrail. Travail de Byzance. Transparence, opacité. Quel aveu d'artifice ! Toujours je finirai par prononcer ma propre condamnation. (*ANA*, 30)

Dans ce fragment, apparaît l'idée que son identité, son moi, est donc quelque chose que l'on doit recomposer à partir de tous les fragments. Le moi est éparpillé en une multitude de morceaux suite à un choc, une brisure. Mais de cette brisure, de ce choc quelque chose peut naître.

Chez Claude Cahun, le masque est ainsi la clé de voûte de l'édifice du moi, il dissimule, donne à voir, multiplie l'identité. Mais l'image du vitrail et de la recomposition est frappante, car elle témoigne d'une force consciente, positive qui lui permet de bâtir sur les décombres.

Les enjeux du jeu

Dans la production écrite de Claude Cahun, la tension, la violence est systématiquement contrebalancée par l'humour et le jeu. De cette manière, le travestissement textuel à l'œuvre dans les écrits de Claude Cahun ne se limite pas à la présence du masculin. Dans la lignée des auteurs burlesques, elle travestit des textes, comme dans les « Héroïnes », où la Belle reproche à la Bête de ne pas être moche et de s'être fait prince : « Quand on a goûté de la Bête – ah que l'homme est chère [*sic*] fade[22] » ; Hélène est laide mais fait

22. Claude Cahun, « La Belle », dans *Écrits*, *op. cit.*, p. 150.

comme si elle était belle: « Je sais bien que je suis laide, mais je m'efforce de l'oublier. Je fais la belle »; Cendrillon aime se faire maltraiter par ses sœurs puisqu'elle est masochiste:

> Mon père se remaria et j'en fus bien joyeuse. J'avais toujours rêvé d'une marâtre. Le ciel me combla: me donnant deux sœurs par alliance. Elles étaient délicieusement cruelles. J'aimais surtout l'aîné qui me méprisait à ravir[23]...

Pénélope est une « allumeuse » qui n'arrive pas à choisir le prétendant auquel elle accordera ses faveurs: « Ils veulent que je choisisse entre eux. Quel ennui! Certes Antinoos est beau [...] mais Eurymaque n'est pas mal non plus[24]. » Elle se livre également à des jeux de détournements dans *Aveux non avenus* où elle parodie l'histoire de La Belle au bois dormant. Dans la version de Claude Cahun, l'action se déroule dans un paysage psychédélique, pop avant l'heure:

> En taillis profonds, les roses d'un blanc pur et dur dardent leurs épines bleues. Derrière, des feuillages pourpres et violets massent leur épaisseur, semble-t-il infinie, contre quoi se pavanent des fleurs qui font la roue, corolles d'une candeur précieuse, d'une candeur provocante. (*ANA*, 32)

Le personnage principal n'est plus la Belle au bois dormant, mais le Prince qui se condamne lui-même à dormir. C'est alors qu'apparaît Parsifal, le chevalier de la table ronde:

> Sur la mousse décolorée par l'ombre, Prince Charmant s'est condamné lui-même à dormir sans tricher; à dormir en attendant la délivrance digne de son destin, digne et par là victorieuse de son orgueilleuse virginité; à dormir éternellement. [...] Parsifal approche des roses défensives, car il s'est senti désigné pour réveiller le Prince. (*ANA*, 32)

Ces procédés carnavalesques dans leur démarche de renversement s'accompagnent d'une multitude de jeux littéraires allant de la référence littéraire masqué au jeu avec les mots et les sonorités. Dans une lettre à Tristan Tzara, elle expose même une de ses inventions: le jeu des homonymes approximatifs.

D'une manière générale, la posture énonciative de Claude Cahun se caractérise par un écart, un décalage que l'on peut résumer sous le terme d'ironie. Or l'ironie est une force subversive qui permet d'inverser symboliquement les relations de pouvoir. On peut d'ailleurs reprendre au sujet de l'ironie ce que Sarah Kofman dit à propos de la caricature:

> C'est un acte esthétique, une agression symbolique, qui, en n'agissant que sur les formes, excite le rire ou la colère plus que la peur; c'est un acte moral car la règle est enfreinte de façon provocante, et même exemplaire; c'est un

23. Claude Cahun, « Cendrillon, l'enfant humble et hautaine », dans *Écrits*, *op. cit.*, p. 43.
24. Claude Cahun, « L'allumeuse (Pénélope l'irrésolue) », dans *Écrits*, *op. cit.*, p. 133.

> acte politique, car, au-delà du code de représentation, elle s'en prend aux privilégiés de ce code[25].

En effet, l'écriture de Claude Cahun est largement subversive, tant du point de vue formel que générique ou même politique. Tout y est renversé, tourné en dérision.

Dans « Éphémérides », texte paru dans le *Mercure de France* où la plume acerbe de Claude Cahun sévit au gré du calendrier, elle écrit à la date du 1er janvier :

> En l'an de grâce 1926, pour fêter l'admirable aventurier, l'inimitable faux qu'est à leurs yeux le soi-disant Messie, quelques Juifs ont failli se rogner les ongles.
> – Place aux grands mutilés !
> Qu'on s'avisât de retrancher du monde tous les organes d'apparat (luxe – lux – lumière), les méconnus, ceux dont nous ignorons les états de service, que de tête tomberaient !... Je sens que la mienne vacille... Mais, franchement, l'extraction de l'appendice a-t-elle jamais modifié le cœur ou les instincts de personne ?
> Si le prépuce de Jésus avait eu la forme du nez de Cléopâtre, la face de l'histoire en serait-elle changée ? Désarmement des rabbins. Marc-Antoine, fétichiste averti défaillant sous le charme[26]...

En détournant d'une façon aussi inattendue qu'incongrue le célèbre aphorisme de Pascal[27], elle déconcerte, choque et s'amuse à ridiculiser tout ce qui se prétend respectable. Les sujets les plus difficiles ne sont pas évités :

> ... Camps de concentration de Matthausen [*sic*].
> ... Évasion impossible sauf la mort.
> Tout ce qu'on peut espérer c'est une mort moins lente. [...] Le commandant du camp donna l'ordre d'une fête dans la grande cour. Présence libre, gratuite et obligatoire[28].

Là encore, Claude Cahun détourne, subvertissant férocement la formule consacrée à l'école républicaine française en la changeant de contexte. L'humour permet de vivre avec les peurs, de vivre avec les angoisses. Dans *Aveux non avenus*, elle « s'amuse » même à évoquer son propre suicide, à le mettre en scène :

> À Monsieur le Commissaire
>
> Paris, le 25 avril 1925.
> de Police du   arrondissement.
>
> Monsieur,
> Je certifie que, profitant de l'absence de ma gouvernante (sortie ce dimanche pour aller à l'église de   , accompagnée de mes témoins : MM.   , demeurant rue   , n°   ), seule et sans aide je me suis donné la mort – AVEC PRÉMÉDITATION.

25. Sarah Kofman, *Pourquoi rit-on ? Freud et le mot d'esprit*, Paris, Galilée, 1986, p. 43.
26. Claude Cahun, « Éphémérides », *Mercure de France*, n° 20, mai 1920.
27. « Le nez de Cléopâtre, s'il eût été plus court toute la face de la terre aurait changé. »
28. Claude Cahun : « As-tu déjà eu affaire aux nazis ? », manuscrit rédigé en 1948, publié dans *Écrits*, *op. cit.*, p. 761.

> [...]
> Je vous en prie seulement de faire en sorte qu'on n'inquiète ni ma famille, ni mes amis – auxquels je vais nécessairement causer assez de dérangement... (Nécessairement ? et la fosse commune ?)
> Je vous en remercie forcément d'avance, et vous prie de croire à ce qui me reste de reconnaissance disponible. (*ANA*, 169-170)

Claude Cahun renverse le tragique du suicide en burlesque dans cette fausse lettre d'adieu administrative, singulièrement adressée à un commissaire de police.

Face à la souffrance, à la tension, à la dissémination vertigineuse du moi, l'écriture apparaît comme un espace cathartique où le masque de l'ironie permet de renverser les pensées les plus noires.

*
* *

Omniprésent dans les écrits de Claude Cahun, le masque est une précieuse voie d'accès dans l'univers de cet artiste indéfinissable. Tout en rappelant sa filiation symboliste, il caractérise également son individualité extrême et son refus de toute norme. Il est multiple, paradoxal, insaisissable, à l'image de l'identité mouvante et polymorphe de l'auteure. Mais coexiste avec le masque dissimulateur, avec le paradoxe, la tension et la souffrance, une quête où l'enjeu est de créer du sens, de se trouver. Le masque est ainsi le témoin d'un jeu où l'enjeu est vital, se perdre pour se sauver, se démultiplier pour se retrouver. On pourrait dire, en reprenant les mots de Valéry, que par le masque, Claude Cahun « obtint de se trouver, de se perdre, de se reprendre et reconstruire, d'être diversement le même et l'autre[29] » – le sourire de l'ironie en plus.

29. Paul Valéry, *Variété IV*, Paris, Gallimard, 1938, p. 101.

Andrea Oberhuber et Nadine Schwakopf

MASQUES ET TRAVESTISSEMENT DU SUJET FÉMININ DANS L'ŒUVRE AUTOGRAPHIQUE DE CLAUDE CAHUN

Le masque est *le* leitmotiv qui structure l'œuvre scripturaire et photographique de Claude Cahun, de *Vues et Visions* (1914), où le « je » de l'énonciation se mire dans des figures célèbres de l'Antiquité grecque et latine en adoptant divers noms et identités, jusqu'à *Confidences au miroir* (1945), fragments auto(bio)graphiques publiés de façon posthume, en passant par une série de nouvelles intitulées *Héroïnes* (1925) et le magistral récit autographique *Aveux non avenus* (1930) au sein duquel se trouvent insérés dix photomontages dans la tradition surréaliste[1]. S'ajoute à ces textes littéraires déclinant les thèmes du double et du multiple, du masque et de la métamorphose, de l'être et du paraître, un travail quasi obsessionnel sur l'autoreprésentation et la mise en scène de soi par le moyen de la photographie[2]. Ces autoportraits photographiques, réalisés entre 1912 et 1953, révèlent autant qu'ils dissimulent les multiples facettes d'un sujet qui, sous ses masques réels et métaphoriques, n'est jamais le même ni tout à fait un(e) autre[3]. Durant une quarantaine d'années donc, le plus souvent en étroite collaboration avec Marcel Moore, sa compagne de vie et alter ego par excellence[4],

1. Restés sans réédition pendant longtemps, les textes littéraires, journalistiques et essayistiques de Claude Cahun ont fait l'objet d'une publication d'ensemble en 2002 : *Écrits*, éd. François Leperlier, Paris, Jean-Michel Place. Depuis peu, cet ouvrage est lui-même indisponible sur le marché du livre.
2. On consultera avec intérêt les catalogues d'exposition suivants : *Claude Cahun photographe*, catalogue d'exposition du Musée d'Art moderne de la Ville de Paris, Paris, Jean-Michel Place, 1995 et *Claude Cahun. Bilder*, catalogue d'exposition sous la direction de Heike Ander et Dirk Snauwaert, München, Schirmer-Mosel, 1997. Le Jersey Heritage Trust, qui gère dans sa collection les fonds « Claude Cahun » et « Marcel Moore » (contenant photographies, dessins, manuscrits et autres matériels), a publié en 2006 un catalogue raisonné précédé de sept études consacrées à ce couple d'artistes : *Dont't kiss me. The Art of Claude Cahun et Marcel Moore*, sous la direction de Louise Downie, Londres-Jersey, Tate Publishing-Jersey Heritage Trust.
3. À propos des autoportraits photographiques, Mireille Calle-Gruber note très justement que « Claude Cahun fait de l'autoportrait un alloportrait, un étrange étranger » : « Créer à la proue de soi-même. L'œuvre photographique de Claude Cahun », *Pleine Marge*, n° 46, déc. 2007, p. 47. Nous y reviendrons.
4. Quant au rôle joué par la graphiste-peintre Suzanne Malherbe ayant adopté le pseudonyme Marcel Moore (ou Moore tout court) dans l'élaboration d'une esthétique à la croisée des arts et des médias, voir Tirza True Latimer, « Entre Claude Cahun et Marcel Moore », dans Andrea Oberhuber (dir.), *Claude Cahun : contexte, postures, filiation. Pour une esthétique de l'entre-deux*, Montréal, Département des littératures de

Claude Cahun explore à travers le texte et l'image diverses manières de se mettre en théâtre : dans la vie en vrai lors des extravagantes apparitions du couple au café Cyrano, haut-lieu du groupe surréaliste parisien ; dans ses écrits protéiformes, devant l'objectif de l'appareil photographique ; mais également sur une véritable scène de théâtre, au Plateau de Pierre Albert-Birot, théâtre expérimental de l'entre-deux-guerres[5]. Tous les rôles que (se) joue Cahun devant l'objectif et dans ses écrits littéraires sont siens. Dans sa démarche, les arts et les médias sont mis au service d'une enquête sur soi, sur la mobilité identitaire du sujet, sur la codification culturelle du corps, de ses normes discursives et leur possible affranchissement. Derrière les expériences intermédiales liant écriture, photographie et *gender performance* se cache au fond une quête de l'imaginaire, d'un univers chimérique dans lequel s'effacent les frontières entre le réel et le fictionnel, entre le soi et l'Autre, entre le passé, le présent et l'avenir, entre la vie et la mort[6]. Ne jamais rien fixer pour l'éternité, ni son image, ni ses pensées ; interroger sans cesse les possibilités de se voir et de se concevoir autrement ; changer de noms, jouer des rôles, déplacer le « je » vers d'autres sujets : ainsi pourrait se résumer le paradoxe cahunien, paramètre important qui nous permettra d'entrer dans une œuvre insolite, en apparence insaisissable, en passant de l'autre côté de ces nombreux miroirs qui, tels les masques, semblent s'ériger en écrans entre le sujet créateur et le lecteur-spectateur.

Entrée en matière

Dans un bref passage tiré d'*Aveux non avenus*, viennent s'entrelacer les lignes cardinales d'une œuvre imprégnée par le questionnement de l'identitaire et de l'autogenèse du sujet féminin, d'une part, le jeu de miroir (le regard, le judas) et la mascarade, d'autre part :

> Portrait de Mademoiselle X
> [...]
> Derrière la haie de métal, une femme souriante – n'ayant même, sur son visage offert, jamais autre expression que la confiance, la courtoisie, la plus

langue française, « Paragraphes », 2007, p. 31-42 ; Andrea Oberhuber, « Aimer, s'aimer à s'y perdre ? Les jeux spéculaires de Cahun-Moore », *Intermédialités*, n° 4, automne 2004, p. 87-114 ; Kristine von Oehsen, « The Lives of Claude Cahun and Marcel Moore », dans *Don't kiss me*, *op. cit.*, p. 10-23.

5. Pour plus de détails sur la biographie et la trajectoire de Claude Cahun, née Lucy Schwob en 1894 dans un milieu d'intellectuels juifs installés à Nantes, nous renvoyons aux essais de François Leperlier : *Claude Cahun : l'écart et la métamorphose*, Paris, Jean-Michel Place, 1996 et *Claude Cahun. L'exotisme intérieur*, Paris, Fayard, 2006. Une analyse complexe axée sur les ambivalences de l'esthétique photographique cahunienne et le jeu avec les identités sexuées est proposée par Katharine Conley, « Claude Cahun's Iconic Heads : from "The Sadistic Judith" to *Human Frontier* », *Papers of Surrealism*, n° 2, été 2004 : <www.surrealismcentre.ac.uk /publications/papers/journal2/index.htm> (consulté le 31 août 2009).

6. Dans son analyse d'*Aveux non avenus*, Agnès Lhermitte propose plusieurs pistes de réflexion thématiques fort intéressantes (« l'agression violente » ; « la tombe et le cimetière » ; « la noyade et le naufrage » ; « le manque, le négatif, l'échec ») permettant de mieux saisir « l'irréductible et paradoxale originalité » de cette œuvre hétérodoxe : « *Aveux non avenus* : la déconcertante écriture de soi de Claude Cahun », *Mélusine*, n° 7, 2007, p. 233-244.

> amène politesse – fait signe aux passants: Donnez-vous donc la peine d'entrer!... Si l'on osait y regarder de près, ce visage ne serait plus qu'un masque; ce corps, un corps de paille accommodé au goût le plus général et changeant à son heure; ces mains nues, des gants de couleur de peau, et sur quoi [...] les manches font encore des mitaines. Mais où s'est donc réfugiée l'hôtesse? – Là, derrière le judas des trous pour les prunelles, deux points noirs de méfiance (points mathématiques) sont en faction, en perpétuelle défensive. Et tout au fond de la fente qui sert pour respirer, malgré l'âme sentinelle, passe et repasse le traître éclat rose d'une langue mordue[7].

Le masque, le corps, le masque prothétique appliqué au corps, ou le corps transfiguré lui-même en masque, tous ces paramètres tangibles du discours cahunien sont mobilisés afin d'étayer des postures éthiques à la fois littéraires et artistiques, où se négocient les enjeux de la variable « femme » dans leur rapport au façonnement du sujet de l'énonciation.

La recherche de nouveaux visages, de poses et de postures, tous différents les uns des autres, est flagrante dans l'esthétique de Cahun qui, grâce aux moyens théâtraux du masque et du travestissement, se crée un fonds quasi illimité d'identités imaginaires, le plus souvent étranges et déconcertantes. Ce faisant, elle déconstruit bien avant les pratiques postmodernes les attributs du *gender* socialement codifiés. Au milieu des années 1920, en pleine exploration autographique – rappelons que la rédaction des *Aveux* et la mise en place des photomontages oniriques s'échelonnent sur une dizaine d'années –, dans un bref texte peu souvent cité, intitulé *Carnaval en chambre*, Cahun nomme le plaisir qu'elle avait connu dans son enfance nantaise et qui consistait à « guetter, compter, sur le pont Maudit, les premiers arrivants; [à] s'écrier, décrire aux grandes personnes plus ou moins assises des uniformes de pierrot, de folie, de bébé rose ou bleu[8] ». Divisé en trois parties (« Primeur », « Ballon captif » et « Bébé inclassable »), ce texte apparaît comme la révélation sans réserve de l'attirance du sujet pour « la douce foule honnête, musicale, fourrée de beaux cornets de surprise – et les confettis hygiéniques », pour le « masque » [qui] s'impose aux « petites âmes romanesques », tout comme le « je » narrant dévoile son envie de « [d]émasquer la nature », de « lever notre double paupière » (*ANA*, 485, 486). Inspirées de ses souvenirs d'enfance, les digressions du « je » se terminent sur un double postulat: « Exalter l'imagination du costumier. Déclarer le Carnaval perpétuel » (*ANA*, 486).

Fascinée par les aspects envoûtants du carnaval, la jeune Cahun s'appliquera à transposer, dès le début de sa carrière d'auteure et de photographe amateur, ce qu'elle a vu depuis sa fenêtre – le fascinant défilé de gens dégui-

7. Claude Cahun, *Aveux non avenus*, dans *Écrits, op. cit.*, p. 99-100. Désormais désigné par les lettres *ANA*, suivies du numéro de la page. Dans les *Écrits*, la pagination d'*Aveux non avenus* est celle de l'édition originale, soit 1930.

8. Le texte est repris dans *Écrits, op. cit.*, p. 485. À l'origine, *Carnaval en chambre* parut dans *La Ligne de cœur*, 4 (4e cahier), 15 mars 1926, p. 47-50.

sés, organisé dans les rues de Nantes – dans l'intimité des décors de théâtre réalisés avec Moore lors de leurs nombreuses prises de vue photographiques, mais aussi dans ces écrits de l'intime[9] que constituent ses œuvres autographiques[10]. Dès lors, le masque sera au visage ce que les déguisements vestimentaires seront au corps de Cahun : ils lui offrent la possibilité de se voir en images spectrales[11], de se projeter dans une myriade de *personae* à un point tel que « lorsqu'il leur arrivait de se croiser sur la grand'place de [sa] conscience, [elles] ne se reconnaissaient pas[12] ». Le leurre atteint l'état absolu, la mascarade aboutit à son paroxysme.

Gardant à l'esprit le statut primordial qu'occupe cette propension à la mise en théâtre de soi qui conjugue la question du choix artistique, générique et médiatique selon le paradigme de l'identitaire, il n'est pas inutile de rappeler que l'œuvre de Claude Cahun s'élabore à une époque charnière dans l'évolution des expressions littéraires et artistiques au féminin. Le travail d'investigation qu'effectue l'auteure-photographe sur soi, sur le polymorphisme du sujet, l'androgynie et la question de l'éternel féminin est informé par les discours sociaux de l'époque où l'on s'apprête à redéfinir les rapports de sexes, où le travestissement de *La Garçonne* est à la mode, où la transsexualité d'*Orlando* fascine les lecteurs, où *L'Autobiographie d'Alice B. Toklas* démasque les ficelles fictionnelles de l'écriture auto(bio)graphique. C'est dans ce sens que les diverses facettes de la démarche cahunienne entre les arts et les médias nous permettent de retracer le glissement d'une « politique de dissimulation de soi[13] » vers une approche de l'autoreprésentation moderniste : la femme auteur ou artiste finit par donner forme à sa relation problématique avec ce que Sidonie

9. La confusion règne dans le domaine de la poétique de l'écriture autobiographique : les termes génériques utilisés dans divers ouvrages vont de « littérature du moi », « récit de soi », « écriture de soi » et « auto-bio-graphie » à « littérature intime ».

10. En ce qui concerne les stratégies scripturaires déployées par Cahun mais aussi par Leonora Carrington et Unica Zürn dans leurs œuvres autographiques, toutes trois gravitant autour du mouvement surréaliste, voir Andrea Oberhuber, « "J'ai la manie de l'exception" : illisibilité, hybridation et réflexions génériques dans *Aveux non avenus* de Claude Cahun », dans Ricard Ripoll (dir.), *Stratégies de l'illisible*, Perpignan, Presses universitaires de Perpignan, 2005, p. 75-87, p. 190-192 et « S'écrire à la dérive : du plaisir, de la souffrance et de la complaisance chez Claude Cahun, Leonora Carrington et Unica Zürn », dans Jean-Michel Devésa (dir.), *Plaisir, Souffrance et Sublimation*, Bordeaux, Pleine Page éditeur, 2007, p. 133-148.

11. Voir à ce propos la lecture philosophique de certains autoportraits que propose Mireille Calle-Gruber, en insistant sur les « enjeux esthésiques et esthétiques » (p. 380) du travestissement cahunien, notamment en ce qui concerne la mise en valeur du troisième œil (*i.e.* celui de la caméra mais aussi celui de Dieu) et de « l'auto-greffe de ses propres organes » (p. 382) ; « Folies du jour photographique : les scènes de travestissement de Claude Cahun », dans Guyonne Leduc (dir.), *Travestissement féminin et libertés*, Paris, L'Harmattan, 2006, p. 379-385.

12. Claude Cahun, *Carnaval en chambre*, dans *Écrits*, *op. cit.*, p. 486. Désormais désigné par les lettres *CC*, suivies du numéro de la page. Ce passage sur la rencontre des masques est repris à la page 15 d'*Aveux non avenus*.

13. Dans *The Forgotten Generation. French Women Writers of the Inter-War Period* (Oxford-New York, Berg Publishers, 1996, p. 87), Jennifer E. Milligan parle de « policy of self-concealment » pour évoquer une des caractéristiques de l'écriture des femmes dans l'entre-deux-guerres.

Smith désigne par l'expression « *engendered figures of selfhood*[14] ». Dans les textes et les images cahuniens visant la mise en œuvre de nouvelles modalités autographiques – par lesquelles il ne s'agit nullement de relater l'histoire de sa vie mais plutôt de *s'écrire* en développant diverses postures autoréflexives –, on constate en effet la coexistence de ces deux stratégies. En faisant ressortir l'acculturation coercitive du sujet féminin, « accommodé au goût le plus général et changeant à son heure » (*ANA*, 100), Cahun présente d'abord, à l'instar du « Portrait de Mademoiselle X », la féminité comme un masque aliénant, octroyé par l'Autre, qui module le corps de manière à se confondre avec lui. Cette vision stéréotypée de la femme, marquée dans cet extrait d'*Aveux non avenus* par le terme générique de « Mademoiselle X », est en même temps mise en cause par un regard critique spéculaire que le sujet féminin porte sur soi-même, à travers les « deux points noirs de méfiance [...] en faction, en perpétuelle défensive » (*ANA*, 100). Autrement dit, la *femme 100 têtes*, pour faire allusion au roman-collage de Marx Ernst publié en 1929, se montre chez Cahun autant *sans tête*, propre et unique en dessous de sa « plus amène politesse » (*ANA*, 99) ; « derrière le judas des trous », elle oppose un veto à sa subjugation par le non-dit retentissant du « traître éclat rose d'une langue mordue » (*ANA*, 100). On l'aura compris, dans cet aveu fragmentaire faisant entendre la voix de « Mademoiselle X », le travestissement textuel par la ventriloquie se revêt d'un double aspect où la dimension sociologique, touchant à la condition féminine, est aussitôt sublimée en un principe d'autopoétisation. Objet signifiant du dispositif scénique des fictionnalisations de soi, de même que matrice théorique sous-tendant la fabrication d'une subjectivité au féminin, le masque (charnel et verbal[15]) se fait langage dans la conception d'une œuvre polyvalente, à l'image de sa créatrice. Il se réclame d'une phénoménalité plurielle, qui jumelle la psyché et la corporéité, l'intériorité et l'extériorité, l'articulation du verbe et les articulations physiques. Les nombreux masques s'avèrent le point de rencontre de forces *excentriques* à travers lesquelles une subjectivité conçue, de prime abord, comme concentrique peut embrasser son altérité consubstantielle.

Dans cette perspective, l'analyse des masques rhétoriques dans l'œuvre littéraire et photographique de Cahun s'inscrivant dans l'autographie, se situe dans la lignée des réflexions de Louis Marin, qui précisa à propos du masque : « *il montre qu'il signifie* et [...] *il signifie qu'il montre* (qu'il signifie) [...] ». Et un peu plus loin Marin de poursuivre : « un masque identifie *et* rend étrange ou étranger à soi, à autrui, à soi comme autre, il simule *et* dissimule,

14. Sidonie Smith, *A Poetics of Women's Autobiography: Marginality and the Fictions of Self-Representation*, Bloomington-Indianapolis, Indiana University Press, 1987, p. 56.

15. Dans *Carnaval en chambre*, le « je » affirme : « Les masques sont d'étoffe aux qualités diverses : carton, velours, chair, Verbe. Le masque charnel et le masque verbal se portent en toute saison » (CC, 485).

il exhibe, il révèle *et* il cache[16] ». Il serait difficile de mieux résumer les différents sens et fonctions que l'on peut attribuer au masque et à l'usage fait par son utilisateur. Cahun explore en effet cette dualité du masque, sceau et signature du caractère construit de toute *image de soi*, en se centrant sur la mise en circulation ludique de l'autoreprésentation et, enfin, l'annihilation partielle ou complète des paramètres génériques du sujet représenté. À cet égard, l'œuvre autographique telle que conçue par Cahun se dessine comme une enfilade d'(auto)portraits en mutation, qui – d'une projection à l'autre – s'emploient à accentuer la différence continuelle du moi avec soi-même, au point même de déboucher sur son indéfinition radicale. Dans un passage dialogique de la partie VI d'*Aveux non avenus*, le personnage E déclare : « il est autant de manières d'être que d'étoiles ; je ne saurais dire davantage[17] » (*ANA*, 124). Ailleurs, l'une des nombreuses voix narratives arrive au même constat en recourant à la métaphore de la poupée russe et de la table gigogne pour aborder la question d'une identité « multiple », ou du moins complexe : « Chaque être vivant – poupée russe, table gigogne – est censé contenir tous les autres » (*ANA*, 119). Fidèle à elle-même, à ses obsessions thématiques, d'un récit autographique à l'autre, Cahun reprend dans *Confidences au miroir* la métaphore de la « *poupée russe* [à l'intérieur de laquelle] sont encloses toutes ses miniatures adorables[18] ». Une fois de plus – en vérité, il s'agit du dernier écrit littéraire ou essayistique de l'auteure[19] –, elle consigne sa conception de l'identité comme une entité composite dont les parties peuvent mener une vie indépendante tout en renvoyant à un tout, à l'instar du vitrail. La mutabilité du « je », qui varie toujours, n'est tributaire de rien qui ne soit lui-même ; les conditions du changement ne se trouvent paradoxalement que dans le *même*[20].

16. Louis Marin, *Masque et Portrait*, Urbino, Università di Urbino, « Documents de travail et prépublications », 1993, p. 2-3.

17. Cet éloge d'une identité plurielle rappelle la remarque que fait le narrateur qui se métempsycose en narratrice sur un ton ironique dans *Orlando* : « Une biographie est considérée comme complète lorsqu'elle rend compte simplement de cinq ou six Moi, alors qu'un être humain peut en avoir cinq ou six mille » (Virginia Woolf, *Orlando*, Paris, Stock, [1928] 1974, p. 330).

18. Claude Cahun, *Confidences au miroir*, dans *Écrits*, *op. cit.*, p. 588. Désormais désigné par les lettres *CM*, suivies du numéro de la page.

19. Dans sa brève présentation introductive de *Confidences au miroir* (*CM*, 572), François Leperlier désigne les fragments comme un « essai autobiographique, dédié à Suzanne Malherbe, qui renouait avec l'esprit des *Aveux non avenus* ». Les *Aveux* et les *Confidences* se complètent en effet comme les deux volets d'un projet scripturaire aboutissant à une investigation profonde d'un moi pluriel. Si le récit autographique de 1930 affiche ouvertement son parti pris expérimental, le manuscrit inédit des années 1945-46, resté à l'état du fragment, opte pour les souvenirs comme matériau principal d'une écriture davantage traditionnelle. Néanmoins, ces souvenirs adviennent dans le présent de l'écriture comme s'ils en étaient la substance immédiate, sans la médiation de l'analyse mémorielle qu'opère généralement l'instance du « je » narrant par rapport au « je » narré. Pour une étude approfondie de ce récit de Cahun consacré à la réminiscence de certains épisodes, périodes ou états d'esprit expérimentés dans le passé de l'auto(bio)graphe, voir Nadine Schwakopf, *Polygraphies de l'intime : le projet autofictionnel de Claude Cahun et d'Unica Zürn*, mémoire de maîtrise, Montréal, Département des littératures de langue française, 2007.

20. Dans *Confidences au miroir*, la narratrice évoque souvent, dans le contexte de la métamorphose propre au sujet de l'énonciation, les motifs de la larve et du cocon afin de pointer justement vers cette mutabilité du même (*CM*, 576, 578, 622).

Par ailleurs, dans le contexte de la Résistance contre l'occupant national-socialiste sur l'île de Jersey, l'autobiographe se remémore la célèbre formule rimbaldienne « Je est un autre » pour y ajouter sous forme d'une parenthèse explicative : « un multiple toujours – quoiqu'il arrive... au moins jusqu'à la mort » (*CM*, 594). Le principe de la division-multiplication devient, durant les années de guerre pendant lesquelles Cahun agit sous le pseudonyme *Der Soldat ohne Namen*, une véritable stratégie de survie[21]. Le port du masque pseudonymique prolonge et varie l'idée d'une identité en métamorphose permanente, qui s'adapte à un contexte changeant.

De manière générale, il s'agit pour Cahun de mettre en doute la netteté des frontières entre une prétendue identité unique du sujet et l'illusionnisme inhérent au langage artistique, de démontrer la perméabilité des catégories identitaires. Les masques cahuniens se donnent en spectacle, mettant en scène par ce même geste le sujet qu'ils sont susceptibles de farder. Ils mettent au jour, à travers une marqueterie de tropes, fabriquée sur la base du double et de l'ombre, du miroir et du vitrail, du cadre et du (re)cadrage, celui ou celle qui se donne pour but de simuler une nouvelle identité en dissimulant son visage, pour reprendre les termes de Louis Marin, d'exhiber et de révéler les dessous d'un sujet voulant en même temps se cacher. On l'aura compris, diverses configurations du masquage et du démasquage sont à l'œuvre dans la démarche cahunienne d'une mise en théâtre de soi quelque peu déroutante pour l'époque. Comme placé devant une scène de théâtre à plusieurs niveaux, le lecteur-spectateur assiste au chassé-croisé de « surmasques » et de « sous-masques[22] » que Claude Cahun fait parader devant son regard ébahi. Ce qui apparaît alors dans ce défilé de personnages masqués et travestis est le trompe-l'œil d'une subjectivité à la fois unifiée et transparente.

Un masque peut en cacher un autre

La mascarade exhibée *ad nauseam*, où le masque est mis en abyme moyennant la *démonstration* de l'unique et du multiple, de l'original et de la copie, est inscrite visuellement et textuellement dans le photomontage X d'*Aveux non avenus*. Deux phrases emblématiques (maintes fois citées depuis la redécouverte de l'œuvre de Cahun) – « Sous ce masque un autre masque. Je n'en finirai pas de soulever tous ces visages[23] » (*ANA*, s. p.) – encadrent

21. Pour les activités politiques du couple Cahun-Moore durant leur exil sur Jersey, voir Lizzie Thynne, « Action indirecte : politique, identité et subversion chez Claude Cahun et Marcel Moore dans la résistance à l'occupation nazie de Jersey », dans Andrea Oberhuber (dir.), *Claude Cahun : contexte, posture, filiation*, *op. cit.*, p. 69-92 ; Claire Follain, « Lucy Schwob and Suzanne Malherbe – *Résistantes* », dans *Don't kiss me*, *op. cit.*, p. 83-95. Sur l'engagement politique de Cahun tout court, voir Michaël Löwy, « Claude Cahun, franc-tireur surréaliste », dans Jean-Marc Lachaud (dir.), *Art et Politique*, Paris, L'Harmattan, 2006, p. 45-56.

22. Louis Marin, *Masque et Portrait*, *op. cit.*, p. 12-13.

23. On pourra également se référer à la reproduction de ce photomontage dans le catalogue *Claude Cahun. Bilder*, *op. cit.*, p. 56.

un ensemble phallique composé d'une double rangée de visages (ou de masques ?) qui sortent d'un seul cou (fig. 1). Tête de Janus démultipliée quasi à l'infini ou mise en abyme de la mascarade ? Au milieu de l'image, une statue antique ; du nombril de cet homme en pierre sort un chandelier à sept branches dont cinq se terminent par les synecdoques des sens humains : la main, la bouche, le nez, l'œil et l'oreille. Au-dessus, une pyramide renversée vers l'arrière enferme un père (violent tirant son enfant par les cheveux), une mère et leur enfant ; tels des triplés siamois, ils sont attachés par la peau l'un à l'autre. Un petit drapeau les désigne comme « La Sainte Famille ». Ironie du lien familial qui joint inextricablement les membres d'une famille ou blasphème du Nouveau Testament et de la Trinité ? Dans la partie supérieure, un commentaire prétend éclairer les six parties d'une poupée russe à l'intérieur desquelles sont abrités des embryons : « OTEZ DIEU / IL RESTE DIEU ». Confession de foi inébranlable ou ultime blasphème ? Les majuscules indiquent-elles l'importance de cette sentence par rapport aux autres éléments textuels ? Entre la poupée-mère et la sainte famille, le signe *œ* flotte dans l'espace. Un passage dans *Aveux non avenus* réfère à la particularité de ce graphème symbiotique : « En vain j'essaye de remettre mon corps à sa place (mon corps avec ses dépendances), de me voir à la troisième personne. Le je est en moi comme l'e est pris dans l'o. » (*ANA*, 236) Le regard, qui vient de faire le tour de la partie inférieure de l'image vers le haut en passant par le milieu, se voit ensuite attiré vers le bas. Il s'arrête à droite sur trois autoportraits de Cahun qui complètent le photomontage affichant ouvertement leur caractère autoréférentiel. Le message adressé au spectateur (écrit sur le t-shirt de l'haltérophile) est à la fois clair et paradoxal : « I AM IN / TRAINING / DON'T KISS ME », suivi du dessin d'une bouche. Grâce à l'assemblage de divers masques, images, phrases, mots et signes, ce photomontage condense au sein d'un même espace les questions essentielles que pose Claude Cahun en matière de figuration de soi, et ce, tant sur le plan existentiel du sujet que dans une perspective ontologique de l'humanité. D'autres exemples de mascarade telle que pratiquée dans bon nombre d'autoportraits confirmeront la propension de l'auteure-artiste à l'autoréflexivité masquée.

Face à l'œuvre scripturaire et photographique de Cahun, le lecteur-spectateur comprend que le masque est un indicateur de la scission du sujet ; qu'il déplace ou reformule le regard que l'on dirige sur un corps littéralement objectivé, c'est-à-dire soudainement mis en évidence par l'objet de voilement qui le supplante. Dans un autoportrait datant d'environ 1928 (fig. 2), Cahun, placée devant un tissu noir, adopte une posture hésitante, visage immobile et fermé, éclairé de gauche par une lumière rasante, les yeux tournés vers la droite, tandis qu'en haut à gauche, un masque blanc semble flotter dans le vide. Cette image au double « masque » – visage et vrai masque se confondent – exprime la surenchère silencieuse du corps par la présence du masque, visage-simulacre qui se trouve paradoxalement séparé du corps-modèle. Cette distanciation des deux éléments dans l'espace pointe justement, tel un argument *a contrario*, vers l'indécidabilité de leur cohérence; le masque ne prend sens qu'à travers l'acte de fission, s'opérant dans la théâtralisation de soi. Ainsi, sous les dehors de l'unicité, le masque se fait valoir comme épicentre ou, pour l'exprimer en des termes barthésiens, comme *punctum* de l'image traduisant le clivage identitaire. C'est donc la syncope spatiale, instaurée ici entre le masque et le corps, qui soulève la question de la continuité morpho-logique des deux signifiants: dans quelle mesure l'un est-il destiné à relayer les champs de signification de l'autre, à approfondir les ellipses de sens, ou au contraire, à rajouter une surcharge de sens, toutefois impénétrable? Avec Barthes, nous suggérons de penser le motif du masque comme un débrayeur qui produit une sorte de glissement entre le *studium* et le *punctum*[24] de la photographie en question, qui la propulse peut-être dans son entièreté du côté du *punctum*, de la coupure du sens univoque. Il paraît que le masque, malgré son isolement spatial devant l'objectif de la caméra, prend en otage le noyau représentationnel qu'est le corps, le transfère et l'implante dans ce hors-champ de la signification qui résiste à toute démarche herméneutique. C'est dans cette logique qu'il faudra dès à présent lire la posture de séduction qu'adopte le sujet face au spectateur, s'offrant au regard de celui-ci à travers son propre regard guetteur, voire prédateur. Il est frappant de constater que seul le torse peut être qualifié de « *gendered body*[25] », en raison des attributs qui l'identifient: signalons surtout les bijoux de femme ornant le bras gauche et encerclant le cou. De l'autre côté, la tête et, plus précisément, le visage, divisés en deux par la collision du clair et de l'obscur, sont dénués de traits et d'attraits spécifiquement féminins. Cette impression est confirmée par l'absence de chevelure, dissimulée sous un fichu prolongé en foulard. Le masque, qui semble flotter ou être accroché quelque part au-dessus de l'épaule du personnage en pose, ne se distingue pas vraiment du visage peu typé qu'il était à l'origine censé camoufler. À bien y regarder, on s'aperçoit que la couleur des lèvres, des sourcils et des yeux, comme s'ils étaient maquillés, rejaillit davantage du masque que du visage. N'est-ce pas là, c'est-à-dire dans la couleur plus foncée des lèvres, des sourcils et des yeux, le signe méconnaissable de la différence entre le « vrai » et le « faux », entre l'original et la copie? Cette non-coïncidence du visage et du masque ne

24. Dans *La Chambre claire. Note sur la photographie*, Roland Barthes note: « Car *punctum*, c'est aussi: piqûre, petit trou, petite tache, petite coupure [...] dès qu'il y a *punctum*, un champ aveugle se crée » (Paris, Cahiers du cinéma-Gallimard-Seuil, 1980, p. 49, 90).

25. Quant à l'inscription des traits « génériques » dans le corps même du sujet, nous nous référons à titre d'exemples aux études suivantes: Judith Butler, *Bodies That Matter. On the Discursive Limits of Sex*, New York, Routledge, 1993; Elisabeth Grosz, *Volatile Bodies. Toward a Corporeal Feminism*, Bloomington-Indianapolis, Indiana University Press, 1994.

révèle-t-elle pas au fond le propre de l'artifice : souligner les dessous des apparences, amplifier ce qui est marqué d'un point de vue identitaire et générique ? Mais le questionnement suggéré par la juxtaposition du visage et du masque dans cet autoportrait ouvre vers une spirale à l'intérieur de laquelle le regardant se sent aspiré.

Autant certains jeux de masque paraissent évidents dans d'autres autoportraits de Cahun, autant il est difficile ici de trancher avec certitude si le masque constitue le calque du visage ou vice versa. La mise en scène devant l'objectif de l'appareil photographique prône l'interchangeabilité du visage et du masque, fait écho au propos suivant énoncé par la voix narrative dans *Aveux non avenus* : « on a beau se couvrir et recouvrir de masques, les farder, les refarder, on ne fait peut-être que grossir la ressemblance, qu'accentuer les imperfections du visage caché » (*ANA*, 135). Comme l'observe l'auteure-artiste elle-même, la concaténation des mascarades n'engendre qu'un effet de « réel » et de fausse authenticité, mirage hyperbolique de l'étrangeté à soi-même. Cette inquiétante étrangeté culmine dans un état de régression où l'Autre se manifeste comme un plus-que-parfait du moi qui demeure toutefois imparfait. Or les nombreux dédoublements et doublures du masque ne font que réitérer ou fortifier un visage dont l'état « naturel » serait déjà forgé par l'artifice du fard superposé. Tel que l'insinue l'autoportrait de 1928 dont la conception est axée sur le motif du masque, l'identité selon Cahun consiste en un enchaînement de performances poético-picturales, images fluctuantes d'un sujet à morphologie instable ; ces images d'un soi mobile s'obstinent à dénoncer un imaginaire social, enraciné dans le postulat du dimorphisme sexuel, héritage de la différenciation discursive des sexes vers la fin du XIXe siècle et le début du XXe siècle. En opposition à cette *doxa*, les paradigmes de l'être-féminin et de l'être-masculin sont perçus comme des entités maniables qui s'affichent aux yeux de l'artiste à la surface de son corps et s'y entrecroisent pour brouiller les frontières entre les catégories du « masculin » et du « féminin ». Les travestissements successifs auxquels se livre Cahun à travers la sérialité des autoportraits s'avèrent des citations chorégraphiées d'une série de normes préétablies. En même temps, ils dépassent cette normativité contraignante en simulant des usages corporels que Judith Butler appelle des « *performative subversions*[26] ». En d'autres termes, l'inscription dans la norme telle que la pratique Cahun, en mettant en lumière le caractère artificiel de celle-ci, laisse transparaître sa mise en échec : le masque s'affirme dans le but d'infirmer l'endoctrinement implicite du sujet qu'il enveloppe. C'est dans ce sens que l'on peut rendre justice aux diverses mascarades montrant le sujet de sexe féminin en bouddha, en dandy, en matelot ou, comble du paradoxe, en haltérophile efféminé.

26. Judith Butler, *Gender Trouble. Feminism and the Subversion of Identity*, New York-London, Routledge, [1990] 1999, p. 163.

Oscillant entre la monstration des attributs sexués, l'ambivalence des catégories identitaires et l'élision totale des stéréotypes sexuels, le masque ne cesse de se métamorphoser comme signifiant visible de l'énoncé. Versatile grâce à la diversité des emprunts, le masque va du costume (masculin) sobre ou carrément carnavalesque pour finir par s'éroder dans l'anatomie du corps humain.

Examinons à titre d'exemple un cliché daté d'environ 1920 (fig. 3) qui donne à voir Cahun de profil, au crâne rasé, vêtu d'un habit d'homme. La tête ressort par sa mise à nu de l'ensemble de ce dispositif qui présente le personnage assis sur le plancher, jambes et bras croisés. Le regard que le sujet porte droit devant lui, quoique légèrement baissé, est détourné de l'objectif photographique. On chercherait en vain dans cette photographie, qui exploite la palette des tons gris, des attributs du féminin. Le sujet, à l'origine de cette mise en scène de soi, semble avoir effacé sur son corps toute trace de son appartenance au genre féminin. Le corps ne sert que de support objectivé pour délimiter un champ de vision qui évacue tout indice biologique de la féminité. Mais comme c'est si souvent le cas chez Cahun, la posture trahit le travestissement, elle montre les failles de ce que l'on pourrait prendre, au premier regard, pour une simple mise en scène de la masculinité. L'attitude « zen » qui se dégage de ce personnage assis au ras du sol, comme s'il était en méditation, ne correspond pas à l'image que l'on se fait d'une posture masculine. Le regard détourné de la caméra, le silence implicite, l'humilité de la position par terre rapproche cet être à l'allure masculine de certains lieux communs associés au « féminin ». D'autres photographies de Cahun révèlent la même recherche du sujet à faire se rencontrer, se croiser et se contrecarrer des identités a priori incompatibles au sein d'un seul corps. Nous en concluons que, dans cet univers de références croisées, parfois clairement inversées, le corps sexué ne correspond aucunement au rôle qu'il endosse et que, à l'opposé, la posture réelle du « *gendered body* » ne coïncide aucunement avec les pratiques corporelles que l'on considérerait comme des manifestations typiques du rôle social sous-jacent. Plutôt que de se traduire à travers l'objet-signe même que nous qualifierions de masque, la mascarade réside ici dans le caractère ambigu de la pos(tur)e, où le genre masculin (déjoué) et le corps féminin (supprimé) se côtoient selon le principe dialectique de la thèse et de l'antithèse. Seulement, la synthèse n'est pas proposée, elle est reléguée au spectateur qui a un rôle actif à jouer dans ces jeux de mascarades. Se forgeant sur la base de caractéristiques contrapuntiques, le sujet se contente d'indiquer des modes de passage entre les deux pôles génériques. Il récuse toute identité unique, monolithique. Dans un passage clé des *Aveux*, le « je » narrant répond à cette insistante interrogation sur l'identité sexuelle qui ponctuent à de très nombreuses reprises ces fragments de textes en prenant clairement position en faveur de l'idéal du sexe « neutre » : « masculin ? féminin ? mais ça dépend des cas. Neutre est le seul genre qui me convienne toujours. S'il existait dans notre langue on n'observerait pas ce flottement de ma pensée » (*ANA*, 176). La volonté de se dire au-delà des limites sexuelles et génériques se heurte ainsi à la rigidité du système linguistique, emprisonnant le sujet de l'énonciation dans des contraintes identitaires incongrues, qui ne seraient que de fausses étiquettes pour créer l'illusion d'un moi stable. Pour contrer ces automatismes aveugles du langage, les écritures protéiformes de Cahun – indice à la fois de l'impasse et de la transgression liées à la notion du *gender* – se positionnent dans une zone limitrophe, qui ne respecte pas les taxinomies génériques conventionnelles. Tout concourt à nous faire croire que, dans cette œuvre, la rhétorique du masque a partie liée avec la formation d'un nouveau pacte (de lecture et de regard) qui consiste à montrer la rupture, les failles significatives entre le corps-sujet réel et le corps-sujet signifiant. L'écriture cahunienne, tous genres, arts et médias confondus, se fait passer pour un contrat d'énonciation différente propice à enclencher le processus de réinscription – linguistique, scripturaire, visuel – du sujet féminin dans le système. Aussi le corps en tant que système de citations qui, de prime abord, recouvrait le sujet-*topos* d'expressions figées selon une sociodicée hégémonique, se voit-il graduellement suppléé par un langage-masque donnant naissance à un sujet iconoclaste « à la troisième personne[27] » (*ANA*, 236). Passer aux aveux pour les déclarer aussitôt « non avenus », se dire au « il » ou « elle », se photographier sans cesse dans une multitude de postures, jouer des rôles sur une scène imaginaire, se masquer et se travestir tout en dévoilant les enjeux de la mascarade, telles sont les principales stratégies permettant à Cahun de rester fidèle au mot d'ordre que le « je » narrant énonce vers la fin de ses *Aveux* : « [l]e propre de la vie est de me laisser en suspens, de n'admettre de moi que des arrêts provisoires [...] Reprise. Raccords, ravaudages, réitérations, incohérences, qu'importe! pourvu qu'autre chose incessamment devienne » (*ANA*, 235). Cette volonté de se « laisser en suspens » est annoncée quelques pages plus tôt, lorsque le « je » déclare qu'il importe mieux de « devenir au lieu d'être » (*ANA*, 229). Ce qu'il faut retenir de ces déclarations quelque peu grandiloquentes est l'idée d'un sujet en métamorphose irréversible, prônant l'atopie radicale[28] et privilégiant nettement la position de l'entre-deux par rapport à celle d'un équilibre stable[29].

27. Tout au long des *Aveux*, la voix narrative varie entre des passages à la première personne et à la troisième personne du singulier (« il » ou « elle »). Mais partout, le lecteur sent la présence d'un « tu » fictif. Pour plus de détails sur les nombreux changements de la voix narrative entre le « je », le « il », le « elle » et le neutre (« ce ») dans *Aveux non avenus*, voir Andrea Oberhuber, « "J'ai la manie de l'exception" », art. cit., p. 79, 85-87.

28. Dans sa lecture de certaines images photographiques de Cahun, Elisabeth Bronfen propose le terme « *radikale Atopie* » pour désigner le refus du sujet à se positionner dans un espace-temps déterminé : Elisabeth Bronfen, « Die Vorführung der Hysterie », dans Aleida Assmann et Heidrun Friese (dir.), *Identitäten. Erinnerung, Geschichte, Identität 3*, Frankfurt, Suhrkamp, 1998, p. 251-261.

29. Voir à ce propos, Andrea Oberhuber, « Entre », dans *Claude Cahun : contexte, posture, filiation, op. cit.*, p. 13-19.

À travers la charade perpétuelle finit par se cristalliser une identité *transgender* qui, par le biais de la mise en jeu des deux pôles, ne peut s'empêcher de renvoyer à leur structure dichotomique. Car, en effet, au sein de ces créations échappant à toute classification, se conjuguent de manière insolite un narcissisme congénital et une indéniable répulsion de soi. Ces deux forces antinomiques fomentent une énergie sécessionniste qui pousse l'artiste à chercher les assises de son être multiple dans « un genre indéterminé » (*ANA*, 147). La frénésie avec laquelle le sujet féminin se démultiplie d'un texte à l'autre, d'une image à l'autre, se voit contrebalancée par l'annulation totale de ses *personae*, de « tout ce qui gêne ou impatiente [s]on regard » (*ANA*, 35). En somme, comme l'affirme l'autobiographe dans *Confidences au miroir*, il ne restera que des « masques doublés de chair en toc » (*CM*, 587). Ce sont là les reflets d'un moi excisé violemment du miroir formateur de la fonction du « je[30] ». Si le masque en tant qu'instrument spéculaire devait ouvrir au sujet féminin la voie vers une connaissance fragile de soi, un constat s'impose : dans l'œuvre de Claude Cahun, ce procédé souligne plutôt la qualité mosaïquée et insondable des fictionnalisations de soi d'un sujet volontairement indéterminé.

À ce titre, regardons de plus près un dernier exemple, il s'agit du photomontage intitulé *Que me veux-tu ?* (fig. 4). Ce photomontage articule le tête-à-tête *unheimlich* de deux personnages fort semblables sinon identiques – frères ou sœurs siamois ? – tenus à distance malgré leur volonté de faire symbiose. Leur rapprochement, effectué par le biais de la superposition de deux négatifs avant leur tirage, est suspendu à travers des regards désapprobateurs de l'un vers l'autre et une posture véhiculant le rejet ou, du moins, la méfiance vis-à-vis de celui, celle ou ce, qui au fond n'est peut-être qu'une extension de soi-même. Dans cette figure bicéphale, les deux faces convergentes paraissent lisibles – à l'instar d'un palindrome – dans la réversibilité de leur image. Pourtant, dans cet exercice de dédoublement visuel du Même[31], avec une rotation vers un portrait de face (pour ce qui est de la tête de gauche) et une rotation vers un portrait de profil (en ce qui concerne la tête de droite), le hiatus entre le « je » et le « tu » persiste comme phénomène insurmontable : l'esquisse des délimitations du sujet dérive forcément vers le fantasme de l'altérité qui nous échappe. Un dernier passage d'*Aveux non avenus* sera l'occasion d'insister à nouveau sur le dialogue qu'entretiennent chez Cahun l'esthétique photographique et la poétique autographique, notamment en matière d'identité et de masque, de jeux de rôles et d'(en)quête sur soi. Mais les différents morceaux du puzzle – entre les mots

30. Cf. Jacques Lacan, « Le stade du miroir comme formateur de la fonction du Je », *Écrits I*, Paris, Seuil, [1966] 1999, p. 92-99.

31. Signalons au passage que ce photomontage est repris dans le Tableau IV d'*Aveux non avenus* où l'idée du double est visuellement mise en abyme.

et les images – ne sont pas toujours faciles à reconstituer, la fragmentation textuelle et la sérialité visuelle rendant la tâche parfois laborieuse :

> Je recopie cet exercice [...] pour montrer comment nous cherchons à délimiter nos personnages [...] Ce n'est qu'après un grand nombre d'exercices [...] ce n'est qu'en nous résignant aux partialités nécessaires que nous pouvons durcir les moules de nos masques. Pour préciser le rôle encore incréé nous avons recours à n'importe quels prétextes : jeux de société, enquêtes absurdes... Sans doute ici un sujet plus trivial eût mieux servi d'exemple. J'ai ouvert un autre tiroir... Non. C'était trop me demander. (*ANA*, 119)

*
* *

Derniers, premiers mots[32]. Les analyses iconiques, de même que les extraits tirés d'*Aveux non avenus*, de *Carnaval en chambre* et de *Confidences au miroir* ont fait apparaître l'image d'un moi mosaïqué qui semble vouloir s'affranchir du clivage entre le « féminin » et le « masculin », privilégiant dans sa recherche d'une neutralité fictive l'altérité par rapport à la « mêmeté ». Cahun suggère, par le biais d'un « *shifting and unstable I* », le « *shifting gender*[33] » du sujet, mettant à mort l'idée d'un moi stable et cohérent tel que pensé par la philosophie occidentale jusqu'au tournant du XIXe et du XXe siècle. Dans les nombreuses explorations d'un ailleurs qui se veut le plus souvent onirique, le moi cahunien se situe systématiquement de l'autre côté de la frontière, là où ni le sexe ni le genre du « moi » ne peuvent être fixés, mais gardent plutôt intact leur secret de boîte de Pandore. Telle la danse des sept voiles de Salomé[34], le discours littéraire et pictural est une mise à nu du sujet qui repousse continuellement ses propres limites, exercice auquel seule la mort, survenue en 1954, parviendra à mettre fin.

---

32. Référence à un chapitre de livre de Jean-Bertrand Pontalis où le philosophe et psychanalyste place ses réflexions sur l'autobiographie sous le signe des « Derniers, premiers mots » : *Perdre de vue*, Paris, Gallimard, 1999, p. 335-360. En ce sens, tout autobiographe signerait sa « nécrologie anticipée » en même temps que le récit de soi s'apparenterait à un « acte de naissance » (p. 339-340).

33. Honor Lasalle et Abigail Solomon-Godeau, « Surrealist Confession : Claude Cahun's Photomontages », *Afterimage*, mars 1992, p. 10.

34. Dans une des nouvelles d'*Héroïnes*, publiées en 1925 dans *Le Journal littéraire* et le *Mercure de France*, Cahun reprend la figure mythique de Salomé en réécrivant le récit fondateur de la femme fatale, éternelle séductrice de l'homme, sous le signe de la « nouvelle femme » de l'entre-deux-guerres, aux prises avec son amour voué à saint Jean-Baptiste et le destin à accomplir, soit faire face à la décapitation du baptiseur des hommes. Sur ces *Héroïnes* ayant suscité ces derniers temps un grand intérêt de la part de la critique littéraire, voir les études suivantes : Andrea Oberhuber, « Ironie und Ent-/Verführungsstrategien in Claude Cahuns *Héroïnes*. Metamorphosen an den Rändern der Avantgarde », dans Rolf Lohse et Ludger Scherer (dir.), *Avantgarde und Komik*, Amsterdam-New York, Rodopi, 2004, p. 173-185 ; Georgiana M. Colvile, « Derrière le miroir déformant des autoportraits : *Héroïnes* », dans Andrea Oberhuber (dir.), *Claude Cahun : contexte, posture, filiation*, *op. cit.*, p. 113-129 ; Joëlle Papillon, « L'entre-deux de la réécriture : les *Héroïnes* ou les paradoxes de la nouvelle femme », dans Andrea Oberhuber (dir.), *Claude Cahun : contexte, posture, filiation*, *op. cit.*, p. 131-145 ; Katharine Conley, « Claude Cahun's Counter-Archival Héroïnes », dans *Don't kiss me*, *op. cit.*, p. 24-32.

Puisant sa force dans les moyens créatifs et récréatifs offerts par le masque et le travestissement, les choix esthétiques de Claude Cahun ont placé cette auteure-artiste à l'éclectisme avoué dans les marges des mouvements de son temps, dans un entre-deux instable qu'elle semblait rechercher obstinément. Défendant des positions para-doxales, elle différait du centre – hétérosexuel, masculin, surréaliste – pour se retrouver à la périphérie. Les questions que soulève son œuvre préfigurent en grande partie le phénomène de « trouble dans le genre » théorisé par Judith Butler dans *Gender Trouble*: la philosophe spécialisée en rhétorique y pose la question dans quelle mesure le concept d'« identité » équivaut davantage à un idéal normatif qu'à un signe descriptif d'expérience, en soulignant que la *cohérence* et la *continuité* d'une *personne* ne sont pas les signes logiques et analytiques de sa *personnalité*[35]. En revanche, ceux-ci renvoient à des conventions sociales par lesquelles le sujet – masculin et féminin – est non seulement défini, mais également normé. Grâce à l'identité performée toujours sous forme de nouvelles mascarades, Claude Cahun, en accord avec Moore, propose des contre-images d'un féminin et d'un masculin devenus obsolètes. Par l'usage créatif des arts et des médias, elles rendent poreuses les frontières génériques et créent des espaces imaginaires où le Carnaval est déclaré perpétuel.

35. Voir Judith Butler, *Gender Trouble, op. cit.*, p. 17.

FIGURE 1 : Claude Cahun et Marcel Moore, Tableau X (1929-30), photomontage tiré d'*Aveux non avenus*, 1930.

FIGURE 2 : Claude Cahun, Autoportrait au masque, ca 1928.

FIGURE 3 : Claude Cahun, Autoportrait, ca 1920.

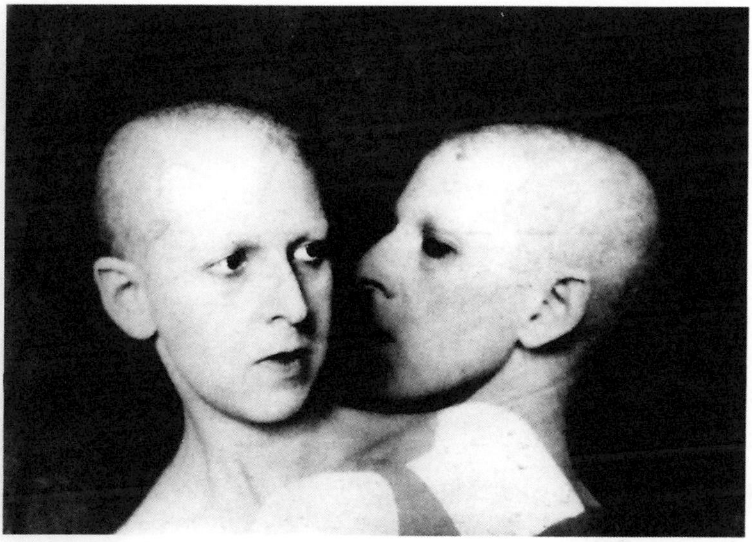

FIGURE 4 : Claude Cahun, *Que me veux-tu ?* 1928.

Notices sur les contributeurs et contributrices

FRANÇOISE ALEXANDRE, agrégée de Lettres modernes et Docteur d'État ès Lettres et Sciences Humaines, est professeure de littérature française du XIXe siècle à l'Université Paul Verlaine-Metz. Elle travaille sur les écrits personnels d'écrivains et de peintres et les relations transversales entre littérature et peinture à l'époque contemporaine. Elle a publié des articles consacrés aux journaux, autobiographies ou correspondances de Vuillard, Degas, Chagall, De Chirico, Kokoschka, George Sand et Yourcenar, entre autres. Parmi ses publications récentes figure l'édition critique des *Lettres sur la vallée de Barcelonnette adressées à Mme ****** de Frémont-Garnier (2008). Elle prépare actuellement l'édition critique inédite des *Lettres de Maurice Dupin de Francueil à sa mère et à son épouse* (1794-1808), de même que *Histoire de leur vie ou histoire de la famille maternelle de George Sand*.

CATHLEEN M. BAUSCHATZ est professeure émérite de littérature française à l'Université du Maine à Orono (États-Unis). Elle a publie de nombreux articles sur la littérature de la Renaissance, dont plusieurs portent sur le travestissement textuel (*Cambridge French Colloquia*, 2004); des études sur Hélisenne de Crenne et Jeanne Flore (parues respectivement dans *Hélisenne de Crenne. L'écriture et ses doubles* et *Actualité de Jeanne Flore*, Champion, 2004). Plus récemment, elle a travaillé sur Grace Norton, une Montaigniste américaine du début du XXe siècle (*Montaigne Studies*, 2008; *Dictionnaire Montaigne*, Champion, 2007).

JEAN-PHILIPPE BEAULIEU est professeur titulaire au Département des littératures de langue française de l'Université de Montréal et spécialiste de la littérature renaissante. Il s'intéresse depuis de nombreuses années aux femmes écrivains de l'Ancien Régime. Il a consacré plusieurs études et éditions critiques à Hélisenne de Crenne, Marguerite de Navarre et Marie de Gournay. Parmi ses ouvrages récents, signalons le collectif *D'une écriture à l'autre. Femmes et traduction sous l'Ancien Régime* (Presses de l'Université d'Ottawa, 2004), l'édition critique du *Songe de Madame Helisenne* (en collaboration avec Diane Desrosiers-Bonin, Honoré Champion, 2006), ainsi que l'édition modernisée des écrits d'Hélisenne de Crenne en deux livres (Publications de l'Université de Saint-Étienne, 2005 et 2008).

Renée-Claude Breitenstein est professeure adjointe à l'Université Brock (Canada), où elle enseigne la littérature française du Moyen Âge et de la Renaissance. Sa thèse, soutenue en décembre 2008, porte sur la rhétorique encomiastique dans les éloges collectifs de femmes de la première moitié du XVIe siècle. Elle s'intéresse à l'argumentation, aux notions de public et de publication sous l'Ancien Régime, et aux écrits féminins de la Renaissance. Elle a publié des articles sur les recueils de femmes illustres et la construction de l'*èthos* dans ce corpus, dans *Les Femmes et l'écriture de l'histoire (1400-1800)* (PUHR, 2009) et *Femmes, Rhétorique et Éloquence sous l'Ancien Régime* (Publications de l'Université de Saint-Étienne, à paraître).

Patrick Bergeron enseigne la littérature française à l'Université du Nouveau-Brunswick (Fredericton, Canada). Ses recherches portent sur les littératures française et allemande de la Belle Époque à nos jours, notamment sur le roman décadent, la modernité viennoise et la vie intellectuelle d'après-guerre. Ses publications les plus récentes regroupent des études sur Rachilde, J.-K. Huysmans, Hugo von Hofmannsthal, Paul Leppin et Paul Morand parues dans des revues savantes (*Germanica*; *Tangence*) ou en volumes chez différents éditeurs (Rodopi, PU Blaise Pascal, Nota Bene). Il prépare actuellement l'édition d'un ouvrage collectif consacré aux enjeux transtextuels de la réécriture littéraire.

Joyce Carlton Johnston, Associate Professor à l'Université Stephen F. Austin depuis 2002, a reçu en 2005 le prix de « Teaching Excellence Award » de la Faculté des lettres. Sa thèse de doctorat soutenue à l'Indiana University à Bloomington s'intitule *Laughing Fit to Kill: Aspects of Wit in the Works of Delphine Gay de Girardin*. Parmi ses publications récentes figurent « Digressions of a Muse: Subversion in the Prefaces of Delphine Gay de Girardin » (*Essays in French Literature*, 2003), « Fallen Women? Femininity and Virtue in Delphine Gay de Girardin's Lady Tartuffe » (*Women in French* Studies, 2005), « In Search of an Audience: Madame Ancelot's Theatre for Women » (*Nottingham French Studies*, 2006) et « No Laughing Matter: Marriage in Delphine Gay de Girardin's Theater » (*Dix-Neuf: Journal of the Society of Dix-Neuviémistes*).

Virginie Cassidy est professeure de français à Georgetown College (Kentucky). Elle a fait ses études de troisième cycle à l'Université de Maryland, College Park. Sa thèse de doctorat s'intitule *Les enjeux du divertissement dans les* Nouvelles Françaises *de Jean Regnault de Segrais*. Outre ses recherches sur la notion de divertissement, elle s'intéresse à la littérature galante ainsi qu'aux utopies féminines de la période prérévolutionnaire.

Paul-André Claudel est maître de conférence en littérature comparée au Département de lettres modernes de l'Université de Nantes. Ses recherches portent sur la littérature décadente et la galaxie symboliste (France, Italie, Royaume-Uni) – les œuvres présumées « mineures » et les expériences marginales de la fin-de-siècle (parcours oubliés ou occultés, écritures d'arrière-garde, auteurs antimodernes) –, la littérature francophone égyptienne et le microcosme d'Alexandrie (de l'époque des Khédives jusqu'à aujourd'hui). Il vient de publier *Le Poète sans visage. Sur les traces du symboliste A. J. Sinadino (1876-1956)*, Paris, PUPS, 2008, et prépare actuellement un ouvrage sur le mythe d'Alexandrie.

MARILOU DENAULT a rédigé, au Département des littératures de langue française de l'Université de Montréal, un mémoire de maîtrise consacré aux « Réécritures du mythe de Lilith dans *Le Jardin des supplices* d'Octave Mirbeau et *La Jongleuse* de Rachilde : reflets d'une féminité trouble ». Elle a présenté, dans le cadre du colloque « Écritures et corps sexués », tenu à l'Université de Montréal en décembre 2007, une communication portant sur la métamorphose identitaire dans *Truismes* de Marie Darrieussecq. Elle a prononcé récemment une communication intitulée « La précarité du réel : tensions entre naturalisme et décadence dans *À rebours* de Huysmans », lors du colloque *Circulations* tenu à l'Université de Colombie-Britannique à l'automne 2009.

CLAUDE LA CHARITÉ, titulaire de la Chaire de recherche du Canada en histoire littéraire, est professeur au Département des lettres et humanités de l'Université du Québec à Rimouski. Il prépare actuellement l'édition critique des œuvres complètes de Marie de Romieu et, en collaboration avec Renée-Claude Breitenstein, une anthologie de textes du XVIe siècle sur l'excellence de la femme. Avec Roxanne Roy, il a dirigé l'ouvrage collectif *Femmes, Rhétorique et Éloquence sous l'Ancien Régime*, à paraître aux Publications de l'Université de Saint-Étienne. Il a notamment coordonné un dossier sur les masques et figures du sujet féminin aux XVIe et XVIIe siècles (*Tangence*, nº 77, hiver 2005).

CHARLOTTE MARIA est doctorante à l'Université de Caen – Basse-Normandie. Après avoir consacré ses mémoires de M1 et de M2 à l'œuvre littéraire et à la correspondance de Claude Cahun, Charlotte Maria prépare une thèse, sous la direction de Marie-Paule Berranger, sur « La poétique de Claude Cahun : écritures et subversion ». Outre ses recherches doctorales, elle s'intéresse à la poétique et l'écriture féminine au temps des avant-gardes. Dans le cadre du colloque organisé à Cerisy en août 2005, elle a présenté une communication intitulée « La lettre, un genre informe pour une artiste sans étiquette », dont une version remaniée est à paraître dans les *Lettres romanes*.

DAVID MARTENS est pofesseur de littérature française moderne à KU Leuven (Belgique). Il a réalisé une thèse de doctorat consacrée à la pseudonymie dans l'œuvre de Blaise Cendrars (*L'Invention de Blaise Cendrars. Une poétique de la pseudonymie*, paru en 2010 chez Champion-Slatkine). Ses principales recherches actuelles s'inscrivent dans le prolongement de ce travail monographique : elles portent sur les pratiques de pseudonymie dans la littérature française, du XIXe siècle à nos jours. Un chapitre de l'étude qu'il prépare sur la question porte sur les stratégies de travestissements à travers les fausses signatures auctoriales.

VALÉRIE NARAYANA est professeure agrégée à l'Université Mount Allison (Canada). Elle s'intéresse à la figure du savant dans la littérature du XIXe siècle ainsi qu'à la rhétorique scientifique. Elle a publié dans *Ds/sd* et *Études littéraires* des analyses rhétoriques du discours de Louis Figuier, vulgarisateur. Elle s'est penchée notamment sur le best-seller paléontologique et le feuilleton scientifique de celui-ci, textes publiés lors de l'introduction du darwinisme en France. Sa thèse de doctorat examinait les éléments scientifiques des utopies balzaciennes et zoliennes.

ANDREA OBERHUBER est professeure agrégée au Département des littératures de langue française de l'Université de Montréal. Elle y enseigne les littératures française et québécoise (XIXe-XXIe siècles). Ses champs de recherche se situent dans les domaines de l'écriture des femmes, des avant-gardes historiques et de l'intermédialité. Auteure d'un livre sur *Chanson(s) de femme(s) : Entwicklung und Typologie des weiblichen Chansons in Frankreich. 1968-1993* (Erich Schmidt Verlag, 1995), elle a dirigé ou codirigé plusieurs collectifs ainsi que des numéros de revue, dont « Réécrire au féminin : pratiques, modalités, enjeux », *Études françaises*, 2004) ; *Claude Cahun : contexte, posture, filiation. Pour une esthétique de l'entre-deux* (Paragraphes, 2007) ; « Voir le texte, lire l'image » (*Dalhousie French Studies*, 2009). Elle prépare actuellement un dossier intitulé « Livre surréaliste, livre d'artiste » pour la revue *Mélusine*.

DORA E. POLACHEK est professeure au Département de langues et de littératures romanes à Binghamton University (New York). Elle a assuré la direction de l'ouvrage collectif *Heroic Virtue, Comic Infidelity : Reassessing Marguerite de Navarre's Heptaméron* (Amherst, 1993). En collaboration avec Marcel Tetel, elle a préparé un volume des *Montaigne Studies* consacré au thème « Woman's Place : Within and Without the *Essais* » (Chicago, 1996). Ses recherches portent sur le rapport entre genre, sexualité et pouvoir chez des écrivains de la période prémoderne, dont Marguerite de Navarre, Michel de Montaigne et Brantôme. Ses publications les plus récentes ont paru dans *Romanic Review*, *L'Esprit Créateur*, *French Literature Series* et *Sixteenth Century Journal*. Sa contribution au volume *Patronnes et Mécènes en France à la Renaissance* (Saint-Étienne, 2007) porte sur le rôle des femmes de Guise dans les guerres de religion et leur réussite dans le domaine politique.

VIRGINIE POUZET-DUZER, professeure adjointe au Département de langues et littératures romanes de Pomona College (Californie) a reçu son Ph.D. de Duke University (Caroline du Nord) en 2008. Elle s'intéresse aux relations entre les arts, à la question de l'*ekphrasis* et à la possibilité d'un impressionnisme littéraire dans les avant-gardes des années 1870-1970. Outre de récentes études consacrées à Stéphane Mallarmé et aux expositions surréalistes d'après-guerre, elle a publié un article portant sur le « Tombeau des Rois » d'Anne Hébert dans la *South Carolina Modern Language Review* (2002), et un autre sur « Unica Zürn, un Surréalisme de l'enfance et de la Folie » (*L'Entrée en surréalisme*, 2004).

MARIE-GERSANDE RAOULT prépare actuellement, sous la direction de Jacques Migozzi, un doctorat de littérature française à l'École Doctorale Sciences de l'Homme et de la Société de l'Université de Limoges. Sa thèse a pour sujet « Perversion et subversion dans les œuvres de Rachilde et de Jean Lorrain de 1884 à 1914: une esthétique décadente ». Elle a participé à plusieurs colloques interdisciplinaires et internationaux qui ont notamment fait l'objet de publications: « Fétichisme et mystique de l'objet chez Rachilde et Jean Lorrain »; « Les représentations viciées de Pygmalion, Narcisse et Hermaphrodite dans les œuvres de Rachilde et de Jean Lorrain »; « L'Eros crépusculaire fin-de-siècle: amours d'agonie et figures de la femme thanatophore chez des auteurs décadents. »

ANGELICA RIEGER est professeure d'études interculturelles romanes à l'Université d'Aix-la-Chapelle (RWTH Aachen) depuis 2005 et romaniste de formation. En 1989, elle a soutenu sa thèse de doctorat portant sur les trobairitz (*Der Beitrag der Frau in der altokzitanischen höfischen Lyrik*) et a consacré son habilitation à la problématique intermédiale de l'*Alter Ego: Der Maler als Schatten des Schriftstellers in der französischen Erzählliteratur von der Romantik bis zum Fin de siècle* (Böhlau, 2000). Ses principaux domaines de recherches sont le Moyen Âge, la littérature occitane, la littérature française et espagnole des XIXe et XXe siècles, l'écriture féminine et l'intermédialité.

NADINE SCHWAKOPF a fait des études de deuxième cycle au Département des littératures de langue française de l'Université de Montréal. En 2007, elle a déposé son mémoire de maîtrise intitulé *Polygraphies de l'intime: le projet autofictionnel de Claude Cahun et d'Unica Zürn*. Depuis l'automne 2008, elle poursuit des études doctorales au Département de langues et littératures allemandes de Yale University. Elle s'intéresse aux écrits des femmes, particulièrement durant la période des avant-gardes historiques, à l'art multimédia et à la théorie des médias, ainsi qu'aux théories psychanalytiques.

SYLVIE TREMBLAY termine un mémoire de recherche-création au Département des littératures de langue française de l'Université de Montréal. Elle a récemment présenté l'étude « Lise Deharme et la réinvention du merveilleux surréaliste » au congrès de l'ACFAS (Université d'Ottawa, 2009) et une communication sur Suzanne de Nervèze au congrès de la Société internationale d'histoire de la rhétorique (Université McGill, 2009).

Résumés des articles

FRANÇOISE ALEXANDRE, *Masques en marche et en marge dans l'œuvre narrative de George Sand*

Le masque du nom et le déguisement de l'apparence accompagnent, pour George Sand, la conquête d'une identité auctoriale. *Nuit d'hiver*, conte autobiographique référant à l'hiver 1829 et récrit en 1875 à l'occasion de sa publication dans *Le Temps* peut être envisagé comme une parabole du masque chez cette auteure. Le récit, motivé par l'époque de Carnaval, souligne en particulier la fonction existentielle et essentielle du masque pour George Sand : détourner l'attention de soi en cachant – le nom, la forme, le genre – pour pouvoir être soi. Les masques sandiens renvoient tous à une histoire personnelle impossible à dire à visage découvert. Mais l'indicible n'est pas l'ineffable. Masque du nom et masque de la fiction ont permis à Aurore Dupin épouse Dudevant d'inventer un langage propre à dire l'histoire de sa vie.

CATHLEEN M. BAUSCHATZ, *Écho et Narcisse : le travestissement textuel dans les* Comptes amoureux *(1540) par Jeanne Flore*

Que penser de l'identité de l'auteur(e) des *Comptes amoureux* publiés sous le nom de Jeanne Flore vers 1540 ? Les recherches récentes suggèrent que Jeanne Flore serait probablement un pseudonyme qui cache un ou plusieurs auteurs masculins adoptant un masque féminin. Si tel est le cas, ces auteurs prendraient la voix d'une femme pour combattre le parti proféminin de la querelle, en infiltrant ses rangs. À la différence de Christine de Pizan et d'Hélisenne de Crenne, qui sont femmes mais qui adoptent quelquefois une voix masculine pour se faire entendre, Jeanne Flore exprime, d'un point de vue en apparence féminin, un message ironique de soumission au Dieu de l'Amour. La nature et les conséquences d'un tel usage du masque féminin méritent d'être examinées, particulièrement à la lumière du conte 4, peu typique du recueil, qui soulève d'intéressantes questions de *gender* et de point de vue, en raison du traitement qu'il réserve aux figures d'Écho et de Narcisse.

JEAN-PHILIPPE BEAULIEU, *Mathurine ou le masque du bouffon au féminin*

Pendant la période qui suit les guerres de religion en France, la voix de Mathurine, folle du roi Henri IV, se fait entendre dans quelques textes satiriques qui commentent les événements courants. L'examen comparatif de ces pamphlets avec ceux attribués à Maître Guillaume, autre bouffon royal, révèle qu'ils développent à peu près tous un *èthos* rhétorique qui table sur la fonction du locuteur de façon à lui accorder un droit de regard inhabituel sur les enjeux sociaux de l'époque. Mais les divers écrits signés par Mathurine vont plus loin en fondant leur prise de parole sur un paradoxe supplémentaire : celui d'une femme qui se mêle de questions dont le sexe féminin est le plus souvent exclu. Ces libelles nous engagent à réfléchir à la manière dont l'éloquence politique accueille, au début du XVIIe siècle, de nouvelles catégories éthiques qui, grâce au renversement carnavalesque, donnent à une femme de condition modeste une voix au chapitre en matière d'affaires publiques.

PATRICK BERGERON, Les Hors nature *de Rachilde ou comment s'inventer un sexe*

Cet article examine le jeu de composition et de décomposition des identités chez Rachilde, suivant une logique parodique et perverse qui doit beaucoup à la décadence (un courant majoritairement masculin auquel a participé Rachilde aux côtés de Barrès, Gourmont et J. Lorrain), mais qui, en même temps, s'explique par le tempérament audacieux de l'auteure. Nous nous penchons sur *Les Hors nature* (1897), un roman qui, tel *Monsieur Vénus* (1884) et *La Marquise de Sade* (1887), renferme les clefs de l'imaginaire rachildien et l'essentiel de ses stratégies narratives en matière de sexuation. Centré sur un couple de frères à la sexualité ambiguë et au comportement excessif, le récit reprend les motifs décadents du masque et du travestissement, tout en en poussant la logique outrancière jusqu'à ses derniers retranchements, de manière à énoncer un refus des servitudes sexuelles. Se réinventer devient ainsi, chez Rachilde, le plus sûr moyen de rester soi-même.

RENÉE-CLAUDE BREITENSTEIN, *Entre allégorie et auteur(e)s : le façonnement de voix féminines dans les apologies du sexe féminin au XVIe siècle*

Cet article s'intéresse aux voix féminines, fictives ou réelles, défendant les femmes dans plusieurs textes composés entre 1506 et 1622 en France. Du répondant féminin allégorique dans la dispute médiévale aux femmes écrivains de la seconde moitié du XVIe siècle et au-delà (Marie de Romieu, Marguerite de Valois, Marie de Gournay), en passant par diverses figures féminines prononcées par des auteurs masculins (Jean Marot, François de Billon), ces voix féminines sont abordées comme des constructions à visée argumentative, à la manière d'un lieu commun susceptible d'être retravaillé et détourné au fil d'appropriations aux objectifs divers, dans des contextes différents. Plutôt qu'une preuve de véridiction, le marquage générique est un moteur de renouvellement littéraire. Il sert les différents aspects de la publication : publication du livre et publication de soi.

Virginie Cassidy, *La rhétorique du silence de Mademoiselle de Montpensier*

Princesse la plus riche de France, Frondeuse exilée à plusieurs reprises, à l'origine de la mode des portraits, telles sont les grandes lignes qui définissent la vie de Mlle de Montpensier. Si l'histoire littéraire a peu retenu de Montpensier auteure, c'est que sa voix se trouve dissimulée, soit par le mode polyphone de sa fiction, soit par le masque d'un narrateur masculin. Il s'agit ici de démontrer comment, dans les *Nouvelles françaises ou les Divertissements de la Princesse Aurélie (1656)* et *La Relation de l'île imaginaire (1659)*, le travestissement textuel de Mlle de Montpensier s'accompagne également d'une rhétorique du silence, deux techniques à la fois symptômes et solutions aux difficultés d'être une femme écrivain. C'est en adoptant le silence comme posture rhétorique que la Grande Mademoiselle peut, tout en dévoilant les difficultés de la condition féminine, légitimer son statut d'écrivain et s'affirmer en tant que sujet féminin.

Paul-André Claudel, *De l'avant-garde parisienne à l'anonymat du Caire. Les avatars scripturaires de Valentine de Saint-Point*

À la fois poétesse, dramaturge, romancière, critique d'art et chorégraphe, Valentine de Saint-Point (1875-1953) a marqué l'actualité, mondaine et littéraire, de la Belle Époque. Dans la multitude des jeux de masques qui ont accompagné l'affirmation du statut de la femme écrivain au XXe siècle, la trajectoire de cette « bourrasque littéraire », comme la définit en 1909 Alphonse Séché, apparaît exemplaire, en ce qu'elle relève explicitement d'une logique de mise en scène de soi : proche de l'avant-garde futuriste, Valentine de Saint-Point conçoit en effet sa carrière comme une exhibition théâtrale, fondée sur de subtiles stratégies scripturaires. Mais son parcours est rendu plus singulier encore par un dernier coup de théâtre. En 1924, la poétesse se convertit à l'Islam et s'installe définitivement au Caire, montrant par là l'échec de toute une carrière entendue comme mascarade : après avoir lutté âprement pour conquérir une visibilité, Valentine de Saint-Point semble montrer que l'existence la plus authentique implique justement d'abandonner tous ses masques et de se retirer loin du monde, dans un Orient conçu comme le dernier refuge possible.

Marilou Denault, *Rachilde et le masque de l'antiféminisme*

L'œuvre de Rachilde a fortement bousculé les conventions par les audacieuses inversions sexuelles qu'elle mit en scène. Cette Rachilde que plusieurs proclamèrent féministe fit pourtant publier un pamphlet dans lequel elle se révèle férocement misogyne et antiféministe. Dans *Pourquoi je ne suis pas féministe,* Rachilde se dresse curieusement devant la nouvelle Ève et endosse le discours masculin quant au danger que représente la « libération de la femme ». Dans la mesure où Rachilde aspirait ardemment à vivre de son écriture, l'antiféminisme affiché dans son texte pamphlétaire ne révèle-t-il pas une stratégie rhétorique motivée par de pragmatiques considérations ? Dans un monde où la femme qui écrit est forcée d'endosser les rôles réducteurs du bas-bleu ou de la muse, Rachilde a su se tenir en équilibre sur le fil ténu de la légitimité, en se faisant « homme de lettres ». L'obligatoire mascarade à laquelle les femmes auteurs devaient se livrer dans la France du XIXe siècle finissant nous incite ainsi à analyser de plus près la posture de l'antiféminisme qu'adopta Rachilde.

JOYCE CARLTON JOHNSTON, *Madame le vicomte: le journalisme de Delphine de Girardin*

Dans la rubrique « Le Courrier de Paris », publiée dans *La Presse* sous le nom du vicomte de Launay, Delphine de Girardin (1804-1855) jette un œil satirique sur la politique, la société, les salons et la mode derrière un masque qui permet son entrée dans la vie publique. Bien que ce travestissement masculin puisse être considéré comme la volonté de rester dans l'anonymat, une réflexion approfondie sur cette transformation suggère que le faux titre aristocratique sert à s'interroger sur l'émancipation des femmes de l'époque exclues de la scène publique. Cet article examine non seulement « Le Courrier de Paris », sans doute l'ensemble textuel le mieux connu de Girardin, mais aussi son roman-feuilleton *La Croix de Berny*, écrit en collaboration avec Méry, Théophile Gautier et Jules Sandeau, ouvrage qui n'a jamais été étudié sous l'angle du travestissement textuel. Dans ces ouvrages – publiés tous deux dans le journal de son mari –, Girardin réussit à créer des textes subversifs au moyen d'une identité littéraire à la fois masculine et féminine.

CLAUDE LA CHARITÉ, *Du masque au dévoilement: le mythe d'Agnodice comme légitimation de l'écriture féminine, de Catherine Des Roches (1578) à Gabriel-Henri Gaillard (1748)*

Cette étude aborde le rapport que l'écriture féminine entretient avec l'androgynie au cours de l'Ancien Régime, en s'attachant au traitement que les dames Des Roches, poétesses poitevines de la Renaissance, et Gabriel-Henri Gaillard, historien et homme de lettres du XVIIIe siècle, réservent au mythe d'Agnodice, cette Athénienne qui, déguisée en homme, aurait réussi l'examen de médecine en 350 av. J.-C. Dans les *Œuvres* (1578), Catherine Des Roches fait d'Agnodice un mythe légitimant l'accès des femmes à l'écriture. Pour Gabriel-Henri Gaillard, dans la préface à la *Rhétorique françoise à l'usage des jeunes demoiselles* (1748), le mythe constitue un *exemplum* de l'usage qui « a interdit aux femmes les ouvrages qui supposent une profession ». Ces deux moments de la réflexion sur l'écriture féminine mettent en lumière la métamorphose du rapport au travestissement, qui passe de la valorisation du masque à la valorisation du dévoilement.

Charlotte Maria, *Claude Cahun ou les masques de l'identité*

Dans plusieurs de ses autoportraits, Claude Cahun apparaît masquée; dans son œuvre photographique comme dans ses écrits, le masque nous est donné à voir, ostensiblement. Dans un subtil jeu de cache-cache derrière les pseudonymes, les codes et les symboles, Claude Cahun révèle par le secret. Trace de son héritage symboliste, le masque est également le signe de son indéfinition sexuelle revendiquée. Mais loin d'être unique, le masque se renouvelle, se démultiplie, se fragmente, brise et recompose le moi en un vitrail ontologique vertigineux. Le masque cèle les faits prosaïques et brandit l'identité poétique. C'est un jeu dangereux où le risque de dissolution est menaçant. Mais l'enjeu est vital et il apparaît comme nécessaire de se perdre pour se retrouver.

David Martens, *Sous la robe de Clara Gazul. Comment Prosper Mérimée est entré en littérature*

En 1825, avec son *Théâtre de Clara Gazul*, Prosper Mérimée entre en littérature travesti en jeune actrice et dramaturge espagnole. Les modalités en fonction desquelles l'auteure imaginaire est présentée dans la préface du livre inscrivent la jeune femme dans un rapport de tutelle avec plusieurs figures masculines: son pseudo-traducteur tout d'abord, mais aussi Mérimée lui-même, dans la mesure où cette configuration du système des personnages paratextuels se rejoue dans le dispositif mystificateur et son dévoilement. Pour autant, en dépit de la révélation de sa nature de leurre, le masque féminin continue d'imprimer sa marque à l'ouvrage. Censément neutralisée, car présentée comme une fiction dont Mérimée est l'auteur, la trace du genre féminin y apparaît en effet comme un reste en fonction duquel l'écrivain compose, dans ce livre mais aussi dans la suite de sa production. Cette supercherie inaugurale constitue en effet la scénographie matricielle d'une fantasmatique récurrente de l'œuvre à venir du futur auteur de *Carmen*.

Valérie Narayana, Le Théâtre scientifique *de Juliette Figuier/Jean Mirval: rhétorique d'une « œuvre masque » ?*

Cet article se penche sur l'étrange fortune du théâtre scientifique de Juliette Figuier (1827-1877), œuvre longtemps attribuée à son mari, le vulgarisateur Louis Figuier. La figure du masque est invoquée pour examiner deux phénomènes: la pseudonymie employée par Juliette pour faire jouer ses pièces et l'appropriation de celles-ci par Louis après la mort de sa femme. *Le Théâtre scientifique* témoigne de la naïveté du scientisme d'alors, mais aussi de la fascination d'une bourgeoise pour les planches. Dans « Le Jardin de Trianon », Juliette parle de botanique pour exposer le public français à l'histoire des sciences mais aussi pour lui offrir un théâtre purgé de vulgarité. Le résultat est un étrange amalgame de rhétoriques: d'une part, celle sagement apprise par la jeune Juliette, initiée au théâtre par son pasteur protestant, d'autre part, celle calquée sur le projet social de Louis, discours reproduit sans les connaissances nécessaires pour faire valoir le savoir transmis.

ANDREA OBERHUBER ET NADINE SCHWAKOPF, *Masques et travestissement du sujet dans l'œuvre autographique de Claude Cahun*

Inspirée du rêve enfantin d'un carnaval perpétuel, l'œuvre de Claude Cahun porte l'empreinte du masque et du travestissement. Tant dans les écrits protéiformes que dans les très nombreux autoportraits et les photomontages, conçus en étroite collaboration avec son alter ego Marcel Moore, se déclinent les thèmes du double et du multiple, du masque et de la métamorphose, de l'être et du paraître, pour faire apparaître le sujet dans autant de poses et de postures différentes qu'imaginables. Derrière les expériences intermédiales liant écriture, photographie et *gender performance* se cache au fond la quête d'un univers chimérique dans lequel s'effacent les frontières entre le réel et le fictionnel, entre le Soi et l'Autre, entre le passé, le présent et l'avenir, entre la vie et la mort. Les choix esthétiques de Cahun ont placé cette auteure-artiste à l'éclectisme avoué dans les marges des mouvements de son temps, dans un entre-deux instable qu'elle semblait rechercher obstinément.

DORA E. POLACHEK, *Le jeu du tabou et de la vertu : Hélisenne de Crenne et la remise en question de la culpabilité féminine*

Comme l'ont noté plusieurs commentateurs, Hélisenne de Crenne intercale dans ses *Angoisses douloureuses qui procèdent d'amour* (1539) des fragments empruntés aux textes qui l'ont inspirée et dont elle réussit à travestir certains messages clés. Cependant, contrairement à ces modèles où il est question d'amour illicite, elle crée un récit qui résiste à une représentation de la femme comme foncièrement pécheresse et méritant d'être punie. Comment Hélisenne de Crenne parvient-elle à transformer, dans la première partie de son roman, la vision misogyne de ses sources en une création littéraire destinée à susciter la sympathie des lectrices pour son héroïne ? Dans notre analyse nous considérons les effets d'intertextualité comme une forme métaphorique de travestissement. Ainsi, nous examinons le double jeu d'Hélisenne, rendu possible par la superposition des masques de personnage et de narratrice. Nous montrons comment, grâce à ce dédoublement, elle réussit à assumer deux rôles opposés, créant de cette façon un combat entre deux systèmes de valeurs qui lui permet de contextualiser ses emprunts d'une façon originale.

VIRGINIE POUZET-DUZER, *Madame Daudet, ou l'époux fait masque*

Tandis que Madame Daudet – née Julia Allard – posa en bourgeoise devant l'objectif de Dornac, un cliché du même photographe montre son époux en écrivain, à sa table de travail. Ce contraste de la mise en scène, qui est aussi un jeu autour du portrait, du visage et du nom, constitue le point de départ d'un article consacré à l'analyse de ce masque dont a voulu se parer la femme de lettre qui fut l'épouse d'Alphonse Daudet. Nous révélons tout d'abord que l'écriture s'avéra être, pour Madame Daudet, circonstancielle et liée à des fonctions sociales. Et c'est parce qu'elle est affaire de femme que cette écriture est nécessairement masquée. Nous nous arrêtons ensuite sur la question du travail à quatre mains, et sur ces révisions de collaboratrice qui firent de Julia Daudet la parfaite ombre de son époux, au cœur d'une « scène mythique » où l'écriture suppose un amoureux duo.

Marie-Gersande Raoult, *Troubles du genre chez Rachilde. La mascarade des sexes dans* Monsieur Vénus *et* Madame Adonis

Rachilde, dans son art littéraire, bouscule et interroge les représentations sexuelles normées de la fin du XIXe siècle. En tant qu'artifice, le travestissement devient, chez les héroïnes au sexe douteux des romans *Monsieur Vénus* et *Madame Adonis*, un des signes privilégiés de la Décadence dans la mesure où il participe d'une esthétique de la subversion jouant sur l'inversion sexuelle et estompant les frontières du masculin et du féminin. Ce changement artificiel de sexe, en provoquant une réversibilité des rôles et des signes, sème la confusion jusque dans la grammaire du texte. S'engagent alors une fragmentation des limites du genre et une fragilisation du sentiment identitaire, stigmatisant au-delà d'une crise du pouvoir féminin, le développement d'un entre-genre où affleure le fantasme de l'androgyne. Le travestissement, modalité de l'Éros fin-de-siècle, ouvre au genre humain le champ des possibles.

Angelica Rieger, *Écriture et mascarade : Colette Willy et la voix/voie de Renée Néré*

Chez Colette, pseudonymie et biographie s'épaulent : ses signatures changeantes marquent des tournants à la fois dans sa vie professionnelle et privée. De Willy à Colette en passant par Colette Willy, elle se complaît dans cette mascarade de la féminité cachée derrière des noms d'hommes. Cette étude sonde l'impact de ce jeu de masques sur son écriture, notamment pendant la période des « Colette Willy », à l'exemple de *La Vagabonde, L'Entrave,* et *L'Envers du music-hall,* avec leur protagoniste au prénom délibérément ambivalent, Renée. Son auto-analyse impitoyable passe du monologue au dialogue et aboutit à la polyphonie. Dans *La Vagabonde,* « se démasquer » équivaut à « se libérer ». Dans *L'Entrave,* Renée libérée s'exprime à travers un enchevêtrement de dialogues compliqués, au sein d'un quatuor de deux doubles. Et dans *L'Envers du music-hall,* Renée s'efface derrière un « nous » qui comprend une multitude de voix auxquels elle cède le pas, anonyme et sans voix, dans des dialogues où celle-ci n'est plus que ponctuation : « se démasquer » finit par signifier « se perdre ».

Sylvie Tremblay, *Parler ou non comme une femme : les mises en scène de soi chez Suzanne de Nervèze*

Les années de la Fronde virent paraître en France quelques milliers de mazarinades. On doit certaines de celles-ci à la libelliste Suzanne de Nervèze qui publia de courts textes adressés à des acteurs politiques importants et les invitant à travailler pour la paix. Cet article examine différentes mises en scène de soi dans quatre textes de cette auteure en regard des finalités non seulement rhétoriques, mais auctoriales du texte. Car si l'auteure mise parfois, pour convaincre, sur une prise de parole proprement féminine comme dans la *Lettre d'une religieuse* et la *Lettre d'une bourgeoise,* elle semble aussi, dans d'autres textes, vouloir masquer tout *èthos* féminin. Ainsi, au sein des textes comme *Le Plus Heureux Jour de l'année* et le *Discours panegerique,* Nervèze tend à afficher une neutralité éthique qui, en filigrane, témoigne de sa quête d'une reconnaissance littéraire.

Bibliographie

ALBERT, Nicole G., *Saphisme et Décadence dans Paris fin-de-siècle*, Paris, La Martinière, 2005.

ANGENOT, Marc, *Le Cru et le Faisandé : sexe, discours social et littérature à la Belle Époque*, Bruxelles, Labor, 1986.

ARON, Jean-Paul *et al.*, *Misérable et glorieuse la femme du* XIX*e siècle*, Bruxelles, Éditions Complexe, coll. « Historiques », 1984.

BARD, Christine, *Les Garçonnes : modes et fantasmes des Années folles*, Paris, Flammarion, 1998.

BAUER, Heike (dir.), *Women and Cross-Dressing (1800-1939)*, New York et Londres, Routledge, 2006.

BAUSCHATZ, Cathleen M., « Travestissement textuel dans la "Seconde Partie" des *Angoysses douloureuses* », dans Jean-Philippe Beaulieu et Diane Desrosiers-Bonin (dir.), *Hélisenne de Crenne. L'écriture et ses doubles*, Paris, Champion, 2004, p. 55-70.

BEAULIEU, Jean-Philippe, « Lettre de femme, voix d'homme ? Jeux identitaires et effets de travestissement dans la treizième épître familière d'Hélisenne de Crenne », *Tangence*, n° 84, été 2007, p. 31-47.

BENSTOCK, Shari, *Femmes de la rive gauche : Paris, 1900-1940*, Paris, Des femmes, 1987.

BOISCLAIR, Isabelle (dir.), *Lectures du genre*, Montréal, Éditions du remue-ménage, 2002.

BOLLHALDER-MAYER, Regina, *Éros décadent. Sexe et identité chez Rachilde*, Paris, Champion, 2002.

BONNET, Marie-Jo, *Les Deux Amies. Essai sur le couple de femmes dans l'art*, Paris, Éditions Blanche, 2000.

BOURCIER, Marie-Hélène, « Des "femmes travesties" aux pratiques transgenres : repenser et queeriser le travestissement », *CLIO, Histoire, femmes et sociétés*, n° 10, 1999, p. 118-121.

—, *Queer zones : politiques des identités sexuelles, des représentations et des savoirs*, Paris, Balland, 2001.

—, *Sexpolitiques. Queer zones 2*, Paris, La Fabrique, 2005.

BRINK, Jean R., HOROWITZ, Maryanne C., et COUDERT, Allison P. (dir.), *Playing with Gender : A Renaissance Pursuit*, Urbana, University of Illinois Press, 1991.

BUTLER, Judith, « Faire et défaire le genre », *Le Passant Ordinaire*, 50, oct.-déc. 2004, p. 83-89.

—, *Bodies that Matter. On the Discursive Limits of « Sex »*, New York, Routledge, 1993.

—, *Gender Trouble : Feminism and the Subversion of Identity*, New York et Londres, Routledge, 1999 [*Trouble dans le genre : pour féminisme de la subversion de l'identité*, trad. Cynthia Kraus, Paris, Éditions de la Découverte, 2005].

—, *Le Pouvoir des mots : politique du performatif*, Paris, Amsterdam, 2004.

CAMPBELL, Karlynn Kohrs (dir.), *Man Cannot Speak for Her. A Critical Study of Early Feminist Rhetoric*, Westport (Ct), Greenwood Press, 1989.

CHADWICK, Whitney et LATIMER, Tirza True (dir.), *The Modern Woman Revisted. Paris Between the Wars*, New Brunswick et New Jersey-London, Rutgers University Press, 2003.

CORNILLIAT, François et LOCKWOOD, Richard (dir.), Èthos *et* pathos. *Le statut du sujet rhétorique*, Actes du colloque international de Saint-Denis (19-21 juin 1997), Paris, Champion, 2000.

DORLIN, Elsa, *Sexe, Genre et Sexualités*, Paris, PUF, « Philosophies », 2008.

DOTTIN-ORSINI, Mireille, *Cette femme qu'ils disent fatale : textes et images de la misogynie fin-de-siècle*, Paris, Grasset, 1993.

ERIBON, Didier, *Hérésies. Essais sur la théorie de la sexualité*, Paris, Fayard, 2003.

« Femmes travesties : un "mauvais" genre », *CLIO – Histoire, femmes et société*, n° 10, 1999.

FOUCAULT, Michel, *Histoire de la sexualité*, tome 1-3, Paris, Gallimard, 1976-1984.

FREUD, Sigmund, *Trois Essais sur la théorie sexuelle*, Paris, Gallimard, coll. « Folio/ Essais », 1987.

GARBER, Marjorie, *Vested Interests : Cross-Dressing and Cultural Anxiety*, New York, Routledge, 1992.

GLENN, Cheryl, *Rhetoric Retold. Regendering the Tradition from Antiquity through the Renaissance*, Carbondale, Southern Illinois University Press, 1997.

GONNARD, Catherine et LEBOVICI, Élisabeth, *Femmes artistes/artistes femmes de 1880 à nos jours*, Paris, Hazan, 2007.

GRENAUDIER-KLIJN, France, MUELSCH, Élisabeth-Christine et ANDERSON, Jean (dir.), *Écrire les hommes – Représentation du personnage masculin et de la masculinité dans l'œuvre des écrivaines de la Belle Époque (1890-1914)*, à paraître.

HARRIS, Joseph, *Hidden Agendas : Cross-Dressing in 17th-Century France*, Tübingen, Gunter Narr, « Biblio 17 », 2005.

HARVEY, Elizabeth, *Ventriloquized Voices : Feminist Theory and English Renaissance Texts*, New York, Routledge, 1992.

HEILMANN, Ann, « (Un)Masking Desire : Cross Dressing and the Crisis of Gender in New Woman Fiction », *Journal of Victorian Culture*, vol. 5, nº 1, 200, p. 83-111.

HEINICH, Nathalie, *États de femme. L'identité féminine dans la fiction occidentale*, Paris, Gallimard, 1996.

HÉRITIER, Françoise, *Masculin/féminin. La pensée de la différence*, Paris, Odile Jacob, 1996.

—, *Masculin/féminin II. Dissoudre la hiérarchie*, Paris, Odile Jacob, 2002.

JARDINE, Alice, *Configurations de la femme et de la modernité*, Paris, PUF, 1991.

JEANDILLOU, Jean-François, *Esthétique de la mystification. Tactique et stratégie littéraire*, Paris, Minuit, « Propositions », 1994.

—, *Supercheries littéraires. La vie et l'œuvre des auteurs supposés*, Genève, Droz, [1989] 2001.

KOSOFSKY SEDGWICK, Eve, *Épistémologie du placard*, Paris, Éditions Amsterdam, 2008 (traduction d'*Epistemology of the Closet*, 1990).

LA CHARITÉ, Claude (dir.), *Masques et Figures du sujet féminin aux* XVIe *et* XVIIe *siècles*, numéro thématique de *Tangence*, nº 77, 2005.

LA CHARITÉ, Claude, « Marie de Romieu et l'écriture androgyne : les marques de généricité du sujet lyrique dans *Les Premieres Œuvres poetiques* (1581) », *Sextant*, nºs 17-18, 2002, p. 213-234.

LAQUEUR, Thomas, *La Fabrique du sexe: essai sur le corps et le genre en Occident*, Paris, Gallimard, 1992.

LATIMER, Tirza True, *Women Together, Women Apart: Portraits of Lesbian Paris*, New Brunswick (N.J.), Rutgers University Press, 2005.

LAURETIS, Teresa de, « Eccentric Subjects: Feminist Theory and Historical Consciousness », *Feminist Studies*, 16, 1, printemps 1990, p. 115-149.

——, *The Practice of Love: Lesbian Sexuality and Perverse Desire*, Indiana University Press, 1994.

LEDUC, Guyonne (dir), *Travestissement féminin et liberté(s)*, Paris, L'Harmattan, 2006.

LÉVESQUE, Claude, *Par-delà le masculin et le féminin*, Paris, Aubier, 2002.

MARRET, Sophie et LE FUSTEC, Claude, *La Fabrique du genre: (dé)constructions du féminin et du masculin dans les arts et la littérature anglophones*, Rennes, Presses universitaires de Rennes, 2008.

MAUGUE, Anne-Lise, *L'Identité masculine en crise au tournant du siècle.1871-1914*, Paris, Rivages, 1987.

MAVRIKAKIS, Catherine et POIRIER, Patrick (dir.), *Un certain genre malgré tout. Pour une réflexion sur la différence sexuelle à l'œuvre dans l'écriture*, Québec, Nota bene, 2006.

MOINE, Fabienne, *Poésie et Identité féminines en Angleterre: le genre en jeu (1830-1900)*, Paris, L'Harmattan, 2010.

NATIVEL, Colette (dir.), *Femmes savantes, Savoirs des femmes. Du crépuscule de la Renaissance à l'aube des Lumières. Actes du colloque de Chantilly (22-24 septembre 1995)*, Genève, Droz, 1999.

NEGRON, Mara (dir.), *Lectures de la différence sexuelle*, Paris, Des femmes, 1994.

OBERHUBER, Andrea (dir.), *Claude Cahun: contexte, postures, filiation. Pour une esthétique de l'entre-deux*, Montréal, Département des littératures de langue française, coll. « Paragraphes », 2007.

OBERHUBER, Andrea (dir.), « Mise en scène et autoreprésentation chez la Contessa di Castiglione et Claude Cahun », dans BAUER-FUNKE, Cerstin et Gisela, FEBEL (dir.), *Der automatisierte Körper. Literarische Visionen des künstlichen Menschen vom Mittelalter bis zum 21. Jahrhundert*, Berlin, Weidler Buchverlag, 2005, p. 109-129.

OZOUF, Mona, *Les Mots des femmes, essai sur la singularité française*, Paris, Fayard, 1995.

PARKER, Alan Michael et Mark Willhardt, *Cross-Gendered Verse*, Londres, Routledge, 1996.

PASSANNANTI, Erminia et RICCOBONO, Rossella (dir.), *Vested Voices: Literary Tranvestism in Italian Literature*, Leicester, Troubadour Publishing, 2006.

PEDRIALI, Federica et RICCOBONO, Rossella (dir.), *Vested Voices II: Creating with Transvestism: From Bertolucci to Boccaccio*, Ravenne, Longo, 2007.

PELLEGRIN, Nicole et BARD, Christine (dir.), « Femmes travesties: un "mauvais" genre », *CLIO – Histoire, femmes et sociétés*, n° 10, 1999. (URL: <http://clio.revues.org/index251.html>)

PELLEGRIN, Nicole, « L'androgyne au XVIe siècle: pour une relecture des savoirs », dans HAASE-DUBOSC, Danielle et VIENNOT, Éliane (dir.), *Femmes et Pouvoirs sous l'Ancien Régime*, Paris, Rivages, 1991, p. 11-48.

PERROT, Philippe, *Les Dessus et les Dessous de la bourgeoisie. Une histoire du vêtement au XIXe siècle*, Paris, Fayard, 1981.

PHELAN, Peggy, *Unmarked. The Politics of Performance*, London, Routledge, 1993.

PLANTÉ, Christine, « Tout.e écrivain.e est "de papier" », dans CLÉMENT, Michèle et INCARDONA, Janine (dir.), *L'Émergence littéraire des femmes à Lyon à la Renaissance, 1520-1560*, Saint-Étienne, Publications de l'Université de Saint-Étienne, 2008, p. 257-271.

—, « La place des femmes dans l'histoire littéraire : annexe, ou point de départ d'une relecture critique ? », *Revue d'histoire littéraire de la France*, n° 103, juillet-septembre 2003, p. 655-668.

—, *La Petite Sœur de Balzac. Essai sur la femme auteur*, Paris, Seuil, 1989.

POT, Olivier (dir.), *Émergences du sujet. De l'*Amant vert *au* Misanthrope, Genève, Droz, 2005.

RACINE, Nicole, TRÉBITSCH, Michel et BLUM, Françoise (dir.), *Intellectuelles. Du genre en histoire des intellectuelles*, Bruxelles, Éditions Complexe, 2004.

REID, Martine, *Des femmes en littérature*, Paris, Belin, 2010.

—, *Signer Sand. L'œuvre et le nom*, Paris, Belin, 2004.

RIVIERE, Joan, « Womanliness as a Masquerade », dans *The Inner World and Joan Riviere, Collected Papers 1920-1958*, London, Karnac Books, 1991, p. 90-101.

SCOTT, Joan Wallach « Gender ? A Useful Category », *The American Historical Review*, 91, 5, 1986, p. 1053-1075.

—, *Gender and the Politics of History*, New York, Columbia University Press, 1988.

SHOWALTER, Elaine (dir.), *Speaking of Gender*, New York, Routledge, 1989.

—, *Sexual Anarchy : Gender and Culture at the Fin de Siècle*, New York, Viking, 1990.

—, *Sexual Anarchy : Gender and Culture at the Fin de Siècle*, New York, Penguin Books, [1990] 1991.

SMITH, Sidonie et WATSON Julia (dir.), *Interfaces. Women Autobiography, Image, Performance*, Ann Arbor, University of Michigan Press, 2005.

SMITH, Sidonie, *A Poetics of Women's Autobiography : Marginality and the Fictions of Self-Representation*, Bloomington-Indianapolis, Indiana University Press, 1987.

STEINBERG, Sylvie, *La Confusion des sexes. Le travestissement de la Renaissance à la Révolution*, Paris, Fayard, 2001.

STEPHENS, Sonya (dir.), *A History of Women's Writing in France*, Cambridge, Cambridge University Press, 2000.

SWIFT, Helen, *Gender, Writing, and Performance : Men Defending Women in Late Medieval France (1440-1538)*, Oxford-New York, Oxford University Press-Clarendon Press, 2008.

TAMAGNE, Florence, *Mauvais genre ? Une histoire des représentations de l'homosexualité*, Paris, Éditions Lamartinière, 2001.

TAYLOR, Karen J., *Gender Transgressions. Crossing the Normative Barrier in Old French Literature*, New York, Garland, 1998.

WERTHEIMER, Molly Meijer (dir.), *Listening to Their Voices. The Rhetorical Activities of Historical Woman*, Columbia, University of South Carolina Press, 1997.

WITTIG, Monique, *La Pensée straight*, Paris, Balland, 2001.

Index des noms propres

Table des matières

Ouvrage composé par Emmanuelle Brun
Publications de l'Université de Saint-Étienne

Dépôt légal : mai 2011

Achevé d'imprimer
sur les presses de l'Imprimerie Chirat
42540 Saint-Just-la-Pendue
N° 201105.0319
IMPRIMÉ EN FRANCE